职业教育“十二五”系列规划教材

安全教育读本

主　编　廖松书　黄　斌

主　审　罗云明

副主编　古　伟　李机香　李炎兰

　　　　周铁群　卢友彩　黄润林

参　编　梁信佳　吴地固　唐日兴

　　　　姜明浩　曾志华　覃浩洪

電子工業出版社

Publishing House of Electronics Industry

北京 · BEIJING

内 容 简 介

职业院校学生的身心平安与健康关系着千家万户的幸福与安康，也关系着国家的稳定与社会的和谐。《安全教育读本》是针对职业院校安全工作实际情况，结合学生安全教育现状，为帮助学生增强安全意识，指导学生预防安全隐患和正确处理安全事故而编写的，目的是传授学生安全知识和教会学生应对安全事故的办法，为学生平安、健康地学习与生活提供帮助。全书分为 7 个项目，包括校园安全、网络安全、交通安全、消防安全、实训实习安全、社会安全和自然灾害的应对。

本书可供职业院校开设安全教育课程教学使用，也可作为班主任开展班级教育之教材，还可供学生自学阅读使用。

图书在版编目（CIP）数据

安全教育读本/廖松书，黄斌主编. —北京：电子工业出版社，2015.8
ISBN 978-7-121-26493-1

Ⅰ. ①安… Ⅱ. ①廖… ②黄… Ⅲ. ①安全教育－中等专业学校－教材 Ⅳ. ①G634.201

中国版本图书馆 CIP 数据核字（2015）第 145415 号

策划编辑：张云怡
责任编辑：张云怡　特约编辑：尹杰康
印　　刷：北京七彩京通数码快印有限公司
装　　订：北京七彩京通数码快印有限公司
出版发行：电子工业出版社
　　　　　北京市海淀区万寿路 173 信箱　邮编　100036
开　　本：787×1 092　1/16　印张：6.75　字数：172.8 千字
版　　次：2015 年 8 月第 1 版
印　　次：2023 年 8 月第 19 次印刷
定　　价：22.00 元

凡所购买电子工业出版社图书有缺损问题，请向购买书店调换。若书店售缺，请与本社发行部联系，联系及邮购电话：（010）88254888，88258888。

质量投诉请发邮件至 zlts@phei.com.cn，盗版侵权举报请发邮件至 dbqq@phei.com.cn。

本书咨询联系方式：（010）88254573、zyy@phei.com.cn。

《安全教育读本》编委会

主　编　廖松书　黄　斌

主　审　罗云明

副主编　古　伟　李机香　李炎兰
　　　　周轶群　卢友彩　黄润林

参　编　梁信佳　吴地固　唐日兴
　　　　姜明浩　曾志华　覃浩洪

前言

安全是人类永恒的追求，是人们生命的保证。青少年学生的安全教育工作，关系到亿万孩子的健康成长，不仅为学生家庭和社会各界所关注，更为国家心想情系，但这是一项系统工程，需要社会方方面面的密切配合与协作。

当代职业院校学生，需要加强安全教育，主要有以下几点原因。一是从小生活在父母和老师的呵护之下，缺乏必要的预防和应对外来侵害、灾害事故方面的基本常识和经验，安全防范意识和能力比较欠缺。二是职业院校学生的世界观、人生观、价值观等正在打磨形成之中，意志容易摇摆，在金钱、名誉、享受等面前易受诱惑。三是在社会外界各种因素冲击下，职业院校学生们思想的独立性、选择性、差异性明显增强，呈现出多种思想观念并存与交锋的局面，当各类安全隐患和诱惑不断出现时，职业院校学生们的思想与行为备受考验，安全风险增大。四是职业院校学生所处的年龄阶段正是青年心理转型的重要时期，面临来自各方面的困扰，如学习生活环境日益复杂化、社会化，竞争与就业压力增大，各种新的不平衡、不和谐因素增多，在人际关系、情绪稳定和学习适应方面的问题尤为突出。因此，加强对职业院校学生的安全防范教育和遵纪守法教育非常必要。

本书分为 7 个项目，包括校园安全、网络安全、交通安全、消防安全、实训实习安全、社会安全和自然灾害的应对。本书是结合学生安全教育现状，为帮助学生增强安全意识，指导学生预防安全隐患和正确处理安全事故而编写的，目的是传授学生安全知识和教会学生应对安全事故的办法，为学生平安、健康地学习与生活提供帮助。全书图文并茂，案例真实，具有较强的可读性和趣味性。本书由廖松书、黄斌担任主编，古伟、李机香、李炎兰、周轶群、卢友彩、黄润林担任副主编，梁信佳、吴地固、唐日兴、姜明浩、曾志华、覃浩洪参编。全书由罗云明担任主审。

校园安全应当警钟长鸣：面对身边潜伏的安全危机，职业院校学生要学会预防，学会自救，学会维权。只有如此，才能远离或减少伤亡，生命之花才会在遭遇挫折时顽强开放，更加艳丽！

由于作者水平有限，书中难免存在错误和不足之处，恳请广大读者批评指正。

编　者

目 录

项目 1

校园安全

学习目标

1. 了解学校生活中容易出现的人身和财产安全问题及其预防解决办法；
2. 了解校园运动中应注意的安全常识；
3. 了解校园中易发的传染病，了解发病症状及其防治方法。

项目案例

案例 1

2011 年 9 月 21 日中午饭时间，河南省某中专财经部一年级的新生汪某因听别人说同学汤某骂她，决定“教训”一下她，便叫上同学廉某和李某去找汤某“说理”，找到汤某之后，将其带到了教学楼的楼道拐角处便开始对其进行殴打，并由李某用手机拍下整个过程。在长达六分多钟的持续殴打中，汪、廉、李三人口爆粗话，打耳光、撕头发、拳打脚踢，引起同学围观。然后，上述三人将汤某带至一间教室，将汤某推倒在地拳打脚踢。学校和教育局先后介入此事展开调查，向被打学生及家长致歉。参与打人的两位学生的家长非常懊悔，深切感受到没有教育好自己子女的严重后果，并到被打学生家里向学生及家长道歉。打人的学生受到了处理。

（案例来源：河南省教育报）

案例 2

湖南某县级中学占地 120 多亩，气势不凡的五层教学楼楼顶覆盖着琉璃瓦，教学、生活、体育设施齐全，堪称当地一流学校。

然而，2009 年 12 月，这所学校发生了一起伤亡惨重的校园踩踏事件，造成 8 名学生遇难，26人受伤。

事发当晚，天降大雨。学校规定，晚上9时10分下晚自习，9时30分就必须熄灯就寝。学生们为了躲雨、早点回寝室，都不约而同地选择了楼梯通道，一时间，人流高度密集。据当事人小杰（化名）回忆，当晚他从4楼的教室走到3楼楼梯口时，发现好多同学挤成了一团。人流缓缓挤到二楼至一楼的楼梯间，拥挤变得更加厉害。突然，有七八人摔倒在楼梯间的平台上。小杰说，前面的学生摔倒后，后面的学生还以为前面有人在故意拦他们，于是拼命往前挤。小杰感到被人从背后猛然一推，往前便倒。危急时刻，他用右手撑在地上，头顶在一个靠在墙角的同学的脚上，身体下面还有一个同学，上面也有一个同学压着他。小杰说，因为自己无法脱身，心里十分害怕。后来看见不停闪动的手电光，知道是老师来了，心想这下有救了。相对小杰而言，另一位同学小午（化名）就没有那么幸运了。小午被挤压昏迷后，被学校老师送到医院，经医院初步诊断，后脑出现骨裂，头皮有淤血。

项目知识

一、校园公共秩序安全

职业院校学生初入校园，进入了全新的环境，对于陌生的校园生活充满了新鲜感。校园是学习知识的地方，也是大家生活的地方。一个安全、舒适、干净的校园是同学们共同努力的结果。

二、校园水电使用安全

水、电是校园生活中无时不在的要素，看似平常，但如有使用不当也存在着巨大的隐患。特别是电，使用不当容易引起火灾。同学们在日常的学习和生活中，要注意遵守学校的相关章程。因后面项目中会有详细讲解，此处不再展开叙述。

三、校园人身财产安全

凶杀和斗殴两类暴力型人身伤害，也是校园生活中必须禁止的。这类伤害对职业院校学生的生命、健康和自由危害极大，往往导致死亡或伤残，大多构成犯罪或严重犯罪。不但给受害的职业院校学生及其家人带来无法弥补的巨大痛苦和损失，而且对作案的职业院校学生来说，如果构成刑事犯罪，也葬送了自己的前程，同样给自己和家人带来巨大的灾难和伤害。

产生于学校校园中的凶杀和斗殴人身伤害，常见的原因主要有以下几种。

（1）酗酒闹事

摄入较多酒精对记忆力、注意力、判断力、机能及情绪反应都有严重伤害。过量的酒精刺激使大脑皮层对皮下中枢的抑制作用减弱或解除，兴奋感加强，因此有的人在酒醉状态下会缺乏自制力，变得极度放肆、粗暴，不能控制自己，很容易发生人身伤害等违法犯罪行为。依照《中华人民共和国刑事法》第二百九十三条第一款第一项、第二项和《中华人民共和国民法通则》第一百一十九条、第一百三十四条（七）项之规定，醉酒后随意殴打、追逐、拦截、辱骂他人，情节恶劣，其行为已构成寻衅滋事罪，判处有期徒刑一年。同时，因其行为对受害人的身体造成伤害，需承担刑事责任外，还应承担相应的民事责任。

（2）报复泄愤

报复心理是在社会交往中欲以攻击方式对那些曾给自己带来挫折、不愉快的人发泄怨恨、不满的一种情绪。在职业院校中，这种情绪潜藏着极大的危险性，报复心理经常表现为以牙还牙式的报复。

在校园生活中，当自尊心受到伤害时，愤怒之情会油然而生，甚至怒火中烧。这时，我们可通过自我心理调节加以淡化、转移。如暂时离开一下你看不顺眼的人或环境，转而从事一些自己最开心的活动以帮助转移注意。也可以找知心朋友倾诉、请教，以渲泄心理压力，听听他人的评论、劝解，冷静反思一下。经过冷静理智的反思与调节，可能你心中的火会不知不觉地熄了一大半，甚至烟消云散。

（3）意气用事

意气用事是指缺乏理智，只凭一时的想法和情绪办事，多存在于青少年中。性格和情绪上的意气用事，是做人处世的一个不可小觑的缺陷。性格和情绪上的偏激是一种心理疾病。它的产生源于知识上的极端贫乏，见识上的孤陋寡闻，社交上的自我封闭意识，思维上的主观唯心主义等等。

现实生活中矛盾纠纷时有发生，每个人都会遇到一些冲突，但处理的方式不同其后果也不一样。退一步则海阔天空，进一步就可能走进犯罪深渊。克制与冷静无疑是制止冲突和化解矛盾的好方法。职业院校学生要学会爱，爱这个世界，爱每个生命。我们希望教育培养出来的是积极向上的人，是对社会充满责任感的人，而非对这个社会冷眼旁观的人。

1. 预防职业院校学生中的人身伤害

学校发生的治安、刑事案件中，凶杀等人身伤害案件时有发生。在学校发生的凶杀等伤害案件大致有两种：一种是学生与校外人员之间的伤害；另一种是学生与学生之间的伤害。

下面着重说明职业院校学生应如何做好预防，确保人身安全。在职业院校学生中，防止人身受到凶杀等伤害主要应注意以下几点。

（1）提高防范意识，增强自我保护能力。不去社会中情况复杂的场所，不感情用事，以免发生不必要的纠纷。

（2）严格遵守学校的规章制度。学校制定的规章制度是大家都要遵守的准则。

（3）学习安全，重视安全，走进安全，学会识别潜在危险源。

（4）互相关心，互相照顾，相互谅解，求同存异。和同学在一起生活，要互相尊重，宽以待人；不为小事和他人发生纠纷。

（5）慎重交友，培养、提高自己辨别是非的能力。

（6）避免社会不良风气的侵蚀，预防黄、赌、毒的侵害。

（7）遵守社会主义精神文明，学会用文明幽默的语言化解纠纷。俗话说“祸从口出”，说话不当可能会引来祸端，要学会礼貌待人，要大度。

（8）遇到矛盾要及时化解，切忌深究，避免积怨，更不能产生报复泄愤的心理。

2. 防止抢夺、抢劫

学校抢劫案件是指以非法占有为目的，以职业院校学生为侵害目标，使用暴力、胁迫或其他的方法强行劫取财物的行为。抢夺，则是以非法占有为目的，乘人不备公然夺取职业院校学生财物的行为。涉世不深，缺乏社会经验，遇险被抢后不敢反抗，这些特点使得职业院校学生成为犯罪分子选择的对象。由于抢劫、抢夺在一定情况下很容易转化为凶杀、伤害、强奸等恶性案件，使被害人精神受到伤害，甚至危及生命安全，对这一类型的案件更需要大家提高警惕，在遇到危险时采取恰当的防范措施，减少不必要的伤害。在职业院校学生中防止人身受到抢夺、抢劫伤害，主要应注意以下几点。

（1）校纪校规要记牢。为确保同学们的安全，学校都有相应的纪律规定，如不得擅自在外租房，按时就寝不得晚归等。但总有一部分同学无视校纪校规，晚归甚至夜不归宿，这样就给犯罪分子提供了作案的机会。

（2）外出结伴不独行。犯罪分子对职业院校学生实施抢劫，被抢对象多为单行的。因此，职业院校学生外出务必要结伴而行，晚上最好不要外出。

（3）仪表风度不装酷。少数职业院校学生喜欢刻意穿着打扮装酷，或者奇装异服标新立异，这也往往会给自己埋下祸根。

（4）携带现金不要多。现金是犯罪分子抢劫的最主要目标，职业院校学生由于携带现金被发现后易被抢劫，同学们务必引起高度警惕和注意。一定要将多余的现金及时存入银行，学费最好通过银行汇兑，平时只带少量的零用钱。

（5）偏僻小道不能走。根据学校抢劫案的特点，职业院校学生遭到抢劫多发生在比较偏僻、阴暗的地方。为避免侵害，同学们应该选择校园内的大道走，特别是在夜间，莫贪近路走偏僻小道。

（6）校外网吧要少进。职业院校学生不要光顾校外网吧，因为一些不法分子在手头较紧时，往往对经常出入网吧的职业院校学生实施抢劫。这类案件在校园周围常有发生。

警示案例

小李是某中职学校二年级的学生，平时酷爱上网，经常光顾学校附近的网吧。一天，小李在网吧上网玩游戏的时候，后面围上来三名社会青年，说身上不方便请小李代付一下三人的网资。小李不肯，然后双方起了争执。对方凭借人多，不但将小李随身携带的现金抢走，还殴打了小李，然后逃走。事后，小李报了警。

当我们遭遇抢劫案件时，可以试图采取下列应对措施：

（1）沉着冷静不恐慌。如果不幸遭遇抢劫，首先要使自己保持镇定，尽量克制心中的恐惧情绪；其次要有正义必胜的坚定信念；最后要积极寻找合适的方式战胜坏人。

（2）力量悬殊不蛮干。遭遇抢劫等恶性案件时，歹徒都是有备而来，一般会携带刀具等凶器。在人数、力量和对方的差距很大时，切记不要鲁莽行事，以免激怒对方，对自己的身体造成伤害。

（3）快速撤离不犹豫。俗话说“三十六计走为上”，同学们如遇到抢劫时，对比双方力量，感到无法抗衡时，可看准时机向有灯光或人员集中的地方快速奔跑，犯罪分子由于心虚，一般不会穷追不舍，从而可有效避免劫案的发生。

（4）巧妙周旋不畏缩。当同学们已经处于犯罪分子的控制之下无法反抗时，要想办法巧妙周旋，可以先将对方索取的财物等交出，同时晓之以理，说明抢劫的危害，造成犯罪分子心理上的恐慌，如果对方有放松警惕的情况，应看准机会反抗或者逃脱，以脱离危险。

（5）留下印记不放过。一旦遭遇抢劫，要努力的记住犯罪分子的特征，如身高、年龄、发型、体态、衣着、胡须、特殊疤痕、语言及行为等，以便为公安机关侦破案件提供有用的线索。

（6）大声呼救不胆怯。犯罪分子有其胆大妄为和凶悍的一面，更有其心虚的一面，只要同学们把握机会，及时呼救，一些抢劫案便可以得到有效地控制。

警示案例

某中专学校一年级的学生臧某，周末回家时经过一条偏僻的小巷，遇到迎面走来的两个社会人员。对方向臧某索要钱财，臧某见势不妙，将身上的钱财全都拿出来交与对方。不料二人嫌太少，并要殴打臧某，臧某谎称带二人到附近的取款机取钱。待行至人多开阔的地方时，臧某大声呼救，并快速逃跑。

3. 防止因纠纷而引发斗殴

打架斗殴是指人们在现实生活中超出理智约束的一种激烈的、对抗行的、互相伤害的行为。它是人们对日常生活中发生互相伤害行为的一种统称。打架斗殴的双方可以各是一人，也可以是两人或者两人以上。从行为性质看，打架斗殴既是一种危害社会的行为，也是一种违法的行为。打架斗殴一旦发生，就会对校园秩序带来破坏，并带来一定的法律后果。

警示案例

2010 年 10 月份，某中职学校 A 教学部的蔡某（女）与余某（女）两人同住一间宿舍，因双方在生活矛盾上发生不快，导致两人在 QQ 签名上相互指责，某天蔡某在饭堂截住余某，责问 QQ 签名之事，并先动手，两人随即发生肢体冲突，双方都轻微受伤。事后，学校组织该教学部部长与班主任调查事情经过，并对蔡某和余某两人做了充分的思想疏导和教育，两人表示对此事中所犯的错误已有正确的认识，并表示会做出深刻检讨。最后，学校决定给予蔡某严重警告，余某警告的处分。

在职业院校中，防止斗殴人身伤害要做到以下几点。

（1）怎样平息处于萌芽状态中的校园斗殴。

校园内同学之间交往频繁，由于性格不合、见解不一和利益冲突等原因，必然会引发各种各样的矛盾和纠纷，从而导致打架斗殴现象的发生。打架斗殴是校园内的一大公害，成为在校职业院校学生违法违纪行为的主要表现之一。

所以，职业院校学生应尽力避免发生纠纷，防止一失足成千古恨。当你感到可能发生纠纷的时候，希望你尽力做到：

① 冷静克制，切莫莽撞。无论争执由哪一方面引起，都要持冷静态度，尽量避免情绪激动、莽撞行事，这就要求我们要大度，虚怀若谷。有一副颂扬大肚弥勒佛的对联："大肚能容，容天下难容之事；开口便笑，笑世间可笑之人"。就是说只有"大着肚皮容物"，才能"立定脚跟做人"。对于那些可能发生摩擦的小事，宽容面对，一笑了之。如果能够做到这一点，就能"猝然临之而不惊，无故加之而不怒"，一切纠纷都会化为乌有。

② 诚实谦虚，宽容他人。在与同学以及其他人的相处中，诚实、谦虚是加强团结、增进友谊的基础，也是消除纠纷的灵丹妙药。诚实、谦虚并不是什么懦弱、妥协。在发生纠纷时，要认真听取他人的意见，宽容待人，处理好相互间的争执。培根说过："经得起各种诱惑和烦恼的考验，才算达到了最完美的心灵健康。"

③ 措辞文雅，互相尊重。实践证明，职业院校学生中的纠纷多数由口角引起，而口角的发生都是恶语伤人的必然结果。俗话说"病从口入，祸从口出"，"话不投机半句多"，深刻揭示了语言与纠纷的辩证关系。一是说话要和气，以理服人，不恶语伤人；二是说话要文雅，不说粗话、脏话；三是说话要谦虚，尊重对方，不盛气凌人。

良好的人际关系能够淡化矛盾、减少隐患、消解不稳定因素，是最好的自我保护工具。在现实生活中，大多数案件的起因是由于人与人之间关系处理不当引起的。如果人与人之间在相互交往中都能够做到待人以礼、以诚、以信，往往能够化干戈为玉帛。

防止发生纠纷的总原则是：恪守本分，互谅互让，求同存异，理解万岁。

（2）怎样防止几类常见斗殴的发生。

① 防止突发性斗殴。突发性斗殴往往是由偶然起因不能冷静对待而引起的。遇到这种情况要尽力说服当事者先冷静下来，向其说明冲动行为会酿成的严重后果，针对不同的对象，认真说服讲清道理。

② 防止报复性斗殴。在校园生活中，同学们的思想动机必然要从言语、行为等方面显露出来。注意关心同学的思想变化，发现问题及时而又有针对性地进行规劝。注意不要直接指出对方的错误，那样容易引起对方反感，或置对方于十分难看的境地，应委婉相劝，攻心为上，可以用相似的人或事来善意地暗示对方。正如周恩来总理所说的："与人说理，须使人心中点头。"让对方自己觉悟，从而领悟到同学之间的情谊，避免事端。

③ 防止演变性斗殴。演变性斗殴一般有一个较长周期的滋生过程。同学们长期生活在一起，不可避免地在思想上和生活上会发生一些摩擦和冲突。而有些伤人感情的话语容易使人与人之间产生积怨，从而引发斗殴，甚至危害生命。

④ 防止群体性斗殴。为帮同学、老乡或朋友而进行群体性斗殴的现象时有发生。教

育学家认为，一句话能改变别人的行动。职业院校学生应该从纷繁复杂的生活现象中分辨是非，判断正误。

（3）遇上别人打架斗殴怎样办。

如果你遇上别人打架斗殴，请不要火上浇油，以免事态扩大，并希望你做到：

① 不围观，不起哄，不参与。

② 应当先问明情况，如是校外人员寻衅滋事殴打学生，应立即向保卫部门报告或拨打 110 电话报警，以防事态扩大。

③ 打架的一方如果是你的同学或熟人，在劝解时要主持公道，不可偏袒。应当首先拉自己的同学或朋友，采取隔离措施，以免被对方误解，将你当做对方的“同伙”而受到无辜的伤害。

④ 当学校有关部门调查打架真相时，现场目击人要勇于站出来提供线索和证据，以保护受害人的合法权益，使肇事者受到惩处。

（4）怎样防止故意寻衅滋扰。

寻衅滋扰，广义概念上讲，是指外部人员无视国家法律和社会公德而寻衅滋事、结伙斗殴、扰乱社会秩序等行为。狭义概念上讲，主要是指对校园正常秩序的破坏扰乱，对职业院校学生无端挑衅、侵犯乃至伤害的行为。寻衅滋扰是一个涉及个人、学校、家庭、社会等诸多方面因素复杂交错的社会问题，职业院校学生必须提高警惕，预防和制止外部滋扰，以保证学校教学、科研和生活正常有序地进行。

① 受外部滋扰的常见形式。

a. 校内外的不法人员通过多种途径与少数职业院校学生进行交往，如发生矛盾或纠纷，便有目的地入校寻衅滋事、伺机报复。

b. 有的社会不法人员，在游泳、洗浴、购物、看电影、参加舞会、观看比赛甚至走路等偶然场合，与职业院校学生发生矛盾纠纷，进而酿成冲突。

c. 有的不法青年，专门尾随女学生或有目的地到学生宿舍、教室等处污辱、骚扰、调戏女学生，甚至对女学生动手动脚，致使女学生受到伤害。

d. 一些游手好闲的青少年，把学校当成玩乐场所，在校园内游逛，或故意怪叫、漫骂、吵嚷，或有意扰乱秩序，易于在校生发生正面冲突。

e. 少数无赖之徒，千方百计地打听异性女学生的姓名和电话号码，然后不停地给其写信、打电话，不是低级庸俗的谈情说爱，就是莫明其妙的恐吓和威胁，甚至敲诈勒索，从而造成被害人在精神上非常痛苦，这就是信件电话滋扰。

滋事者大多是一些有劣迹、行为不轨的青少年。这些人行动的目的和动机往往只顾满足眼前欲望而不顾后果，容易受偶然的动机和本能所支配，他们自制力差，小小的精神刺激即可使之陷入暴怒和冲动之中。有些则结成团伙，蛮横无理、为所欲为、称霸一方。入校滋扰者，有的事先有明确的目的，有的并无确定目标。无论是哪种形式，受滋扰的对象往往都是职业院校的学生们。

② 应当怎样对待寻衅滋扰。寻衅滋事是典型的违法行为，不仅直接危害师生的人身和财产安全，而且还会破坏校园的正常秩序。为了根治校园外部滋扰这类治安问题，从中央到地方各级政府，都加强了对校园周边进行治安综合治理的整治力度。职业院校学

生在遇到寻衅滋事时，应注意把握以下几点。

a．提高警惕，做好准备，正确看待，慎重处置。面对违法人员挑起的流氓滋扰事件，千万不要惊慌失措，而要正确对待。要问清缘由、弄清是非，既不畏惧退缩，也不随便动手，应晓之以理，妥善处置，避免使事件升级，引发伤害案件。

b．充分依靠组织和集体的力量，积极干预和制止外部滋扰行为。如发现寻衅滋扰事件，要及时向老师或学校有关部门报告，一旦发现公开侮辱、殴打同学的恶性事件，要敢于挺身而出，积极地加以制止。要注意团结和发动周围群众，对滋事者形成压力，迫使其终止滋扰。

c．注意策略、讲究效果、避免纠缠，防止事态扩大。在许多场合，滋事者显得固执而无赖，叫人可气可恼而又抓不到有效证据。遇到这种情况，一定要冷静，注意讲究策略和方法。一方面及时报告并协助有关部门进行处理；另一方面采取正面对其劝告的方法，注意避免纠缠，目的就是避免事态扩大，免得把自己与无赖之徒置于等同地位。

d．自觉运用法律武器保护自己和他人。面对违法滋扰事件，既要坚持以说理为主，不要轻易动手，同时又要注意留心观察、掌握证据。比如，有哪些人在场，谁先动手，持何凶器，滋事者的重要特征等等。这些证据对查处违法滋事者是很有帮助的。

职业院校学生是校园的主人，要勇于维护自身利益，维护校园正常秩序，积极慎重地抵御外部滋扰是义不容辞的责任。同时，职业院校学生更应加强自身修养，不断提高自己的综合素质，严格要求自己，决不能染上恶习而使自己站到滋事者的行列中去。

4. 防止意外伤害

灾难是不可预料的，意外伤害是指外来的、突发的、非本意的、非疾病的使身体受到伤害的客观事件，如飞机坠毁、人行道边的树倒下、食物中毒、失足落水等均属于意外伤害。职业院校学生在校园的生活和学习中要注意避免意外伤害。此处重点要提醒大家的是要注意课间安全，防止踩踏事件。

课间休息时，同学们进行放松、游戏时要注意安全，应做到以下几点：

（1）遇到狭窄的路段，如狭窄的楼梯通道，要守秩序，不着急、不拥挤，按顺序通过。

（2）不在上下楼梯时追逐嬉戏、打闹，以免摔倒造成挤压伤害。

（3）在人流量非常大时，要注意观察，如果前面的人员停滞不前，切忌盲目乱挤，以防跌倒造成踩踏。

知识链接

学会观察可能导致踩踏事故的现象

1. 人群较为集中时，前面有人摔倒，后面人未留意，没有止步。

2. 人群受到惊吓，产生恐慌，如听到爆炸声、枪声，出现惊慌失措的失控局面，在无组织、无目的地逃生中，相互拥挤踩踏。

3. 人群因过于激动（兴奋、愤怒等）而出现骚乱，易发生踩踏。

知识链接

预防踩踏的十大方法

1. 不在楼梯或狭窄通道嬉戏打闹，人多的时候不拥挤、不起哄，不制造紧张或恐慌气氛。

2. 尽量避免到拥挤的人群中，不得已时，尽量走在人流的边缘。

3. 发觉拥挤的人群向自己的方向走来时，应立即避到一旁，不要慌乱，不要奔跑，避免摔倒。

4. 顺着人流走，切不可逆着人流前进，否则，很容易被人流推倒。

5. 假如陷入拥挤的人流，一定要先站稳，身体不要倾斜失去重心，即使鞋子被踩掉，也不要弯腰捡鞋子或系鞋带。有可能的话，可先尽快抓住坚固可靠的东西慢慢走动或停住，待人群过去后再迅速离开现场。

6. 若自己不幸被人群挤倒，要设法靠近墙角，身体蜷成球状，双手在颈后紧扣以保护身体最脆弱的部位。

7. 在人群中走动，遇到台阶或楼梯时，尽量抓住扶手，防止摔倒。

8. 在拥挤的人群中，要时刻保持警惕，当发现有人情绪不对或人群开始骚动时，要做好准备保护自己和他人。

9. 当人群骚动时，脚下千万要注意，不能被绊倒，避免自己成为拥挤踩踏事件的诱发因素。

10. 发现自己前面有人突然摔倒时，要马上停下脚步，同时大声呼救，告知后面的人不要向前靠近，及时分流拥挤人流，组织有序疏散。

四、体育运动安全

1. 校园体育运动安全常识

体育课是锻炼身体、增强体质的重要课程。体育课上的训练内容是多种多样的，因此安全上要注意的事项也因训练的内容、使用的器械不同而有所区别。

（1）上体育课应注意安全防范

① 短跑等项目要按照规定的跑道进行，不能串跑道。这不仅仅是竞赛的要求，也是

安全的保障。特别是快到终点冲刺时，更要遵守规则，因为这时人身体的冲力很大，精力又集中在竞技之中，思想上毫无戒备，一旦相互绊倒，就可能严重受伤。

② 跳远时，必须严格按老师的指导助跑、起跳。起跳前前脚要踏中木制的起跳板，起跳后要落入沙坑之中。这不仅是跳远训练的技术要领，也是保护身体安全的必要措施。

③ 在进行投掷训练时，如投铅球等，一定要按老师的口令进行，令行禁止，不能有丝毫的马虎。这些体育器材有的坚硬沉重，有的前端装有尖利的金属头，如果擅自行事，就有可能击中他人或者自己被击中，造成受伤，甚至发生生命危险。

④ 在进行单、双杠和跳高训练时，器械下面必须准备好厚度符合要求的垫子，如果直接跳到坚硬的地面上，会伤及腿部关节或后脑。做单、双杠动作时，要采取各种有效的方法，使双手握杠时不打滑，避免从杠上摔下来，使身体受伤，同时要有老师和同学在器械旁站立保护。

⑤ 前后滚翻、俯卧撑、仰卧起坐等垫上运动的项目，做动作时要严肃认真，不能打闹，以免发生扭伤。

⑥ 参加篮球、足球等项目的训练时，要学会保护自己，不要在争抢中蛮干而伤及他人。在这些争抢激烈的运动中，自觉遵守竞赛规则对于安全是很重要的。

（2）参加竞技体育运动要注意安全

学校运动会的竞赛项目多、持续时间长、运动强度大、参加人数多，安全问题十分重要。

① 要遵守赛场纪律，服从调度指挥，这是确保安全的基本要求。

② 没有比赛项目的同学不要在赛场中穿行、玩耍，要在指定的地点观看比赛，以免被投掷的铅球等击伤，也避免与参加比赛的同学相撞。

③ 参加比赛前做好准备活动，以使身体适应比赛。

④ 在临赛的等待时间里，要注意身体保暖，春秋季节应当在轻便的运动服外再穿上防寒外衣。

⑤ 临赛前不可吃得过饱或者过多饮水。临赛前半小时内，可以吃些巧克力，以增加热量。

⑥ 比赛结束后，不要立即停下来休息，要坚持做好放松活动，如慢跑等，使心脏逐渐恢复平静。

⑦ 剧烈运动以后，不要马上大量饮水、吃冷饮，也不要立即洗冷水澡。

2. 运动损伤

（1）运动损伤的分类

① 按损伤的组织结构分类，可分为软组织损伤、骨折、脑震荡。

② 按伤后皮肤组织是否完整分类，可分为开放性损伤和闭合性损伤。

③ 按受伤的病理过程分类，可分为急性损伤和慢性损伤。

（2）产生运动损伤的基本原因

① 对预防运动损伤的意义认识不足。

② 缺乏准备活动或准备活动不充分。

③ 技术动作上出现问题。

④ 运动量过大。

⑤ 运动参与者的生理、心理状态不良。

（3）运动损伤的预防

① 积极开展预防运动损伤的宣传教育工作。

② 合理安排教学、训练、比赛。

③ 认真做好准备活动。

④ 加强易伤部位的训练。

⑤ 加强运动中的自我保护。

3. 常见运动损伤的处理方法

（1）开放性软组织损伤

开放性软组织损伤是指伤口与外界相通，容易引起出血和感染的损伤。最常见的有擦伤、切伤、刺伤和撕裂伤等。

治疗原则：保护伤口、及时止血，然后再处理伤口，有必要时争取在6～8个小时内进行清创缝合术，以防止感染，预防破伤风。

① 擦伤。伤口较干净者，可用生理盐水或冷开水洗净伤口，周围用浓度为75%的酒精消毒，伤口涂上浓度为2%的紫药水，不必包扎，暴露伤口使之干燥。如伤口内有砂石等异物，应先将异物挑出，然后用生理盐水洗净伤口，涂上紫药水，但面部不宜使用紫药水。

② 撕裂伤。撕裂伤中，以头、面部皮肤撕裂伤最为多见，如篮球运动中，眉弓被对方肘部碰撞引起眉际皮肤撕裂等。若撕裂的创口较小，经消毒处理后，用粘膏或创可贴黏合即可。若撕裂创口较大，则必须止血，并且缝合创口。若伤情和污染较重时，应注射破伤风抗毒素。

③ 刺伤和切伤。多见于武术、击剑、田径运动中钉鞋、滑冰的冰刀等。

急救处理：a.将创部及其周围的皮肤用双氧水消毒后，用敷料覆盖，然后适当加压包扎，必须先进行彻底清创，以预防感染和破伤风。b.如果被生锈铁钉所伤，因刺伤的伤口小而深，应先用生理盐水或双氧水冲洗伤口，除去异物，再进行消毒包扎。若出血过多，应立即进行临时止血，并注射破伤风抗毒素。c.血管、神经和内脏器官损伤者，应立即护送至医院治疗。

（2）闭合性软组织损伤

闭合性软组织损伤是指局部皮肤或黏膜完整，无裂口与外界相通，损伤时的出血积聚在组织内。这种损伤在体育运动中最为常见。症状表现特点是伤部组织出血、肿胀，局部红、肿、热、痛，有功能障碍。急救原则主要是止血、消肿、制动、止痛，采用冷敷、加压包扎、抬高患肢等方法。切忌受伤后马上搓揉伤部或用热水浸泡伤处、用电烤灯烤伤处。

① 挫伤。由钝性暴力直接作用于身体某部使该处及皮下组织或器官受损，体育运动中较常见的是股四头肌和小腿前部挫伤。临床表现为疼痛、肿胀、出血、淤血或由于血肿出现的肢体功能障碍。

急救处理：冷敷，冰块冷敷受伤部位；外敷，适当加压；镇痛；局部痛点注射。

② 肌肉、肌腱拉伤。由于肌肉主动猛烈收缩，其收缩力超过了肌肉本身所能承担的力，或肌肉受力牵伸时超过了肌肉本身的伸展程度，均可引起肌肉拉伤。拉伤可发生在肌腹或肌腱交界的附着处。症状表现为局部疼痛、肿胀、压痛、功能障碍等。

急救处理：肌肉未断裂者用冷敷方法处理，用冰块冷敷受伤部位；外敷，适当加压；镇痛；局部痛点注射。肌肉断裂者，应当加压包扎，固定伤肢，然后及时送往医院救治。

③ 关节韧带扭伤。由间接外力所致，即在外力作用下使关节发生超常范围的活动而造成。轻者韧带部分纤维断裂，重者则韧带纤维断裂，引起关节半脱位或完全脱位，同时可合并关节囊、滑膜和软骨组织的损伤。症状表现为疼痛、肿胀、皮肤青紫和关节活动障碍等。

急救处理：处理方法以冷敷、加压包扎和固定为主。

④ 运动型中暑。

症状表现：轻度中暑，可出现面部潮红、头晕、头痛、胸闷、皮肤灼热、体温升高。严重时，将出现恶心、呕吐、脉搏快而细弱、精神失常、虚脱抽筋、血压下降，甚至昏迷现象。

急救处理：应迅速将患者移至通风、阴凉处，解开衣领，冷敷额部，用温水擦身，并喂服含盐清凉饮料或十滴水，数小时后即可恢复正常。严重患者，经临时处理后，应迅速送往医院治疗。

⑤ 脱臼。由于外力作用或用力过猛，造成韧带或关节拉伤或撕裂，使关节面脱离了正常位置。症状是关节外部变形并伴随剧烈疼痛。

急救处理：可先对伤处进行冷敷，扎上绷带，保持关节固定不动，然后送往医院就诊治疗。

⑥ 骨折。骨折可分为开放性骨折和闭合性骨折两种。在体育运动中发生的多为闭合性骨折，其中以前臂发生骨折为多，其症状是伤处有剧烈疼痛感，并丧失正常活动功能，一般还有明显的畸形、肿胀和压痛。

急救处理：要注意给病人保暖，止疼、止血，防止休克，然后将伤处包扎固定送往医院治疗。

五、常见传染病及其防治

职业院校学生要充分认识传染病对身体健康造成的危害，轻者可影响学习、生活，重者可留下后遗症甚至造成死亡。

知识链接

传染病的分类

《中华人民共和国传染病防治法》规定，我国的传染病分为甲类、乙类和丙类。

（1）甲类传染病是指鼠疫、霍乱。

（2）乙类传染病是指传染性非典型肺炎、艾滋病、病毒性肝炎、脊髓灰质炎、人感染高致病性禽流感、麻疹、流行性出血热、狂犬病、流行性乙型脑炎、登革热、炭疽、细菌性和阿米巴性痢疾、肺结核、伤寒和副伤寒、流行性脑脊髓膜炎、百日咳、白喉、新生儿破伤风、猩红热、布鲁氏菌病、淋病、梅毒、钩端螺旋体病、血吸虫病、疟疾、甲型 H1N1 流感。

（3）丙类传染病是指流行性感冒、流行性腮腺炎、风疹、急性出血性结膜炎、麻风病、流行性和地方性斑疹伤寒、黑热病、包虫病、丝虫病，除霍乱、细菌性和阿米巴性痢疾、伤寒和副伤寒以外的感染性腹泻病。

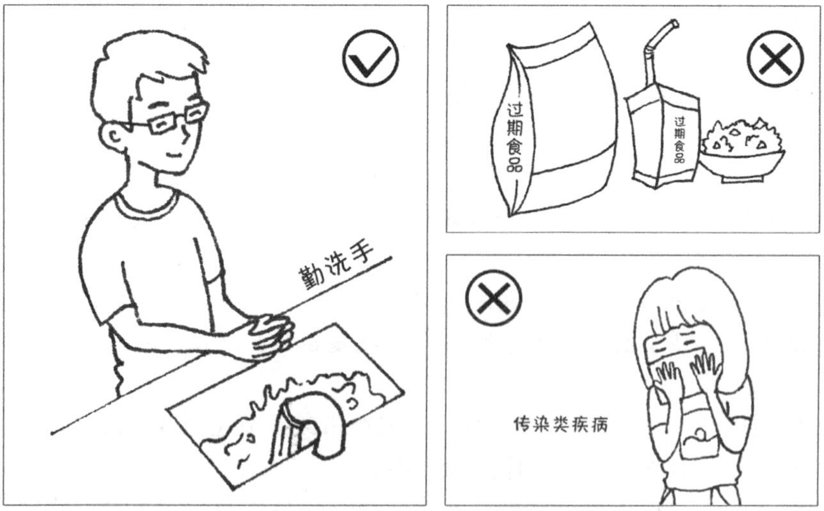

1. 传染病容易暴发的原因

由于学校人群密集，极易出现交叉感染，导致各种传染病疫情扩散和蔓延。

（1）饮水卫生。集中供水的学校传染病暴发与流行的发生率最低；使用简易自来水的学校报告发生率最高；使用二次供水、自备水或分散式供水的高校传染病爆发与流行的发生率也较高。有研究显示，肠道传染病的高发和水源、粪便管理有着密切的关系。

（2）食堂卫生。调查证明，食堂工作人员中全部有健康证的高校其传染病暴发与流行的发生率低于无健康证的学校。

（3）食物污染。包括：取食已经变质或受到细菌污染的过期、被水泡过的食物；由于保管不当而被苍蝇等污染的食物；餐具消毒不及时而带来污染的食物。

知识链接

抑制传染性疾病的有效措施

（1）养成讲卫生的好习惯，注意个人卫生、食品卫生、环境卫生。

（2）加强身体锻炼，提高免疫能力。

（3）按规定接种疫苗。

（4）对传染病患者要早发现、早报告、早治疗、早隔离，防止交叉感染。

2. 学校常见传染病及其预防

（1）麻疹

麻疹是由麻疹病毒引起的一种急性呼吸道传染病，以发热、咳嗽、流涕、眼结膜充血、口腔黏膜疹及全身斑丘疹为临床特征，并常可并发肺炎，而危及患者生命。

【并发症】 麻疹的并发症有肺炎、喉炎、心肌炎、脑炎等。

【预防知识】

① 自动免疫：易感者都应接种麻疹减毒活疫苗。我国目前定于婴幼儿8个月时初种，4岁、6岁时各加强一次。

② 被动免疫：年幼体弱及患病者如接触麻疹患者，5天内进行被动免疫可免于发病，5～9天内进行则仅能减轻病情。可肌注丙种球蛋白（10%）0.2ml/kg，或胎盘球蛋白0.5～1.0ml/kg。被动免疫力仅能维持3～4周，3周后又接触麻疹患者需再注射。

③ 综合预防措施：发现麻疹患者应立即做疫情报告，并隔离至疹后5天，有并发症者延至10天。在麻疹流行期间，应大力宣传患者不出门，医药送上门，集体机构加强检查，对可疑者应隔离观察。

（2）流感

流行性感冒（简称“流感”）是流感病毒引起的急性呼吸道感染，是人类至今尚不能有效控制的世界性传染病，也是我国重点防治的传染病之一。它是由流感病毒引起的急性呼吸道传染病，传染性极强，传播速度快，容易发生大面积流行，甚至是世界性大流行。

【并发症】 多数人以为流感是小病而不加理会，其实每年死于流感的人不计其数。流感病毒若入侵器官，可引起严重的并发症，如肺炎、支气管炎、充血性心力衰竭、肠胃炎、晕厥、出现幻觉等，后果十分严重。

【预防知识】 由于流感是病毒性传染病，没有特效的治疗手段，因此预防措施非常重要。主要预防措施包括：

① 保持良好的个人及环境卫生。

② 勤洗手，使用肥皂或洗手液并用流动水洗手，不用污浊的毛巾擦手。双手接触呼吸道分泌物（如打喷嚏）后应立即洗手。

③ 打喷嚏或咳嗽时应用手帕或纸巾掩住口鼻，避免飞沫传染他人。流感患者在家或外出时应戴口罩，以免传染他人。

④ 均衡饮食、适量运动、充足休息，避免过度疲劳。

⑤ 每天开窗通风数次（冬天要避免穿堂风），保持室内空气新鲜。

⑥ 在流感高发期，尽量不到人多拥挤、空气污浊的场所；不得已必须去时，应戴口罩。

⑦ 流感疫苗接种是世界公认的预防流感的有效方法。流感疫苗的免疫接种越来越受到各国的高度重视，实践证明，免疫预防是减少流感危害的一种重要措施和手段，对高危人群、易感人群接种流感疫苗是预防流感的有效方法。

（3）甲型 H1N1 流感

甲型 H1N1 流感是由变异后的新型甲型 H1N1 流感病毒所引起的急性呼吸道传染病，通过飞沫、接触传播，临床主要表现为流感样症状，少数病情可迅速进展，出现肺炎、呼吸衰竭、多器官损伤，严重者导致死亡。

【传染途径】 患者为主要传染源，目前无证据表明动物为传染源，主要通过飞沫或气溶胶经呼吸道传播，也可通过口、鼻、眼处黏膜直接或间接接触传播，接触患者呼吸道分泌物、体液和被病毒污染物品传播。

【预防知识】

① 控制传染源。对患者及疑似患者进行隔离；对疫源地进行彻底消毒。

② 切断传播途径。收治患者的门诊和病房做好消毒隔离。

③ 保护健康人群。

（4）H7N9 型禽流感

H7N9 属于甲型流感病毒亚型，传染源目前尚不明确。患者一般表现为流感样症状，如发热、咳嗽、少痰，可伴有头痛、肌肉酸痛和全身不适。重症患者病情发展迅速，表现为重症肺炎，体温大多持续在 39℃以上，出现呼吸困难，可伴有咯血痰；可快速进展出现急性呼吸窘迫综合征、休克、意识障碍及急性肾损伤等。

【传播途径】 经呼吸道传播，也可通过密切接触感染的禽类分泌物或排泄物等被感染，直接接触病毒也可被感染。现尚无人与人之间传播的确切证据。

【预防知识】

① 加强体育锻炼，注意补充营养，保证充足的睡眠和休息，增强抵抗力。

② 尽可能减少与禽类不必要的接触，尤其是与病、死禽的接触。勤洗手，远离家禽的分泌物，接触过禽鸟或禽鸟粪便，要注意用消毒液和清水彻底清洁双手。

③ 应尽量在正规的销售禽类的场所购买经过检疫的禽类产品。

④ 养成良好的个人卫生习惯，不随地吐痰，如要吐痰应将分泌物包好，弃置于有盖垃圾箱内。加强室内空气流通，每天 1～2 次开窗换气半小时。吃禽肉要煮熟、煮透，食用鸡蛋时蛋壳应用流水清洗，应烹调加热充分，不吃生的或半生的鸡蛋。

⑤ 不要轻视重感冒，禽流感的病症与其他流行性感冒病症相似，如发烧、头痛、咳嗽及喉咙痛等，在某些情况下，会引起并发症，导致患者死亡。因此，若出现发热、头痛、鼻塞、咳嗽、全身不适等呼吸道症状时，应戴上口罩，尽快到医院就诊。

⑥ 定期对所处环境消毒，杜绝空气或环境中的传染源。

⑦ 食物预防。某些食物能通过增加机体营养成分而提高成功预防疾病的概率，可以食用以下食物预防：大蒜、芦荟、香菇、番茄、新鲜萝卜、新鲜蜂王浆。

（5）病毒性肝炎

病毒性肝炎是由多种肝炎病毒引起的传染病，具有感染性强、传播途径复杂、流行面广泛、发病率高等特点。肝炎可分为甲、乙、丙、丁、戊型五种。其中以甲、乙型肝炎感染率较高。患者主要表现为乏力、食欲减退、恶心、呕吐、肝肿大及肝功能损害，部分患者可有黄疸和发热，隐性感染较为常见。

【预防知识】

① 应采取以切断传播途径为重点的综合性预防措施，如重点抓好水源保护、饮水消毒、食品卫生、粪便管理等对切断甲型肝炎的传播有重要意义。

② 急性期患者应隔离。患者饮食用具、洗漱用具要专用，注意饮食卫生，避免与肝炎患者密切接触，避免医源性感染，保护好伤口。此期间，患者应进食含丰富蛋白质、维生素的食物，忌酒、葱、蒜、辣椒等刺激性食品，多吃易消化、维生素含量高的清淡饮食，食欲恢复好再正常饮食。

③ 防止血液污染，尽量减少输血及使用血制品。

④ 被动免疫和自动免疫。目前最常用的效果较好的疫苗有甲肝疫苗、乙肝疫苗。

（6）结核病

结核病是由结核杆菌感染引起的慢性传染病。结核菌可能侵入人体各种器官，但主要侵犯肺部，故也称为肺结核病。我国是结核病高负担国家之一，结核病患者数居世界第二位。学校是社会上一个特殊的组成部分，也是易感人群集中的场所。

结核病患者表现为咳嗽、咳痰、咯血或血痰、胸痛、低热、体重减轻、乏力、盗汗等症状。

【预防知识】

① 进行结核病健康教育和结核防治知识宣传培训，增强防病意识。

② 可对感染结核菌的人给予抗结核药物，进行预防性服药，从而防止发生结核病（指感染的重点人群和特殊对象）。

③ 已患结核的患者要增强社会责任感，服从治疗管理，不要当面对人咳嗽、打喷嚏、大声讲话。咳嗽、讲话时要用手帕捂住嘴；不要随地吐痰，吐的痰要及时处理；少参加聚集性活动。

④ 患者用过的物品可以用紫外线灯照射消毒或放在太阳下暴晒。

⑤ 提高自我防范意识和自我保护意识，培养卫生行为习惯，居住场所保持干燥，经常开窗通风。

⑥ 了解结核病相关知识，一旦有结核可疑症状，应立即上报校医院，及时到结核病防治所进行规范化治疗。

（7）狂犬病

狂犬病又称恐水症，为狂犬病病毒引起的一种人畜共患的中枢神经系统急性传染病，多见于狗、狼、猫等食肉动物。人多因被病兽咬伤而感染。一旦发病，死亡率高达 100%。据相应的数字统计，狂犬病一直高居传染病死亡率和病死率首位。

患者一旦患上狂犬病，表现为特有的狂躁、恐惧不安、怕风恐水、流涎和咽肌痉挛，终至发生瘫痪而危及生命。预防接种对本病有极其重要的意义。

【急救知识】

急救原则是不论什么狗咬伤均应立即急救。

① 洗。用浓度为 20%的肥皂水清洗伤口或用清水反复冲洗伤口 20 分钟左右，然后再用大量清水冲洗，把含病毒的唾液、血水洗掉。

② 挤。能挤压的地方，边冲水边往伤口外挤，不让病毒吸收到人体内，或者用器具将伤口内的血液吸出，随之把毒素也吸出。

③ 消毒。冲洗完毕后，马上用浓度为 75%的酒精或碘酒擦拭伤口内外，尽可能杀死狂犬病毒。

④ 注射抗体。以抗狂犬病毒的免疫球蛋白，在伤口周围皮下肌肉注射，以中和狂犬病毒。

⑤ 注射狂犬病疫苗。被咬后，尽快注射狂犬病疫苗，越早开始效果越好。

项目思考

1．作为一名初入职业院校校园的学生，哪些行为是影响校园秩序的不良行为？

2．在遭遇暴力事件时应如何应对？

3．在校园中进行体育运动时应注意哪些问题？

4．校园中应如何预防踩踏事件的发生？思考自己所在学校什么地方容易发生此类事件。

5．同住一个宿舍的同学不幸得了流感，你应如何应对？

项目 2

网络安全

学习目标

1．能够识别网络诈骗，学会如何应对网络诈骗；
2．能够识别不良网络信息，并有效抵制；
3．学会正确利用互联网。

项目案例

案例 1

黄某，16 岁，进入学校后读的是一个自己不太喜欢的专业，对学习几乎没有什么兴趣。像很多学生一样，进了新学校后他就有一种彻底解脱的感觉，整天把时间消磨在网吧里。学校又是一个相对独立而宽松的环境，没有父母和老师直接的监督，计算机一直玩下去，成绩也一路滑下去。一直到考试挂红灯才被发现。目前患抑郁症休学在家，感觉做什么都没有意思，日夜颠倒。父母监测时还发现孩子上黄色网站，而在自己的博客里更是把自己内心描写得非常灰暗。孩子与父母很对立，对学习也没有什么兴趣。性格内向，缺少必要的交流。对咨询很排斥，认为心理医生和自己父母是一伙的。

案例 2

东北某中职女生李某在网上结识了一位名为“阳光男孩”的网友。李某被男孩幽默的言辞所吸引，特别是“阳光男孩”介绍自己为某公司的白领，父母在国外等情况，更让她羡慕至极，而男孩似乎也对她萌生了爱意。当男孩提出见面时，李某一口答应，并瞒着家人，踏上了远去湖南长沙的列车。然而，她做梦也没有想到，她痴迷的网上恋人竟是社会上的小混混，网上所说的话全是谎言。见李某万般后悔准备离开时，这名小混混凶相毕露，带着几名“兄弟”，将女孩强行带到某旅馆进行多次轮奸，并抢光女孩身上所有的钱物。

（案例来源：《中职生安全教育读本》北京理工大学出版社）

项目知识

职业院校阶段是学生从一个非独立的社会人转变为一个能适应社会各种要求的重要时期。近几年来，我国青少年网民数量发展迅速，网络已经成为青少年学习知识、交流思想、休闲娱乐的重要平台。随着我国科技的不断进步，计算机网络的普及，在给人们带来方便的同时，也给社会、家庭带来影响，特别是青少年对于网络成瘾的问题，已经成为各界社会人士关注的焦点。网络的普及使青少年在日常生活中经常接触和使用互联网，青少年已经成为网民的重要组成部分。青少年由于身体、心智尚不完全成熟，面对网络世界的新事物、新景象，很容易分辨不清，把持不住对新鲜事物的好奇，以致容易沉迷其中。有些青少年甚至产生了“网瘾”、“网恋”等问题，严重影响了学业、生活和工作，妨碍了健康人格的形成，并给社会带来巨大伤害。职业院校学生网络行为和意识将影响整个网络的发展。但是网络在对现代人类做出伟大贡献的同时，也会被消极地利用，产生网络侵权、网络犯罪，由此引发网络安全问题。

一、预防网络综合症

1. 什么是网络综合症

网络综合症是人们由于沉迷于网络而引发的各种生理、心理障碍的总称。这是新近出现的疾病之一，目前各国正开展对它的研究。现在研究焦点在成瘾性（依赖性）、人际关系（包括网友、网恋、现实生活中的人际障碍等）、创造毁灭欲和与此有关的抑郁症、躁狂症等方面。同时，由于辐射、荧屏闪烁、久坐、注视疲劳等也会给人们带来生理上的问题。

如何判断一个人是否得了网络综合症？“网络综合症”也称“互联网痴癖症”，其表现是：无节制地上网，不上网时情绪低落、不愉快无兴趣；生物钟紊乱、食欲下降、思维迟缓；不愿与人交往等。怎么判断一个人是否对网络游戏、上网聊天等上了瘾？国外心理学家提出了 8 项标准可以自我诊断“网络综合症”：

（1）你是否觉得上网已占据了你的身心？

（2）你是否觉得只有不断增加上网时间才能感到满足，从而使得上网时间经常比预定时间长？

（3）你是否无法控制自己上网的冲动？

（4）每当互联网的线路被掐断或由于其他原因不能上网时，你是否会感到烦躁不安或情绪低落？

（5）你是否将上网作为解脱痛苦的唯一办法？

（6）你是否对家人或亲友隐瞒迷恋互联网的程度？

（7）你是否因为迷恋互联网而面临失学、失业或失去朋友的危险？

（8）你是否在支付高额上网费用时有所后悔，但第二天却仍然忍不住还要上网？

如果你有 4 项或 4 项以上的表现，并已持续一年以上，那就表明你已患上了“网络综合症”。

2. 网络综合症的应对

网络的积极作用毋庸置疑，关键是要把握好一个度。建议青少年每天上网时间不要超过 3 个小时，而且要有良好的心态：利用网络来开拓视野、增长知识和扩大交往面，而不是将自己与现实世界隔离，发泄情绪。同时，学会自我调节，舍得放弃网络上那些虚拟的东西。此外，要丰富业余文化生活，如旅游、下棋、体育运动等，不可陷入“非上网不可”的陷阱。一旦罹患网络综合症，要尽快就医，求得心理帮助。对于上网之人来说，一定要注意保持正常而规律的生活，不要把上网作为逃避现实生活问题或者消极情绪的工具；上网要有明确的目的，有选择性地浏览自己所需要的内容；上网过程中应保持平静心态，不宜过分投入；上网时间不宜过长。另外，由于上网时间过长，计算机荧屏的电磁辐射也对人体健康不利。上网之前先限定时间，看一看你列在纸上的任务，用一分钟估计一下大概需要多长时间。假设你估计要用 40 分钟，那么把小闹钟定到 20 分钟，到时候看看你进展到哪里了。要注意远离一切色情、暴力性节目。

二、预防网络诈骗

1. 如何有效预防网上购物时被骗

网络是个虚拟世界，识别网络购物中的陷阱，要注意以下几个方面。

首先，要对所购买的商品有所了解，包括目前市场价格。如果卖家所出价格远远低于市场价格，而且交货期限很短，就应提高警惕，不要贪小便宜，被超低价格诱惑。要核实网络卖家留下的信息，仔细甄别网络卖家留下的电话号码与地址是否一致。如果卖家的联系方式只有 QQ 号码、电子邮箱、手机号码，而没有固定地址和对应的固定电话时，不要轻易交易。此外，还可以利用网上搜索引擎，查询供货信息里的联系电话、联系人、公司名称、银行账号等关键信息是否一致。如果发现上述信息有不一致的，同学们就应该提高警惕。其次，尽量去大型、知名、有安全保障的购物网站购买物品，先货后款，收到货物后当面验货。目前，正规大型购物网站的支付形式是采取买家将钱先存入第三方账户，买家收到货后向第三方确认，第三方再将货款转给卖家。谨慎对待卖方交付定金的要求。在网络购物过程中，一些诈骗分子要求消费者先交部分定金，货到后再付全款，当消费者汇出第一笔款后，行骗人会以种种借口（比如，货已运到消费者所在城市，要支付风险金、押金、税款等费用），要求消费者再汇余款，否则不交货也不退款，一些受害人迫于第一笔款已汇出，只好继续汇款，行骗人也会变着借口一骗再骗。第三，尽量不要使用公用的计算机进行购物、支付等操作，更不要轻易地将自己的网络账号、信用卡账号和密码泄露给陌生人。

警示案例

2015 年 5 月，广东某中职院校学生黄某上网购买生活物品后，接到一个自称是淘宝客服的电话，对方称淘宝系统正在维护，让其对刚才在网上提交的信息重新进行认证，之后收到一个该“客服”发来的网址，黄某信以为真，在网址上填写了自己的淘宝账号密码和网银的账号密码，随后，发现自己卡里的 2000 余元钱不翼而飞。

2. 利用网络求职也应提高警惕

首先，求职者一定要登录正规招聘网站，这样才能从根源上防止网络诈骗。正规的招聘网站都会仔细验证招聘单位的真实性，要求招聘方提供单位营业执照、办理职员的身份证件及加盖公章的单位证明等，以防止虚假信息的发布。求职者在登记电子简历时，既要保证资料的真实性，又要注意对某些资料保密，家庭电话与手机不能同时添加至简历中。不要随意将自己的生活照、艺术照发到网上，照片最好选用标准证件照。

其次，在任何情况下，当你收到企业的面试通知时，第一步要做的就是查询企业的真实性，问清公司的名称、网站、地址、电话等信息，然后再查证是否属实。求职者可拨打 114 查询电话查询该公司是否有电信注册，还可以登录当地的工商局网站查询企业的注册情况。

最后，要记住，任何情况下都不要向任何公司透露自己的社会保险账号、信用卡号及银行账号。如果对方向你索要这些信息时不要轻易提供，以免上当。

3. 其他网络诈骗形式

除了上述网络诈骗形式外，另总结其他几种常见网络骗术防御要点。

（1）勿轻信“中奖”消息。利用“中奖”骗取汇款是最常用的网络骗术之一，诈骗流程为：发送大量的中奖通知（提供兑奖联络方式）——（如网友与之联系）诈骗者以个税等各类名义要求汇款（提供银行账号）——收到汇款（诈骗成功）——拖延时间要求再次汇款——诈骗者销声匿迹。

（2）不轻易拨打陌生的电话号码。拨打某些号码可能会被扣除高额通信费，拨打某些声讯电话通常需要支付高额通信费用。不法分子常利用的诈骗手段是：花言巧语诱使用户拨打某声讯电话（费用通常是 2 元/分钟）激活某项服务或听取网友留言，从而诈取用户高额通信费用。

（3）警惕冒充客服的电话号码。以任何借口索要汇款的“客服电话”均为假冒。

（4）警惕冒充官方网站的网址。在虚假网站中输入账号密码会被盗用，不法分子通过制作假冒的官方网站（如腾讯拍拍网、财付通网站），引诱用户输入 QQ 或财付通账号，获取用户账号后，会立即转移账户中的财产。如果网络账户中存在财产或重要隐私信息，请在输入账号密码前注意确认所在网站是否为官方网站。

总之，网络的广泛使用，一方面使学生面临着不可多得的发展机遇；另一方面也使学生的思想道德建设面临着严峻的挑战。只要我们积极面对，汲取网络文化的精华，清晰认识问题症结，就一定能充分发挥网络媒介的强大优势，推进职业院校学生的网络道德和网络法制建设，建立良好的网络伦理规范，将网络技术与道德伦理有机结合，让职业院校学生在网络世界中充分认识和发展自我，成为新时代真正的主人，为社会的发展进步做出应有的贡献。

三、抵制不良网络信息

网络信息的安全问题越来越受到人们的关注，在美国，网络世界不再被视为一种特殊的领域而加以特别保护，现实生活中的法律同样适用于网络世界。网络只是传播信息的一种媒体，其所传播的信息只是表现形式与传统信息的表现形式有所不同。不良网络信息侵害的主要表现形式有以下几种：

（1）网上黄色流毒：对职业院校学生身心的摧残。在因特网汹涌奔腾的信息浪潮下面，潜伏着一股黄色流毒。色情图片、小说和影片在网上比比皆是，淫秽色情制品通过网络对职业院校学生造成“精神污染”，这些网络“色情文化”严重摧残着职业院校学生的身心健康，将他们引入歧途，甚至使他们走上堕落和犯罪的道路。

（2）网上偷窃、诈骗：对职业院校学生的财产危害。网络自身存在不可避免的缺陷和漏洞，为实施危害网络安全的行为提供了可乘之机。如利用网络窃取他人金融系统的账号、信用卡资料、股市的账号及密码等，对账户上的资金进行消费、挪用、转移，而无视给他人造成的经济损失。而网络敲诈勒索犯罪主要是利用掌握他人的信息资料要挟当事人，以实现勒索钱财的目的。

警示案例

北京“2·28”钓鱼盗刷信用卡案

2014年6月，北京警方成功摧毁了一个利用钓鱼网站盗取用户信用卡资料、并通过盗刷牟利的犯罪团伙，抓获盗号人员、机票代理、诈骗人员等嫌疑人31人，涉及盗刷案件520余起。经调查，该团伙通过某网站平台发布虚假信息，诱骗网民登录钓鱼网站，非法盗取网民的个人信息及信用卡资料；再与机票代理勾结，通过网上快捷支付的方式购买机票并出售。该犯罪团伙已形成了一个完整的盗取公民个人信息、盗刷信用卡的黑色产业链条，涉案金额达300余万元。

（资料来源：天津日报）

（3）网上黑色信息：对职业院校学生精神的毒害。黑色信息指制造社会政治、经济、组织混乱的信息。网上交流的匿名化，给各种竭力逃避现实社会打击和控制的非法组织或个人以可乘之机。在国际社会中，少数别有用心者在网上散布政治谣言和恐怖言论，旨在扰乱人心，制造世界动乱。在德国，出现了煽动种族主义的“电子纳粹”。在中国，一些非法组织也通过因特网发布危害国家安全的信息，蛊惑人心。

（4）网上黑客：对职业院校学生智能犯罪的示范。计算机黑客是指对计算机软件和网络技术相当精通的人（其中青少年占多数），未经授权进入计算机信息系统，对系统进行攻击，对系统中的信息进行窃取、篡改、删除，甚至利用计算机病毒破坏部分系统或全部网络。我国近年也屡屡发生黑客入侵事件，更改网络主页者有之，破坏系统者有之，窃取经济利益者有之。目前我国采取种种相应的措施，对网络犯罪进行钳制。

职业院校学生应不断增强自身的辨别能力，在浩如烟海的网络信息中选取有用的，摒弃无用的、有害的。

四、正确利用互联网

网络空间是一个巨大的立体空间，它是无形的，是一种虚拟的空间世界。“上网”实际上就等于把自己在大范围公开曝光，因部分同学缺乏社会交际经验和自我保护意识，因而上网必须把安全意识放在第一位。

（1）注意保护个人信息。不要把姓名、住址、电话号码等与自己身份有关的信息资料作为公开信息，提供给闲聊屋或公告栏等。不要轻易向别人提供自己的照片，不与陌生人视频聊天，以免照片或视频截图被用于非法目的。

（2）不要贪图便宜。当有人无偿赠给你钱物时，不要轻易接收。当有人以赠送钱物为由要求你去约会或提出登门拜访时，应当高度警惕，最好婉言拒绝。

（3）不要单独和陌生人约会。千万不要在亲人不知道的情况下安排与别人进行面对面的约会，约会地点一定要选在公共场合，且最好要有亲友陪同。

（4）学习、掌握必要的网络安全防范知识，增强网络安全防范意识。个人计算机要安装正版杀毒软件和防火墙，并及时升级。网上个人密码的设置不要过于简单，并且要经常更换。

（5）网上购物要小心。网上购物最好使用单独的信用卡，在线支付后，最好及时修改密码。在网络交易中要注意保留相关证据（银行汇款凭证、即时通信聊天记录、手机短信记录、网上交易信息记录等）。

（6）正确认识网络这把双刃剑，取其精华去其糟粕。网络作为一个载体，衍生出了多种信息传递的方式。我们需要在大量的信息中找到精华，所谓精华就是自己所需要的信息，能对自己有帮助的资源，要根据自己的需要有目的地进行阅读，而不能将有限的精力耗费在无用功上。

（7）调整心态，提高抵制诱惑的能力。网络只是一个工具，是我们用的，而不是玩的。职业院校学生要充实自己的精神空间和现实空间，让自己有忙的地方、时间和内容，例如参加社会实践活动、各种形式的校园活动，让网络成为自己手中有用的学习工具。

（8）利用好网络虚拟交流平台。网络还是个交流的平台，借此平台，我们认识了自己现实生活中完全不可能遇到的人，扩大了自己的交际范围。网络大大扩展了我们的交流面，各种各样的人都在网络上以自己喜欢的面貌出现，能与他人交流心得看法，逐渐完善自我知识体系，通过这个平台我们还可以找到许多朋友共同进步。

（9）合理安排上网时间，正确对待网络娱乐资源。劳逸结合、寓教于乐才是健康的学习方式，适度娱乐能缓解学习、生活中的压力，也为后续的学习和工作提供能量。然而过度沉溺于网络娱乐资源（如网络游戏、在线聊天等）不仅会浪费时间，而且会影响正常的工作与学习。只有正确对待网络娱乐资源才能真正地从网络上获取轻松。

知识链接

互联网相关法律、法规

《中华人民共和国刑法》

第二百六十四条　盗窃公私财物，数额较大的，或者多次盗窃、入户盗窃、携带凶器盗窃、扒窃的，处三年以下有期徒刑、拘役或者管制，并处或者单处罚金；数额巨大或者有其他严重情节的，处三年以上十年以下有期徒刑，并处罚金；数额特别巨大或者有其他特别严重情节的，处十年以上有期徒刑或者无期徒刑，并处罚金或者没收财产。

第二百六十六条　诈骗公私财物，数额较大的，处三年以下有期徒刑、拘役或者管制，并处或者单处罚金；数额巨大或者有其他严重情节的，处三年以上十年以下有期徒刑，并处罚金；数额特别巨大或者有其他特别严重情节的，处十年以上有期徒刑或者无期徒刑，并处罚金或者没收财产。本法另有规定的，依照规定。

第二百八十七条　利用计算机实施金融诈骗、盗窃、贪污、挪用公款、窃取国家秘密或者其他犯罪的，依照本法有关规定定罪处罚。

《中华人民共和国治安管理处罚法》

第四十二条 有下列行为之一的，处五日以下拘留或者五百元以下罚款；情节较重的，处五日以上十日以下拘留，可以并处五百元以下罚款：

（一）写恐吓信或者以其他方法威胁他人人身安全的；

（二）公然侮辱他人或者捏造事实诽谤他人的；

（三）捏造事实诬告陷害他人，企图使他人受到刑事追究或者受到治安管理处罚的；

（四）对证人及其近亲属进行威胁、侮辱、殴打或者打击报复的；

（五）多次发送淫秽、侮辱、恐吓或者其他信息，干扰他人正常生活的；

（六）偷窥、偷拍、窃听、散布他人隐私的。

全国人民代表大会常务委员会《关于维护互联网安全的决定》（2000.12.28）

第四条　为了保护个人、法人和其他组织的人身、财产等合法权利，对有下列行为之一，构成犯罪的，依照刑法有关规定追究刑事责任：

（一）利用互联网侮辱他人或者捏造事实诽谤他人；

（二）非法截获、篡改、删除他人电子邮件或者其他数据资料，侵犯公民通信自由和通信秘密；

（三）利用互联网进行盗窃、诈骗、敲诈勒索。

《计算机信息网络国际互联网安全保护办法》

第四条　任何单位和个人不得利用国际互联网危害国家安全、泄露国家秘密，不得侵犯国家的、社会的、集体的利益和公民的合法权益，不得从事违法犯罪活动。

第五条　任何单位和个人不得利用国际互联网制作、复制、查阅和传播下列信息：

（一）煽动抗拒、破坏宪法和法律、行政法规实施的；

（二）煽动颠覆国家政权，推翻社会主义制度的；

（三）煽动分裂国家、破坏国家统一的；

（四）煽动民族仇恨、民族歧视，破坏民族团结的；

（五）捏造或者歪曲事实，散布谣言，扰乱社会秩序的；

（六）宣扬封建迷信、淫秽、色情、赌博、暴力、凶杀、恐怖，教唆犯罪的；

（七）公然侮辱他人或者捏造事实诽谤他人的；

（八）损害国家机关信誉的；

（九）其他违反宪法和法律、行政法规的。

第六条　任何单位和个人不得从事下列危害计算机信息网络安全的活动：

（一）未经允许，进入计算机信息网络或者使用计算机信息网络资源的；

（二）未经允许，对计算机信息网络功能进行删除、修改或者增加的；

（三）未经允许，对计算机信息网络中存储、处理或者传输的数据和应用程序进行删除、修改或者增加的；

（四）故意制作、传播计算机病毒等破坏性程序的；

（五）其他危害计算机信息网络安全的。

第七条　用户的通信自由和通信秘密受法律保护。

任何单位和个人不得违反法律规定，利用国际互联网侵犯用户的通信自由和通信秘密。

《中华人民共和国计算机信息系统安全保护条例》

第二十八条　计算机病毒，是指编制或者在计算机程序中插入的破坏计算机功能或者毁坏数据，影响计算机使用，并能自我复制的一组计算机指令或者程序代码。

《全国青少年网络文明公约》

要善于网上学习，不浏览不良信息；

要诚实友好交流，不侮辱欺诈他人；

要增强自护意识，不随意约会网友；

要维护网络安全，不破坏网络秩序；

要有益身心健康，不沉溺虚拟时空；

要树立良好榜样，不违反行为准则。

项目思考

1．如何从浩如烟海的网络信息中择取对自己有帮助的信息，摒弃无用信息？

2．网络诈骗有哪些常见形式，在日常生活中要如何提高警惕？

3．如何规避网络风险？请大家以学习和生活中遇到的真实事件为例，交流处理方法。

4．如何正确使用互联网？请列举五点以上的方法。

5．互联网不能触碰的高压线有几条？请列举。

6．网络违法犯罪行为及其应承担的法律责任有哪些？

项目 3

交通安全

学习目标

1．了解出行时的交通安全；
2．掌握乘坐公共交通工具遇险的逃生方法；
3．了解旅游中应注意的安全事项。

项目案例

案例 1

公安部交通管理局 2015 年 2 月 10 日公布了 2014 年全国交通事故多发、死亡人数集中的 10 个路段。这 10 个路段的通车里程共计 153 千米，全年共发生交通事故 1203 起，造成 451 人死亡，平均每 10 千米发生 78 起、死亡 30 人。

国道 102 线天津河北交界 80 千米至 90 千米路段——全年共发生交通事故 279 起、死亡 149 人。

国道 104 线山东境内 533 千米至 540 千米路段——全年共发生交通事故 298 起、死亡 80 人。

国道 327 线山东境内 77 千米至 87 千米路段——全年共发生交通事故 200 起、死亡 67 人。

国道 105 线广东境内 2595 千米至 2605 千米路段——全年共发生交通事故 124 起、死亡 41 人。

甘肃省道营兰线 95 千米至 104.4 千米路段——全年共发生交通事故 116 起，死亡 40 人。

四川成都绕城高速 50 千米至 70 千米路段——全年共发生交通事故 57 起、死亡 28 人。

浙江杭州绕城高速 95 千米至 114 千米路段——全年共发生交通事故 26 起、死亡 15 人。

青银高速陕西榆林境内 1050 千米至 1070 千米路段——全年共发生交通事故 29 起、死亡 11 人。

京昆高速四川广元境内 1553 千米至 1573 千米路段——全年共发生交通事故 49 起、死亡 10 人。

京昆高速陕西安康境内 1153 千米至 1172 千米路段——全年共发生交通事故 25 起、死亡 10 人。

案例 2

某市一所职业院校即将毕业的两名女生，周末出去游玩，不愿绕道从高速公路下通道走，直接翻越护栏横穿高速公路，结果一人被高速行驶的汽车直接撞飞出去 30 多米，当场死亡。另一名学生吓得目瞪口呆，家长得知后伤心欲绝。

（案例来源：选自《学生安全教育读本》——高等教育出版社）

案例 3

2007 年 7 月 13 日中午，在西藏 318 国道曲水段桃花村境内发生了一起重大旅游交通事故。一辆西藏博达旅游客运公司的金龙牌 37 座旅游大巴（内乘游客 28 人、司机 1 人、导游 1 人）在前往日喀则的途中，行驶至拉萨市曲水县境内，因司机强行超车，导致车辆坠入离路面 80 米的雅鲁藏布江。事故造成包括司机、导游在内的 15 人死亡，两人失踪，13 人受伤。

项目知识

因为生命，我们才会拥有真实的“今天”，因为“今天”，职业院校学生们才能拥抱希望和梦想的“明天”。为了生命，必须关注安全。

除了本书前面介绍的一些较为常见的职业院校校园安全问题以外，本项目着重选择了出行安全、交通安全、旅游安全等几种较典型的离开校园的安全问题进行分析和评述，希望能提高同学们在这三方面的安全防范意识，增强安全法制观念。

一、出行安全

1. 行人安全常识

（1）行走时怎样注意交通安全

① 在道路上行走，要走人行道；没有人行道的道路，要靠路边行走。

② 集体外出时，最好有组织、有秩序地列队行走；结伴外出时，不要相互追逐、打闹、嬉戏；行走时要专心，注意周围情况，不要东张西望、边走边看书报或做其他事情。

③ 在没有交通民警指挥的路段，要学会避让机动车辆，不与机动车辆争道抢行。

④ 在雾、雨、雪天，最好穿着色彩鲜艳的衣服，以便于机动车司机尽早发现目标，提前采取安全措施。在一些城市中，小学生外出均头戴小黄帽，集体活动时还手持“让”字牌，也是为了使机动车及时发现、避让，这种做法应当提倡。

⑤ 穿越马路，要走人行横道线；在有过街天桥和过街地道的路段，应自觉走过街天桥和地下通道。不要突然横穿马路，特别是马路对面有熟人、朋友呼唤，或者自己要乘坐的公共汽车已经进站，千万不能贸然行事，以免发生意外。

知识链接

行人“五不要”

不要在道路上强行拦车、追车、扒车或抛物击车。

不要在道路上滑滑板、旱冰鞋等滑行工具。

不要在道路上玩耍、坐卧或进行其他妨碍交通的行为。

不要钻越、跨越人行护栏或道路隔离设施。

不要进入内环路、外环路、高速公路、高架道路及行车隧道或者有人行隔离设施的机动车专用道。

（2）骑自行车应遵守的规则

① 拐弯前须减速慢行，并向后瞭望、伸手示意，不准突然猛拐。

② 超越前车时，不准防碍被超车辆的行驶。

③ 通过陡坡、横穿四条以上机动车道或途中车闸失灵时，须下车推行，下车前须伸

手上下摇摆示意，不准防碍后面车辆行驶。

④ 不准双手离把或攀扶其他车辆，更不准手中持物驾驶。

⑤ 不准牵引车辆或被其他车辆牵引。

⑥ 不准扶身并行、互相追逐或曲折竞驶，并排骑车不得超过两人。

⑦ 城市市区不准骑车带人。

（3）怎样避免坠入下水管道竖井

① 在街道上行走或骑自行车，应精力集中，注意观察路面情况，夜晚路黑或路灯光线不足时更要加倍小心。

② 下雨天道路积水会漫过井口，所以行路时要格外注意，避免意外伤害。

③ 发现井盖损坏、丢失，存在潜在危险的情况，可以报告巡逻民警或有关管理人员，以及时排除危险。

2. 搭乘交通工具注意事项

（1）乘坐汽车时的安全注意事项

① 应到正规车站的候车厅或指定地点等候车辆，在车辆停稳后排队上下车。

② 乘车时要坐稳、扶好，系好安全带，贵重物品随身携带。

③ 在车辆行驶过程中不要将身体任何部位伸出窗外，以免被对面来车或路边树木等刮伤。不要向车窗外乱扔杂物，以免伤及他人。

④ 在车辆行驶过程中，最好不要吃东西，尤其是糖、豆、花生一类的食品，容易在汽车晃动时呛到气管中。

⑤ 不能把汽油、酒精、爆竹等易燃、易爆的危险化学品带入车内。

⑥ 乘车时要时刻注意自己随身携带的现金和物品，严防不法分子偷窃。

⑦ 乘车人不要与司机攀谈，不要催促司机开快车，或用其他形式妨碍司机正常驾驶。

⑧ 乘坐出租车、小车开门前，先观察一下车旁边有无自行车或摩托车，要在没有车辆驶近的情况下再开门，防止车门突然打开使后面跟上的自行车或摩托车措手不及，撞上车门而发生意外。

知识链接

警惕车内“杀人凶器”

不少汽车里还暗藏许多“杀机”。例如，仪表板上放香水瓶，后座与后窗的小空间上放满雨伞、照相机、书本等杂物。这些杂物虽小，但一旦发生车祸，它们却可能击破乘客的头部。因此，小件的杂物应收在杂物箱里，而大件的杂物或是放在座位下的踏板上，或是收好放在行李箱中。

（2）乘坐火车时的安全注意事项

① 按照车次的规定时间进站候车，以免误车。

② 在站台上候车，要站在站台一侧白色安全线以内，以免被列车卷下站台，发生危险。

③ 列车行进中，不要把头、手、胳膊伸出车窗外，以免被沿线的信号设备等刮伤。

④ 不要在车门和车厢连接处逗留，那里容易发生夹伤、扭伤、卡伤等事故。

⑤ 不带易燃易爆的危险品（如汽油、鞭炮等）上车。

⑥ 不向车窗外扔废弃物，以免砸伤铁路边行人和铁路工人，同时也避免造成环境污染。

⑦ 乘坐卧铺列车，睡上、中铺要挂好安全带，防止掉下摔伤。

⑧ 保管好自己的行李物品，注意防范盗窃分子。

知识链接

乘坐火车小贴士

▲ 进站时应按指示标志从地下通道或天桥通过，切莫乱越铁轨。站台候车时应站在警戒线以内。火车进站未停稳之前，切勿靠车太近。上、下火车应该看清脚下，以免踩空伤人。火车行进中切勿将头、手伸出窗外，以免发生危险。不得随意向车外扔空酒瓶等杂物。

▲ 上车后将盛放贵重物品的箱、包放在靠近自己座位且视力所及的行李架上；开车前不要急于离开自己的座位去倒茶水或拜访同车的亲友，以免给盗贼留下可乘之机。

▲ 列车停靠站台后，上下车的旅客很多，车内秩序最为混乱，客观上为盗贼作案提供了便利的条件。这时，乘客更应该注意不要将行李物品交付他人看管而下车购物，防止盗贼“顺手牵羊”或采用调换包的方式将自己的钱物盗走。

▲ 在火车行驶途中，尤其是夜间行车，旅客大都疲倦，注意力减弱或进入梦乡，这时如有人去取行李架上的物品就要引起警惕，防止其将您的箱、包打开或用刀片等锐利工具割开，趁机盗取箱、包内的现金及其他贵重物品。

▲ 乘客要注意不要随便把装有现金、支票、手表等物品的衣服挂在衣帽钩上，以防因衣服处于自己的视线之外，而被盗贼盗走衣服内的现金及物品或直接将衣服盗走。

（3）乘船时的安全注意事项

① 不要夹带危险物品上船。

② 不要乘坐缺乏救护设施、无证经营的小船，也不要冒险乘坐超载的船只或者“三无”船只（没有船名、没有船籍港、没有船舶证书）。

③ 上下船时，必须等船靠稳，待工作人员安置好上下船的跳板后方可行动；上下船不要拥挤，不随意攀爬船杆，不跨越船挡，以免发生意外落水事故。

④ 上船后，要仔细阅读紧急疏散示意图，了解存放救生衣的位置，熟悉穿戴程序和方法，留意观察和识别安全出口处，以便在出现意外时掌握自救主动权。同时按船票所规定的舱位或地点休息和存放行李，行李不要乱放，尤其不能放在阻塞通道或靠近水源的地方。

⑤ 客船航行时不要在船上嬉闹，不要紧靠船边摄影，也不要站在甲板边缘向下看波浪，以防眩晕或失足落水；观景时切莫一窝蜂地拥向船的一侧，以防船体倾斜，发生意外。

3. 搭乘交通工具遇险时的应对

（1）搭乘轮船遇险时的应对

① 发生火灾时的自救。

客船发生火灾时，盲目地跟着已失去控制的人乱跑乱撞是不行的，一味等待他人救援也会贻误逃生时间，积极的办法是赶快自救或互救逃生。

当客船在航行时机舱着火，机舱人员可利用尾舱通向上甲板的出入孔逃生。船上工作人员应引导船上乘客向客船的前部、尾部和露天板疏散，必要时可利用救生绳、救生梯向水中或来救援的船只上逃生，也可穿上救生衣跳进水中逃生。如果火势蔓延，封住走道而来不及逃生时，逃生者可关闭房门，不让烟气、火焰侵入。情况紧急时，也可跳入水中。

当客船前部某一楼层着火，还未蔓延到机舱时，应采取紧急靠岸或自行搁浅措施，让船体处于相对稳定状态。被火围困的人员应迅速往主甲板、露天甲板疏散，然后借助救生器材向水中和前来救援的船只上逃生。当客船上某一客舱着火时，舱内人员在逃出后应随手将舱门关上，以防火势蔓延，并提醒相邻客舱内的旅客赶快疏散。若火势已窜出封住走道时，相邻房间的旅客应关闭靠内走廊房门，从通向左右船舷的舱门逃生。

当船上大火将直通露天的梯道封锁致使着火层以上楼层的人员无法向下疏散时，被困人员可以疏散到顶层，然后向下施放绳缆，沿绳缆向下逃生。

② 如何跳水自救。

船舶在水面上突然发生严重事故，虽然全力抢救但仍无法使船舶免于沉没和毁灭，那么在这种情况下只能弃船。弃船命令由船长发布，各客舱的旅客应听从船上人员的指挥。在撤离舱室前，首先应尽可能地多穿衣服，能穿不透水的衣服则更好，戴上手套、围巾，穿好鞋袜（不论什么季节，多穿衣服都是必要的，落水后可使身体表面与衣服之间有一层较暖的水，而衣服又能阻止这层暖水与周围较冷海水的对流与交换）。穿戴妥当之后再穿救生衣。如果时间允许，离开舱室前还应带些淡水、食物，带一件大衣或一条毛毯。

以上工作就绪后，应迅速到指定的救生艇甲板集合，此时必须绝对服从指挥，发扬互助互爱的精神，有秩序地登艇，避免争先恐后而发生混乱和意外事故。

在弃船时，如无法直接登上救生艇或救生筏离开大船，就不得不跳水游泳离开。

a. 跳水前应尽量选择较低的位置。

b. 查看水面，要避开水面上的漂浮物。

c. 不能直接跳入艇内或筏顶及筏的入口处，以免身体受伤或损坏艇、筏。

d. 应从船的上风舷跳下，如船左右倾斜时应从船首或船尾跳下。

知识链接

专家提示——乘船落水时如何自救

要保持镇静、清醒，坚定获救信心。

冬季落水后，不要把衣服脱掉，以免冻伤。

如果穿救生衣或持有救生圈在水中，那么应采取团身屈腿的姿势以减少体热散失。除非离岸较近，或是为了靠近船舶及其他落水者，以及躲避漂浮物、旋涡，一般不要无目的地游动，以保存体力。

要设法发出声响（如吹救生衣上配备的哨笛）和显示视觉信号（如摇动色彩鲜艳的衣物），以便岸上人员或其他船只发现。

（2）搭乘汽车遇险时的应对

① 发生火灾时的自救。

当公共汽车发生火灾时，由于车上的人多，要特别冷静果断，首先应考虑到救人和报警，驾驶员应开启所有车门，令乘客从车门下车，再组织扑救火灾。如果车上线路被烧坏，车门无法开启，乘客可从就近的车窗下车。如果火焰封住了车门，车窗因人多不易下去，可用衣物蒙住头从车门处冲出去。

当乘车人员衣服被火烧着时，如果时间允许，可以迅速脱下衣服，用脚将衣服的火踩灭；如果来不及，乘客之间可以用衣服拍打或用衣物覆盖火势以致熄灭火焰，或就地翻滚灭火。

当火一时扑灭不了时，应远离现场，以免发生爆炸事故，造成群众伤亡。

② 行驶中发生突发事件时的自我救助。

a．冲出路面时的应急自救。严重交通事故最常见的是汽车冲出路面，这时千万不要惊慌，应等驾驶员把车子停稳后再按次序下车，以免造成翻车事故。千万注意，这时候车辆的平衡稳定是最关键的。汽车冲出路面发生翻滚时，乘客在意识丧失以前，应用双手紧握并紧靠后背；驾驶员可紧握方向盘，与车子保持同轴滚动，以免严重撞伤。

b．刹车失灵时的逃生自救。如果行车途中遇到刹车失灵，应立即换挡并启动手刹。必须同时做到：脚从加油踏板上抬起，拉开警示灯，快速摇动脚刹，换低挡，手刹车制动。不要猛拉手刹，应由轻缓逐渐用力，直至停车。小心驶离车道，将车停在你能走离公路的地方，最好是边坡或者松软的上坡以增加阻力减缓车速。还可以利用前面的车辆帮你停车——在距离许可的条件下靠近它，使用警示灯、按喇叭、闪亮前灯等手段，使前面司机接收到你的求助信号。

③ 撞车时的应急自救。

如果撞车已不可避免，司机应保持冷静，掌握好方向盘尽可能将自己和他人的损失降至最低限度。为了减速，可以冲向能够阻挡的障碍物，较软的篱笆比墙要好，灌木丛比参天大树要好，它们可以使车辆逐渐减速直至停止。撞墙和树都很可能是致命的。安全带将阻止你在紧急刹车时冲向挡风玻璃，没系好安全带最好不要试图去对抗冲撞。在倒向冲撞点的瞬间应尽量早的远离方向盘，双臂夹胸，双手抱头。坐在副驾驶位置的人员要抱住头躺在座位上，或者双手握拳，用手腕护住前额，同时屈身抬膝护住腹部和胸部。后座的人员最好的防护办法就是迅速向前伸出一只脚，顶在前面座椅的背面，并在胸前屈肘，双手张开，保护头部和面部，背部后挺，压在座椅上。

知识链接

发生事故时的跳车技巧

除非留在车上必死无疑，否则不要随便企图从疾驶的车辆中跳下。跳车前要做好必要的准备：脱开安全带，打开车门，身体抱成团——头部紧贴胸前，脚膝并紧，肘部紧贴于胸侧，双手捂住耳部，腰部弯曲，从车上滚出。可以顺势滚动，不要与地面硬抗。

（3）搭乘火车时的遇险应对

虽然火车事故相对少见，但如果能在事故发生时采取有效的自我保护措施，就可以提高自己的安全系数，成功从灾难中逃生。

当所乘坐的火车发生火灾事故时，旅客首先要冷静，千万不能盲目跳车，那无疑等于自杀。失火时应迅速通知列车员停车，待车停稳后，组织人力将车门和车窗全部打开，遵从指示有序疏散。火势不大时，不要开启车厢门窗，以免大量的新鲜空气进入后，加速火势蔓延。当车厢内浓烟弥漫时，要采取低姿行走的方式逃离到车厢外或相邻车厢。旅客列车车厢内的窗户一般为70厘米×60厘米，装有双层玻璃。在发生火灾情况下，被困人员可用坚硬的物品将窗户的玻璃砸破，通过窗户逃离火灾现场。

知识链接

火车遇险时的紧急避险

在判断火车失事的瞬间，应采取如下措施：

脸朝行车方向坐的人要马上抱头屈肘伏到前面的坐垫上，护住脸部，或者马上抱住头部朝侧面躺下。

背朝行车方向坐的人，应该马上用双手护住后脑部，同时屈身抬膝护住胸、腹部。

发生事故，如果座位不靠近门窗，应留在原位，抓住牢固的物体或者靠坐在座椅上。低下头，下巴紧贴胸前，以防头部受伤。若座位接近门窗，就应尽快离开，迅速抓住车内的牢固物体。

在通道上坐着或站着的人，应该面朝着行车方向，两手护住后脑部，屈身蹲下，以防冲撞和落物击伤头部。如果车内不拥挤，应该双脚朝着行车方向，两手护住后脑部，屈身躺在地板上，用膝盖护住腹部，用脚蹬住椅子或车壁，同时提防被人踩到。

在厕所里，应背靠行车方向的车壁，坐到地板上，双手抱头，屈肘抬膝护住腹部。

事故发生后，如果无法打开车门，那就把窗户推上去或砸碎窗户的玻璃，然后脚朝外爬出来。但是要时刻注意碎玻璃是非常危险的，一旦确认不会被碎玻璃划伤，你也许会被电击的危险所困扰，铁轨可能会有电。如果车厢看起来也不会再倾斜或者翻滚，待在车厢里等待救援是最安全的。

确定火车停下需要跳车避险时，应注意对面来车并采取正确的跳车方法。跳下后，要迅速撤离，不可在火车周围徘徊，这样很容易发生其他危险。

离开火车后，应设法通知救援人员。如附近有一组信号灯，灯下通常有电话，可用来通知信号控制室，或者就近寻找电话报警。

温馨提示

乘坐地铁或轻轨时，不要倚靠在车门上，应尽量往车厢中部走。一旦发生撞车事故，车厢两头和车门附近是很危险的。发生事故后，一切行动听指挥，因为路轨通有电流，必须在乘务人员宣布已经切断电源后方可撤离。

二、旅游安全

旅游安全是指旅游活动中各相关主体的一切安全现象的总称。它包括旅游活动各环节的相关现象，也包括旅游活动中涉及的人、设备、环境等相关主体的安全现象，既包括旅游活动中的安全观念、意识培育、思想建设与安全理论等“上层建筑”，也包括旅游活动中安全的防控、保障与管理等“物质基础”。

这里着重介绍旅游中的人身安全。

1. 疾病（中毒）

旅途劳累、旅游异地性导致“水土不服”和客观存在的食品卫生问题等可能诱发旅游者的疾病或导致食物中毒。食物中毒造成的影响较大，对旅游者的危害相对疾病而言也较为严重。例如：2002 年 8 月美国迪士尼乐园 141 名游客感染沙门氏病菌，发生集体食物中毒事件。2005 年 10 月，济南一旅游团，在北京旅游地某饭店午饭后，共有 79 位老年游客食物中毒被送往医院治疗。

2. 交通安全

交通安全事故多发生在户外运动路途中，尤其以发生在高速公路上的事故为多。2008 年 9 月 4 日，从福建莆田开往义乌的卧铺大客车，行驶至金丽温高速公路往金华方向俞庄隧道处时，车辆从正面碰撞隧道口挡墙，造成车上 10 人当场死亡，36 人不同程度受伤，车辆严重损坏。

3. 水域、山地安全

水域环境既包括河流、小溪、湖泊等自然水域环境，也包括水库、喷泉等人工水域环境。水域安全事故是指人们在以上水域环境中，进行户外休闲体育运动时发生的安全事故，其中以溺水最为常见。

广义的山地包括山、高原和丘陵。山地安全事故主要指发生在上述范围内的运动休闲安全事故，主要表现为高原反应、脱水、迷路、坠崖等事故，以及由于滑坡、泥石流、雪崩、暴风雪等自然灾害导致的安全事故。这类事故较常发生在爬山、野营等户外休闲体育项目中。2012 年 7 月，德钦县梅里雪山景区，3 名驴友偏离景区旅游线路，进入非开放区域，并在海拔 5000 米的山地露营，导致 2 名驴友遇难。

4. 旅游区标示

职业院校学生在外出旅游时，应能读懂景区的标示，这样才能安全游玩而不会偏离正常的旅游线路，也不会违反景区规定。

旅游区方向

旅游区距离

问讯处

徒步

索道

野营地

营火

游戏场

钓鱼

骑马

冬季游览区

项目思考

1．在出行过程中应注意哪些安全事项？

2．乘坐交通工具时应注意哪些安全事项？

3．假期来临，又到了旅游出行的高峰期，请同学们思考，你所在学校附近有何风景名胜，到这些地方游览的时候会不会遇到危险？应如何应对？

项目4

消防安全

学习目标

1．掌握火灾报警电话的拨打方法；
2．掌握灭火的基本原理和方法；
3．消防器材的分类和使用方法；
4．掌握火场逃生的基本常识和方法。

项目案例

案例 1

2008 年，上海某高校一学生宿舍楼发生火灾，火势迅速蔓延导致烟火过大，其中 4 名女生在消防队员赶到之前从 6 楼宿舍阳台跳楼逃生，不幸有 4 人遇难。火灾事故初步判断原因是，寝室里前一天晚上使用“热得快”停电后没有拔下插头，第二天早晨宿舍来电后因电流过大引发“热得快”过热并将周围可燃物引燃所致。

这是一起严重的校园火灾事故，事故造成了重大人员伤亡和财产损失，教训深刻，发人深省。

分析：1. 学生的消防安全意识差，在学校明令禁止的情况下，偷偷使用“热得快”，是火灾发生的直接原因；2. 宿舍内易燃物品过多，造成火势迅速蔓延；3. 学生的施救能力差，火灾发生后，未及时处置，错失最佳扑救期，造成火势迅速蔓延；4. 学生的自救能力差，未进行科学自救，在消防员未到的情况下，从 6 楼跳下，造成 4 人死亡。表明这些学生很少或从未接受过消防安全演练，心理素质不过硬，无法沉着应对突发事件；5. 其他学生未能及时伸出援助之手，只顾自己逃命，造成火势迅速蔓延，如果隔壁宿舍的同学能及时帮助施救，结果可能不会这样糟糕。

案例 2

2008 年 3 月 19 日下午 4 点左右，南京某高校 3 号男生宿舍楼突然起火，猛烈的大火很快将整间宿舍烧个精光，所幸没有人员受伤。据调查，这个宿舍存在着私拉电线的现象，当天下午宿舍内的计算机又一直没关，计算机发热引发了火灾。因此，同学们要遵守学校规定，不乱拉、乱接电源线，坚决避免因乱拉、乱接电源线而引发火灾。

项目知识

一、消防安全基本知识

1. 119 电话的作用

世界各国的火警号码都不一样，但每个国家都选取了让人们最容易记住的数字来组成火警号码。美国火警号码为 911，我国火警号码为 119，那么，我国为什么选用“119”作为火警号码？原来，“1”在古时候念作“幺”（yāo），它跟“要”字同音。“119”就是：“要要救”。另外，国际电报电话咨询委员会根据国际标准化管理的要求，建议世界各国火警电话采用“119”号码。这是为了避免火警电话用“0”号开头与其他通信服务相互影响；而且火灾具有突发特点，为保证通信畅通无阻，应将其并入“11”号开头的特别服务中。

我国统一规定火灾报警电话为 119 始于 1982 年。我国的 119 台，不仅是一部电话，而且是一套先进的通信系统。它可以同我国国土上任何一个地方互通重大灾害情报，还可以通过卫星调集防灾救援力量。通过电话可以随时向消防最高指挥中心提供火灾信息，119 台实际上是一个防灾指挥中心。119 台的发展，有赖于整个城市通信设备的配套。在我国各大城市，凡有需要消防警员帮忙的事，可以随时拨打 119 电话求助。在重要机关里，大多安装有同消防队的直通热线电话，遇有火情时，拿起电话就可向消防队报警，而无须劳烦电话局。消防车的无线电话、电视屏幕可以随时保持同 119 台的联系。未来的 119 台不仅是一个防灾指令中心，还是一个国际救助站。

知识链接

拨打“119”电话报警程序

1. 拿起话筒拨“119”号键，直至听到对方回话。

2. 准确讲清起火单位名称、所在位置，要详细讲明什么大厦、门牌号码，不易寻找的地方要说明周围有什么标志性建筑。

3. 讲清起火部位、燃烧物品、火势大小、火场面积，起火部位可分为办公室、机房、仓库等；燃烧物质可分为油、化学物质、一般物质。

4. 讲清起火单位属于多层建筑还是高层建筑（在几层）。

5. 讲清报警人的姓名、联系电话号码，以便随时联系。

6. 如需安排消防车要讲清楚接车地点，地点应在起火附近易找的地方或标志性建筑旁。准确讲清起火单位名称、所在位置，要详细讲明什么大厦。

2. 燃烧的阻止

燃烧需要具备三个必要条件：要有可燃物，温度要达到可燃物的着火点，要与氧气接触。

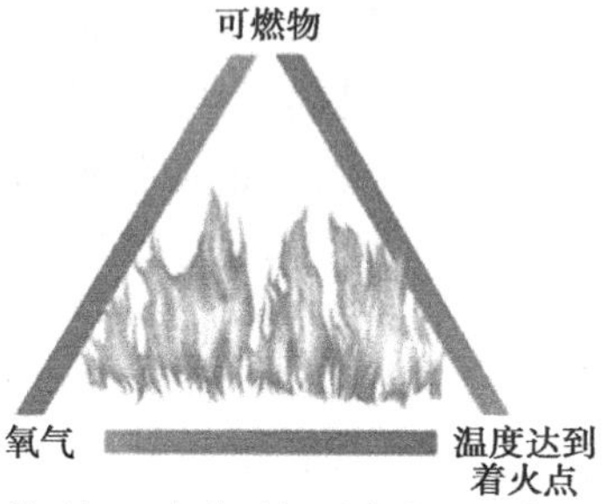

防止燃烧的产生，要使燃烧的三个条件不会相互结合并发生作用，以及采取限制、削弱燃烧条件发展的办法，阻止火势蔓延。具体做法如下：

（1）杜绝可燃物。

（2）隔绝助燃物。

（3）消除着火源。

（4）阻止火势蔓延。

3. 灭火的基本方法

（1）冷却灭火法

冷却灭火法，就是将灭火剂直接喷洒在燃烧着的物体上，将可燃物的温度降低到燃点以下，从而使燃烧终止。这是扑救火灾最常用的方法。冷却的方法主要是采取喷水或喷射二氧化碳等其他灭火剂，将燃烧物的温度降到燃点以下。灭火剂在灭火过程中不参与燃烧过程中的化学反应，属于物理灭火法。

在火场上，除用冷却法直接扑灭火灾外，在必要的情况下，可用水冷却尚未燃烧的物质，防止达到燃点而起火。还可用水冷却建筑构件、生产装置或容器设备等，以防止它们因受热导致结构变形，扩大灾害损失。

小贴士

1. 电气火灾未切断电源前不能用水扑救，否则容易发生触电事故；

2. 高温状态下化工设备的火灾不能用水扑救，因为高温设备遇冷水后骤冷，易变形爆裂；

3. 对于硫酸、盐酸、硝酸的火灾不可用水灭火，酸液溅到人的身体上会灼伤人；

4. 对于钾、钠、碳化钙等引起的火灾，更不可用水灭火，否则反而会水助火势。

（2）隔离灭火法

隔离灭火法，就是将燃烧物体与附近的可燃物质隔离或疏散开，使燃烧停止。这种方法适用扑救各种固体、液体和气体火灾。

采取隔离灭火法的具体措施：将火源附近的可燃、易燃、易爆和助燃物质，从燃烧区内转移到安全地点；关闭阀门，阻止气体、液体流入燃烧区；排除生产装置、设备容器内的可燃气体或液体；设法阻拦流散的易燃、可燃液体或扩散的可燃气体；拆除与火源相毗连的易燃建筑结构，造成防止火势蔓延的空间地带；用水流封闭或用爆炸等方法扑救油气井喷火灾；采用泥土、黄沙筑堤等方法，阻止流淌的可燃液体流向燃烧点。

（3）窒息灭火法

窒息灭火法，就是阻止空气流入燃烧区，或用不燃物质冲淡空气，使燃烧物质断绝氧气的助燃而熄灭。这种灭火方法适用扑救一些封闭式的空间和生产设备装置的火灾。

在火场上运用窒息的方法扑灭火灾时，可采用石棉布、浸湿的棉被、湿帆布等不燃或难燃材料，覆盖燃烧物或封闭孔洞；用水蒸气、惰性气体（如二氧化碳、氮气等）充入燃烧区域内；利用建筑物上原有的门、窗以及生产设备上的部件，封闭燃烧区，阻止新鲜空气进入。此外，在无法采取其他扑救方法而条件又允许的情况下，可采用水或泡沫淹没（灌注）的方法进行扑救。

采取窒息灭火的方法扑救火灾，必须注意以下几个问题：

① 燃烧的部位较小，容易堵塞封闭，在燃烧区域内没有氧化剂时，才能采用这种方法。

② 采取用水淹没（灌注）方法灭火时，必须考虑到火场物质被水浸泡后能否产生不良后果。

③ 采取窒息方法灭火后，必须在确认火已熄灭时，方可打开孔洞进行检查。严防因过早地打开封闭的房间或生产装置的设备孔洞等，而使新鲜空气流入，造成复燃或爆炸。

④ 采取惰性气体灭火时，一定要将大量的惰性气体充入燃烧区，以迅速降低空气中氧的含量，窒息灭火。

（4）抑制灭火法

抑制灭火法，是将化学灭火剂喷入燃烧区使之参与燃烧的化学反应，从而使燃烧反应停止。采用这种方法可使用的灭火剂有干粉和卤代烷灭火剂及替代产品。灭火时，一定要将足够数量的灭火剂准确地喷在燃烧区内，使灭火剂参与和阻断燃烧反应。否则将起不到抑制燃烧反应的作用，达不到灭火的目的。同时还要采取必要的冷却降温措施，以防止复燃。

采用哪种灭火方法实施灭火，应根据燃烧物质的性质、燃烧特点和火场的具体情况，以及消防技术装备的性能进行选择。有些火灾，往往需要同时使用几种灭火方法。这就要注意掌握灭火时机，搞好协同配合，充分发挥各种灭火剂的效能，迅速有效地扑灭火灾。

二、校园消防安全

1. 常见火灾隐患

（1）教室火灾隐患

① 门不畅通或只开一个门；

② 使用大功率照明灯或电热器具取暖靠近易燃物；

③ 违反操作规程使用电子教具；

④ 线路老化或超负荷；

⑤ 不按照安全规定存放易燃物品；

⑥ 在教室内吸烟、乱丢烟头。

（2）实验室的火灾隐患

① 实验室易燃易爆物品保存不当或打碎洒落；

② 实验过程中违反操作规程；

③ 实验过程中缺少专人指导；

④ 实验项目缺少防火措施；

⑤ 试剂混存。

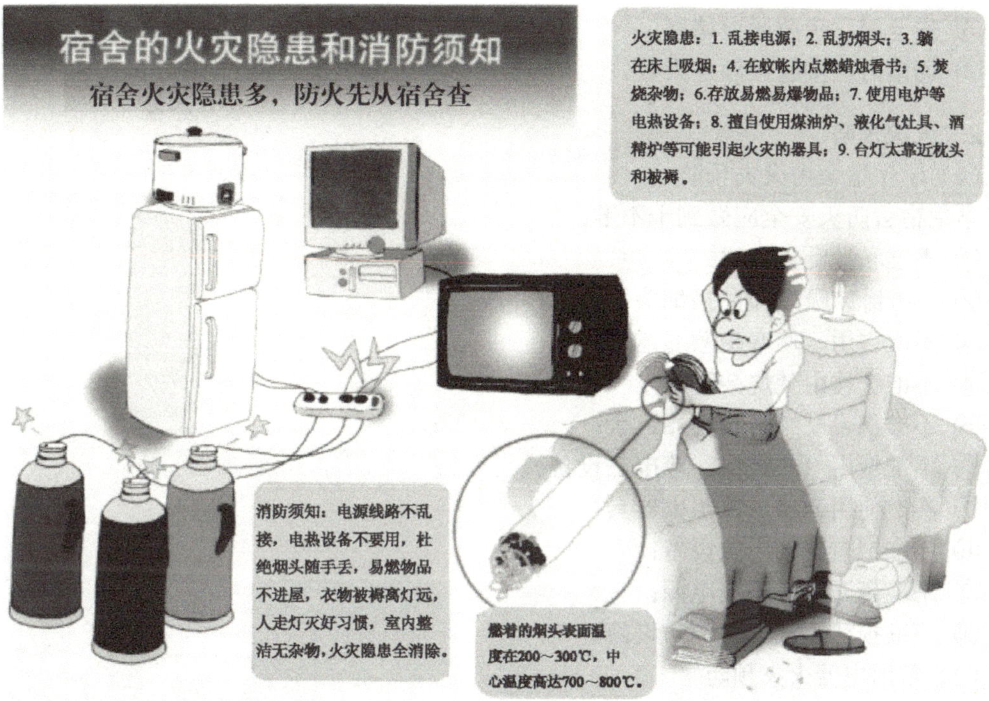

（3）图书馆的火灾隐患

① 电线、电器设备发生短路；

② 火柴、打火机等意外点燃；

③ 吸烟、乱扔烟头；

④ 疏散通道不畅。

（4）宿舍的火灾隐患

据统计，职业院校 70%～80%的火灾发生在学生宿舍，宿舍防火应成为重中之重。

① 使用劣质电器；

② 违章使用大功率用电设备，使线路超负荷；

③ 私接乱拉电线；

④ 卧床吸烟；

⑤ 在蚊帐内点蜡烛看书；

⑥ 擅自使用煤油炉、液化气灶具、酒精炉等可能引起火灾的器具；

⑦ 焚烧杂物；

⑧ 台灯靠近枕头、被褥；

⑨ 手机充电器放在床上充电。

（5）礼堂、报告厅的火灾隐患

① 电线老化：

② 乱丢烟头；

③ 大功率照明灯靠近幕布或易燃装饰物；

④ 违章使用明火；

⑤ 安全门、疏散通道堵塞；

⑥ 场馆内严重超过额定人数。

2. 火灾预防

（1）学生宿舍内火灾预防

学生宿舍防火安全应做到十不准：

① 不准私拉乱接电线；

② 不准卧床吸烟和乱扔烟头；

③ 不准占用、堵塞疏散通道；

④ 不准在楼内焚烧杂物；

⑤ 不准携带易燃易爆物品入舍；

⑥ 不准使用“热得快”等电热设备；

⑦ 不准使用酒精炉等明火器具；

⑧ 不准擅自变动电源设备；

⑨ 不准离开宿舍不关电源；

⑩ 不准损坏灭火器和消防设施。

（2）常用电器火灾预防

① 电吹风引起火灾原因及防火安全措施。

a．电吹风引起火灾原因。第一，电吹风正在使用时，因有其他事情走开（如接电话、有人敲门去开门等），随手将电吹风往桌子上一搁，并完全忘记了使用过电吹风的事，结果长时间搁置，于是电吹风外壳的高温便引燃可燃物。第二，在使用电吹风时遇上停电，在未断电源的情况下去处理其他事情或外出，待恢复通电以后电吹风的电热丝长时间加热，温度升高，引起火灾。

b．电吹风防火安全措施。第一，电源插座以及导线要符合防火安全要求，连接要紧密牢靠。第二，谨防敲打、跌碰和禁止拆卸电吹风，以免损坏发热元件以及绝缘装置，造成漏电甚至短路，引起火灾。第三，使用电吹风时，人员不能离开，更不能将其随意放置在台凳、沙发、床垫等可燃物上。第四，使用完毕一定要及时切断电源。

② 白炽灯引起火灾原因及防火安全措施。

a．白炽灯引起火灾原因：第一，白炽灯泡表面温度很高，能烤燃与其接触或邻近的可燃物。在一般散热条件下，白炽灯泡的表面温度随着其功率增大而增大。例如，功率分别为 40 瓦、100 瓦、200 瓦的白炽灯，其灯泡表面温度可分别达到 50～60℃、170～200℃、160～300℃。如木材、纸张、棉布、柴草等，燃点都很低，若与正在通电使用的灯泡靠近，就很容易将其烤着起火。经测试表明，200 瓦的白炽灯紧贴木箱，不到 1 小时就能将木箱烤着；如紧贴棉衣，只有 5 分钟就能起火燃烧。灯泡的功率越大，开灯时间越长，灯泡表面温度越高，可燃物燃点越低，二者的距离越近，越容易引起燃烧。第二，因供电电压过高，灯泡功率过大，导线负载能力小，绝缘老化，致使导线过热，短路起火。第三，因供电电压过高，灯丝发热量过大，引起灯泡内部惰性气体剧烈膨胀或功率大、表面温度高的灯泡受到骤冷骤热、水溅、震荡等，致使灯泡爆炸，高温玻璃片、高温灯丝溅落到可燃物上，引起火灾。第四，因灯头接触部分接触不良，引起发热、打火；在灯头的玻璃壳连接松动时拧动灯头，发生短路，引起火灾。

b. 白炽灯防火安全措施：第一，灯泡应设置在安全、妥善的地点，与可燃物之间应保持一定的防火间距。在可能遇到碰撞的地点，灯泡应有金属保护网或玻璃外罩。第二，严禁用纸、布或其他可燃物遮挡灯具，不准用灯泡在被窝里取暖和烘烤衣物。第三，不得将灯泡挂靠在木质家具、门、框或硬纸板上，也不得将灯泡嵌在天花板或顶棚里。移动台灯时灯泡要与窗帘布、蚊帐等可燃物品保持一定距离。第四，白炽灯的供电电压不能超过其额定电压。不得用湿手或湿布揩擦正在工作的灯泡，以防灯泡爆炸。如果灯头与玻璃壳连接松动，不得强行拧动灯泡。如果使用 150 瓦以上的灯泡，不得使用胶木灯口，以免发热起火。第五，白炽灯所用导线应当具有优良的绝缘性能。导线不得靠近灯泡，以防因长时间烘烤使导线绝缘层老化、熔化、燃烧。在线路上要安装保险装置，保护线路。开关不得安在地线上。第六，使用白炽灯特别是大功率白炽灯，连续通电的时间不宜过长，不得点“长明灯”。人员外出、上课要牢记关灯。

③ 日光灯引起火灾原因及防火安全措施。

a. 日光灯镇流器引起火灾原因：第一，镇流器质量差。有些镇流器在出厂时没有经过严格检验或自己绕制镇流器，由于粗制滥造，质量较差，如线圈匝数不足、绝缘能力不够、线径过小、铁芯面积过小、空间间隙太大、硅钢片插得不紧等。这些都容易使镇流器发热，产生高温，以致损坏绝缘、沥青融化并从盒内溢出等，形成短路，引起火灾。第二，镇流器选择安装不当。如选用镇流器与日光灯管功率不匹配、各接点接触不牢、镇流器紧贴天花板等可燃材料安装，并且安装部位通风散热条件很差。这样，一方面镇流器容易发热，另一方面热量不易散发，从而大量骤热，形成高温，烤燃可燃物质，引起火灾。第三，使用不当。日光灯的供电电压过高，超负载等会使镇流器产生高温，日光灯连续使用时间过长或开、关日光灯过于频繁等，也会使镇流器产生高温，甚至酿成火灾。第四，维护保养不良。日光灯镇流器上积落大量可燃粉尘、木屑等，如果镇流器产生高温会被烤焦起火；镇流器受潮或者进水等，会使线圈绝缘能力下降，甚至短路起火。这些都是平时维护保养不善所致。

b. 日光灯镇流器防火安全措施：第一，要选用优质合格产品。日光灯与镇流器的功率要相互匹配，不能使用无合格证的镇流器，也不能自己绕制镇流器。镇流器通电后有嗡嗡的响声，则质量差，容易发热。通电半小时后，用手摸镇流器，如烫手，则说明镇流器质量不好。第二，安装日光灯时，镇流器不能直接安装在可燃材料上，要注意通风、防雨、防尘。镇流器底部应朝上，不能朝下，更不能竖装，以防其中的沥青受热融化外溢。第三，使用中要加强检查和维护，防止供电电压过高或过载。日光灯不能频繁开关，也不能长时间连续使用过久，以防镇流器过热。检查中如发现接触点接触松动，镇流器发出响声，手摸时烫手或闻到焦味，都要采取措施处理。人离开时应随手切断电源。

（3）驱蚊应注意的防火事项

夏季，尤其是夜晚，人们常常驱赶蚊虫，但在使用明火驱蚊时，稍有不慎，就会引起火灾。因此，在驱蚊时要特别注意防火。

① 点燃的蚊香要放在金属支架上，要远离窗帘、门帘等可燃物，千万不能直接放在

木板或其他可燃物上。

② 自制的蚊香点燃后，应放在盆里，并用砖块垫底。

③ 点火驱蚊时，要有人看管，做到人走火灭。

④ 最好用“灭蚊剂”或电子驱蚊器，以利安全。

校园中有很多潜在的火灾隐患，如果不加以重视或整改，极易导致火灾事故发生，造成无法挽回的损失，甚至危害大家的生命和财产安全。因此，大家要有消防安全意识，随时发现身边的消防安全隐患，认真整改，彻底消除火灾隐患。

三、消防器材的使用

消防器材是人类与火灾作斗争的重要武器。消防器材涉及的面广、种类多。从火灾自动测控报警系统、灭火器、固定灭火系统、泵、车及供水器材、个人装备和救生设备、通信调度指挥系统，直到灭火剂、阻燃器材，可以说它包括了与国计民生相关的冶金、机械、传动、轻工、电子、计算机、化工、材料等多种科学领域。

知识链接

火灾分类

根据可燃物的类型和燃烧特性，火灾分为 A、B、C、D、E、F 六大类。

A 类火灾：指固体物质火灾。这种物质通常具有有机物质性质，一般在燃烧时能产生灼热的余烬。如木材、干草、煤炭、棉、毛、麻、纸张等火灾。

B 类火灾：指液体或可熔化的固体物质火灾。如煤油、柴油、原油、甲醇、乙醇、沥青、石蜡、塑料等火灾。

C 类火灾：指气体火灾。如煤气、天然气、甲烷、乙烷、丙烷、氢气等火灾。

D 类火灾：指金属火灾。如钾、钠、镁、铝镁合金等火灾。

E 类火灾：指带电火灾。物体带电燃烧的火灾。

F 类火灾：指烹饪器具内的烹饪物（如动植物油脂）火灾。

校园生活中，使用频率最高的消防器材是灭火器，下面主要对灭火器的使用做简要介绍。

灭火器具体包含干粉灭火器、二氧化碳灭火器、家用灭火器、车用灭火器、森林灭火器、不锈钢灭火器、水系灭火器、悬挂灭火器、枪式灭火器、灭火器箱、灭火器挂架等。

1. 干粉灭火器

工作原理：干粉灭火器是利用二氧化碳气体或氮气气体作动力，将干粉灭火剂喷出灭火。干粉灭火剂是一种干燥的、易于流动的微细固体粉末，由能灭火的基料和防潮剂、流动促进剂、结块防止剂等添加剂组成，主要有磷酸铵盐、碳酸氢钠、氯化钠、氯化钾干粉灭火剂等。干粉灭火器按移动方式分，可分为手提式、背负式和推车式三种。

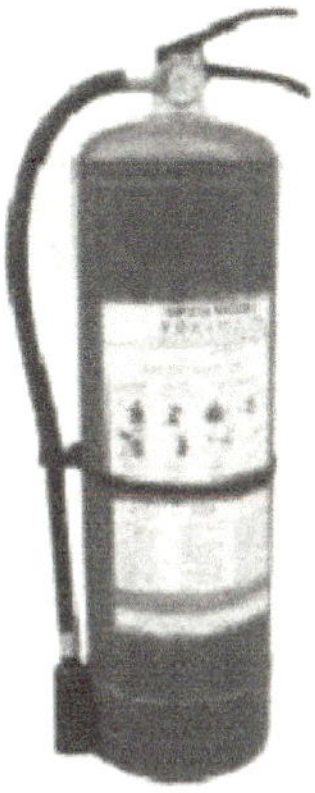

适用范围：干粉灭火器可扑灭一般火灾，还可扑灭油、气等燃烧引起的失火。干粉灭火器是利用二氧化碳气体或氮气气体作动力，将筒内的干粉喷出灭火的。干粉是一种干燥的、易于流动的微细固体粉末，由能灭火的基料和防潮剂、流动促进剂、结块防止剂等添加剂组成。主要用于扑救石油、有机溶剂等易燃液体、可燃气体和电气设备的初期火灾。

使用方法：干粉灭火器最常用的开启方法为压把法。将灭火器提到距火源适当位置后，先上下颠倒几次，使筒内的干粉松动，然后让喷嘴对准燃烧最猛烈处，拔去保险销，压下压把，灭火剂便会喷出灭火。开启干粉灭火棒时，左手握住其中部，将喷嘴对准火焰根部，右手拔掉保险卡，旋转开启旋钮，打开贮气瓶，停滞 1～4 秒，干粉便会喷出灭火。

2. 二氧化碳灭火器

工作原理：在加压时将液态二氧化碳压缩到小钢瓶中，灭火时再将其喷出，有降温和隔绝空气的作用。根据二氧化碳既不能燃烧，也不能支持燃烧的性质，人们研制了各种各样的二氧化碳灭火器。

适用范围：具有流动性好、喷射率高、不腐蚀容器和不易变质等优良性能，用来扑灭图书、档案、贵重设备、精密仪器、600 伏以下电气设备及油类的初起火灾。适用于扑救一般 B 类火灾，如油制品、油脂等火灾，也可适用于 A 类火灾，但不能扑救 B 类火灾中的水溶性可燃、易燃液体的火灾，如醇、酯、醚、酮等物质火灾；也不能扑救带电设备及 C 类和 D 类火灾。

使用方法：在使用时，应首先将灭火器提到起火地点，放下灭火器，拔出保险销，一只手握住喇叭筒根部的手柄，另一只手紧握启闭阀的压把。对没有喷射软管的二氧化碳灭火器，应把喇叭筒往上扳 70°～90°。使用时，不能直接用手抓住喇叭筒外壁或金属连接管，防止手被冻伤。在使用二氧化碳灭火器时，在室外使用的，应选择上风方向喷射；在室内窄小空间使用的，灭火后，操作者应迅速离开，以防窒息。

3. 1211 灭火器

工作原理："1211"灭火器是一种高效灭火剂。它的灭火原理也是抑制燃烧的连锁反应。"1211"灭火器每三个月要检查一次氮气压力，每半年要检查一次药剂重量、压力，药剂重量减少 10%时，应重新充气、灌药。

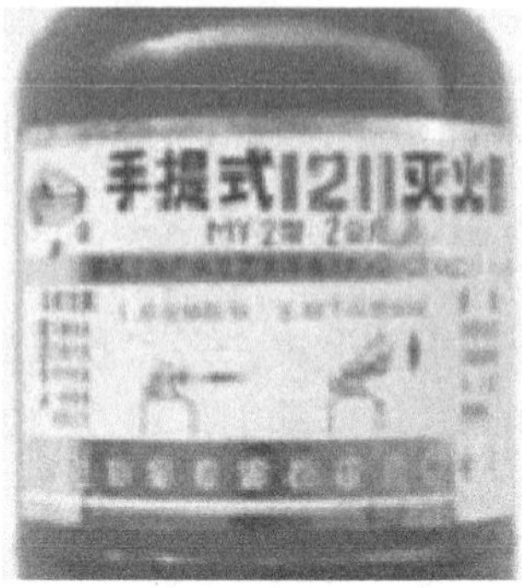

适用范围：适用于扑救易燃液体、可燃液体或气体。灭火时不污染物品，不留痕迹，特别适用于扑救精密仪器、电子设备、文物档案资料火灾。

使用方法："1211"灭火器按充装灭火剂量分，可分为 0.5 千克、1 千克、2 千克、3 千克、4 千克、6 千克六种型号规格。使用时，首先拔掉安全销，然后握紧压把进行喷射。但应注意，灭火时要保持直立位置，不可水平或颠倒使用，喷嘴应对准火焰根部，由远及近，快速向前推进；要防止回火复燃，零星小火则可采用点射。如遇可燃液体在容器内燃烧时，可使 1211 灭火剂的射流由上而下向容器的内侧壁喷射。如果扑救固体物质表面火灾，应将喷嘴对准燃烧最猛烈处，左右喷射。

4. 泡沫灭火器

工作原理：使用泡沫灭火器灭火时，能喷射出大量二氧化碳及泡沫，它们能黏附在可燃物上，使可燃物与空气隔绝，破坏燃烧条件，达到灭火的目的。泡沫灭火器分为手提式泡沫灭火器、推车式泡沫灭火器和空气式泡沫灭火器。

适用范围：手提式泡沫灭火器适用于扑救一般 B 类火灾，如油制品、油脂等火灾，也可适用于 A 类火灾，但不能扑救 B 类火灾中的水溶性可燃、易燃液体的火灾，如醇、酯、醚、酮等物质火灾；也不能扑救带电设备及 C 类和 D 类火灾。推车式泡沫灭火器适用于扑救一般 B 类火灾，如油制品、油脂等火灾，也可适用于 A 类、F 类火灾，但不能扑救 C 类、D 类和 E 类火灾。空气式泡沫灭火器基本上与化学泡沫灭火器相同，但抗溶泡沫灭火器还能扑救水溶性易燃、可燃液体的火灾，如醇、醚、酮等溶剂燃烧的初起火灾。

知识链接

灭火常识——哪些火灾不能用水扑救?

1. 化学危险物品

在实验室常存有一定量的硫酸、硝酸、盐酸、碱金属、钾、钠、锂和易燃金属铝粉、镁粉等。这些物品遇水后极易发生反应或者燃烧，是绝不能用水扑救的。

2. 计算机

计算机着火应马上拔下电源，使用干粉或者二氧化碳灭火器进行扑救。

如果发现及时，也可以拔下电源后迅速用湿地毯或棉被等覆盖计算机，切勿向失火计算机泼水，以防发生爆炸。

3. 燃料油、油漆

燃料油或油漆起火千万不能用水浇，应用泡沫、干粉、“1211”灭火器具或沙土进行扑救。

4. 电器

电器发生火灾时，首先要切断电源，在无法切断电源的情况下千万不能用水和泡沫扑救，因为水和泡沫都能导电。应用灭火器或者沙土进行扑救，而且要与电器和电线保持2米以上距离。

四、火场逃生自救常识

1. 熟睡时听到火警的正确做法

当熟睡时，听到报警信号，许多人都慌张地把门打开，试图一下子冲出去，这种做法很危险，正确的做法是:

(1) 爬到门边，用手背试一试门是否热;

(2) 准备好湿毛巾;

(3) 自制救生绳索，但切勿跳楼;

(4) 利用自然条件作为救生滑道。

怎样正确判断门外的着火情况呢? 当门外已经着火，如果将关闭的房门贸然打开，往往会遭到猛烈高温与浓烟的袭击，这样不仅无法外逃而且不能重新关闭房门，反而引火入室。判断门外的着火情况，一般可通过以下一些途径：当手感门面有升温时，表示隔门已发生严重火患。查看有无烟气从门缝中流入也是很有效的方式，大部分的烟气应是从门的上部流入。当门面暴露在火焰中1分钟以内，金属门把的臼底部即可感到升温，所以用手接触全金属贯穿门上把手臼底部是否升温来察觉隔门有无火情，通常是一种有效而可靠的方法。

2. 楼梯着火时的逃生方法

学生宿舍多是多层建筑，一旦发生火灾，由于同学们没有思想准备，可能会惊慌失措。当发现楼梯口通道烟雾弥漫或熊熊烈火烧着楼梯时，更是急得不知如何是好，此时，同学们一定要有战胜火灾的勇气和决心。

（1）首先是要镇定自己的心态，保持清醒的头脑，想办法就地灭火，能扑灭的要尽量设法扑灭。例如，用水浇或用楼内存放的灭火器和消防设施，以及用湿棉被等物覆盖。

（2）如果不能马上扑灭而火势越烧越旺，人有被火焰围困的危险。这时，我们应该避免不必要的牺牲，设法脱险。楼房着火，浓烟往往朝楼梯口通道蔓延，楼上的人容易产生错觉，以为楼梯已被烧断，没有退路了，其实并未烧着，完全可以设法掩护面部夺路而出。

（3）如果被烟呛得透不过气来，可用湿毛巾捂住嘴鼻，贴近楼板或蹲下来走，即使楼梯被火焰封住了，在别无出路时，也可以用湿棉被等物作掩护及早迅速地冲出去。

（4）如果楼梯确已被火烧断了，也应冷静想一想，查一查，是否还有别的楼梯可走；是否可以从屋顶或阳台上转移，是否可以破墙而走，是否可以越窗而出；是否可以借用水管、竹竿滑下来；是否可以利用绳子，皮带等物爬下来；可不可以进行逐级跳越而下等，只要多动脑筋，一般还是可以自救的。

（5）呼救，也是极为重要的，被火围困的人，没有办法出来，周围群众听到呼救，也会设法抢救，或者报告消防队来抢救的。

3. 公众聚集场所疏散逃生方法

在校园里，无论宿舍、教室，还是食堂，多为公众聚集场所。发生火灾易造成人员群死群伤的惨剧，且火灾中多数死亡人员是因不懂疏散逃生知识，选择了错误逃生方法或错过逃生的时机而造成的。因此，掌握公众聚集场所正确的疏散逃生方法对提高人员的自救能力尤其重要。

（1）要保持冷静。遇到火灾，对浓烟和烈火，首先要强令自己保持镇静，快速判明危险地点和安全地点，决定逃生的办法。撤离时，应根据工作人员的引导进行疏散，要注意朝逃生指示标志方向或空旷地方跑，不要盲目跟风，相互拥挤，乱冲乱撞。

（2）利用疏散通道和安全出口自救逃生。校园建筑设置的疏散通道和安全出口，在额定人数内，只要有组织、有秩序地疏散，五分钟内即能全部疏散完毕。因此，发生火灾时，不要惊慌失措，应及时向疏散通道和安全出口方向逃生，疏散时要听从指挥人员的疏导和指挥，分流疏散，避免争先逃生，朝一个出口拥挤，堵塞出口。

（3）自制器材逃生。必要时可利用周边的物品自制器材逃生，或利用落水管、房屋内外突起部位等建筑物设施。公众聚集场所发生火灾时，要学会利用现场一切可以利用的物品逃生，要学会随机应用，如将毛巾、口罩用水浇湿当成防烟工具捂住口、鼻；把被褥、窗帘用水浇湿后，堵住门口阻止火势蔓延；利用绳索或用布、床单、地毯、窗帘结绳自救。

（4）逃生时不要乘坐电梯，当火势不大时，要尽量往楼层下面跑，若通道被烟火封阻，则应背向烟火方向撤离，逃往天台、阳台处。在无路可逃的情况下，应积极寻找避难处所，如到阳台、楼层平顶等待救援。选择火势、烟雾难以蔓延的房间，如厕所、保安室等。

（5）逃生时要防止烟雾中毒。可用湿毛巾或口罩蒙鼻，匍匐或弯腰撤离，火灾中如果站着走，走不了多远便会窒息。穿过烟火封锁区时，如没有防毒面具、头盔、阻燃隔热护具，可向头部、身上浇冷水或用湿毛巾、湿棉被、湿毯子等将头身裹好，再行冲出。身上着火时，不要奔跑，应该脱掉衣服就地打滚将火扑灭。

4. 火场逃生自救方法

面对浓烟和烈焰，只要平时多掌握一些火场自救的方法，现场冷静机智，灵活运用火场自救与逃生知识，就有可能化险为夷，拯救自己。

（1）毛巾捂鼻法：火灾烟气具有温度高、毒性大的特点，一旦吸入后很容易引起呼吸系统烫伤或中毒，因此疏散中应用湿毛巾捂住口鼻，以起到降温及过滤的作用。

（2）就地打滚法：火场上的人如果发现身上着了火，千万不可奔跑或用手拍打，因为奔跑或拍打时会形成风势，加速氧气的补充，促旺火势。当身上衣服着火时，应赶紧设法脱掉衣服或就地打滚，压灭火苗。能及时跳进水中或让人向身上浇水，喷灭火剂就更有效了。

（3）匍匐前进法：由于火灾发生时烟气大多聚集在上部空间，因此在逃生过程中应尽量将身体贴近地面匍匐前进或弯腰前进。

（4）棉被护身法：用浸泡过的棉被或毛毯、棉大衣盖在身上，确定逃生路线后用最快的速度穿过火场并冲到安全区域。

（5）毛毯隔火法：将毛毯等织物钉或夹在门上，并不断往上浇水冷却，以防止外部火焰及烟气侵入，从而达到抑制火势蔓延速度、增加逃生时间的目的。

（6）被单拧结法：把床单、被罩或窗帘等撕成条或拧成麻花状，并用水打湿，按绳索逃生的方式缓慢滑到下面楼层或地面，安全逃生。

（7）绳索自救法：家中有绳索的，可直接将其一端拴在门、窗挡或重物上沿另一端爬下。在爬下的过程中，脚要成绞状夹紧绳子，双手交替往下爬，并尽量采用手套、毛巾将手保护好。有条件的可以使用缓降器逃生。

（8）管线下滑法：当建筑物外墙或阳台边上有落水管、电线杆、避雷针引线等竖直管线时，可借助其下滑至地面，同时应注意一次下滑时人数不宜过多，以防止逃生途中因管线损坏而致人坠落。

（9）竹竿插地法：将结实的晾衣竿直接从阳台或窗台插到室外地面或下一层楼的平台，两头固定好以后顺竿滑下。

（10）攀爬避火法：通过攀爬阳台、窗口的外沿及建筑周围的脚手架、雨棚等突出物以躲避火势。

（11）“搭桥”逃生法：可在阳台、窗台、屋顶平台处用木板、竹竿等较坚固的物体搭在相邻建筑上，以此作为跳板过渡到相对安全的区域。

（12）卫生间避难法：当实在无路可逃时，可利用卫生间进行避难，用毛巾紧塞门缝，把水泼在地上降温，也可躺在放满水的浴缸里避难。但千万不要钻到床底、阁楼、衣橱等处避难，因为这些地方可燃物多，且容易聚集烟气。

（13）楼梯转移法：当火势自下而上迅速蔓延而将楼梯封死时，上面楼层的应迅速通过楼梯，老虎窗、天窗等爬到屋顶，转移到另一单元的楼梯进行疏散。千万不要乘普通的电梯逃生。因为电梯的供电系统在火灾时随时会断电或因高温的作用电梯变形而使人被困在电梯内，同时由于电梯井犹如贯通的烟囱般直通各楼层，有毒的烟雾将直接威胁被困人员的生命。

（14）火场求救法：发生火灾时，可在窗口、阳台或屋顶处向外大声呼叫，敲击金属物品或投掷软物品，白天应挥动颜色鲜艳的布条发出求救信号，晚上可挥动手电筒或白布条引起救援人员的注意。

（15）逆风疏散法：应根据火灾发生时的风向来确定疏散方向，迅速逃到火场上风处躲避火焰和烟气。

5. 火场逃生的心理误区

要想在大火中安全逃生，除了平时要学习一些自防自救常识之外，还要努力克服逃生中的某些心理误区。逃生中的心理误区主要有以下几种：惊慌心理、习惯心理、趋光心理、外散心理和盲从心理。

（1）惊慌心理。在火灾中感到恐惧是人的一般习性，惊慌就是人在极度难忍、充满恐怖的环境下造成的一种心理状态。在逃生时，惊慌心理可导致一些不合理的非理性行为，结果经常是不幸的。惊慌一开始只是个别人的非理性行为，但由于惊慌带有传染性，很快会波及众人，而且非常迅速，常常可导致不可抑制的恐惧心理，往往发生不必要的重大伤亡。

（2）习惯心理。习惯心理常表现为人们只会朝经常使用的出入口和楼梯疏散，即使那里已挤成一团，堵塞了出口，还是争相夺路不肯离去。一方面是因为灾祸降临，人们挤成一团，以解除心理上的孤独感和恐惧感；另一方面，也是由于对所处环境的不了解，对其他出口没有把握，甚至不了解安全疏散出口包括哪些楼梯和门窗。特别是楼房火灾，一般人听到火警，往往习惯往下跑，而遇上烟气又会慌忙向上跑，烟速为3～4米/秒，大大超过了人的上楼速度，就在这种往返之中，贻误了逃生的最佳时机，甚至丧生。

（3）趋光心理。人有向光的习性，所以有趋向明亮方向和开敞空间的本能。例如，当旅馆有烟气在走廊弥漫时，若走廊一端黑暗、一端明亮，则人们一般向明亮方向疏散。趋光心理有时是有益的，但如果身处陌生的火灾环境中，盲目地拼命朝有光亮的方向逃跑，很容易误入危险境地，如建筑物里的“袋形走廊”，就十分危险。

要避免误入危险逃生路径，就必须熟悉自己所处的环境。当我们进入一个比较陌生的建筑物中，就要到走廊看一看报警器、疏散出口和楼梯的位置，这种细心是很必要的，只有养成习惯，心中有数，才能在关键时刻救我们一命。

（4）外散心理。起火时，求生本能促使人一般总想向室外跑，这对低层的、结构简单的建筑物还可以，但对高层的、结构又较复杂的建筑物来讲，这种想法是不太现实的，因为身处较高楼层或比较复杂结构的环境中，人们跑到室外需要较长时间，反而会贻误逃生的时机。所以，在火灾中一心只想逃出去，有时并非上策。在无路可逃时，就要选择相对安全的地方避难，等待消防队的到来。当然，即使选择避难间避难，也只能是暂时的，最终目的在于及早疏散出去或是被安全救援，所以在选择避难的同时应做好下一步的考虑和准备。

（5）盲从心理。盲从心理是惊慌心理的延续，表现在火灾危险中失去正常判断能力，没有主见，随大流、不顾后果。如一窝蜂地跟着人群盲目地跑，至于跑向什么地方，能不能跑得出去则根本不知道；又如不知所措的程度急剧增加，见人从楼上往下跳，便跟着一起往下跳，至于跳下去是什么后果则不管了。准确地说，这种盲从心理导致的行为已算不上是一种正常的逃生了。许许多多群死群伤火灾的发生，都与这种盲从心理带来的消极后果密切相关。

综合以上几种逃生心理的分析不难看出，在逃生中，心理上一旦走入误区，也就相当于人在火场中闯入误区一样危险。要想在火灾中安全逃生，除了要具备一定的消防意识、掌握一定的自防自救知识之外，还要努力克服种种心理障碍，从心理误区中尽快走出来，培养良好的逃生心理素质，在逃生的关键时刻引领自己走进安全地带。

知识链接

火灾逃生小窍门

1. 平时可以设计几条不同方向的逃生路线。

2. 躲避烟火时不要往小阁楼、床底、大衣橱内钻。

3. 不要留恋财物，要分秒必争地逃出火场，千万记住，逃出后绝不往回跑。

4. 火势不大时要当机立断披上浸湿的衣服或裹上毛毯、湿被褥勇敢地冲出去，但千万不要披塑料雨衣。

5. 在浓烟中避难逃生，要尽量放低身体，并用湿毛巾捂住口鼻。

6. 如果身上着火，千万不要奔跑，要就地打滚压灭身上火苗。

7. 若逃生路线被火封堵，立即回室内，关闭门窗，堵住缝隙，有条件的向门窗上浇水。

8. 不要盲目跳楼。

项目思考

1．仔细观察自己学习和生活的环境，看哪些地方存在火灾隐患？

2．自己所在学校有哪些消防器材，熟悉这些消防器材的使用方法。

3．组织班级同学模拟火灾逃生演练。

项目 5

实训实习安全

学习目标

1．掌握实验实训的安全事项；
2．掌握实验实训过程中的规范操作；
3．掌握顶岗实习的相关安全知识；
4．掌握不同机械设备的操作要求。

项目案例

案例 1

当下，有不少中职学生对机械行业不感兴趣，认为机械就是工人干活，不如计算机等工作即轻松又赚钱。所以在金工实习时即不认真听机床的工作原理，也不仔细观察老师的示范操作，消极怠工，不按操作规程操作，心存侥幸。例如，某校学生小张在操作车床时，不听指导老师的讲解和反复的强调，在车床运行时就给车床主轴变速，结果出现了严重损坏车床的安全事故。还有的学生因实习车间布置不当，为了走近路而被严重撞伤，从而造成生产安全事故。

案例 2

某中专学校学生小王，在车床上实习，由于实习中途要外出开会，她心想，操作一小会问题不大，抱着这种侥幸心理，而没有戴安全帽。结果在操作过程中不慎将辫子绞进丝杠，等她发现时惊慌失措，本能的用双手紧紧拉住辫子拼命叫喊。所幸不远处的师傅反应快，及时拉下了总电闸才没出大事。但由于停车时的惯性，小王的头皮还是受了伤。

还有，一位二年级学生陈某，在铣床上实习，已经接近下班了，师傅让大家洗手，但该生热情很高，急于再赶一件活。当用两把三面刃铣刀自动走刀铣一个铜件台阶时，本应用毛刷清除碎切屑，但他为了求快，用戴着手套的手去拨抹切屑，冷不防手套带手一起绞了进去。师傅很快切断了电源，可是陈某的中指还是被切掉了一公分。

此外，还有学生实习时串岗，因而被飞屑所伤、被机床悬伸物所伤，或别人操作时因在一旁指指点点而被伤。有些同学出于好奇，爱玩长长的带状切屑，切屑锋利且带齿，因而将手割破。有些同学不顾工厂三令五申仍穿凉鞋进车间，因而脚被路边物件刮伤，更有甚者被路上长圆圈切屑将脚背的动脉血管切开而大出血，从而危及生命。

项目知识

常言道，“安全责任重于泰山”。顶岗实习是学校安排在校学生实习的一种方式。广大职业学校贯彻教育部“以服务为宗旨，以就业为导向”的办学方针，大力推行工学结合、校企合作的培养模式，实行在校学习和生产实习相结合。职业学校的生产实习是学生从校园生活进入社会生产岗位的前站，也是适应社会需要开始独立生活的第一步。伴随着我国职业教育的迅速发展，学校办学规模不断扩大，安全教育成为校园中必不可少的一部分。在校企合作的背景下，学校应高度重视学生的生产实习，尤其是顶岗实习阶段的安全教育，学生应提高防范意识，安全顺利地在企业完成顶岗实习，圆满完成接受职业教育的任务。

一、校内实训安全

1. 铸工实习安全注意事项

（1）穿戴好工作服等防护用品。

（2）造型时不要用嘴吹沙子。

（3）浇注时，不搞浇注的同学应远离浇包。

（4）不可用手、脚触及未冷却的铸件。

（5）不可在吊车下停留或行走。

（6）清理铸件时，要注意周围环境，以免伤人。

2. 锻压实习安全注意事项

（1）穿戴好工作服等防护用品。

（2）使用前，对所使用的工具进行检查，如锤柄、锤头、砧子以及其他工具是否有损伤、裂纹、松动。

（3）加热时，不要用眼睛盯着加热部位，以免光热刺伤眼睛。

（4）操作时，手钳或其他工具的柄部应置于身体的旁侧，不可正对人体。

（5）手锻时，严禁戴手套打大锤。打锤者应站在与掌钳者成 90° 角的位置，抡锤前应观察周围有无障碍或行人。切割操作时，在料头飞出方向不准站人，操作快要切断时应轻打。

（6）机锻时，严禁用锤头空击下砥铁，不准锻打过烧或已冷的工件。锻件及垫铁等工具必须放正、放平，以防飞出伤人。

（7）必须用手钳等工具放置或取出工件，用扫帚清除氧化皮。不得用手摸或脚踏未冷透的锻件。

（8）冲压操作时，手不得伸入上、下模之间的工作区间。从冲模内取出卡住的制件及废料时，要用工具，严禁用手抠，而且要把脚从脚踏板上移开，必要时应在飞轮停止后再进行。

3. 焊工实习安全注意事项

（1）实习前要穿好工作服和工作鞋，焊接时要戴好工作帽、手套、防护眼镜或面罩等用品。

（2）焊接前应检查焊机接地是否正常，焊钳、电缆等绝缘是否良好，以防触电。

（3）不得将焊钳放在工作台上，以免短路烧坏电焊机。不许用手触及刚焊好的焊件，以防烫伤。

（4）氧气瓶、乙炔瓶旁严禁烟火，氧气瓶不得撞击或触及油物。

（5）焊接场地通风必须良好，以防有害气体影响人体健康。

（6）焊后清渣时，要防止焊渣崩入眼中。

（7）焊接结束时，要切断焊机电源，并检查焊接场地有无火种。

4. 热处理实习安全注意事项

（1）穿戴好工作服等防护用品。

（2）操作前，应熟悉零件的工艺要求以及相关设备的使用方法，严格按照工艺规程操作。

（3）使用电阻炉加热时，工件的进炉或出炉操作，应在切断电源的情况下进行。使用盐浴炉加热时，工件和工具都应烘干。

（4）不要触摸出炉后尚在高温的热处理工件，以防烫伤。

（5）不要随意触摸或乱动车间内的化学药品、油类和处理液等。

5. 切削加工实习安全注意事项

（1）操作机床时，必须穿好工作服并扎紧袖口，留长发者要戴工作帽，并将头发全部塞入帽内。不准戴手套操作机床。

（2）高速切削时，要戴好防护镜，防止高速切削飞出的碎屑损伤眼睛。

（3）开动机床前必须检查手柄位置是否正确，检查旋转部分与机床周围有无碰撞或不正常现象，并对机床加油润滑。

（4）工件、刀具和夹具必须装夹牢固。装夹工件后，应立即取下扳手。

（5）多人共用一台机床时，只能一人操作，严禁两人同时操作，以防意外。加工过程中不能离开机床，不准倚靠车床操作。

（6）不能用手触摸和测量旋转的和未停稳的工件或卡盘。清除切屑要用钩子或刷子，不可用手或工具量具直接清除。

（7）主轴运转时不得变换转速，以免发生设备和人身事故。

（8）发现机床运转有不正常现象，应立即停车，关闭电源，报告指导师傅。

（9）操作时应注意他人的安全。

6. 叉车操作安全注意事项

（1）叉载物品时，应按需调整两货叉间距，使两叉负荷均衡，不得偏斜，物品的一面应贴靠挡货架，叉载的重量应符合载荷中心曲线标志牌的规定。

（2）载物高度不得遮挡驾驶员的视线。

（3）在进行物品的装卸过程中，必须用制动器制动叉车。

（4）货叉车接近或撤离物品时，车速应缓慢平稳，注意车轮不要碾压物品、木垫等，以免碾压物飞起伤人。

（5）用货叉叉取货物时，货叉应尽可能深地叉入载荷下面，还要注意货叉尖不能碰到其他货物或物件。应采用最小的门架后倾来稳定载荷，以免载荷向后滑动。放下载荷时，可使门架小量前倾，以便于安放载荷和抽出货叉。

（6）禁止高速叉取货物和用叉头与坚硬物体碰撞。

（7）叉车作业时，禁止人员站在货叉上。

（8）叉车叉物作业，禁止人员站在货叉周围，以免货物倒塌伤人。

（9）禁止用货叉举升人员从事高处作业，以免发生高处坠落事故。

（10）不准用制动惯性溜放物品。

二、顶岗实习安全

1. 顶岗实习岗前安全教育

（1）实习期间必须严格遵守实习单位的各项规章制度，严格按照实习单位的作息时间上下班，不迟到，不早退，不旷工。下班要办好交接班手续，经师傅允许后方可离开。

（2）实习生进入工作场地前必须戴好劳保用品，做好一切准备工作，确保安全、文明生产。

（3）实习生必须听从师傅指导，严格遵守安全操作规程，爱护设备，不乱动设备，如发现故障或异常现象，立即报告值班领导和师傅，未经允许，不得任意拆卸或启动设备，确保人身、设备的安全。

（4）尊重实习单位的领导和师傅，听从安排、服从分配，服从实习单位的管理与教育，安心本职工作，虚心求教，刻苦钻研业务，提高操作技能，争取尽快达到顶岗作业的合格要求。

（5）严格遵守实习单位的保密制度，不得将技术或商业情报向外泄露，维护实习单位利益。

2. 顶岗实习安全生产知识

保障学生生命安全和企业财产安全，是顶岗实习工作最根本的实践。全体顶岗实习生立应足本职岗位，加强安全知识学习，从自身做起，自觉遵守实习单位劳动纪律和各项安全操作规程，牢固树立“安全第一”的意识，努力为实习单位营造安全生产的良好工作氛围，保障顶岗实习顺利进行。

（1）对不符合安全要求的厂房、生产线、设备、设施等，职工有权向上级报告。遇有直接危及生命安全的情况，职工有权停止操作，并及时报告领导处理。

（2）操作人员未经三级安全教育或考试不合格者，不准参加生产或独立操作。电气、起重、车辆的驾驶、锅炉、压力容器、焊接（割）、爆破等特种作业人员，应经专门的安全作业培训和考试合格，持特种作业许可证操作。

（3）进入作业场所，必须按规定穿戴好防护用品。要把发辫放入帽内；操作旋转机床时，严禁戴手套或敞开衣袖（襟）；不准穿脚趾及脚跟外露的凉鞋、拖挂；不准赤脚赤膊；不准系领带或围巾；尘毒作业人员在现场工作时，必须戴好防护口罩或面具；在能引起爆炸的场所，不准穿能集聚静电的服装。

（4）操作前，应检查设备或工作场地，排除故障和隐患；确保安全防护、信号连锁装置齐全、灵敏、可靠；设备应定人、定岗操作；对本工种以外的设备，须经有关部门批准，并经培训后方可操作。

（5）工作中，应集中精力，坚守岗位，不准擅自将自己的工作交给别人；两人以上共同工作时，必须有主有从，统一指挥；工作场所不准打闹、睡觉和做与本职工作无关的事；严禁酗酒者进入工作岗位。

（6）凡运转的设备，不准跨越、横跨运转部位传递物件，不准触及运转部位；不得用手拉、嘴吹切屑；不准站在旋转工件或可能爆裂飞出物件、碎屑部位的正前方进行操作、调整、检查、清扫设备；装卸、测量工件或需要拆卸防护罩时，要先停电关车；不准无罩或敞开防护罩开车；不准超限使用设备机具；工作完毕或中途停电，应切断电源，才准离岗。

（7）检修机械、电气设备前，必须在电源开关处挂上“有人工作，严禁合闸”的警示牌。必要时设专人监护或采取防止意外接地的技术措施。警示牌必须谁挂谁摘，非工作人员禁止摘牌合闸。一切电源开关在合闸前应细心检查，确认无人检修时方准合闸。

（8）一切电气、机械设备及装置的外露可导电部分，除另有规定外，必须有可靠的接零（地）装置并保持其连续性。非电气工作人员不准装、修电气设备和线路。使用Ⅰ类手持电动工具必须绝缘可靠，配用漏电保护器、隔离变压器，并戴好绝缘手套后操作。

行灯和机床、钳台局部照明应采用安全电压；容器内和危险潮湿地点不得超过 12V。

（9）行人要走指定通道，注意警示标志，严禁贪近道跨越危险区；严禁攀登吊运中的物件，以及在吊物、吊臂下通过或停留；严禁从行驶中的机动车辆中爬上、跳下、抛卸物品；车间内不许骑自行车。在厂区路面或车间安全通道上进行土建施工，要设安全遮拦和标记，夜间设红标灯。

（10）高处作业，带电作业，禁火区动火，易燃或承载压力的容器、管道动火施焊，爆破或爆破作业，有中毒或窒息危险的作业，必须向安技部门和有关部门申报和办理危险作业审批手续，并采取可靠的安全防护措施。

（11）安全、防护、监测、信号、照明、警戒标志、防雷接地等设施，不准随意拆除或非法占用，消防器材、灭火器具不准随便挪动，其安放地点周围，不得堆放物品。

（12）对易燃、易爆、有毒、放射和腐蚀等物品，必须分类妥善存放，并设专人管理。易燃易爆等危险场所，严禁吸烟和明火作业。不得在有毒、粉尘作业场所进餐、饮水。

（13）变、配电室、氧气站、煤气站、液化气站、乙炔站、空压站、发电机房、锅炉房、油库、油漆库、危险品库等要害部位，非岗位人员未经批准严禁入内。在封闭厂房（空调、净化间）作业和深夜班、加班作业时，必须安排两人或两人以上一起工作。

（14）生产过程会产生有毒气体、液体、粉尘、渣滓、放射线、噪声的场所或设备设施，必须使用防尘、防毒装置和采取安全技术措施，并保持可靠有效；操作前应先检查和开启防护设置、设施，运转有效方能进行工作。

（15）搞好生产作业环境的安全卫生；保持厂区、车间、库房的安全通道畅通；现场物料堆放整齐、稳妥、不超高；及时清除工作场地散落的粉尘、废料和工业垃圾。

（16）新安装的设备、新作业场所及经过大修或改造后的设施，需经安全验收后，方可进行生产作业。

（17）严格交接班制度，重大隐患必须载入记录本；下班前必须切断电源、气（汽）源，熄灭火种，检查、清理场地。

（18）发生生产安全事故要及时抢救，保护现场，并立即报告领导和上级主管部门。

（19）各类操作人员除遵守以上内容外，还必须遵守本工种安全操作规程。

3. 安全用电基本要求

（1）车间内的电气设备，不要随便乱动。自己使用的设备、工具，如果电气部分出了故障，不得自行修理，也不得带故障运行，应立即请电工检修。

（2）自己经常接触和使用的配电箱、配电板、闸刀开关、按钮开关、插座、插销以及导线等，必须保持完好、安全，不得有破损或将带电部分裸露出来。

（3）在操作闸刀开关、磁力开关时，必须将盖盖好，防止万一短路发生电弧或熔丝熔断飞溅伤人。

（4）使用的电气设备，其外壳按有关安全规程，必须进行防护性接地或接零。对于接地或接零的连接点要经常进行检查。要保证连接牢固，接地或接零的导线不得有任何断开的地方。

（5）需要移动某些非固定安装的电气设备，如电风扇、照明灯、电焊机等时，必须先切断电源再移动。同时导线要收拾好，不得在地面上拖来拖去，以免磨损。当导线被物体轧住时，不要硬拉，防止导线被拉断。

（6）在使用手电钻、电砂轮等手持电动工具时，必须装设漏电保护器，使用相应的插头、插座。严禁将导线直接插入插座内使用。同时，注意不得将工件等重物压在导线上，防止轧断导线发生漏电。

（7）工作台上、机床上使用的局部照明灯和行灯，应采用安全电压，其电压一般不得超过 36 伏。

（8）在一般情况下，用电设备使用期一个月以上时应安装正式线路，短期使用必须装置临时线，须经过机动部门和安技部门批准。同时，临时线应按有关安全规定安装好，不得随便乱拉乱拽。另外，必须按规定时间拆除。

（9）在进行容易产生静电火灾、爆炸事故的操作时（如使用汽油清洗零件、擦拭金属板材等），必须有良好的接地装置，以便及时导除聚集的静电。

（10）在雷雨天，不要走近高压电杆、铁塔、避雷针的接地导线周围 20m 之内，以免有雷击时产生跨步电压触电。

（11）在遇到高压电线断落地面时，导线断落点周围 20m 内，禁止人员入内，以防跨步电压触电。如果此时已有人在 20m 之内，不要跨步行走，应用单足或并足跳离危险区。

（12）发生电气火灾时，应立即切断电源，用黄沙、二氧化碳、四氯化碳等灭火器材灭火。切不可用水或泡沫灭火器灭火，因为它们有导电的危险。救火时，应注意自己身体的任何部分及灭火器具不得与电线、电器设备接触，以防触电。

（13）车间的电气设备，如变压器、配电盘及裸露的电线或涂有红、黄、绿色铜、铝导电排等，可能带电，任何人员绝对不要触摸。

（14）任何电气设备在未验明无电之前，一律认为有电，不要盲目触及。所有标志牌（如“禁止合闸”、“有人操作”等标牌），非有关人员不得随便移动。

触电急救方法：触电急救的基本原则是动作迅速、方法正确。

（1）低压脱离电源的方法：

①“拉”：就近拉开电源开关，拔出插销式瓷插保险；

②“剪”：用带有绝缘手柄的绝缘工具剪断电源线；

③“砍”：用干燥手柄的斧头、铁镐、锄头砍断电线；

④“挑”：用干燥的木棒、竹竿等挑开触电者身上的导线；

⑤“垫”：用绝缘材料垫在触电者身下，使之脱离电源；

⑥“拽”：用绝缘物品戴在手上拉开触电者。

（2）高压脱离电源的方法：

① 使用相同绝缘等级的工具断开电源；

② 通知供电部门停电。

（3）现场急救办法。当触电者脱离电源后，应根据触电者的具体情况迅速对症救护。现场施救的主要办法是对口人工呼吸法和体外心脏按压法。

4. 机械设备安全操作要求

（1）机械设备的基本安全要求

① 机械设备的布局要合理，应便于工人装卸工件、操作观察和清除杂物；同时也应便于维修人员维修和检查。

② 机械设备的零、部件的强度、刚度应符合安全要求，安装应牢固，不应经常发生故障。

③ 机械设备根据有关安全要求，必须装设合理、可靠、不影响操作的安全装置。例如：

a．对于做旋转运动的零、部件，应装设防护罩或防护挡板、防护栏杆等安全防护装置。

b．对于超压、超载、超温度、超时间、超行程等可能发生危险事故的零、部件，应装设保险装置。如超负荷限制器，行程限制器，安全阀，温度、时间继电器等。

c．当某些动作需要对人们进行警告或提醒注意时，应安装信号装置或警示标志，如电铃、喇叭、蜂鸣器等声音信号和其他灯光信号等。

d．对于某些动作顺序不能颠倒的零、部件，应装设互相连锁装置。

④ 机械设备的电气装置，必须符合电气安全的要求。

⑤ 机械设备的操作手柄、手柄开关、脚踏开关应符合要求。

⑥ 作业现场要有良好的环境。主要是照明度要适宜，湿度与温度要适中，噪声与震动要小，工件、工夹具要摆放整齐。

⑦ 每台机械设备应根据其性能、操作顺序等制定安全技术操作规程和检查、润滑、维修等制度，以便操作者遵守。

（2）机械设备安全操作要求

① 必须正确穿戴个人防护用品，该穿戴的必须穿戴，不该穿戴的就一定不要穿截。例如，机械加工时要求女工戴帽子，如果不戴就可能将头发绞进去；同时要求不得戴手套，如果戴了，机械的旋转部分就可能将手套绞进去，进而将手绞伤。

② 操作前要对机械设备进行安全检查，而且要空车运转一下，确认正常后，方可投入运行。

③ 机械设备在运行中要按规定进行安全检查，特别是对紧固的物件要检查其是否会因振动而松动，以便及时重新紧固。

④ 机械设备严禁带故障运行，如果凑合使用很可能发生事故。

⑤ 机械设备的安全装置必须按规定正确使用，不得将其拆掉而不用。

⑥ 机械设备使用的刀具、工夹具及加工的零件等要装卡牢固，不得松动。

⑦ 设备运转时，严禁用手调整，不得用手测量工件或进行润滑、清扫杂物等。如必须进行时，必须先关机后再进行。

⑧ 机械设备运转时，操作者不准离开工作岗位，以防发生问题时无人处置。

⑨ 工作结束后，应关闭开关，切断电源，把刀具和工件从工作位置退出，清理好工作场地，将零件、工夹具摆放整齐，打扫好机械设备的卫生。

（3）进行金属切削加工时的注意事项

① 工作前要穿好紧身工作服，袖口系紧，长发要盘入工作帽内，操作旋转设备时不能戴手套。

② 开车前要按规定润滑设备各个部位，还要手动试运转，确认空车运转正常后，再开始工作。各类机械设备的刀具要按规定选用，保证完好，装夹要牢固可靠，防止工件飞出伤人。

③ 各类切屑应用钩子等专用工具清除、放好，不能用手去抓，防止切屑的利边割手伤人；缠到或粘到工件上的切屑应在停车后清除。

④ 装夹完工件后，应将各种工具、量具放在规定的工具箱内。工作完成后，要切断各动力电源。

⑤ 切削加工车间、工段必须通风良好，以排除加工过程中所产生的油雾、粉尘等有害物质。

（4）进行冲压作业时的注意事项

① 穿戴好规定的劳动护具。如穿好工作服，工作鞋，戴上工作帽和手套。

② 检查安全操作工具或安全装置是否完好，工位布置是否符合工艺要求，工位器具是否完好齐全。

③ 检查设备主要紧固螺钉有无松动，模具有无裂纹。

④ 清理压力机工作台台面及工作地周围的废料及杂物，并将模具、工作台擦干净。

⑤ 检查局部照明情况，不准把杂物放在机床电气、台面及模具上。

⑥ 检查润滑系统有无堵塞或缺油，并按规定润滑机床。

⑦ 开动压力机、剪板机前，必须检查压力机上面、剪板机后面是否有检修人员。

⑧ 在检查机床及模具正常的情况下开机试车。通过试车检查机床离合器、制动器按钮、脚踏开关、拉杆是否灵活好用，特别是刹车系统是否可靠，确认正常后，方可开始工作。

（5）进行焊接作业时的注意事项

① 电焊机外壳必须有良好的接零或接地保护，其电源的装拆应由电工进行。

② 电焊机应放在防雨和通风良好的地方，焊接现场不准堆放易燃、易爆物品，使用电焊机必须按规定穿戴防护用品。附近堆有易燃易爆品，在未彻底清理或采取有效的安全措施前，不能施焊。

③ 焊钳与把线必须绝缘良好、连接牢固，更换焊条应戴手套。在潮湿地点工作，应站在绝缘胶板或木板上。

④ 严禁在带压力的容器或管道上施焊，焊接带电的设备必须先切断电源。焊接贮存过易燃、易爆、有毒物品的容器或管道，必须先清除干净，并将所有孔口打开。

⑤ 把线、时线禁止与钢丝绳接触，更不得用钢丝绳或机电设备代替零线，所有地线接头必须连接牢固。

⑥ 更换场地移动把线时，应切断电源，并不得手持把线爬梯登高。

⑦ 多台焊机在一起集中施焊时，焊接平台或焊件必须接地，并应有隔热板。

⑧ 工作结束后，应切断焊机电源，并检查操作地点，确认无起火危险后方可离开。设备应维修保养，做好十字作业（清洁、润滑、调整、紧固、防腐）。

⑨ 严格遵守《气瓶安全监察规程》。气瓶严禁抛掷或剧烈滚动。气瓶不得安放在可能产生火花的电气设备或热力管通附近，不得在烈日下曝晒；冬天使用气瓶发生冻结时，严禁用明火烘烤或用金属敲击瓶阀。乙炔瓶必须直立放置，不准横躺卧放，以防丙酮流出引起燃烧爆炸。

项目思考

1．实验室里可能出现的危机及其预防措施有哪些？

2．顶岗实习应注意的安全事项有哪些？

3．根据自己专业的实际实习岗位，说说自己应注意哪些方面的安全事项？

项目 6

社会安全

学习目标

1．了解校园常见骗术及其应对方法；
2．了解毒品的危害，掌握远离毒品的方法；
3．掌握防范性侵害的方法；
4．了解艾滋病的传播途径，掌握其防范方法；
5．学会正确对待艾滋病患者；
6．了解赌博的危害及远离赌博的方法。

项目案例

案例 1

2014 年 4 月，某学校保卫处将一名涉嫌诈骗的男青年姜某抓获。经过审查，该男子交代其是社会上的无业人员，曾在某职业院校读过一年书。他经常上网聊天，网名很多，在网上自称自己是某高校的学生，父母都是公安局的，家庭条件较好，骗得女性网友的好感，然后约女性网友见面。见面后，再以花言巧语、小恩小惠进一步骗取女性网友的信任后，便谎称自己最近有病或有其他事急等用钱，没时间回家取钱等向网友借钱，以欺骗手段分几次骗取某高校两名女同学人民币 7750 元及手机等物，诈骗另一高校女同学牟某人民币 480 元。

案例 2

利用支付宝诈骗又出新："变种"

3 月 16 日下午，在江苏省南京市某中职学校读书的浙江女孩林某刚在淘宝网上付过款，半小时后，她接到一个陌生电话。

“你好，是某某同学吗？我是支付宝中心话务员。”电话中传来一个男子的声音。林某见对方叫出了自己的真实姓名，便放下了心中的疑虑。

对方说：“刚才支付宝交易中心系统突然发生故障，你的支付行为没有成功，系统暂时冻结了你的银行卡。”

林某连忙问对方应该怎么办，对方告诉她，要到工商银行网上银行去解冻，但要先在官网上开通 e 支付。林某按照对方提示的操作方法进行“解冻”，但是操作了 3 次，系统都提示错误。这时，对方提出帮林某解冻。林某不假思索地就将银行卡号报给了对方。过了几分钟，对方告诉林某，她的这张卡没有解冻功能，如果要开通解冻功能的话，账户里至少得有 1000 到 2000 元，但开通是免费的。林某虽然心存疑虑，但考虑到他说的开通服务费是免费的就放下心来。她卡里没有那么多钱，只好从另一张卡里取出 1000 元后存到被“冻结”的工商银行卡里面。不久，她的手机接到一条短信，内容是支付宝发来的银行卡被支取 200 元的动态验证码，对方让林某提供给他，并说是要把卡上的钱先转到支付宝的一个安全账户上，等银行卡解冻之后再转给她。过了半分钟，林某手机收到一条被支取 1000 元的动态验证码，对方还是以同样的理由让林某说出了验证码。此后，林某越想越不对劲，赶紧给对方回拨手机，可号码根本打不通。这时，她意识到自己被骗了，连忙报警。

案例 3

中职生黄某家庭经济条件较好，二年级开始接触校园周围的游戏机。刚开始只是“好奇”，“输赢在 5 元以内”。不久便上了瘾，经常通宵达旦地赌博，从家里拿来的钱一小部分用于吃饭，大部分用于赌博，经常身无分文。仅仅半学期，他就向同学和朋友借款 3000 多元。“到了这种地步，我已无法收手”；“赌，令我输没了志气，输没了理想，输没了脸面。我不想再活下去了。”最后，他选择了卧轨自杀，了却了自己的一生。

（案例来源：中职生入学教育读本）

项目知识

一、提高警惕、防范诈骗

诈骗，是指以非法占有为目的，用虚构事实或者隐瞒真相的方法，骗取款额较大的公私财物的行为。由于这种行为完全不使用暴力，而是在一派平静甚至“愉快”的气氛下进行的，加之受害人一般防范意识较差，较易上当受骗。

诈骗罪（《刑法》第266条）是指以非法占有为目的，用虚构事实或者隐瞒真相的方法，骗取数额较大的公私财物的行为。

1. 常见的校园骗术

（1）假冒身份。诈骗分子往往利用假名片、假身份证与人进行交往，通常采用游击方式流窜作案，财物到手后立即逃离。还有人以骗到的钱财、名片、身份证、信誉等为资本，再去诈骗他人、重复作案。有的冒充学校工作人员诈骗学生；有的利用手机发短信中奖诈骗；有的假称自己发生意外，利用同学的同情心理寻机诈骗。还有的不法分子假冒银行名义，在柜员机等处张贴告示：如果自动提款机发生吞卡或其他操作故障，可拨打所留的咨询电话。事主拨打该咨询电话时，对方声称是柜员机发生故障，骗取事主银行卡密码后取走卡里的存款；或者让事主将其银行卡上的钱转入某个安全账号，第二天再到银行取卡；或者在事主取款时，偷看事主输入的密码，以掉钱的方式转移事主的注意力后乘机换掉事主的银行卡，等事主一走开，立即将事主银行卡中的钱转走。

（2）失踪战术。一些骗子利用职业学校学生经验少、法律意识差、急于赚钱补贴生活的心理，常以公司名义、真实的身份让学生为其推销产品，事后却不兑现诺言和酬金而使学生上当受骗。对于类似的案件，由于事先没有完备的合同手续，处理起来比较困难，往往时间拖得很长，受害者花费了许多精力却得不到应有的回报。

（3）设置招聘陷阱。勤工俭学已成为中职生谋生求学的重要途径。诈骗分子往往利用这一机会，用招聘的名义对一些学生设置骗局，骗取介绍费、押金、报名费等。某职校几位学生通过所谓的“家教中介”机构联系家教业务，交了中介费后，拿到手的只是几个联系的电话号码，其实，对方并不需要家教，或者“联系迟了”，但想要回中介费是绝对不可能的。

（4）以“求助”行骗。此类诈骗以一男一女结伙作案为主，部分不法分子还驾驶车辆作案，以使其谎言更逼真，更令人信服。不法分子以与师生走散、出车祸、被盗、银行卡被吞或购物为由向职业院校学生借手机打电话，或者借银行卡转账，或者以（假）手机、外币（低值或假）抵押借钱，或者以双倍返还借款的方式诈骗事主的财物。

警示案例

3月11日，重庆某中职学校一名三年级女生姚某在校门口施工处被一家人拦下求助。对方谎称自己一家是从深圳去昆明路过重庆，在吃饭时忘记关车门导致所有东西被偷，现在车快没有油了，加上车上老人和孩子的苦苦哀求，当该女同学心软同情搭话后，对方便向她借用银行卡及现金。为了消除同学的疑虑，对方还编造说“我是 xx 公司的”，并当着同学的面给他的下属打电话让他们打钱过来。当张某把钱借给他们后，对方以 24 小时内钱不能立即到账为理由，找借口脱身。事后，该同学一直没有等来对方的汇款，这才知道自己被骗。

（5）以“中奖”行骗。作案流程为：打事主电话→冒充某公司人员称事主的手机中了现金大奖→事主拨打联系电话→自称该公司的某主任称领奖前必须先交纳手续费→留下银行账号及账户名→收到事主汇款后再次拨打事主手机，编造其他理由（交纳税费、公证费、转账费等）叫事主再次汇款→如果事主继续汇款就不断编造理由，直到事主发现被骗。

（6）以“传销”设局。通常传销人员会以“招工”或“发展事业”为名，将受害者骗至外地。等受骗者抵达后，即要求拉来人的“业务员”80%谈感情，20%谈事业，绝对不能讲有关传销的事，目的是获得受害者的好感，为正式洗脑铺平道路。等到受害人被安顿下来后，其朋友会找个借口带领受害者去听课，能说会道的“讲师”结合所谓的“成功案例”，向听讲者灌输快速致富理论。“讲师”用图表来宣传其虚假的高回报率。在传销者的“家”里，5 点半起床，先是读书、背书，一般是《世界上最伟大的推销员》、《做自己想做的人》、《谁动了我的奶酪》、卡耐基的著作，以及李嘉诚等人的传记。接着站 5 分钟军姿，之后是开心一刻，每人讲一个笑话。最后是即兴演讲，锻炼口才。为了制造“磨砺意志”的假象，规定每人每天的生活费不能超过 4.8 元，吃的都是烂菜叶子。男女同住，女的睡床铺，男的睡地板。生活是完全模式化的，受害者进来后，很快就被模式化的生活同化。此外，传销组织还积极营造出一种感恩的心态，实施“三捧”法则，主动捧“公司”、捧“上线”、捧“公司的理念”。这些原则的运用，使受骗者打心底感觉到自己终于找到了一个成功的平台，最终选择加入到传销组织之中。

2. 职业院校学生防骗策略

（1）知己知彼，心明眼亮。校园人际交往具有多样性，诈骗犯罪常常是在临时性的人际交往中发生的。职业院校学生在同他人接触中应保持警惕性，正所谓“防人之心不可无”，要认真考察对方的来历、真实身份，增强防范意识，提高识别诈骗犯的能力，不被他人的花言巧语所蒙骗。同时，要正确评价自己，处理问题时，要听得进逆耳忠言。对于“初相识的朋友”，不要轻易“掏心窝子”，更不能言听计从、受其摆布利用。对于那些“来如风雨，去如微尘”的上门客，态度要热情、处置要谨慎，尽量避免与他们单独接触，以免给犯罪分子创造作案机会。

（2）不图私利，不贪虚荣，增强抵御诱惑的能力。对飞来的“横财”和“好处”，特别是不很熟悉的人所许诺的利益，要深思和调查。要知道，天上是不会掉下馅饼的，克服贪小便宜的心理，就不会对突然而来的“好处”欣喜若狂。

（3）防止“标签效应”的副作用。标签效应就是以名取人，以头衔取人。有的学生往往被对方的名牌大学的“研究生”、“记者”、“导演”等头衔所诱骗而深信不疑，不做考证，结果受骗。有不少诈骗犯就是利用这些“标签”扮演不同的显赫身份来行骗的。那些自称名流、能人的诈骗分子为了能更快地取得你的信任，以达到其不可告人的目的，大多都会主动地在你面前炫耀自己的“本事”，说自己是如何了得，取得过什么成就，而且他能运用他的“本事”、“能耐”为你解决困难或满足你的需求。当你遇到这种人时，应当格外注意。

（4）克服“第一印象”的消极影响。日常生活中人们十分注重第一印象。诈骗犯利用这一社会心理原理，施展骗局，刻意装扮自己，而一些学生往往便被诈骗犯的仪表、风度所吸引，爱屋及乌，而使自己陷入了骗局。

（5）急于求成，轻率行事。有些学生为留在大城市就多方寻门路、找关系，往往不提高警惕，轻易相信别人，对对方的许诺深信不疑，对对方提的要求也是言听计从，到头来很可能是“赔了夫人又折兵”。职业院校学生找工作应通过正规渠道，如人才市场、供需见面会等进行双向选择，不要轻易自找门路，一旦遇到麻烦，应迅速向公安机关和学校保卫部门报案，保留证据，协助调查，尽可能将损失减到最小。

（6）服从校园管理，自觉遵守校规校纪。为了加强校园管理，学校都会制定一系列的管理制度，制度总是用来约束人们行为的，在执行的过程中可能会给同学们带来一些不便，但是制度却是必不可少的，有助于控制闲杂人员和犯罪分子混入校园，以维护职业院校学生的正当权益和校园的良好秩序。

二、珍爱生命、拒绝毒品

随着职业院校学生与社会接触日益频繁，在毒品问题上，学校已不再是高枕无忧的“净土”。而职业院校学生正处于生理、心理的快速发展期，对事物缺乏准确的判断力，易受外界影响。若职业院校学生对毒品形成错误认知，则有可能会产生吸毒行为，甚至染上吸毒的恶习，一旦染上毒品将祸及终身。

毒品是指国际禁毒公约规定的受管制的麻醉药品和精神药品。《中华人民共和国刑法》第357条规定：毒品是指鸦片、海洛因、甲基苯丙胺（冰毒）、吗啡、大麻、可卡因以及国家规定管制的其他能够使人形成瘾癖的麻醉药品和精神药品。毒品的共同特征包括：具有不可抗拒的力量，强制性地使吸食者连续使用该药；连续使用，有加大剂量的趋势；对毒品产生精神依赖性及躯体依赖性，断药后产生戒断症状；对个人、家庭、社会都会产生危害性结果。

罂粟花

1. 常见毒品种类与危害

常见的毒品种类有鸦片类、大麻类、可卡因类、苯丙胺类等。鸦片类毒品主要包括鸦片、吗啡、海洛因等；大麻类毒品主要包括大麻烟、大麻脂、大麻油等；可卡因类毒品主要包括古可碱、盐酸可卡因等；苯丙胺类毒品主要是指苯丙胺类的兴奋剂。另外，还有一些其他类型的毒品。

下面介绍一些常见毒品。

（1）鸦片。鸦片，又称“阿片”，俗称“大烟”。因产地不同，呈黑色或褐色；有氨味或陈旧尿味，味苦，气味强烈。生鸦片经烧煮和发酵，可制成精制鸦片，是一种棕色的黏稠液体，俗称烟膏，呈棕色或金黄色，吸食时散发香甜气味。

（2）吗啡。吗啡是鸦片的主要有效成分，是从鸦片中提炼出来的主要生物碱。吗啡成瘾者常用针剂皮下注射或静脉注射。食用吗啡对神经中枢的副作用表现为嗜睡和性格的改变，引起某种程度的惬意和快感；在大脑皮层方面，可造成人注意力、思维和记忆力的衰退。长期大剂量地食用吗啡，会引起精神失常的症状，出现健忘和幻觉。在呼吸系统方面，大剂量的吗啡会导致呼吸停止而死亡。

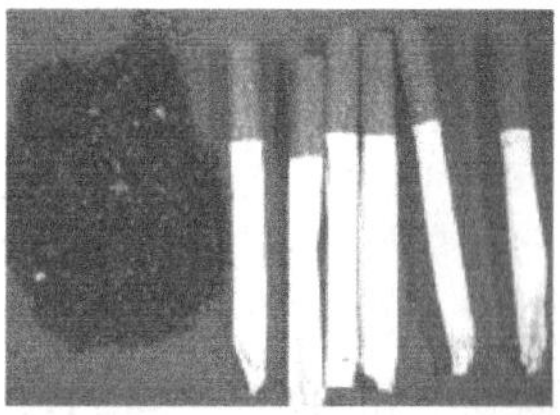

（3）大麻。大麻，单独吸食，将其卷成香烟，被称为“爆竹”；在西方国家被称为“穷人的毒品”。吸毒者如吸入大剂量大麻，会产生大麻中毒，精神出现幻觉、妄想和类偏执状态，伴有思维紊乱，自我意识障碍，出现双重人格。长期吸食大麻者，表情呆滞、淡漠，注意力不集中、记忆力差，判断力受到损害。

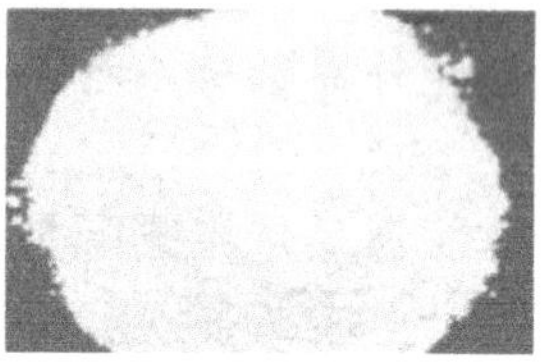

（4）海洛因。海洛因俗称“白粉”，成瘾最快，毒性最烈，曾被称为“世界毒品之王”。长期吸食、注射海洛因，可使人身体消瘦、瞳孔缩小、免疫功能下降，易感染病毒性肝炎、肺脓肿、艾滋病。

（5）可卡因。可卡因别名“古柯碱”，脂溶性高、穿透力强，对神经组织亲和性良好，可起到很好的表面麻醉作用。但大剂量使用会抑制大脑皮层下行异化作用，出现中枢性呼吸抑制，并抑制心肌从而引起心力衰竭。

（6）甲基苯丙胺及其衍生物。甲基苯丙胺（又名“去氧麻黄碱或安非他命”）俗称“冰毒”。甲基苯丙胺的形状为白色块状结晶体，易溶于水，一般用做注射。长期使用可导致永久性失眠，大脑机能破坏、心脏衰竭、胸痛、焦虑、紧张或激动不安，更有甚者会导致长期精神分裂症，而且剂量稍大便会令人中毒死亡。

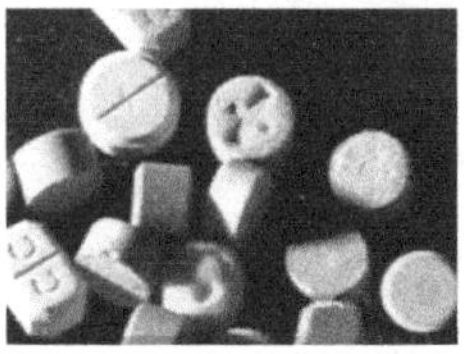

（7）摇头丸。摇头丸属于中枢神经兴奋剂。吸食摇头丸，经常处于幻觉、妄想状态之中，出现精神异常，表现出苯丙胺精神症状，酷似精神分裂症。也会发生其他滥用药物感染合并综合症，包括肝炎、细菌性心内膜炎、败血症、性病等。

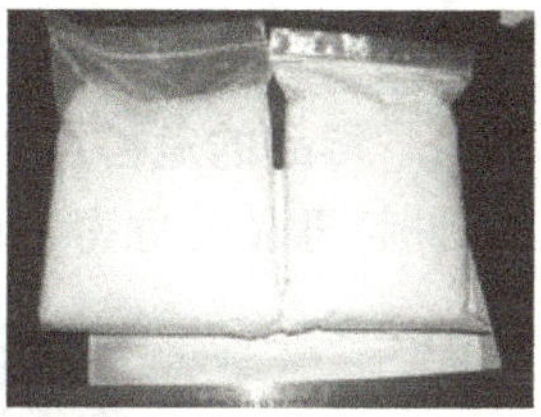

（8）K 粉。K 粉的吸食方式为鼻吸或溶于饮料后饮用，能兴奋心血管，吸食过量可致死，具有一定的精神依赖性。K 粉成瘾后，在毒品作用下，吸食者会疯狂摇头，很容易摇断颈椎；同时，疯狂的摇摆还会造成心力、呼吸衰竭。吸食过量或长期吸食，会对心、肺、神经造成致命损伤，对中枢神经的损伤比冰毒还厉害。

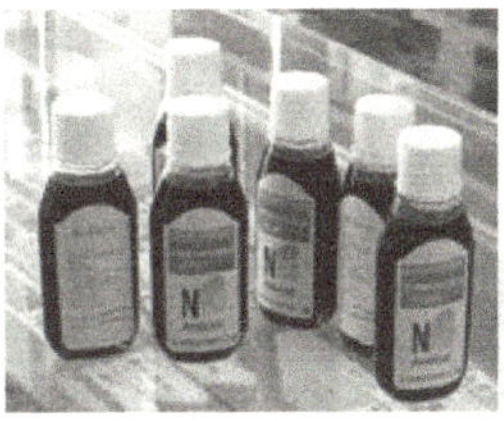

（9）止咳水。含有可待因、麻黄碱等成分，多为处方药。服用后会出现昏昏欲睡、便秘、恶心、情绪不稳定、睡眠失调等症状，大量服用能抑制呼吸，长期服用可形成心理依赖。许多青少年因为随便将该药当饮料服用，陷入其中而不能自拔。更有一些从饮止咳水开始而陷入毒品泥潭。

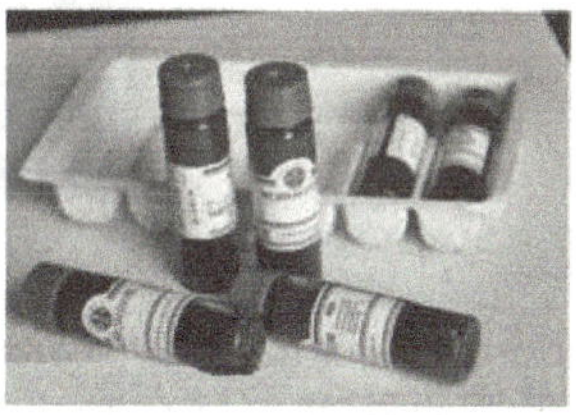

（10）神仙水。神仙水俗称“液体快乐丸”、“G 水”。主要形态为水溶剂或粉末，内含可卡因、甲基苯丙胺、苯丙胺、氯胺酮等多种不同毒品成分，服食方式简单，将其与可乐等饮料混合即可饮用。滥用对象以青少年为主，饮用后严重伤害肝脏，会暂时性记忆丧失，同时也会出现幻觉、无法呼吸、知觉丧失甚至昏迷。维持时间比吸食冰毒的时间更长，对吸毒人员更具诱惑力。

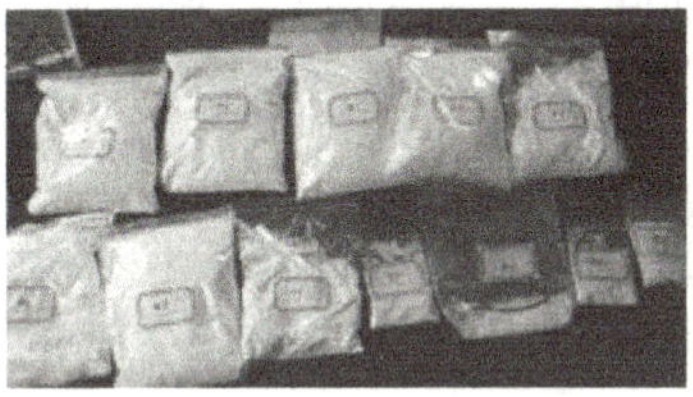

（11）奶茶粉。因味道类似奶茶而得名，呈白色粉末状，主要成分是氯胺酮、MDMA 等，由多种毒品混合，人工制成。一般用奶茶袋包装，用开水调和以后就可以吸食了，也可以与其他各种饮品混合饮用。吸食后使人产生强烈的兴奋感，通宵达旦不知疲惫，消耗人的体力，降低人体免疫功能，更严重的还会导致神经中毒，损害心脏、大脑组织、肾脏甚至导致死亡。

（12）浴盐。浴盐又名“甲卡西酮”。含有浓度很高的 MDPV，其效力比可卡因大 10 倍，可导致服用者表现出偏执、暴力和过激的行为，有时还可能会导致恐慌、躁动、妄想和幻觉行为。

（13）麻古。麻古的主要成分是冰毒，是一种加工后的冰毒片剂，圆形，黄连素药片大小，呈玫瑰红、橘红、苹果绿等色，上面印有“R”、“WY”、“66”、“888”等标记。属苯丙胺类兴奋剂，具有很强的成瘾性，直接作用于人的中枢神经系统，具有迷幻作用，促使吸食者受人支配，因此又叫“唠嗑药”、“抢劫药”、“强奸药”。长期服用导致情绪低落及疲倦、精神失常，损害心脏、肾脏和肝脏，严重者甚至导致死亡。

近几年，麻古、止咳水、神仙水的发展蔓延之势不可小觑，极有可能发展成为继摇头丸、K 粉之后严重滥用的新型毒品。职业院校学生们要加强防范，洁身自好，拒绝毒品，珍爱生命。

2. 毒品的危害

说起毒品的危害，可以概括为“毁灭自己，祸及家庭，危害社会”十二个字。

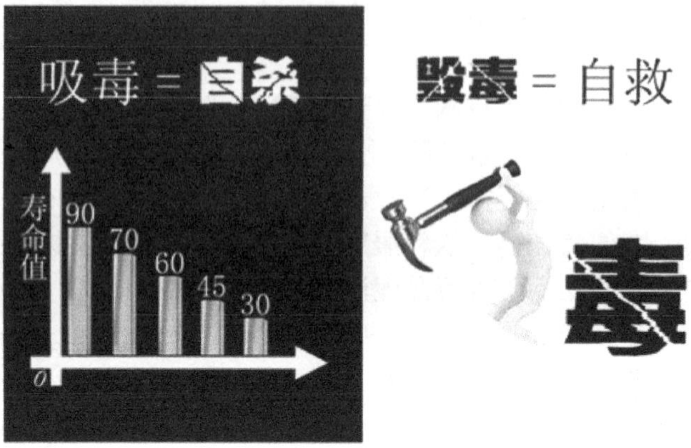

（1）毁灭自己

① 不同的毒品摄入体内，都有各自的毒副反应及产生戒断症状，对健康形成直接而严重的损害，甚至吸毒过量以致死亡。此外，由于毒品对消化系统、呼吸系统、心血管系统、免疫系统的影响，滥用毒品可导致多种并发症的发生。如急慢性肝炎、肺炎、败血症、心内膜炎、肾功能衰竭、心律失常、血栓性静脉炎、动脉炎、支气管炎、肺气肿、各种皮肤病、慢性器质性脑损害、中毒性精神病、性病及艾滋病。百年前就有诗曰“剜骨剃髓不用刀，请君夜吸相思膏（相思膏，即鸦片）”。

② 毒品不仅对躯体造成巨大的损害，由于毒品的生理依赖性与心理依赖性，使得吸毒者成为毒品的奴隶，他们生活的唯一目标就是设法获得毒品，为此失去工作、生活的兴趣与能力。长期吸毒者精神萎靡，形销骨立，人不像人，鬼不像鬼。因此，有人告诫吸毒者：“吸进的是白色粉末，吐出来的是自己的生命。”

（2）祸及家庭

一个人一旦吸毒成瘾，就会人格丧失，道德沦丧，为购买毒品耗尽正当收入后，就会变卖家产，四处举债，倾家荡产，六亲不认。家中只要有了一个吸毒者，从此全家就会永无宁日，就意味着这个家庭贫穷和充满矛盾的开始。妻离子散、家破人亡往往就是吸毒者家庭的结局。

（3）危害社会

① 吸毒与犯罪如同一对孪生兄弟。吸毒者为获取毒资往往置道德、法律于不顾，越轨犯罪，严重危害人民生命与社会治安。据报道，在英国有一半吸毒者是靠犯罪获取毒资的。

② 吸毒者丧失工作能力与正常生活，对吸毒者的各种医疗费用，缉毒、戒毒力量的投入，药物滥用防治工作的开展，这些都给社会经济带来严重的损失。如今，吸毒成为社会痼疾，在全世界蔓延，人类社会因此背上了沉重的社会包袱。

3. 职业院校学生如何防范吸毒

（1）培养健全人格，发展广泛兴趣

吸毒是一种违反和偏离社会规范的行为，在它产生之前，吸毒者必定经历了一个心理过程，或者说经历了一个心理危机的过程。职业院校学生要增强自身的心理耐受性和适应性，正确认识和处理来自社会、家庭、学校等各方面的烦恼和困难，从而能够从容地面对现实生活。同时还要注意培养自己独立生活的能力，独立克服各种困难的能力。一个人自我认识的能力越强，就越是能够对自我做出正确的评价，自我行为调节能力就越强，心理特征就比较稳定。同学们要不断加强自身修养，树立正确的人生观，培养积极向上的生活信念，增强辨别是非和抵制毒品的能力，多参加一些有益身心健康的社会活动。

（2）克制盲目的好奇心理和侥幸心理

职业院校学生要增强自制力，决不能做自己欲念的仆人，决不要因为好奇而以身试毒！中职生的年龄段正是有强烈好奇心的时期，但是，千万不要放任这种好奇的欲念。在毒品问题上，你所面临的是生与死的抉择，你将会由尝试而坠入黑暗的深渊，最终被毒品夺去年轻的生命。一日吸毒，永远想毒，终身戒毒。众多吸毒的青少年正是轻信了同学或朋友“毒品并不可怕，吸一次两次不会上瘾”的话而坠入苦海的。记住：毒品猛于虎，决不尝试第一次!

警示案例

刘某，女，16岁，听了关于毒品的“神话”后，竟在心里不停地想，如果能吸毒，那我的日子就过得充实了。在这种好奇心的驱使下，很快吸毒成瘾，每天300元的毒资全靠“坐台”以及和一伙男生去偷、扒获取。

李某，男，15岁，平时学习成绩并不差，也知道吸毒是危险的，但经不住别人的一再“劝说”和“开导”，竟天真地认为尝一尝无妨，即使成瘾，也能戒掉，结果以身试毒，至今身心难以康复。

（3）慎重交友，远离烟酒

随着年龄的增长，职业院校学生的独立意识不断增强，家庭的影响相对减弱，而朋友之间的相互影响力日益加强。结交好朋友，会相互促进，使人积极向上；相反，则可能使一个人从此堕落。一部分职业院校学生吸毒因为幼稚无知，被坏人利用或引诱，而误入歧途。因此，同学们一定要慎重交友，增强辨别是非的能力。如果有人拿着毒品请你免费品尝，他就一定不是你的朋友而是别有用心的坏人。有人说，烟酒是吸毒的入门药。这并不是危言耸听。我国几乎百分之百的海洛因吸毒者在尝试毒品之前，均已形成吸烟或饮酒的嗜好。有些海洛因依赖者最初就是因为误吸了他人提供的掺有海洛因的香烟而开始吸毒成瘾的。一般来说，从不尝试烟酒的人，其吸毒的可能性比吸烟或者饮酒者要小得多。从吸烟到吸毒只有一步之遥，吸烟为毒贩子引诱青少年吸毒制造了机会，他们会因为你对香烟产生好奇、不加防备，而设下种种圈套引诱你下水。因此，建议同学们不要尝试烟酒，不给毒品留有可乘之机。

警示案例

臧某，男，16岁，个性燥烈，极讲“哥们义气”，经常帮人打架，烂兄烂弟颇多。他自己受人诱惑吸毒后，又影响其他十余名“哥们”吸毒成瘾。

周某，女，15岁，因其最要好的女同学吸毒、“坐台”，她也受影响学会吸毒、“坐台”，导致她交的男朋友也随其吸毒。

三、青少年性侵害防范

性侵害一般以女学生为目标，指以暴力、胁迫或其他手段，违背其意志，占有或玩弄女性的行为。对女学生的性侵害，不仅使被害人的身心受到创伤，而且会使被害人的人格尊严受到侮辱，从而导致受害人精神崩溃，甚至自残、自杀等严重后果。

1. 女学生性侵害的主要表现形式

（1）暴力型性侵害。

这类性侵害的主体大多是校外人员，他们在与女学生的交往过程中，采用欺骗取得她们的信任。一旦女学生处于孤立无援的状态下时，他们就会使用凶器、殴打等暴力方式迫使被侵害对象就范，如果在性侵害的过程中被侵害人强烈反抗，或者他们害怕事情暴露，犯罪分子还可能会剥夺被侵害人的生命。

（2）胁迫型性侵害。

这类性侵害主要是指作案主体利用自己的权势、地位、职务等，对女学生采用利诱、威胁、恐吓，如曝光隐私、毁坏名誉等手段，对其实行精神控制，使她们不能反抗，或者在对方有求于自己的情况下，给女学生以某种许诺，迫使其不能反抗而就范。

（3）网恋型性侵害。

现在上网聊天结识网友已成为一种时尚，作案人在网络上利用花言巧语给那些正处于感情迷茫时期的女生以最大的诱惑。在女学生看来，那些人就是她们要找的“梦中情人”，因此容易上当受骗。

（4）社交型性侵害。

社交型性侵害，是指在自己的生活圈子里发生的性侵害，与受害人约会的大多是熟人、同学、同乡，甚至是男朋友。受害人身心受到伤害以后，往往出于各种考虑而不敢加以揭发。

（5）诱惑型性侵害。

诱惑型性侵害，是指利用受害人追求享乐、贪图钱财的心理，诱惑受害人而使其受到的性侵害。

（6）滋扰型性侵害。

滋扰型性侵害的主要形式：一是利用靠近女生的机会，有意识地接触女生的胸部，摸、捏其躯体、大腿等处，在公共汽车、商店等公共场所有意识地挤碰女生等；二是暴露生殖器等变态式性滋扰；三是向女生寻衅滋事，无理纠缠，用污言秽语进行挑逗，或者做出下流举动对女生进行调戏、侮辱。

2. 女学生如何防范性侵害

（1）筑起思想防线，提高识别能力。

女学生特别应当消除贪图小便宜的心理——对一般异性的馈赠和邀请应婉言拒绝，以免因小失大。谨慎待人处事——对于不相识的异性，不要随便说出自己的真实情况，对自己特别热情的异性，不管是否相识都要倍加注意。一旦发现某异性对自己不怀好意，甚至动手动脚或有越轨行为，一定要严厉拒绝、大胆反抗，并及时向学校有关领导和保卫部门报告，以便及时加以制止。

（2）行为端正，态度明朗。

如果自己行为端正，坏人便无机可乘。如果自己态度明朗，对方则会打消念头，不再有任何企图。若自己态度暧昧，模棱两可，对方就会增加幻想、继续幻想，继续纠缠。在拒绝对方的要求时，要讲明道理，耐心说服，不宜嘲笑挖苦。中止恋爱关系后，若对方仍然是同学、同事，不能结怨成仇人，在节制不必要往来的同时仍可保持一般正常往来关系。参加社交活动与男性单独交往时，要理智地有节制地把握好自己，尤其应注意不能过量饮酒。

（3）学会用法律保护自己。

对于那些失去理智、纠缠不清的无赖或违法犯罪分子，千万不要惧怕他们的要挟和讹诈，也不要怕他们打击报复。要大胆揭发其阴谋或罪行，及时向领导和老师报告，学会依靠组织和运用法律武器保护自己。千万注意不能“私了”，“私了”的结果常会使犯罪分子得寸进尺，没完没了。

（4）学点防身术，提高自我防范的有效性。

一般女性的体力均弱于男性，防身时要把握时机，出奇制胜，狠、准、快地出击其要害部位，即使不能制服对方，也可制造逃离险境的机会。

警示案例

某职业院校女生在路过学校附近小树林时，一男青年见四周无人，冲上来企图强奸这名女生，在反抗过程中，该女生死死咬住歹徒舌头不放，歹徒疼的拼命挣扎，等他挣脱时，一块舌头已经掉下来了，没有占到任何便宜的歹徒捂着嘴夺路而逃，该女生马上赶到派出所报案，警察在附近的医院将正在就医的歹徒抓获。

某女生晚上回家时，在一偏僻处遇到一中年男子欲行不轨，该女生假装同意，并让对方先脱衣服，当那名男子将裤子脱到脚踝处时，该女生猛然将其推倒在地，那名男子因被裤子绊住了双腿，一时站不起来，女生趁机逃跑了。

3. 发生性侵害后的应对措施

（1）及时报案不要拖。

女学生一旦遭遇性侵害事件后，要打消顾虑，及时向有关部门报案，不能因为害怕名誉受损，将苦果自己咽下去，这样会使犯罪分子逍遥法外，也会使更多的女性受害。

（2）配合调查要积极。

性侵害发生后，在报案的同时，被害人要将侵害的有关物证保留好，并将犯罪分子的体貌特征、衣着打扮、口音、携带物品、受伤状况等情况如实地向有关调查人员反映，为公安机关破案提供线索。

（3）态度调整不极端。

女学生被侵害后，表现出意志消沉、精神萎靡、心理负担加重，整天生活在被侵害的阴影中，久而久之会产生厌世情绪，有些会抱着破罐破摔的心理，走上堕落的道路。还有自尊心较强的会由悲愤产生强烈的报复心理。作为有知识、有文化的女性，一定要在吸取教训的同时及时调整心态，尽快从阴影中走出来，重新面对生活。

四、科学防范艾滋病

艾滋病，即获得性免疫缺陷综合症（又译：后天性免疫缺陷症候群），英语缩写为AIDS。艾滋病被称为“史后世纪的瘟疫”，也被称为“超级癌症”和“世纪杀手”。艾滋病是一种危害性极大的传染病，由感染艾滋病病毒（HIV病毒）引起。HIV是一种能攻击人体免疫系统的病毒。它把人体免疫系统中最重要的T淋巴细胞作为主要攻击目标，大量破坏该细胞，使人体丧失免疫功能。因此，人体易于感染各种疾病，并可发生恶性肿瘤，病死率较高。HIV在人体内的潜伏期平均为8～9年，患艾滋病以前，可以没有任何症状地生活和工作多年。

知识链接

许多受艾滋病病毒感染的人在潜伏期没有任何自觉症状，但也有一部分人在感染早期会出现发烧、头晕、无力、咽痛、关节疼痛、皮疹、全身浅表淋巴结肿大等类似感冒的症状，有些人还可发生腹泻。这种症状通常持续1～2周后就会消失，此后病人便转入无症状的潜伏期。潜伏期病人的血液中有艾滋病病毒，血清艾滋病病毒抗体检查呈阳性反应，这样的人称为艾滋病病毒感染者，或称艾滋病病毒携带者，简称带毒者。艾滋病病毒感染者有很强的传染性，是传播艾滋病最重要的传染源。

1. 艾滋病的传播途径

（1）体液传播。

一般接吻是不会感染艾滋病的。但是如果健康的一方口腔内有伤口，或者有破裂的地方，同时艾滋病病人口内也有破裂的地方，双方接吻，艾滋病病毒就有可能通过血液而传染。

汗液是不会传播艾滋病病毒的。

艾滋病病人接触过的物体也不可能传播艾滋病病毒。但是艾滋病病人用过的剃刀、牙刷等，可能有少量艾滋病病人的血液，艾滋病病人使用过的毛巾上可能沾有精液，如果和病人共用个人卫生用品，就可能被传染。因为性乱交而感染艾滋病的病人往往还可能患有其他性病，如果和他们共用个人卫生用品，即使不会被感染艾滋病，也可能感染其他疾病，所以个人卫生用品不应该和别人共用。

（2）性交传播。

性交传播是艾滋病病毒传播最常见的传播方式。当生殖器患有性病（如梅毒、淋病、尖锐湿疣）或溃疡时，会使感染病毒的几率加倍。

（3）血液传播。

艾滋病病毒可以通过血液进行传播，例如，如果输入了含有艾滋病病毒的血液，那么受血者将会被感染。血液制品也会传播艾滋病毒。例如，有些病人（如血友病）需要注射由血液中提取的某些成分制成的生物制品。有些血液制品中有可能有艾滋病病毒，使用血液制品就有可能被感染。

在上世纪八、九十年代，因为验血的时候还没有包括对艾滋病病毒的检验，所以有很多普通的病人因为接受输血而被感染。现如今，全世界都已经认识到这个问题，所以因为接受输血而感染艾滋病病毒的可能性已经非常小了。

另外，使用被血液污染而又未经严格消毒的注射器、针灸针、拔牙工具等，都是十分危险的。所以在有些西方国家，政府还有专门给吸毒者发放免费针具的部门，就是为了防止艾滋病的传播。

（4）母婴传播。

如果母亲是艾滋病感染者，那么她很有可能会在怀孕、分娩过程或是通过母乳喂养使她的孩子受到感染。但是，如果母亲在怀孕期间，服用有关抗艾滋病的药品，婴儿感染艾滋病病毒的可能性就会降低很多，甚至完全健康。有艾滋病病毒的母亲绝对不可以用自己母乳喂养孩子。

2. 艾滋病的预防

艾滋病传播途径在很大程度上取决于人们的行为和习惯，因此，预防艾滋病是完全可能的，而且是可以做得到的。对个人预防来说，除掌握有关艾滋病知识外，尚须做到：

（1）洁身自爱，不去非法采血站卖血，不涉足色情场所，不要轻率地进出某些娱乐场所；任何场合都应保持强烈的预防艾滋病的意识；不要存在任何侥幸心理；不要因好奇而尝试吸毒。

（2）生病时要到正规的诊所、医院就诊，注意输血安全，不到医疗器械消毒不可靠的医疗单位特别是个体诊所打针、拔牙、针灸、手术。不用未消毒的器具穿耳孔、纹身、美容。

警示案例

1998年2月18日，16岁少年小宋因腿部意外刀伤被某市某医院收住手术。术中大量输入某卖血人的血液。术后转入北京某医院进一步治疗，常规检测发现其艾滋病毒抗体呈阳性，经北京市法定检测机构确认其感染艾滋病病毒，引发了中国“艾滋病少年”第一案。后经多方调查取证，证实是因为输入了带有艾滋病病毒的血液所致。

（3）不与他人共享剃须刀、牙刷等，尽量避免接触他人体液、血液，对被他人污染过的物品要及时消毒。

（4）注意与艾滋病病人的接触。给艾滋病病人采血及注射时，注射器应采用一次性用品，病人的血液、排泄物、污染的物品应进行彻底焚烧。病人使用的器皿及医用器械要专人专用，如病人的刮脸刀、牙刷、毛巾、茶杯等应专人专用，排尿、排便后要用肥皂洗手，可达到消毒的目的。

（5）患有艾滋病的女性，应避免怀孕、哺乳。

总之，艾滋病虽是不治之症，但可以预防。最要紧的是要遵守政府法令，遵守性道德，特别要注意非法黑血站，再紧急也不能输用可能污染HIV病毒的血液，以免感染艾滋病病毒。若有艾滋病感染可疑时，可以到各地医学科研机构，大医院，省、市级防疫机构接受检查。一次抽血艾滋病病毒抗体阴性，不能完全排除没有感染上艾滋病病毒的可能性，应定期检查。

3. 正确对待艾滋病患者

因为艾滋病的死亡率极高，故而很多人谈“艾”色变，进而变成歧视、排挤、拒绝患有艾滋病的人群。认为一旦接触艾滋病患者就一定会被传染。其实，这种想法是错误的，一些日常的工作、生活行为并不会传染艾滋病毒。比如，与艾滋病人进行交谈、共同劳动和工作、共用文具等并不会被传染。

染上艾滋病病毒对于患者来说，本就是一件很痛苦的事情，他们会自卑、自闭甚至对生活丧失信心。作为当代中职学生，在科学预防艾滋病的同时，要懂得善待艾滋病患者。

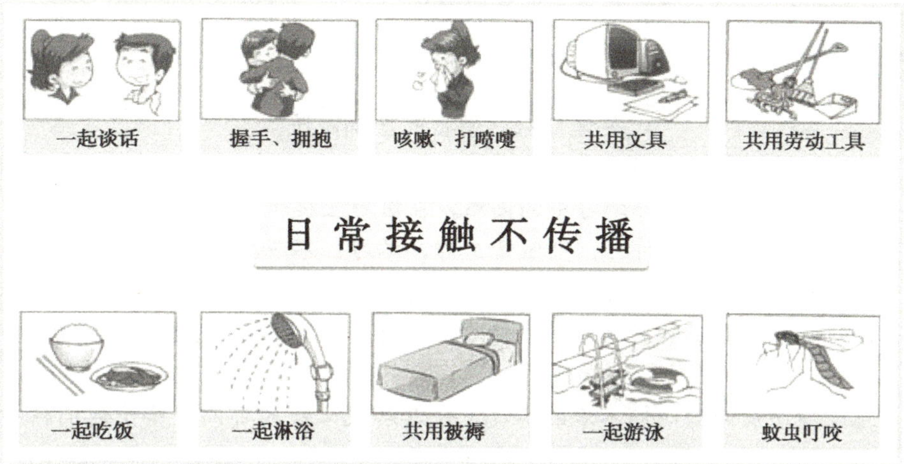

（1）给他们关爱，营造一个宽松的环境。虽然艾滋病的传播很快，病死率很高，但艾滋病的传播途径科学证明只有三条：一是性传播，二是血液传播，三是母婴传播。这就是说，通过正常的生活和接触，是不可能被传染的。同学们在保护好自己不被感染的同时，更要对那些不幸的感染者给予关爱，而不该歧视或将其拒之门外。给艾滋病病毒感染者和艾滋病病人更多的理解和爱心，要知道艾滋病威胁着每一个人和每一个家庭，预防和控制艾滋病是全社会的责任，创造一个良好的社会环境，才会真正有利于控制艾滋病的蔓延，使大家都安全。

（2）不能让艾滋病病毒感染者和艾滋病病人再遭受精神摧残。至今虽然没有更好的疗法彻底治愈艾滋病，但也不能让他们的精神再受到摧残，该解开他们的心结，疾病的康复和生命的延续都与精神有很大的关系，很多病人与其说是被艾滋病致死的，不如说是被精神压力压死的。如果人们不能帮助他们摆脱死亡，至少先不要再伤害他们。

（3）把疾病和道德分开。社会上很多人对得了艾滋病的人，觉得他们是罪有应得，肯定是做了什么见不得人的事，总是把病和道德混同起来。人的一生会犯很多错误，为什么对有些错误可以原谅，而他们的错误就不可能原谅呢？况且其中很多人是因输血的原因被无辜感染上的，我们应当把疾病和道德分开。

（4）善待艾滋病病人。对艾滋病病人多宽容，给予真诚关心和帮助，使他们感到社会的温暖和生活的温馨，不仅是人道主义的体现，也有利于预防和控制艾滋病，还感染者做人的尊严，使他们具有自信和自尊。善待他们也就保护了他们的家人，给社会减少了一份危险，从另一角度也就是保护我们自己。

（5）给艾滋病病人帮助。得了艾滋病的人需要社会、家庭、学校和单位的关心，应向他们伸出援助之手。

（6）靠真诚的关怀去感动他们，使艾滋病病毒感染者和艾滋病病人都能受到道德和良心的约束。避免他们因精神上的刺激而走上故意传播艾滋病的犯罪道路或有意对社会进行报复。这些都要靠正常人的关怀去感化他们。

知识链接

关爱艾滋病患者的正确做法

——不惧怕、不恐慌、不歧视、不憎恨、不嘲笑。

——帮助他们解决生活和学习中的困难，在医疗上提供尽可能的帮助。

——只要他们健康状况许可，可照常工作、学习，不应排斥。

——动员他们及时到医院检查治疗，医务人员不得拒绝为他们治疗。

——帮助他们改变不良行为，建立健康的生活方式，提高他们的生活质量，延长其生命。

——通过咨询来倾听他们不幸的诉说，使其解脱心头的郁闷，给予他们精神关怀与抚慰。

五、健康生活、远离赌博

赌博是利用赌具以钱财做赌注，以占有他人利益为目的的违法犯罪行为。职业院校学生赌博者常有糊涂认识，往往认为下注小，是玩玩的，不算违法。同时看到各类成年人都在赌，有时想，父母也在打麻将，我们也可以玩嘛！缺乏对禁止赌博的法律的认识，也真的不知道赌博有多么严重的危害性。正是在这样错误认识的影响下，逐渐走上赌博道路的。赌博是一种容易上瘾的活动，职业院校学生通常以打麻将、赌扑克（斗地主、扎金花、梭哈、关牌等）、非法彩票、赌马赌球等方式参与赌博。而且学校周边游戏机室也普遍存在，通过老虎机、轮盘机、二十一点机等赌博的学生也不在少数。

1. 职业院校学生赌博的特点

职业院校学生赌博除了具有“输赢风险”、“财产赌注”、“众人纠合”、“顽固成瘾”、“违法犯罪”等赌博的一般特点外，还具有下面这些不同于社会上一般赌博的特点。

（1）赌博在学校校园具有某种渗透性。作为青少年的学生们，正处于长知识的时期，极其容易受到各种不良思想与行为的腐蚀。

（2）职业院校学生赌博具有一定的误导性。参与赌博的学生多数是由娱乐误导进入赌博的歧途，开始时多以娱乐为主，是出于好玩、消遣，或者因为无聊、寻求刺激，小赌小玩，可玩到后来就难以自制。

（3）职业院校学生赌博具有隐蔽性。职业院校学生是知识人群，对赌博的丑陋是知晓的，在参与赌博的同时，还要顾及自己的名声。

（4）职业院校学生赌博具有反复性。职业院校学生思想不够成熟，自我制约能力较差，一经染赌就易上瘾。虽明知赌博的害处，决心想戒赌，但又难以自控，时常反复。

2. 职业院校学生迷恋赌博的原因

为何赌博屡禁不止？为何纯净的校园会成为赌博滋生的温床？这是有多方面原因的。除了受社会赌博风气、家庭教育、学校管理等外部因素影响，职业院校学生走上赌博道路最重要的还是由其自身因素决定的，常见的赌博动机主要有以下几种。

（1）学生对赌博的认识和分辨能力不强。职业学校的学生大多年纪还比较轻，对赌博的分辨能力不强，无法认识到赌博的危害，认为“小打小玩”的赌博行为很常见，无伤大碍，更不构成犯罪。

（2）好胜心强，寻求刺激。赌博是一种富有博弈吸引力与刺激性的娱乐，能够满足精神上的需要。这种寻求刺激心理、好奇消遣心理、争强好胜心理、逃避现实心理、投机取巧心理，驱使人逐渐上瘾，越陷越深。赌博对一些学生来说，不仅是物质刺激，而且是精神刺激，对参赌者具有磁铁般的吸引力。职业院校学生思想还不成熟，对于任何新事物和有刺激性的东西更是想亲身去体验一下，对于后果常常不加考虑。

（3）逃避和消遣的需要。技工学校学生来源主要是应届初中毕业生及少部分历届初中毕业生，其中一部分是来自于相对落后的农村或边远山区，他们中的一些人自卑心较重，觉得别人上了高中，而自己上技工学校。自卑心理的存在，使他们缺乏进取精神。此外，职业学校的学生大多在毕业之后选择就业，学校为他们安排的学习课程主要是专业课程和一些文化课程。与普通高中的学生相比，职业院校学生的升学和就业压力相对稍小，课余时间也相对充足。另外，一些学生的学习态度不够端正，不认真地学习专业知识和文化知识，属于他们的课余时间就更充足了。学生在课余时间没有有意义的事情做，便通过赌博等活动消磨时间。

（4）缺乏法律意识和法制观念，分不清赌博与娱乐之间的界限。不少学生法律意识淡薄，不能用法律、法规来制约自己的言行，虽然其中还不乏精通专业知识的学生。他们往往凭想当然和自己的好恶去观察处理问题，不少参赌的学生认为，我们自己赌赌钱，双方自愿“交易”，不偷不抢，用自己的钱与别人比输赢有什么错？他们最多将赌博视为一般的违纪问题，而认识不到这是一种违法甚至是犯罪行为。

3. 职业院校学生赌博的危害

赌博是社会公害之一，是社会的毒瘤。小赌败身，中赌败家，大赌败国。赌博，本身没有制造任何产品，没有创造任何财富，对经济的发展没有做出任何贡献。相反，赌博造成的危害是难以用金钱来衡量的，不仅人生前途尽毁，亲人朋友跟着受苦，而且心灵会产生挣扎与内疚。尽管如此，赌博之风仍屡禁不止，赌博现象在学校中潜伏蔓延，腐蚀着社会的精英和栋梁。对于赌博的危害，一些同学是认识不足的。有的人认为，赌博只是一种娱乐而已，享受赌博的乐趣并不会导致什么危害，这种认识是极其错误的，赌博给在校学生带来的危害是极其严重的，主要有以下几个方面。

（1）生贪欲。赌博助长不劳而获的习气，久而久之会使自己的人生观、价值观发生扭曲。最终荒废学业，浪费青春。

（2）伤性命。赢钱的人乘兴而往，不分昼夜；输钱的人拼命再来，不顾饥寒；不断消耗，疲惫精神。长此以往，控制不住而呈病态赌博，必定会损害健康，甚至自杀、杀人。有的因赌博反目成仇，使用暴力，有的因缺赌资而参与偷抢等犯罪活动最后锒铛入狱，让自己的大好青春在狱中度过。

（3）坏心术。一旦赌博，心中便千方百计地在想要赢对方的钱财，虽然是至亲至朋对局赌博，也必定暗下戈矛，如同仇敌。这样会使好同学反目成仇，慢慢的身边没有了朋友。

（4）丧品行。在赌场之中，只是问钱少钱多，易产生好逸恶劳、尔虞我诈、投机侥幸等不良的心理品质。

（5）费资财。开始时，气势豪壮，挥金如土，面不改色；到后来输多了因而情急，就把家庭财产甚至集体财产作为赌注。一些学生长期参与赌博，输光了钱，只好变卖物品，手机、衣物、菜金卡等变现换钱。有些学生害怕连续向家长要钱会引起怀疑，便想办法向社会上的人借钱，甚至借下高利贷，欠下巨额外债。

（6）耗时间。赌博大量浪费时间，有的通宵达旦，导致时间不够用、精力跟不上，经常迟到、缺课，即使上课也是精神恍惚，下课后又沉迷于赌博，不做作业、不做研究。从而严重影响学习、工作、生活，玩物丧志。

（7）毁前程。法律禁止赌博，赌博违反《刑法》、《治安管理处罚条例》等法律和地方性法规及校规。违法、违规都会受到相应的处罚，轻则不能完成学业，重则毁掉自己的前程。

警示案例

上海曾经发生过一起为还赌债而酿成的凶杀案件。16 岁的中等技校学生黄某，欠同学一笔赌债，对方向黄某下了最后通牒，要求其于某日之前必须还清，否则要打伤他。黄某感到害怕，自己又无钱偿还，也没别的办法，于是他铤而走险，在限期前一天的下午，来到其舅妈家中，想用刀威胁舅妈拿出钱来，他用电工刀刺向毫无防备的舅妈，又杀气腾腾用刀刺向年仅 3 岁的表妹，由于其舅妈拼命呼救，黄某仓皇逃走。十余天后，黄某被警察抓回，成了杀人未遂的罪犯。

4. 职业院校学生防范赌博的措施

大量的事实证明赌博百害而无一利，往往导致人间悲剧的发生。除了纠正社会不良风气、注重家庭教育、加强学校管理外，职业院校学生必须加强自身防范，避免误入歧途。

（1）认清赌博的本质，不要存有侥幸心理。

职业院校学生应正确区分娱乐与赌博的界限，切勿有“小赌怡情，无伤大雅”的想法。应该时刻认识到赌博有百害而无一利，更要认识到赌博是一种违法行为，会受到法律的制裁。不要听信他人“试试看，没什么”的花言巧语，更不能有玩几次不会上瘾的侥幸心理存在。

（2）树立正确的世界观、人生观、价值观。

学生时期是人生中的黄金阶段，是积累知识、提高素养，为人生做积蓄的重要阶段。我们必须十分珍惜，把精力用在学习科学文化知识上，用科学文化知识武装自己的头脑，用过硬的思想政治素养筑起坚强的堡垒。树立积极向上、自强不息的拼搏精神，摒弃好逸恶劳、贪图享乐的思想，自觉禁赌。

（3）积极参加文体活动，丰富课余生活。

在校期间，应多参加校内外健康的课余活动，使自己的校园生活更加充实、更加有意义。多接受正能量的感染，摒弃负能量的影响，提升自己的竞争意识，激发进取的动力，实现自己的人生价值。利用课余时间多参加体育锻炼，使自己有一个健康的好身体，来应对学习和工作的压力。这样，课余生活丰富了，赌博现象就会相应减少。

（4）能够正确看待社会上的赌博现象。

近些年来，人民生活水平日益提高，很多人在工作之余或者逢年过节的时候，玩玩扑克牌或者打打麻将，以满足精神生活的需要。作为一名职业院校学生要正确看待这一现象，正确划分赌博与娱乐的界限，培养是非观念，提高辨别能力。

（5）加强自身法律素养，自觉维护法律尊严。

在校学习期间，同学们要认真学习有关赌博的法律、法规及相关知识，积极参加反赌博宣传。认清赌博的危害，以及对个人、家庭、社会带来的严重后果。要严于律己，不能滋生懒惰和不劳而获的思想。自觉遵守校纪校规，维护校园健康向上的风气，保持职业院校学生奋发图强的精神面貌。

（6）提高自控能力，不要贪图小利。

职业院校学生不能贪图小利，很多人就是刚开始参与赌博时赢了一点点钱，尝到一点甜头，进而越陷越深，赌博成瘾，不能自拔。如果遇到同学或朋友邀请参与赌博时，要坚决拒绝，同时劝说对方也不要赌博。若规劝无效，要及时向学校汇报，或者直接向公安机关举报，由公安机关进行依法查处。

（7）谨慎交友，善于辨别不良恶习。

职业院校学生应谨慎交友，所谓“近朱者赤，近墨者黑”，避免沾染赌博恶习。

知识链接

"老虎机"的玄机

"老虎机"是一种用零钱赌博的机器。它有三个玻璃框，里面有不同的图案，投币之后拉下拉杆，就会开始旋转，如果出现特定的图形（如三个相同）就会吐钱出来。

大多数赌场的游戏都涉及赔率，赌场其实都已经精心计算过这些赔率，并确保每种游戏自己都有一定的收益率。例如，赌场都清楚在"百家乐"游戏中，庄家平均每100元的赌注自己都能赚1元。同样，"老虎机"也是经过设定后，保障能对所吞入的硬币返还一定的比例。在"老虎机"背面有四个按钮，分别控制着最大出分额、最大拍分额、连中率、出分比率等，比如，老板设定最大拍分额为200，如果下注超过200就会输掉。

"老虎机"游戏币通道设有分岔口，投入机器的壹圆硬币，一部分会通过预设的暗道，直接落到机器底部的抽屉里，这些硬币再也不可能退给玩家，就成了老板的稳赚利润。另一部分硬币通过漏斗落到退币电动机里，这部分硬币会根据游戏结果返还出来。"老虎机"里面有计数器，电路板上还有控制开关，中奖概率和返还硬币数量都是可以控制的，因此玩"老虎机"必输无疑。

"老虎机"完全可以人为操纵，并不是像一般人所想的那样完全凭运气。电脑的程序被庄家控制着，玩家赢的概率极小。也有的庄家可能会先让你赢几把，等你上瘾了，他再操控"老虎机"背后的"机关"，让你输个精光。

六、保护自己，冷静应对突发事件

1. 触电

发生触电时的急救方法：

第一步，使人体和带电体分离。

（1）关掉总电源，拉开闸刀开关或拔掉融断器。

（2）如果是家用电器引起的触电，可拔掉插头。

（3）使用有绝缘柄的电工钳，将电线切断。

（4）用绝缘物从带电体上拉开触电者。

第二步，实施急救。

当触电者脱离电源后，如果神志清醒，使其安静休息；如果严重灼伤，应立即送医院诊治。

如果触电者神志昏迷，但还有心跳呼吸，应该让触电者仰卧，解开衣服，以利呼吸；周围的空气要流通，严密观察，并迅速请医生前来诊治或送至医院检查治疗。

如果触电者呼吸停止，心脏暂时停止跳动，但尚未真正死亡，要迅速对其进行人工呼吸和胸外按压。

知识链接

人工呼吸的方法

将触电者仰卧在木板或硬地上，解开领口、裤带，使其头部尽量后仰，鼻孔朝天，使舌根不致阻塞气道。再用手掰开其嘴，取出口腔里的假牙、呕吐物、黏液等，畅通气道。然后，一只手托起他的下颌，另一只手捏紧其鼻子，人工呼吸约 2s，使被救者胸部扩张；接着放松口、鼻，使其胸部自然缩回，呼气约 3s。如此反复进行，每分钟吹气约 12 次。如果无法使触电者的口张开，则改用口对鼻人工呼吸法。此时，吹气压力应稍大，时间也稍长，以利于空气进入肺内。如果触电者是儿童，则只可小口吹气，以免使其肺部受损。

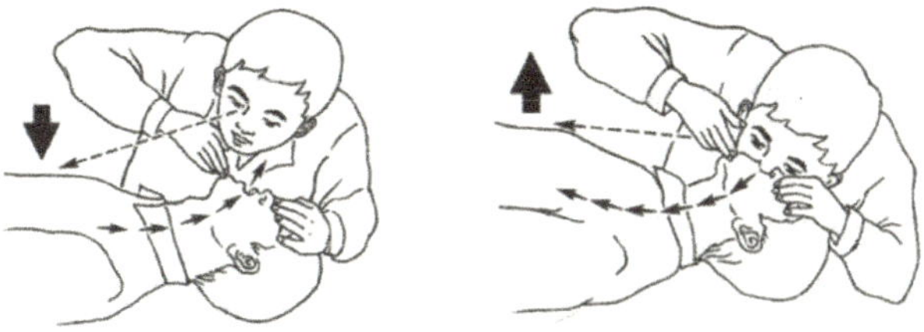

2. 食物中毒

很多食物会导致中毒，在日常生活中最常见的有毒蘑菇中毒、霉变甘蔗中毒、细菌性食物中毒、发芽马铃薯中毒。以上食物引起中毒时可用下列方法进行急救。

（1）毒蘑菇中毒。我国的有毒蘑菇有 100 多种，会引起中毒的有 20 多种，如白毒伞、毒伞、毒粉褶菌、褐鳞小伞、包脚黑褶伞、鳞柄毒伞、秋生盔孢伞、肉褐鳞小伞、鹿花菌、残托斑毒伞都是毒性极强的。不同蘑菇的中毒机制又是不同的，大至分为四种毒素：肝脏毒素、神经毒素、胃肠毒素和溶血毒素。毒性的发作期少的 2 小时，一般不会超过 12 小时。

急救方法：立即催吐、洗胃、导泻。对食毒蘑菇不久而无明显呕吐者，可先用手指、筷子等物刺激其舌根部催吐；而对呕吐明显者，则不必催吐，然后用浓茶水反复洗胃。无腹泻者，于洗胃后用硫酸镁 20～30 克或蓖麻油 30～60 毫升导泻。经上述处理后，中毒症状未见好转或逐渐加重者，应及时送往医院抢救。

（2）霉变甘蔗中毒。甘蔗在不良环境的长期贮藏过程中，微生物会大量繁殖，其中镰刀菌在高温时发酵，低温时产生毒素，因此霉变甘蔗中毒多发生在北方初春季节。

症状表现：轻者可引起恶心、呕吐、腹痛、腹泻等症状。重者可引起全身痉挛、瞳孔散大、昏迷，最后因呼吸衰竭而死亡。

急救方法：用生理盐水洗胃，尽快把中毒者体内的毒物排出。中毒者应卧床休息，注意保暖，适当喝些盐水或浓茶水。中毒严重者应尽快送医院处理。

（3）细菌性食物中毒。人吃了被细菌及其毒素所污染的食物，就会引起细菌性食物中毒。在夏秋季最容易发生。这主要是因为夏秋季节气温高，细菌容易生长繁殖和产生毒素，加上此期间人们出汗多，胃液分泌少，身体防御机能降低而造成的。引起中毒的食品，常见的有肉、鱼、乳、蛋等，还有剩饭、糯米、凉糕、豆制品、面类、发酵食品等也易发生中毒。

症状表现：多数中毒者以急性胃肠炎症状为主，表现为恶心、呕吐、伴有脐周疼痛、腹泻，排便一日数次至几十次，多为水样便，个别有脓血便、黏液便。有些中毒者还伴有头痛、畏寒发热、乏力、瞳孔散大、视物模糊、呼吸困难。严重的可因剧烈腹泻、脱水、呼吸衰弱、休克而危及生命。

急救方法：

① 进食后不久就中毒者，如未呕吐，可用筷子、手指等刺激咽后壁、舌根催吐；如已发生呕吐，则不必止吐。胃内容物已呕吐完仍恶心呕吐，可用生姜汁 1 匙加糖冲服以止呕吐，也可用清水洗胃。

② 若中毒者能饮水，应多饮茶水、淡盐水，以补充水分及盐分；如不能饮水，应送往医院输液。

③ 中毒者应禁食 8～12 个小时，病情好转后可吃易消化的半流质食物，3～4 天内尽量少吃油腻食物。

④ 病情严重者应尽快送往医院救治。

（4）发芽马铃薯中毒。马铃薯含有龙葵碱毒，一般成熟马铃薯含此毒素极微，约 0.005%～0.01%，不致引起中毒。但未成熟的绿色马铃薯或发芽马铃薯中，尤其是皮芽孔部及胚胎部，这种毒素含量较成熟者高 5～6 倍。所以，吃了此类马铃薯便会引起中毒。

症状表现：轻者表现为咽喉发痒，胸口闷热、发烧、上吐下泻；重者发烧、头痛头晕、烦躁不安、呼吸困难，甚至因心脏麻痹而危及生命。

急救方法：中毒较轻者，可大量饮用淡盐水、绿豆汤、甘草汤等解毒。中毒较严重者，应立即用手指、筷子等刺激咽后壁催吐，然后用浓茶水反复洗胃；再口服硫酸镁 20 克导泻。适当饮用一些食醋，也有解毒作用。呼吸衰竭者，应进行人工呼吸；昏迷时可用针刺人中、涌泉穴急救，并尽快送往医院救治。

3. 集体活动

校园生活中少不了集体活动，为了避免在集体活动时突发意外，同学们应牢记学校提出的相关活动要求；学习日常安全、行为规范、法制意识，了解预防传染病、食物中毒、交通安全及其他安全常识，增强安全意识和自我保护、救护能力；根据学校大型集体活动的要求，学习安全知识，进行安全行为训练；将自己所参加的活动告知家长，得到家长的同意和建议。

如果在集体活动时遇到险情，应做到：

（1）及时报警，并安排人员负责有序疏散人群。

（2）要用学到的安全知识进行自救。

（3）要组织人力及时抢救受困和受伤师生，确保师生性命安全。

（4）事故发生时，迅速了解、收集和汇总事故有关情况，及时向领导报告事件情况，向应急现场指挥部提供各种相关信息和资料，与事故现场指挥人员和教育部门保持联系。

项目思考

1. 职业院校学生应怎样树立正确的人生观和价值观？
2. 讲述自己在生活中亲身遭遇或听说的诈骗案，并讨论预防办法（可分组进行）。
3. 简述赌博的危害。职业院校学生应如何防范陷入赌博的泥沼？
4. 简述毒品的危害。在实际的学习和生活中应怎样做才能远离毒品？
5. 女学生应怎样有效防范性侵害？
6. 简述艾滋病的传播途径。
7. 分组讨论如何有效防范艾滋病。
8. 集体活动时遭遇突发事件应如何应对？

项目 7

自然灾害的应对

学习目标

1．掌握地震危机的应对方法；
2．掌握泥石流危机的应对方法；
3．掌握雷电危机的应对方法；
4．掌握洪水危机的应对方法；
5．掌握台风危机的应对方法；
6．掌握应对高温天气的方法。

项目案例

案例 1

2008 年 5 月 12 日 14 时 28 分，四川省阿坝藏族羌族自治州汶川县发生里氏 8.0 级地震，造成 69 227 人遇难，374 643 人受伤，17 923 人失踪。震中位于中国四川省阿坝藏族羌族自治州汶川县映秀镇与漩口镇交界处、四川省省会成都市西北偏西方向 92 千米处。5 · 12 汶川地震影响包括震中 50 千米范围内的县城和 200 千米范围内的大中城市。陕西、甘肃、宁夏、天津、青海、北京、山西、山东、河北、河南、安徽、湖北、湖南、重庆、贵州、云南、内蒙古、广西、广东、海南、西藏、江苏、上海、浙江、辽宁、福建等全国多个省、自治区、直辖市以及香港、澳门特别行政区和台湾地区都有明显震感。地震造成的直接经济损失8452亿元人民币，四川损失最严重，占到总损失的91.3%，甘肃占到总损失的5.8%，陕西占总损失的2.9%。

案例2

2010年8月7日22时许，甘南藏族自治州舟曲县突降强降雨，县城北面的罗家峪、三眼峪泥石流下泄，由北向南冲向县城，造成沿河房屋被冲毁，泥石流阻断白龙江，形成堰塞湖。泥石流造成县城由北向南5千米长、500米宽区域被夷为平地（约250万平方米）。截至2010年9月7日，舟曲“8·7”特大泥石流灾害中遇难1481人，失踪284人，累计门诊治疗2315人。

项目知识

一、地震危机及其应对

地震又称地动、地振动，是地壳快速释放能量过程中造成振动，期间会产生地震波的一种自然现象。地震开始发生的地点称为震源，震源正上方的地面称为震中。破坏性地震的地面振动最强烈处称为极震区，极震区往往也就是震中所在的地区。地震常常造成严重的人员伤亡，能引起火灾、水灾、有毒气体泄漏、细菌及放射性物质扩散，还可能造成海啸、滑坡、崩塌、地裂缝等次生灾害。

据统计，地球上每年约发生500多万次地震，即每天要发生上万次地震。其中绝大多数太小或太远以至于人们感觉不到；真正能对人类造成严重危害的地震大约有一二十次；能造成特别严重灾害的地震大约有一两次。

1. 地震发生时的常见预兆

人的感官能直接觉察到的地震异常现象称为地震的宏观异常。当发生以下异常时，要提高警惕，做好人员疏散。

（1）地下水异常。地下水包括井水、泉水等，主要异常有发浑、冒泡、翻花、升温、变色、变味、突升、突降、井孔变形、泉源突然枯竭或涌出等现象。

（2）生物异常。许多动物的某些器官感觉特别灵敏，它能比人类提前知道一些灾害事件的发生，例如，海洋中的水母能预报风暴，老鼠能事先躲避矿井崩塌或有害气体等。民间有句顺口溜：震前动物有预兆，群测群防很重要；牛羊骡马不进厩，猪不吃食狗乱咬；鸭不下水岸上闹，鸡飞上树高声叫；冰天雪地蛇出洞，大鼠叼着小鼠跑；兔子竖耳蹦又撞，鱼跃水面惶惶跳；蜜蜂群迁闹哄哄，鸽子惊飞不回巢；家家户户都观察，发现异常快报告。除此之外，有些植物在震前也有异常反应，如不适季节的发芽、开花、结果或大面积枯萎与异常繁茂等。

（3）气象异常。地震之前，气象也常常出现反常，主要有震前闷热，人焦灼烦躁，久旱不雨或霪雨绵绵，黄雾四塞，日光晦暗，怪风狂起，六月冰雹等。

（4）地声异常。地声异常是指地震前来自地下的声音，其声有如炮响雷鸣，也有如重车行驶、大风鼓荡等多种多样。

（5）地光异常。地光异常是指地震前来自地下的光亮，其颜色多种多样，可见到日常生活中罕见的混合色，如银蓝色、白紫色等，但以红色与白色为主；其形态也各异，有带状、球状、柱状、弥漫状等。一般地光出现的范围较大，多在震前几小时到几分钟内出现，持续几秒钟。我国海城、龙陵、唐山、松潘等地地震时及地震前后都出现了丰富多彩的发光现象。

（6）地气异常。地气异常是指地震前来自地下的雾气，又称地气雾或地雾。这种雾气，具有白、黑、黄等多种颜色，有时无色，常在震前几天至几分钟内出现，常伴随怪味，有时伴有声响或带有高温。

（7）地动异常。地动异常是指地震前地面出现的晃动，科学上将他称为前震。前震的定义是所有先于最大震级的震动都称作前震。有些前震是人可以感觉得到的。最为显著的地动异常出现于 1975 年 2 月 4 日海城 7.3 级地震之前，科学家们也通过前震对海城地震做出了准确预报。从 1974 年 12 月下旬到 1975 年 1 月末，沈阳市、丹东市、凤城市、宽甸县、岫岩县等地出现过 17 次地动。

（8）地鼓异常。地鼓异常指地震前地面上出现鼓包。1973 年 2 月 6 日四川炉霍 7.9 级地震前约半年，甘孜县拖坝区一草坪上出现一地鼓，形状如倒扣的铁锅，高 20 厘米左右，四周断续出现裂缝，鼓起几天后消失，反复多次，直到发生地震。与地鼓类似的异常还有地裂缝、地陷等。

（9）电磁异常。电磁异常指地震前家用电器（如收音机、电视机、日光灯等）出现的异常。最为常见的电磁异常是收音机失灵，在北方地区日光灯在震前自明也较为常见。1976 年 7 月 28 日唐山 7.8 级地震前几天，唐山及其邻区很多收音机失灵，声音忽大忽小，时有时无，调频不准，有时连续出现噪音。同样是唐山地震前，市内有人见到关闭的荧光灯夜间先发红后亮起来。

2. 地震发生时的自救

遇到地震时，首先要保持冷静，因为冷静的头脑才能想起地震发生时的各种注意事项，千万不要乱喊乱跑，那样即消耗体力，也容易受伤。

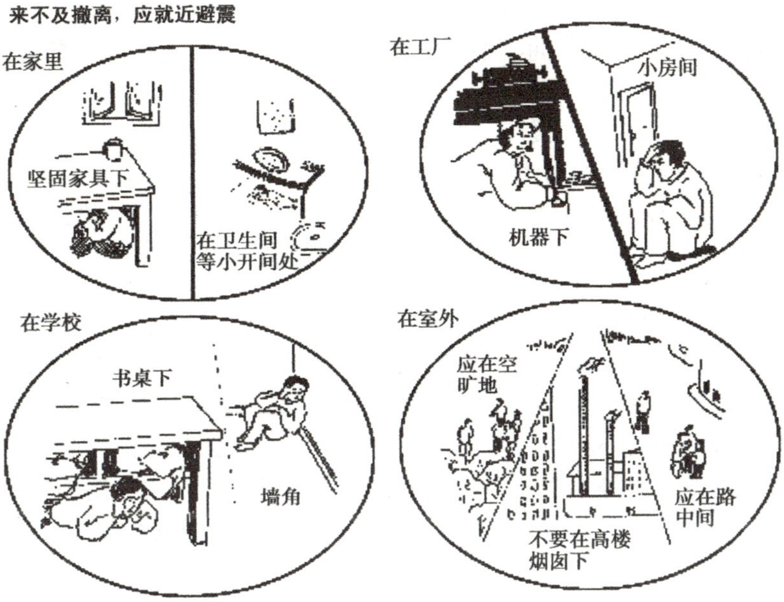

（1）室内避震。

地震发生时，如果正好在教室里上课，或者身处家里、商店等室内环境中，要做到以下几点自救。

① 抓紧时间紧急避险。如果感觉晃动很轻，说明震源比较远，只需躲在坚实的家具旁边就可以。大地震从开始到振动过程结束，时间不过十几秒到几十秒，因此抓紧时间进行避震最为关键，千万不要耽误时间。

② 选择合适避震空间。室内较安全的避震空间有承重墙墙根、墙角；有水管和暖气管道等处。屋内最不利避震的场所是没有支撑物的床上；吊顶、吊灯下；周围无支撑的地板上；玻璃（包括镜子）和大窗户旁。

③ 做好自我保护。首先要镇静，选择好躲避处后应蹲下或坐下，脸朝下，额头枕在两臂上，或抓住桌腿等身边牢固的物体，以免震时摔倒或因身体失控移位而受伤；保护头颈部，用手护住头部或后颈；保护眼睛，低头、闭眼，以防异物伤害；保护口、鼻，有可能时，可用湿毛巾捂住口、鼻，以防灰土、毒气进入。

④ 要看准机会，跑到户外避难。当感觉地震告一段落时，要保护好头部，寻找机会逃出室内，跑到户外相对空旷处，比如学校操场等处，千万不要到大型建筑物附近。

特别提示

发生地震时，如果身边有火源，一定要先把火源关掉，特别是煤气一类的，因为地震时很多人都是因为着火而面临困境，甚至失去生命的。如果一开始没来得及关，地震间隔时也尽量要把火源关掉。

（2）室外避震。

地震发生时，如果正在街道上行走或在室外玩耍，要注意做到以下几点。

① 避开人流，不要乱挤乱拥，不要随便点明火，因为空气中可能有易燃易爆气体。

② 就地选择开阔地蹲下或趴下，不要乱跑，不要随便返回室内，避开人多的地方。

③ 要避开高大建筑物，如楼房、高大烟囱、水塔下，避开立交桥等一类结构复杂的建筑物，特别是有玻璃幕墙的高大建筑。

④ 避开危险物高耸或悬挂物，如变压器、电线杆、路灯、广告牌、吊车等。

⑤ 避开危险场所，如狭窄街道、危旧房屋、危墙、高门脸等。

3. 地震发生后的自救

（1）地震时如被埋压在废墟下，周围又是一片漆黑，只有极小的空间，这时一定不要惊慌，要沉着，树立生存的信心，相信会有人来救你，要千方百计保护自己。

（2）在这种极不利的环境下，首先要保护呼吸畅通，挪开头部、胸部的杂物，闻到煤气、毒气时，用湿衣服等物捂住口、鼻；避开身体上方不结实的倒塌物和其他容易引起掉落的物体；扩大和稳定生存空间，用砖块、木棍等支撑残垣断壁，以防余震发生后，环境进一步恶化。

（3）设法脱离险境。如果找不到脱离险境的通道，要尽量保存体力，用石块敲击能发出声响的物体，向外发出呼救信号，不要哭喊、急躁和盲目行动，这样会大量消耗精力和体力，尽可能控制自己的情绪或闭目休息，等待救援人员到来。如果受伤，要想法包扎，避免流血过多。

（4）地震后往往还有多次余震发生，处境可能继续恶化，为了避免新的伤害，要尽量改善自己所处环境，此时，如果急救包在身旁，将会为自己脱险起到很大帮助。

（5）维持生命。如果被埋在废墟下的时间比较长，救援人员未到，或者没有听到呼救信号，就要想办法维持自己的生命，防震包里的水和食品一定要节约，尽量寻找食品和饮用水，必要时自己的尿液也能起到解渴作用。

特别提示

保持镇静在地震中十分重要，乱喊乱叫会加速新陈代谢，增加氧气的消耗，使体力下降，耐受力降低；同时，大喊大叫，必定会吸入大量烟尘，易造成窒息，增加不必要的伤亡。要始终保持镇静，分析所处环境，寻找出路，等待救援。

二、泥石流危机及其应对

泥石流是山区特有的一种自然现象，它是由于降水而形成的一种带大量泥沙、石块等固体物质的特殊洪流。

泥石流发生的时间有个规律。我国泥石流的暴发主要是受连续降雨、暴雨，尤其是特大暴雨等集中降水所激发的。因此，泥石流发生的时间规律是与集中降雨时间规律相一致的，具有明显的季节性。一般发生在多雨的夏秋季节，因集中降雨的时间差异而有所不同。四川、云南等西南地区的降雨多集中在6～9月，因此，西南地区的泥石流多发生在6～9月；而西北地区降雨多集中在6、7、8三个月，尤其以7、8两个月降雨集中，暴雨强度大。据不完全统计，发生在这两个月的泥石流灾害约占该地区全部泥石流灾害的90%以上。

1. 泥石流的前期预防

（1）泥石流多发地区的居民要注意自己的生活环境，熟悉逃生路线。注意政府部门的预告和泥石流的发生前兆，在灾害发生前互相通知、及时准备。

（2）留意泥石流发生前的征兆。在大量降雨后，仔细听听附近山谷是否传来打雷般的声响，如果有，需立即采取避险措施。

（3）路经山谷地带，留心观察周围环境，如道路两旁植被遭严重破坏，又突遇暴雨，要迅速转移至安全的地方，切勿停留。

（4）去山地游玩要注意收听当地天气预报，不在暴雨之后或持续阴雨天气进入山区。

（5）野外露营时，要选择高处平坦安全的地方，尽可能避开有滚石和易发生滑坡的坡地下边，不要在山谷及河沟底驻扎。

2. 遭遇泥石流时的应对措施

（1）发生泥石流时，要采取正确的逃生方法。要立即选择与泥石流垂直的方向沿两侧山坡往上跑，要抛弃重物，离开沟道、河谷地带，但注意不要在土质松软、土体不稳定的斜坡上停留，以免斜坡失稳下滑，应在基底稳固又较为平缓的地方。

（2）不要上树躲避。泥石流不同于滑坡、山崩和地震，它是流动的，冲击和搬运能力很大，其流动中可沿途切除一切障碍，所以上树逃生不可取。

（3）应避开河（沟）道弯曲的凹岸或地方狭小高度又低的凸岸，因为泥石流有很强的掏刷能力及直进性，这些地方很危险。

（4）泥石流非常危险，一旦陷入其中很难摆脱。万一不幸陷入其中，切莫慌张，要大声呼救，并及时向后边的人发出警告，然后将身体后倾，同时张开双臂，十指张开，平贴在地面上慢慢将陷入泥潭的双脚抽出来。切忌用力过猛，从而陷得更深。然后采取仰泳般的姿势向安全地带“游”过去，尽量以轻柔缓慢的动作进行，千万不要慌张挣扎。

（5）长时间降雨或暴雨渐小或刚停，切莫马上返回危险区。

（6）不要躲在有滚石和大量堆积物的山坡下面。

三、雷电危机及其应对

当天空乌云密布，雷雨云急剧变化时，突然一道夺目的闪光划破长空，接着传来震耳欲聋的巨响，这就是闪电和打雷，又称为雷电。在我们的生活中，天空中的电闪雷鸣已经司空见惯。据统计，世界平均每天约发生 800 万次闪电打雷，每秒约有 100 次雷电出现。

雷电在一定的条件下会对人身或其他物体造成伤害。当条件适合时，雷云就可能对建筑物或树木放电，巨大的放电电流就会顺着建筑物或树木形成放电通路而流入大地。放电电流在放电回路中，会产生很大的能量而形成破坏作用，如击毁建筑物、击劈树木、引起火灾等，这时如果人的身体成了放电回路或接近放电回路，就会被电击或电灼而造成伤亡。对人类危害最大的是落地雷，其电压可高达几千万伏，峰值电流达 1 万安培，有时可达 10 万安培。

警示案例

2005 年 9 月某天，湖南某师范学校东方红校区篮球场东南角遭受雷击，将当时正在篮球场进行军训的 6 名女生和 1 名教官被击倒在地，其中 3 名同学是趴着倒下的，3 名同学是仰着倒下的，其中 1 名同学因受雷击过重，抢救无效不幸去世。

1. 如何预防雷击

（1）在雷电交加时，感到皮肤刺痛或头发竖起，是雷电将至的先兆，应立即躲避。躲避不及，要立即贴近地面。受到雷击的人可能被烧伤或严重休克，但身上并不带电，可以安全地加以处理。

（2）如果身处树木、楼房等高大物体下面，应该马上离开。如果来不及离开高大物体，应该找些干燥的绝缘物放在地下，坐在上面，采用下蹲的避雷姿势，注意双脚并拢。双手合拢切勿放在地面上。千万不可躺下，这时虽然高度降低了，却增大了“跨步电压”的危险。水能导电，所以潮湿的物体并不绝缘。

知识链接

雷电钟爱“尖子生”

雷电这个“杀手”不仅威力强大，而且“头脑聪明”，它总是会选择空气中对它阻碍最小的一条“捷径”。空旷田野里的一棵大树，鹤立鸡群的高耸建筑物，这种显眼而又突出的尖端物体对雷电有着“致命”的吸引力。发现雷电这个特殊癖好后，人类投其所好，发明了“避雷针”。

避雷针，专业术语叫“接闪杆”，真正的工作原理并不是避雷，而是引雷。通过金属尖端引雷（闪电）上身，再连通接地装置，将雷电流引入地下，从而起到保护建筑物的作用。

（3）不要在山洞口、大石下或悬岩下躲避雷雨，因为这些地方会成为火花隙，电流从中通过时产生电弧可以伤人。但深邃的山洞很安全，应尽量往里面走。尽量躲到山洞深处，双脚要并拢，身体不可接触洞壁，同时也要把身上带金属的物件，如手表、戒指、耳环、项链等物品摘下来，还有金属工具也要离开身体，把它们放到一边。

（4）远离铁栏及其他金属物体。并非直接的电击才足以致命，闪电击中导电体后，电能是在瞬间释放出来的，向两旁射出的电弧远达好几米。此外，炽热的电光使四周空气急剧膨胀，产生冲击波。这些冲击波发出的声音，就是雷声。若在近处听到，强大的声波可能震伤肺部，严重时也可把人震死。

（5）雷雨时如果身在空旷的地方，应该马上蹲在地上，这样可减少遭受雷击的危险。不要用手撑地，这样会扩大身体与地面的接触范围，增加遭受雷击的危险。应双手抱膝，胸口紧贴膝盖，尽量低头，因为头部最易遭雷击。

（6）空旷地带和山顶上的孤树和孤立草棚等应该回避，因为它们易遭受雷击。这时如在其中避雨是非常危险的，尤其是站在向两旁伸展很远的低枝下面。但是，事物是一分为二的，如果野外有片密林，一时又找不到其他避雷场所，那么也可以利用密林来避雷，因为密林各处遭受雷击的机会差不多。这时不要站在树林边缘，最好选择林中空地，双脚合拢，与四周各树保持差不多的距离就行了。

（7）原则上说，雷电期间应尽量回避未安装避雷设备的高大物体，如高塔、大吊车、开阔地的干草堆和帐篷等，也不要到山顶或山梁等制高点去。不要靠近避雷设备的任何部分，铁路、延伸很长的金属栏杆和其他庞大的金属物体等也应回避。

（8）如果在江、河、湖泊或游泳池中游泳时，遇上雷雨则要赶快上岸离开。因为水面易遭雷击，况且在水中若受到雷击伤害，还会增加溺水的危险。另外，尽可能不要待在没有避雷设备的船只上，特别是高桅杆的木帆船。

（9）如正在驾车，应留在车内。车壳是金属的，因屏蔽作用，就算闪电击中汽车，也不会伤到车内的人。因此，车厢是躲避雷击的理想地方。雷电期间最好不要骑马、骑自行车、骑摩托车和开敞篷拖拉机。

（10）当在户外看见闪电几秒钟内就听见雷声时，说明正处于近雷暴的危险环境，此时应停止行走，两脚并拢并立即下蹲，不要与人拉在一起，相互之间要保持一定的距离，避免在遭受直接雷击后传导给他人。最好使用塑料雨具、雨衣等。

（11）在雷雨天气中，不宜在旷野中打伞，或高举羽毛球拍、高尔夫球棍、锄头等；不宜进行户外球类运动，雷暴天气进行高尔夫球、足球等运动是非常危险的；不宜在水面和水边停留；不宜在河边洗衣服、钓鱼、游泳、玩耍。

（12）在雷雨天气中，不宜快速开摩托、快骑自行车和在雨中狂奔，因为身体的跨步越大，电压就越大，也越容易伤人。

（13）如果在户外看到高压线遭受雷击断裂，此时应提高警惕，因为高压线断点附近存在跨步电压，身处附近的人此时千万不要跑动，而应双脚并拢，跳离现场。

2. 施救常识

人体在遭受雷击后往往会出现“假死”症状，此时应采取紧急措施进行抢救。首先是进行口对口的人工呼吸，雷击后进行人工呼吸的时间越早，对伤者的身体恢复越好，因为人脑缺氧时间超过十几分钟就会有致命危险。其次对伤者进行心脏按压，并迅速通知医院进行抢救处理。如果伤者遭受雷击后引起衣服着火，此时应马上让伤者躺下，使火焰不致烧及面部。并往伤者身上泼水，或者用厚外衣、毯子等把伤者裹住，以扑灭火焰。伤者切勿因惊慌而奔跑，这样会使火越烧越旺，可以在地上翻滚以扑灭火焰。

四、洪水危机及其应对

一般来讲，洪水是指河、湖、海所含的水体上涨，超过常规水位的水流现象。洪水常威胁沿河、滨湖、近海地区的安全，甚至造成淹没灾害。洪灾是指一个流域内因集中大暴雨或长时间降雨，汇入河道的水流量超过其泄洪能力而漫溢两岸或造成堤坝决口导致泛滥的灾害。

1. 洪水到来之前的准备

洪水到来之前，要尽量做好相应的准备。

（1）根据当地电视、广播等媒体提供的洪水信息，结合自己所处的位置和条件，冷静地选择最佳路线撤离，避免出现“人未走水先到”的被动局面。

（2）认清路标，明确撤离的路线和目的地，避免因为惊慌而走错路。

（3）做好自保措施。备足速食食品或蒸煮够食用几天的食品，准备足够的饮用水和日用品。扎制木排、竹排，搜集木盆、木材、大件泡沫塑料等适合漂浮的材料，加工成救生装置以备急需。将不便携带的贵重物品作防水捆扎后埋入地下或放到高处，票款、首饰等小件贵重物品可缝在衣服内随身携带。保存好尚能使用的通信设备。

2. 洪水到来时的自救

（1）洪水到来时，来不及转移的人员，要就近迅速向山坡、高地、楼房、避洪台等地转移，或者立即爬上屋顶、楼房高层、大树、高墙等高地暂避。

（2）如洪水继续上涨，暂避的地方已难自保，则要充分利用准备好的救生器材逃生，或者迅速找一些门板、桌椅、木床、大块的泡沫塑料等能漂浮的材料扎成筏子逃生。

（3）如果已被洪水包围，要设法尽快与当地政府防汛部门取得联系，报告自己的方位和险情，积极寻求救援。注意：千万不要盲目游泳逃生，不可攀爬带电的电线杆、铁塔，也不要爬到泥坯房的屋顶。

（4）如已被卷入洪水中，要尽可能抓住固定的或能漂浮的东西，寻找机会逃生。

（5）发现高压线铁塔倾斜或者电线断头下垂时，要迅速远离，防止直接触电或因地面“跨步电压”触电。

（6）洪水过后，要做好各项卫生防疫工作，预防疫病的流行。

五、台风危机及其应对

台风，指形成于热带或副热带26℃以上广阔海面上的热带气旋。世界气象组织定义：中心持续风速在12级至13级（每秒32.7米至41.4米）的热带气旋为台风或飓风。每年的夏秋季节，我国毗邻的西北太平洋上会生成不少名为台风的猛烈风暴，有的消散于海上，有的则登上陆地，带来狂风暴雨，这是自然灾害的一种。

1. 台风灾害的预防

学校和个人要注意收听、收看气象预警信号，密切关注台风发展动向。

应预备各种社会公用救援电话号码，以备发生意外时及时联络求救。

高层住宅居民应将置于阳台外的杂物转移至安全地带，以免因台风侵袭坠落伤人。

检查门窗安全，及时进行加固，切断霓虹灯招牌等室外装饰物电源，在窗户玻璃上用胶布贴成“米”字形，以防窗户玻璃破碎。

准备好手电筒、哨子、食物、饮用水及常用药品等必需品，以备急需。

儿童、老人应留在家中，并有专人陪护，以免发生意外伤害事件。

户外、高空、码头及海上作业人员应停止作业。

2. 台风危机应对

（1）台风来临时，尽量不要外出。

（2）如果在外面，千万不要在临时建筑物、广告牌、铁塔、大树等附近避风避雨。如果正在开车，则应立即将车开到地下停车场或隐蔽处。

（3）如果在野外帐篷里，应立即收起帐篷，到坚固结实的房屋中避风。如果在水面上（如游泳），则应立即上岸避风避雨。

（4）避免走不坚固的桥，不要开车进入洪水暴发区域，应留在地面坚固的地方。要注意静止水域，这些水域里面可能有因地下电缆裸露或是垂落下来的电线而带有致命电力。

（5）如台风加上打雷，则要采取防雷措施。

（6）台风过后要仔细检查煤气、水、电等的安全性。要注意环境卫生，以及食物、水的安全。

六、高温天气及其应对

世界气象组织建议高温热浪的标准为日最高气温高于 32℃，且持续 3 天以上。中国气象学上一般把日最高气温达到或超过 35℃时称为高温天气。高温天气能使人体感到不适，工作效率降低，中暑、患肠道疾病和心脑血管等病症的发病率增多。同时，高温天气也会对农业生产造成较大影响。

1. 高温天气注意事项

一要注意在户外工作时，采取有效防护措施，切忌在太阳下长时间裸晒皮肤，最好带冰凉的饮料。

二要注意不要在阳光下疾走，也不要到人群聚集的地方。从外面回到室内后，切勿立即开空调。

三要尽量避开在上午 10 时至下午 4 时这段时间出行，应在口渴之前就补充水分。

四要注意高温天气饮食卫生，防止胃肠感冒。

五要注意保持充足睡眠，有规律地生活和工作，增强免疫力。

六要注意对特殊人群的关照，特别是老人和小孩，高温天气容易诱发老年人心脑血管疾病和小儿不良症状。

七要注意预防日光照晒后，日光性皮炎的发病。如果皮肤出现红肿等症状，应用凉水冲洗，严重者应到医院治疗。

八要注意出现头晕、恶心、口干、迷糊、胸闷气短等症状时，应怀疑是中暑早期症状，应立即休息，喝一些凉水降温，病情严重者应立即到医院治疗。

2. 中暑时的应对

（1）中暑的症状。

中暑是指因高温引起的人体体温调节功能失调，体内热量过度积蓄，从而引发神经器官受损。中暑起病急骤，大多数患者有头晕、眼花、头痛、恶心、胸闷、烦躁等前驱症状。

按病情程度和表现特点，中暑可以分为3类。

① 先兆中暑。长时间处于高温环境下，会出现四肢无力、口渴、多汗、头晕症状，体温可能会有一点偏高，一般不超过37.5℃，这是先兆中暑的症状。如能离开高热环境，经短时间休息后症状即可消失。

② 轻度中暑。轻度中暑除了有先兆中暑的表现之外，还会有以下症状：体温高于38℃以上；面色红、出汗量大。或者是出现相反的情况：四肢湿冷；面色白；血压下降。轻度中暑若得到及时处理，4～5个小时可以恢复正常。

③ 重度中暑。大多数患者是在高温环境中以突然昏迷起病。此前患者常有大量出汗、极度口渴、剧烈头痛、烦躁不安、恶心呕吐、体温升高，甚至昏迷抽搐、血压下降等症状。当人在高温（室温超过35℃）的环境中，或烈日暴晒下从事一定时间的劳动，且无足够的防暑降温措施，体内积蓄的热量不能向外散发，以致体温调节发生障碍，如过多出汗，身体失去大量水分和盐分，这时就很容易引起中暑。在同样气温条件下，如伴有高湿度和气流静止，则更容易引起中暑。

（2）中暑后的急救措施。

首先，将患者移至阴凉通风处，同时垫高头部，解开衣裤，以利呼吸和散热。先用温水敷头部，后改用冷水、冰水敷，可同时用冷水擦拭身体，尤其是分布有大量血管的部位，如颈部、腋下、腹股沟。给患者补充淡盐水或含盐的清凉饮料，有条件的可以静脉滴注生理盐水500～1000毫升。同时用力按摩患者四肢，以防血液循环停滞。当患者清醒后，给其喝些凉开水，同时服用十滴水或人丹等防暑药品。对于重度中暑者，应迅速将其送往医院救治，以免发生生命危险。

项目思考

1．除了本项目所讲的常见自然灾害外，想想还有没有其他会对人们的学习、生活产生影响的自然灾害？

2．遇到地震时应如何应对？分小组进行演练。

3．遇到气象灾害时应如何应对？

4．遭遇高温时应如何避免中暑？

“十三五”高职高专经管系列规划教材

经济法基础

JINGJIFAJICHU

刘秀英◎主　编

张　荣　薛　丹　毕克如　吕婷婷◎副主编

電子工業出版社

Publishing House of Electronics Industry

北京 • BEIJING

图书在版编目（CIP）数据

经济法基础 / 刘秀英主编. —北京：电子工业出版社，2017.9
ISBN 978-7-121-31775-0

Ⅰ. ①经… Ⅱ. ①刘… Ⅲ. ①经济法－中国－高等职业教育－教材 Ⅳ. ①D922.29

中国版本图书馆 CIP 数据核字(2017)第 123900 号

策划编辑：刘淑丽
责任编辑：刘淑丽　　文字编辑：杨振英
印　　刷：北京虎彩文化传播有限公司
装　　订：北京虎彩文化传播有限公司
出版发行：电子工业出版社
　　　　　北京市海淀区万寿路 173 信箱　邮编 100036
开　　本：787×1092　1/16　印张：17　字数：424 千字
版　　次：2017 年 9 月第 1 版
印　　次：2021 年 6 月第 5 次印刷
定　　价：39.80 元

凡所购买电子工业出版社图书有缺损问题，请向购买书店调换。若书店售缺，请与本社发行部联系，联系及邮购电话：（010）88254888，88258888。
质量投诉请发邮件至 zlts@phei.com.cn，盗版侵权举报请发邮件至 dbqq@phei.com.cn。
本书咨询联系方式：（010）88254199，sjb@phei.com.cn。

前言

市场经济是法治经济。树立法制观念，依法经营，创设良好的市场经济秩序，已日益成为人们普遍接受的理念；熟练掌握和运用经济法知识更是社会对经济管理人才的基本要求。目前，经济法基础是高等教育经济管理类专业普遍开设的法律基础课程之一。

为贯彻教育部对高等职业教育人才培养精神，充分体现“工学结合”的教学理念和经济法基础“灵活应用”的教学要求，本书每个项目都以“职业能力目标、典型工作任务、开篇普法、项目小结、项目实训、综合实训”为体例架构，结构合理，层次突出；教材编写以“项目教学法、项目驱动型”为写作思路，尽量体现“理论必需、够用”和“实践简洁、实用”的要求。

伴随我国市场经济体制的逐步完善和快速发展，国家相继颁布、施行了大量经济方面的法律、法规。本书围绕经济法律基础概述、市场主体法、市场运行法、宏观调控法、社会保障法等 5 大模块，主要内容包括法的基础和经济法基础、个人独资企业法、合伙企业法、公司法、企业破产法、合同法、工业产权法（商标法和专利法）、产品质量法、消费者权益保护法、财税法（会计法和税法）、金融法（银行法和证券法）、劳动法、仲裁和民事诉讼法等 13 个项目及 43 个教与学的任务。

本书由辽宁轻工职业学院刘秀英担任主编，负责拟订、编写大纲并承担统稿和审定工作；由辽宁轻工职业学院张荣、薛丹、吕婷婷及大连财经学院毕克如担任副主编。各项目撰写分工如下：刘秀英编写模块一、模块三；张荣编写模块二；薛丹编写模块四；毕克如编写模块五；全书的项目实训和综合实训由吕婷婷编写。

本书在编写过程中参考了大量文献资料，在此向有关作者表示衷心感谢。

由于编者水平和时间所限，书中难免存在疏漏和不足之处，敬请广大读者批评指正。希望在今后的教材修订中能更好地结合社会热点问题来拓展学生知识和视野，使本教材不断完善。

目 录

模块一

经济法律基础概述

项目一

法的基础和经济法基础

职业能力目标

认知法和经济法的基本概念；掌握经济法的基本原理；结合实际分析经济法律关系的构成。

典型工作任务

识记法的特征；掌握法的效力；分析经济法律关系。

开篇普法

中国特色社会主义法律体系

中国特色社会主义法律体系是中国特色社会主义永葆本色的法制根基，是中国特色社会主义创新实践的法制体现，是中国特色社会主义兴旺发达的保障。

历程

1978 年，中国共产党第十一届三中全会提出“有法可依，有法必依，执法必严，违法必究”的法制建设方针。

1979 年，全国人民代表大会加紧全面立法工作。

1982 年，全国人大通过修订的《中华人民共和国宪法》。

1997 年 9 月，党的十五大明确提出，到 2010 年形成中国特色社会主义法律体系的立法工作目标。

2007 年，党的十七大提出完善中国特色社会主义法律体系。

2008 年，全国人大常委会组织开展大规模法律清理。

2010 年，中国特色社会主义法律体系建成。

2011 年 3 月 10 日，吴邦国委员长在十一届全国人大四次会议第二次全体会议上宣布：中国特色社会主义法律体系已经形成。

构成

中国的法律体系大体由在宪法统领下的宪法及宪法相关法、民法商法、行政法、经济法、社会法、刑法、诉讼与非诉讼程序法等七个部分构成，包括法律、行政法规、地方性法规三个层次。

- 宪法及宪法相关法

宪法是国家的根本大法，包括《中华人民共和国全国人民代表大会组织法》、《中华人民共和国民族区域自治法》、《中华人民共和国香港特别行政区基本法》、《中华人民共和国澳门特别行政区基本法》、《中华人民共和国立法法》、《中华人民共和国全国人民代表大会和地方各级人民代表大会选举法》、《中华人民共和国全国人民代表大会和地方各级人民代表大会代表法》、《中华人民共和国国旗法》、《中华人民共和国国徽法》等。

● 民法商法

我国目前尚无一部较完整的民法典，而是以《中华人民共和国民法通则》为基本法律，辅之以其他单行民事法律，包括《中华人民共和国物权法》、《中华人民共和国合同法》、《中华人民共和国担保法》、《中华人民共和国拍卖法》、《中华人民共和国商标法》、《中华人民共和国专利法》、《中华人民共和国著作权法》、《中华人民共和国婚姻法》、《中华人民共和国继承法》、《中华人民共和国收养法》等。目前我国商法主要有《中华人民共和国公司法》、《中华人民共和国保险法》、《中华人民共和国票据法》、《中华人民共和国证券法》等。

● 行政法

一般行政法是指有关行政主体、行政行为、行政程序、行政责任等一般规定的法律法规，如《中华人民共和国公务员法》、《中华人民共和国行政处罚法》、《中华人民共和国行政复议法》。

特别行政法是指适用于各专门行政职能部门管理活动的法律法规，包括国防、外交、人事、民政、公安、国家安全、民族、宗教、侨务、教育、科学技术、文化、体育、医药卫生、城市建设、环境保护等行政管理方面的法律法规。

● 经济法

创造平等竞争环境、维护市场秩序方面的法律，我国现已制定《中华人民共和国反不正当竞争法》、《中华人民共和国消费者权益保护法》、《中华人民共和国产品质量法》、《中华人民共和国广告法》等。国家宏观调控和经济管理方面的法律，我国现已制定《中华人民共和国预算法》、《中华人民共和国审计法》、《中华人民共和国会计法》、《中华人民共和国中国人民银行法》、《中华人民共和国价格法》、《中华人民共和国税收征收管理法》、《中华人民共和国个人所得税法》、《中华人民共和国城市房地产管理法》、《中华人民共和国土地管理法》等。

● 社会法

社会法包括《中华人民共和国劳动法》、《中华人民共和国劳动合同法》、《中华人民共和国工会法》、《中华人民共和国未成年人保护法》、《中华人民共和国老年人权益保障法》、《中华人民共和国妇女权益保障法》、《中华人民共和国残疾人保障法》、《中华人民共和国矿山安全法》、《中华人民共和国红十字会法》、《中华人民共和国公益事业捐赠法》等。

● 刑法

刑法包括 1997 年 3 月 14 日修订后的《中华人民共和国刑法》和此后的刑法修正案，以及全国人民代表大会常务委员会制定的有关惩治犯罪的决定等。

● 诉讼与非诉讼程序法

诉讼与非诉讼程序法主要有《中华人民共和国刑事诉讼法》、《中华人民共和国民事诉讼法》、《中华人民共和国行政诉讼法》、《中华人民共和国海事诉讼特别程序法》、《中华人民共和国仲裁法》等。

特征

中国特色社会主义法律体系，是中国特色社会主义伟大事业的重要组成部分，是全面实施依法治国基本方针、建设社会主义法治国家的基础，是新中国成立60多年特别是改革开放30多年来经济社会发展实践经验制度化、法律化的集中体现，具有十分鲜明的特征。

（1）这个法律体系体现了中国特色社会主义的本质要求。

（2）这个法律体系体现了改革开放和社会主义现代化建设的时代要求。

（3）这个法律体系体现了结构内在统一而又多层次的科学要求。

（4）这个法律体系体现了继承中国法制文化优秀传统和借鉴人类法制文明成果的文化要求。

（5）这个法律体系体现了动态、开放、与时俱进的发展要求。

意义

中国特色社会主义法律体系的形成，是我国社会主义民主法制建设史上的重要里程碑，具有重大的现实意义和深远的历史意义。

第一，中国特色社会主义法律体系是中国特色社会主义永葆本色的法制根基。

第二，中国特色社会主义法律体系是中国特色社会主义创新实践的法制体现。

第三，中国特色社会主义法律体系是中国特色社会主义兴旺发达的法制保障。

任务一　法的基础

一、法的概念

随着人类社会的日益发展，社会关系也日益纷繁复杂。因而调整人们的社会关系的社会规范也随之发展，出现了诸如政治道德、宗教、风俗习惯、社会团体的规章制度等。法律不但是随着社会发展而出现的一种社会规范，而且是一种特殊的社会规范。

从广义角度讲，法是由国家制定、认可并由国家保证实施的，反映由特定物质生活条件所决定的统治阶级（或人民）的意志，以权利和义务为内容，以确认、保护和发展统治阶级（或人民）所期望的社会关系、社会秩序和社会发展目标为目的的行为规范体系。

狭义的法律，即国家立法机关依法制定的对全社会成员具有普遍约束力的行为规范。在我国，就是全国人大及其常委会制定的，一般来说，以某某法为名称的规范性法律文件（如《刑法》、《刑事诉讼法》、《律师法》、《公证法》等）。

无论是从广义角度，还是从狭义角度，法的概念都表明了法和国家的关系，表明了法律的本质和特征。

总之，法律在本质上是统治阶级的国家意志，它的内容是由统治阶级的物质生活条件决定的。这个基本原理并不是人们的主观臆断，而是为实践所证明了的客观真理。

根据马克思主义的基本观点，法的本质可以归结为两方面：

（1）法是统治阶级意志的体现。

（2）法的内容是由统治阶级的物质生活条件决定的。

二、法的特征

制定和认可，是国家创制法律的两种方式。所谓制定，即由国家权力机关，依照法定程序，制定出具有不同法律效力的规范性文件，如法律、法规、法令、条例、章程等；所谓认可，即由国家权力机关对于某些社会上已经存在的，合乎统治阶级利益的某些行为规则，依法赋予法律上的效力，使之成为法律。

法的特征是指法的本质的外在表现。法之所以是特殊的社会规范，是因为它与其他社会规范相比，具有以下特征：

（一）法是由国家强制力保证实施的

任何社会规范均有一定的强制性。但法律的强制性却是以国家暴力作为后盾的。通过国家暴力机器，强迫被统治阶级服从法律，维护统治阶级利益。否则，法律不过是一纸空文。

（二）法是明确规定了人们权利义务的一种行为规则

法律明确规定了人们的权利和义务。这些权利和义务，由国家确认和保障。通过权利和义务的规定，指引人们可以这样做、应该这样做或不应该这样做，从而为人们的行为提供标准、模式和方向。

（三）法具有普遍约束力

法律是以国家意志形式表现出来的统治阶级的共同意志，集中代表了统治阶级的根本利益和根本要求。它必然遭到敌对阶级、敌对势力的反抗和破坏；同时，还可能遭到统治阶级特殊利益集团或个人的破坏。因此，法律不仅对被统治阶级有约束力，而且对统治阶级的同盟者和统治阶级本身都具有约束力，尽管在不同的社会，法律的约束力，在内容和形式上是有差别的，甚至是虚伪的。

三、法的渊源和效力

法不是从古就有的。在原始社会，没有阶级，没有国家，也就没有法。氏族组织是血缘关系组成的集团，是原始社会的自治组织和经济组织。所有的氏族成员，都平等地参加劳动和分配劳动产品。这是由生产资料氏族公有制为基础的生产关系所决定的。

氏族组织的社会规范主要是习惯。例如，关于集体渔猎、播种、收获、分配的习惯，关于尊老爱幼、婚丧嫁娶、财产继承、崇拜图腾、宗教祭祀、互相帮助、共同管理公共事务等的习惯。这些习惯反映了氏族成员的共同意志和利益。氏族就是依靠这种习惯和其他社会规范，来调整社会关系和社会秩序的。

到了原始社会后期，随着生产力的发展，私有制的出现和不断发展，促使社会成员日益分裂为奴隶主和奴隶这两大对立的阶级。奴隶主不仅占有生产资料，占有奴隶劳动的全部产品，而且还占有奴隶本身。奴隶被迫从事繁重的劳动，过着非人的生活，而且可以被奴隶主随意出卖和处死。奴隶为了摆脱被剥削、被压迫、被奴役的地位，不断地进行反抗。奴隶主为了镇压奴隶的反抗，维护自己在政治上的权力和经济上的利益，就必然要建立特殊的暴力机器——国家。还要制定体现国家意志的特殊的行为规范，用以调整尖锐对立的阶级关系，确认、保护奴隶制的社会秩序。这种特殊规范就是法律。因此，法律同国家一样是阶级矛盾不可调和的产物。

奴隶制法是人类历史上最早出现的一种类型的法。继之依次出现的有封建制法、资产阶级法和社会主义法。这是针对它们的经济基础和阶级本质而作的基本分类。奴隶制法、封建制法和资产阶级法，都是建立在生产资料私有制基础上的。它们有着共同的本质和基本特征，都是剥削阶级意志的体现，都是剥削阶级专政的工具。因此，可以统称为剥削阶级的法。但是，出于它们的经济基础的差别和其他历史条件的不同，这三种法的类型，又都各有自己的历史特点。例如，奴隶制法采取残暴手段，以维护其统治；封建制法则公开维护等级特权制度；资产阶级法以形式上的平等，掩盖实质上的不平等。社会主义法是建立在生产资料公有制基础上的，体现工人阶级和广大人民群众的意志和利益，是实现无产阶级专政的工具。所以，社会主义的法同剥削阶级的法在性质上是根本对立的。社会主义法是一种新型的最高类型的法。它是体现绝大多数人民意志，为绝大多数人服务的工具。

四、法律关系

法律关系既是法对社会生活进行规制和调整的结果，也是法律人用来分析各种法律问题的重要工具。在司法实践中，法律职业者在思考和处理法律问题时，通常要按照法律的逻辑和方法区分出各种法律关系，分析每种法律关系所应适用的法律规范，确定法律关系主体和客体，明晰法律关系主体的权利、义务或者责任。

（一）法律关系的概念与特征

法律关系是法律在调整人们行为的过程中形成的权利和义务关系。法律关系实际上就是权利和义务关系，这种权利和义务关系是基于法律规范而形成的，因而也受国家强制力的保障。这就是说，法律关系是法律所保护的一种强制性法律秩序，法律不允许随意对这种秩序进行破坏。法律关系有以下三个特征。

1. 法律关系是法律调整的关系

法律关系是法律调整的关系，它不同于事实上存在的各种社会关系。如果法律对某些领域的社会关系不进行调整，那么人们之间也就不能形成法律上的权利和义务关系，因而人们之间也就不具有法律关系。例如，法律对恋爱中的情感关系一般是不会予以调整的，双方的爱恨情仇、分分合合一般都不会纳入法律的视野，因而恋爱双方自认为彼此之间存在的“情感权利”和“情感义务”是不会得到法律认可的，这种情感关系也不存在能够得到法律救济的问题。但是双方一旦缔结婚约，那么法律就要对婚姻关系进行调整，从而使夫妻双方之间形成一系列的法律权利和义务关系。

2. 法律关系必须是具体的权利和义务关系

法律关系并不等同于和法律问题有关的任何关系。如果没有这种明确的权利和义务关系就没有法律关系。例如，甲公司欠乙公司 20 万元，乙公司欠丙公司 20 万元，在这种关系中，丙公司是否按期归还乙公司的欠款可能直接影响甲公司债权的实现，但是这并不等于甲公司可以直接向丙公司要求归还 20 万元，因为甲公司与丙公司之间并不存在直接的债权债务关系，虽然它们之间也客观上存在某种与法律有关的联系。

3. 法律关系是由国家强制力保障的社会关系

由于法律关系是由法所调整或创设的社会关系，因而与一般社会关系不同，法律关系是由国家强制力保障的社会关系。任何个人或组织未经另一方主体同意，均不得任意地变更或者废除法律关系的内容，不得侵犯另一方的权利或者不履行应尽的义务。法律关系的任何一方如果无理拒绝或者迟延履行义务，另一方有权请求国家有关机关责令对方履行义务或者承担由于未履行义务而产生的法律责任。

（二）法律关系的分类

法律关系作为一个具有普遍意义的法学范畴，存在于各个法律部门及部门法理论之中。依据不同的标准和认识角度，可以对法律关系作不同的分类。例如，依据相对应的法律规范所属的不同法律部门，可将法律关系划分为宪法性法律关系、民事法律关系、行政法律关系、刑事法律关系、诉讼法律关系等；依据法律关系的存在形态和内容，可将其划分为一般法律关系和特殊法律关系、绝对法律关系和相对法律关系等。下面主要介绍以下法律关系的分类。

1. 调整性法律关系和保护性法律关系

依据法律关系的产生是否适用法律制裁，可以将其划分为调整性法律关系和保护性法律关系。

调整性法律关系是基于人们的合法行为产生的、并自觉发挥法的调整作用的法律关系。调整性法律关系不需要适用法律制裁，法律主体之间即能够依法行使权利、履行义务。譬如各种依法设定的民事法律关系、行政合同关系等。

保护性法律关系是指在主体权利和义务不能正常实现的情况下，通过法律制裁而形成的法律关系。保护性法律关系是因违法行为而产生的、旨在恢复被破坏的权利和秩序的法律规范，是法的实现的非正常形式。典型的保护性法律关系如刑事法律关系：一方主体（国家）适用法律制裁，另一方主体（犯罪人）必须接受这种制裁。

2. 纵向法律关系和横向法律关系

依据法律关系主体之间的相互地位，可以将其划分为纵向法律关系和横向法律关系。

纵向法律关系又称隶属型法律关系，是指法律关系主体之间存在隶属关系，一方服从于另一方。这种法律关系实际上就是主体之间的“权力—服从”关系，表现为不平等性和强制性。行政法律关系就是典型的纵向法律关系。

横向法律关系又称平权型法律关系，即法律关系主体之间的地位是平等的，相互间没有隶属关系。其特点是法律主体的地位是平等的，权利和义务的内容容许一定程度的任意性，如民事财产关系、民事诉讼中的原被告关系等。

3. 单向法律关系、双向法律关系和多向法律关系

按照法律主体的多少及其权利义务是否一致为标准，可以将法律关系划分为单向法律关系、双向法律关系和多向法律关系。

单向法律关系是指权利人享有权利，义务人仅履行义务，两者之间不存在相反的联系。如不附条件的赠与关系、诺成行为等。双向法律关系是指在特定的双方法律主体，相互间既享有权利，也负有义务，其中一方主体的权利对应另一方的义务。多向法律关系又称复合法律关系，是指三个或三个以上相关法律关系的复合体，其中既包括单向法律关系，也包括双向法律关系。

4. 第一性法律关系和第二性法律关系

依据相关法律关系的作用和地位不同，可将其划分为第一性法律关系和第二性法律关系。

第一性法律关系又称主法律关系，是指不依赖于其他法律关系而独立存在，或者在多向法律关系中居于支配地位的法律关系。依据第一性法律关系而产生的、处于从属地位的法律关系，则称为第二性法律关系或从法律关系。例如，在借款担保合同中，借贷合同条款属第一性的、主法律关系，担保合同条款则属第二性的、从法律关系。

五、法律责任

（一）法律责任的概念

法律责任是指因违反了法定义务或契约义务，或不当行使法律权利、权力所产生的，由行为人承担的不利后果。就其性质而言，法律关系可以分为法律上的功利关系和法律上的道义关系，与此相适应，法律责任方式也可以分为补偿性方式和制裁性方式。

（1）法律责任首先表示一种因违反法律上的义务（包括违约等）关系而形成的责任关系，它是以法律义务的存在为前提的。

（2）法律责任还表示为一种责任方式，即承担不利后果。

（3）法律责任具有内在逻辑性，即存在前因与后果的逻辑关系。

（4）法律责任的追究是由国家强制力实施或者潜在保证的。

（二）法律责任的分类

法律责任包括刑事责任、民事责任、行政责任、违宪责任和国家赔偿责任等。

（1）刑事责任：由于违反民事法律、违约或由于民法规定所应承担的一种法律责任。

（2）民事责任：行为人因其犯罪行为所必须承受的，由司法机关代表国家所确定的否定性法律后果。

（3）行政责任：因违反行政法规定或因行政法规定而应承担的法律责任。

（4）违宪责任：由于有关国家机关制定的某种法律和法规、规章，或有关国家机关、社会组织或公民从事了与宪法规定相抵触的活动而产生的法律责任。

（5）国家赔偿责任：在国家机关行使公权力时由于国家机关及其工作人员违法行使职权所引起的由国家作为承担主体的赔偿责任。

举案说法

孙刚是一水果经销商，常年经销山西苹果。因今年山西大旱，苹果歉收，孙刚的原苹果供货商电告孙刚无法发货。孙刚知情后，遂找到山西果贩王某，要求其尽快发运苹果。孙王两人之前签订了合同，孙刚还预付了货款。

请问：

（1）孙王二人之间的经济法律关系是否成立？

（2）如成立，导致其成立的依据是法律事件还是法律行为？为什么？

任务二 经济法基础

一、经济法的概念和特征

（一）经济法的概念

经济法的概念有狭义和广义之分。广义的经济法，是指调整经济关系的任何法律；而狭义的经济法，其调整的对象是国家在对经济进行干预过程中所发生的关系。本书采用狭义的经济法概念来划分部门法。经济法是调整国家宏观调控经济活动中形成的经济法律关系的法律规范的总称。

经济法包括三方面的基本含义：经济法属于法的范畴，属于国内法的体系，但它不同于国内法体系中的其他法律部门。

（二）经济法的特征

经济法具有一般法律的基本特征，即国家意志性、特殊的规范性和应有的强制性。经济法与其他法律部门相比较，又有自己的一些特点，具体表现在以下几个方面。

1. 综合性

经济法的综合性表明其不限于单一的范围，主要表现在：

（1）在调整手段上，经济法将各种法律调整手段有机地结合起来对经济关系进行综合调整，这主要表现在经济法往往运用民事的、行政的、刑事的、程序的、专业及技术的等手段作用于某一经济领域，以达到维护社会经济秩序的目的。

（2）在规范构成上，经济法既包括若干部门经济法，又包括有法律、法令、条例、细则和办法等许多规范形式的经济法律规范；既包括实体法规范，又包括程序法规范；既包括强制性规范和任意性规范，又包括指导性规范和诱导性规范等。

（3）在调整范围上，经济法调整的内容既包括宏观经济领域的管理和调控关系，也包括微观经济领域的管理和协作关系，具体包括工业、农业、商贸、财政、税收、金融、统计、审计、会计、海关、物价、环保、土地等范畴。

2. 经济性

经济法直接作用于经济领域，并具有经济目的性，故经济法的经济性是不言而喻的。经济法的经济性的重要表现是经济法往往把经济制度、经济活动的内容和要求直接规定为法律。此外，经济法反映了经济生活的基本经济规律，并服务于经济基础，受经济基础的决定和制约。任何经济法律规范都不是立法者主观意志的随意编造，而是取决于客观经济条件是否成熟和客观经济形势是否需要。再者，经济法调整的手段主要是经济手段，即以经济规律和经济现实为依据而确立的具有经济内容的手段，这与行政、刑事手段不同。

3. 行政主导性

经济法是国家管理、干预、从事经济活动，参与经济关系的产物，因此，经济法在调整经济关系的过程中直接体现了国家的特殊意志。作为国家特殊意志在法律上的反映，经济法更浓重地体现了法的强制性、授权性、指导性的色彩，并多以限制或禁止性规定来规范主体作为或不作为，以此来限制或者取缔某种经济活动和某种经济关系的发生或者存在，还常以奖励与惩罚并用的方法来促进主体的行为符合社会经济利益的整体需要，借以达到促进与支持某种经济关系的建立和发展的目的，并为处理经济纠纷提供相应的依据。这与民法规范不同。

4. 政策性

经济法是国家自觉参与和调控经济的重要手段。因此，其重要项目是实现一定经济体制和经济政策的要求，这就使经济法具有显著的政策性特征。这主要表现在经济法随时根据国家意志的需要赋予政策以法的效力，并根据政策的变化而变化，在经济法的执法和司法力度方面，也无不受政策的影响。

二、经济法的产生和发展

（一）产生和发展于欧洲资本主义国家

“经济法”一词最早见于法国空想主义者摩莱里的著作《自然法典》中，现代意义上的经济法出现于19世纪末20世纪初的西方资本主义国家。西方资本主义经济法产生之前，调整经济关系的主要是民商法。最初，资本主义国家十分重视市场秩序规制立法，20世纪中期以来，西方国家都强调对经济实行宏观管理与监督，着手制订各种不同的计划，试图在“无形之手”和“国家之手”之间找到一个最佳点。德国的社会市场经济体制的市场竞争自由与政府调控权威相得益彰。1919年，德国颁布了《煤炭经济法》和《钾盐经济法》，确立了国家有权对社会经济生活进行干预的原则，德国的经济法也影响其他国家经济法的发展，许多国家在不同时期都开始使用经济法来确立有利于自己的经济关系的重要法律形式，这样经济法作为一个独立的法律部门就形成了。

（二）中国经济法的发展

中国在改革开放前实行的是高度集权的计划经济体制。在当时，计划是国家用来配置资源的唯一方式。事实证明，在新中国成立初期我国选择计划作为资源配置的方式符合当时社会要求，它有利于集中有限的资源去办急需的事业，使我国迅速从经济废墟里恢复过来。中国经济法的产生与发展历程可分为两个阶段：第一阶段（1979年至1992年），这是中国经济法产生和初步发展的时期；第二阶段（1992 年以来），这是中国经济法勃兴和走向成熟的时期。随着计划经济体制向有计划的商品经济体制的转换，经济法在中国诞生了。1979年的《中华人民共和国中外合资经营企业法》是改革开放以来的首部经济法。这期间的经济法还有《中华人民共和国统计法》、《中华人民共和国森林法》、《中华人民共和国土地管理法》、《中华人民共和国中外合资经营企业所得税法》、《中华人民共和国个人所得税法》、《中华人民共和国全民所有制工业企业法》，此外还有大量由国务院制定的经济行政法规。随着经济法的兴起，民商法也产生和发展起来，《中华人民共和国经济合同法》、《中华人民共和国民法通则》、《中华人民共和国婚姻法》、《中华人民共和国继承法》等一系列重要的民事法律相继通过。党的十四大在对国内外形势作了正确分析后，作出了建立社会主义市场经济法制的历史性选择。全国人大及其常委会抓住法制建设的契机，重视经济立法，从而使我国经济法进入一个前所未有的快速发展时期，初步形成了比较完善的社会主义经济法体系。这一阶段，市场规制法异军突起，和先前发展起来的宏观调控法组成了我国经济法的主体部分。这时期的经济法主要有《中华人民共和国反不正当竞争法》、《中华人民共和国消费者权益保护法》、《中华人民共和国产品质量法》、《中华人民共和国广告法》、《中华人民共和国招标投标法》、《中华人民共和国税收征收管理法》、《中华人民共和国预算法》、《中华人民共和国中国人民银行法》、《中华人民共和国商业银行法》、《中华人民共和国审计法》、《中华人民共和国价格法》、《中华人民共和国劳动法》等。

2005年10月召开的中国共产党十六届五中全会审议通过的“十一五规划建议”，充分体现了党中央确立的科学发展观、建设和谐社会的新的施政纲领，将经济建设的重点从“增长”过渡到“稳定”，从重商主义转向富民主义，更加关注经济协调发展和社会公平。政府依法对市场活动主体进行组织和引导，对市场整体进行宏观调控，并逐步建立以权利公平、机会公平、规则公平、分配公平为主要内容的社会公平保障体系。因此而形成的这类经济关系正是我国经济法的调整对象。

三、经济法的基本原则

（一）适当干预原则

适当干预原则是指国家或经济自治团体应当在充分尊重经济自主的前提下对社会经济生活进行一种有效但又合理谨慎的干预。

1. 正当干预

正当干预是指国家或经济自治团体对市场主体及经济活动的干预必须仰赖于法律规定，不得与之相抵触，也不得在法律并无授权的情形下擅自干预。

2. 谨慎干预

谨慎干预是指国家或经济自治团体在进行干预时应当谨慎从事，符合市场机制自身的运作规律，不可因干预而压制了市场主体的经济自主性与创造性。

（二）合理竞争原则

以维护市场机制有效运转为重点的经济法应当将竞争的合理运行纳入自己的调控范围，借以充分发挥竞争之积极功效，抑制甚而消灭其消极作用，即垄断和不正当竞争。

1. 有序竞争

有序竞争是指有范围的竞争，有调控的竞争，有节制的竞争。

2. 有效竞争

有效竞争是指将规模经济和竞争活力两者有效协调，从而形成一种有利于长期均衡的竞争。

四、经济法律关系

（一）经济法律关系的概念及特征

经济法律关系是法律关系的一种。经济法律关系，是指由经济法律规范确认的、具有公共经济管理内容的权利义务关系，它具有以下特征。

1. 由经济法律规范确认

经济法律关系由法律规范确认，概莫能外。经济法律关系与其他法律关系的不同之处，就在于它是由一种经济法律规范确认的。如前所述，人们在社会生活中发生了各式各样的社会关系。其中，在政府或其经济行政机关实施公共的经济管理过程中形成一种经济管理关系，它是客观存在的经济法的调整对象。该种社会关系经过经济法的调整，则上升为具有经济管理内容的权利义务关系，即经济法律关系。经济法律关系使一些经济管理关系规范化、明确化，为人们享有经济权利（力）和履行经济义务提供了外部条件。可以说，经济法律关系的产生是国家运用经济法手段管理社会经济生活的必然反映，是经济管理关系为经济法律规范所确认的产物。没有经济法律规范的存在，就不会有经济法律关系的产生。

2. 具有意志性

经济法律关系是具有意志性的社会关系，这是它不同于作为经济法调整对象的经济管理关系的一个重要特征。在经济法律关系形成和实现的过程中，国家意志是主导的，但它和经济法律关系参加者的意志是相互联系的。

首先，经济法律关系参加者的意志，必须符合国家的意志。经济法律关系是由经济法律规范确认的，而经济法律规范由国家制定，渗透着国家意志。可以说，经济法律关系是贯彻国家意志的重要形式。因此，经济法律关系参加者的意志，必须符合国家的意志，否则，经济法律关系就不能形成。换言之，在经济法律关系形成过程中，经济法律关系参加者的意志必须服从国家意志，国家意志对经济法律关系的形成起着主导作用。

其次，国家的意志，必须借助经济法律关系参加者的意志才能得到实现。无疑，经济法律关系的参加者都是有意识的，人们的行为始终是受其意志支配的。只有人们按照自己的意志，在经济法律规范允许的范围内相互结成一定的经济法律关系，行使经济权利(力)，履行经济义务，体现在经济法律规范中的国家意志才能得以实现。所以，在经济法律关系实现过程中，国家意志必须通过经济法律关系参加者的意志实现。

3. 独具社会公共经济管理性

经济法律关系与其他法律关系的一个最重要的区别，就在于经济法律关系具有社会公共的经济管理性质。法律关系是由法律确认的，而具体法律关系的特性则是由法律所调整的社会关系本身的特殊性质决定的。经济法律关系作为法律关系的一种，它的特性也取决于经济法所调整的社会关系本身的性质。

前已述及，经济法的调整对象是以社会公共性为根本特征的经济管理关系，它包括因政府进行宏观管理而发生的宏观经济管理关系，和因国家维护市场秩序而发生的市场管理关系。因此，不论就经济法调整的总体而言，还是就经济法调整的具体社会关系而言，其社会管理性极为明显。无疑，这种社会关系经经济法调整之后，其社会公共管理性仍渗透在权利、义务之中。所以，社会公共经济管理性是经济法律关系的一大特征。

4. 由国家强制力保证实现

由于经济法律关系为经济法律规范所确认，而经济法律规范由国家所制定，所以，经济法律关系一旦形成就会受到国家的保障。也就是说，经济法律关系是由国家强制力保证实现的。通常，参加经济法律关系的当事人是能够实现他所享有的经济权利（力）和履行他所承担的经济义务的。当经济法律关系的实现遇到障碍时，或权利人不能完全行使和享有权利，或义务不履行时，就需要法院强制执行，责令义务人履行义务，甚至给予违法行为人以必要的制裁，以有效地保证经济法律关系的实现。

（二）经济法律关系的要素

经济法律关系的要素是指构成经济法律关系的必要条件，由主体、客体、内容三个要素构成，三者缺一不可。

1. 经济法律关系的主体

经济法律关系的主体简称经济法主体，是指在经济法律关系中享有一定权利、承担一定义务的当事人或参加者。享受经济权利的一方称为权利主体，承担经济义务的一方称为义务主体。但双方当事人在许多情况下既享受经济权利又承担经济义务。

经济法主体必须具备一定的主体资格，即参加经济法律关系，享受一定权利和承担一定义务的资格或能力。关于经济法主体资格的规定既体现在经济法中，也体现在其他法律部门中。经济法主体资格一般通过以下两种方式取得：

(1)法定取得。即依法律的规定而取得。凡是国家法律、法规、规章规定，能够对社会经济生活实行管理或接受管理的社会组织、公民和其他具有生产经营资格的实体，都可以作为经济法律关系的主体。法定取得经济法主体资格的具体方式包括：因符合法定条件而自然取得，以及在法定条件下经登记、批准、审批、许可、备案等法定程序而取得。前者例如，公民、法人或者其他组织只要符合国家某税法规定的纳税人条件，就自然取得该税种纳税人的主体资格；后者例如，根据《中华人民共和国会计法》的规定，公民从事会计工作，必须符合规定的条件、经考试合格后提出审核并经批准后取得会计从业资格证书。

（2）授权取得。即依据有授权资格的机关的授权，从而取得可以对社会经济生活实施某种干预的资格。例如，根据我国有关承包和租赁的法律规定，政府可以指定有关部门代表国家作为发包方，并行使对企业的某些干预职权。有关部门作为发包方和干预方的资格即由政府授权取得。

法律关系由主体、客体和内容三个要素构成，经济法律关系也不例外。该三要素是经济法律关系不可缺少的组成部分。

在我国，经济法律关系的主体包括以下几类：国家机关、社会组织、内部组织、自然人。

2. 经济法律关系的客体

经济法律关系客体，是指经济法主体相互权利、义务所指向的对象。

一般而言，经济法律关系客体包括物、经济行为和非物质财富三种基本形式。

经济法律关系的客体，既具有通常意义上的法律关系的客体的一般特性，又具有自身的特殊性，具体体现在：

（1）经济法律关系的客体必须是经济法主体能够控制、支配的事物。因此，在不同的社会历史条件下，经济法律关系客体的范围是不同的。

（2）经济法律关系的客体必须是国家经济法律允许进入经济法律关系成为其客体的物或行为。

（3）经济法律关系的客体应当是能够直接体现一定的经济效益或可以借以获得一定的经济利益的物或行为。

3. 经济法律关系的内容

经济法律关系内容，是指如何处理特定经济法律关系中的特定主体相互关系的具体行为准则。其实质和核心就是经济权利与经济义务，它直接体现了法律关系主体的利益要求，是连接经济法律关系主体的纽带。

（1）经济权利是指经济法律关系特定经济主体，依法享有的可以为或不为一定行为，或者要求他人为或不为的行为的资格。

（2）经济义务是指特定经济法律关系特定经济主体，为满足特定权利主体可以为或不为一定行为，或者要求他人为或不为的行为的责任。

经济法律关系内容是经济法律关系的实质和核心，是联络各主体、联系主体与客体之间的桥梁，直接体现了法律关系主体的要求和利益。只有主体、客体，不通过权利义务互相联结，也不可能形成法律关系。经济法律关系的内容有其特殊性，除了一般的权利义务关系以外，还包括经济法律关系的权力。

所以，经济法律关系的三个要素是紧密联系、不可分割的有机组成部分，抽去其中任何一个就不能构成经济法律关系，变更其中任何一个，也不再是原来的经济法律关系。

五、经济法律责任

经济法律责任是指在国家干预和调控社会经济过程中因主体违反经济法律、法规而依法应强制承担的否定性、单向性、因果性经济义务。

（一）经济法律责任的特征

1. 消极的、否定的法律义务，具有否定性

经济法律责任是一种消极的、否定的法律义务，具有否定性。法律责任是一种法律义务，但并非所有的法律义务都是法律责任，因为法律义务既有积极的，又有消极的；既有肯定的，又有否定的。法律责任只是一种消极的、否定的法律义务，而不能同时包含积极的、肯定的法律义务。也就是说，法律责任是在政治上、道德上、法律上、主观上、客观上都应受到非难和谴责的。经济法律责任也同样具有这种消极性和否定性。

2. 单向的、非对等的法律义务，具有单向性

经济法律责任是一种单向的、非对等的法律义务，具有单向性。从法律上讲，权利和义务是对等的，义务和义务也是对等的，但经济法律责任只是违法主体的单向义务，不存在对等性。

3. 法定的强制性义务，具有法定性、强制性

经济法律责任是一种法定的强制性义务，具有法定性、强制性。纯粹法学派创始人凯尔森认为："法律责任是与法律义务相关的概念，一个人在法律上对一定行为负责。或者他在此承担法律责任，意思就是，如果作相反行为，他应受到制裁。"从现代汉语上看，义务一词主要表示按法律规定应尽的责任，从一定意义上讲，责任和义务是相通的。因此，经济法律责任同其他法律责任一样，从本质上讲，它们都是一种法定的强制性义务。它是法律明文规定的义务，具有法定性；同时，它是由国家强制行为人接受的，又具有强制性、不可替代性。此外，行为人也是不能放弃履行这种强制性义务的。

4. 违法行为所引起的后续性义务，具有因果性

经济法律责任是因经济主体的违法行为所引起的因果性、后续性义务，具有因果性。经济法律责任不是凭空产生的消极义务，而是与经济法主体的先前行为存在因果关系。它既是后续义务，又是因果义务，没有经济法主体的违法行为，就不可能产生经济法律责任。因此经济法律责任的消极性和否定性是因其经济违法行为的消极性和否定性所决定的。同时，经济法主体违反经济义务产生经济法律责任，而经济法律责任又必然使违法者产生了法定的第二义务或后续性义务。

5. 国家管控过程中产生的经济义务，具有经济性

经济法律责任是在国家进行宏观调控和经济管理过程中产生的经济义务，具有经济性。经济法律责任同其他法律责任的主要区别或者根本区别就在于它是在国家干预和调节社会经济过程中产生的责任。这决定了责任的内容具有经济性。

（二）承担经济法律责任的条件和依据

1. 承担经济法律责任的一般条件

（1）主体必须有经济违法行为存在。经济违法行为不仅是产生经济法律责任的前提，而且也是承担经济法律责任的必备条件。经济法主体的违法行为既包括违反法定经济义务的行为，如偷税、抗税、骗税、生产伪劣产品、销售侵权产品等，也包括不正确地行使权利的行为，如错误吊销营业执照、超额罚款、擅自审批、擅自减免税款等；既包括作为的违法行为，如私设金融机构、诈骗贷款等，又包括不作为的经济违法行为，如偷税、玩忽职守等。

（2）主体的违法行为必须给国家、社会或个人造成损害事实。经济法律责任既是一种经济责任，又是一种社会责任。因为主体的经济违法行为给国家、社会或个人造成的损害，既包括经济的，也包括人身的；既包括有形的，也包括无形的；既包括现实的，也包括潜在的；既包括对国家和社会的，也包括对个人的。因此经济法律责任从本质上讲具有经济性，但从实现方式来看未必都具有经济性。

（3）主体的经济违法行为与损害事实之间存在因果关系。主体要承担经济法律责任，不仅要有经济违法行为和损害事实，而且要求经济违法行为与损害事实之间必须具有内在的、必然的引起和被引起的关系。无论是管理、调控主体，还是管理和调控的受体其违法行为与损害事实无关，或者说违法行为仅仅是损害事实产生的外部的、偶然的条件，一般就不应要求经济法主体承担经济法律责任。

（4）主体在主观上必须具有故意或者过失。主体承担经济法律责任，不仅要具备客观方面的条件，还必须同时具备主观方面的条件，即要具备法定的故意或者过失的主观因素。所谓故意是指主体对其经济违法行为具备明知的认识因素和希望或者放任的意志因素。所谓过失是指主体对其经济违法行为是当知而因疏忽大意未知或已知，但轻信能避免的心理态度。当然也有个别的经济违法行为，实行无过错责任原则，但这是特殊原则，并以法定为限。例如，国家机关及其工作人员在执行经济管理职权过程中，侵犯相对主体的经济权利时，应承担经济法律责任，而不论其主观上有无过错。

2. 承担经济法律责任的依据

（1）事实依据。承担经济法律责任的事实依据，是指经济违法主体实施的具体的、特定的经济危害行为。首先，这种行为是客观存在的，而不仅仅是经济法主体的某些意愿、想法或者倾向，它必须具有客观性、外在性。其次，这种行为又是特定的、具体的，而不是抽象的、概括的，它必须具有特定性、针对性。行为人实施的每一种经济行为都必须是特定领域内的具体经济行为，不可能存在超越具体经济行为之上的一般经济行为和抽象经济行为，对于后者不能对其予以经济惩罚。再次，这种行为从政治上、法律上、道德上都是应当予以否定评价的，而不是值得提倡、称赞、鼓励的，它必须具有消极性、否定性。最后，这种行为是在经济法主体的自由意志支配之下所外化出来的，它必须具有能动性、反映性。马克思指出："如果不谈谈所谓自由意志、人的责任、必然和自由的关系等问题，就不能很好地探讨道德和法的问题。"

（2）法律依据。承担经济法律责任不仅要求具有事实根据，而且要求具有法律依据，也就是说，经济法律责任不仅是事实责任，而且是法定责任，非法定的经济责任，不能成为经济法律责任，更不能依据经济法律、法规的规定对行为人予以惩罚。

承担经济法律责任的法律依据就是经济法律、法规对各种经济法律责任的明文规定。大多数的经济法律、法规中都有专章或专节规定"法律责任"或"罚则"，在无专章或专节规定的法律、法规中，也大多包含有"法律责任"或"罚则"的条款。这些规定主要包括以下内容：一是对实施违法行为的主体即国家机关、企业、事业单位、社会团体和个人予以明确规定；二是对主体实施的违法行为的性质、种类、情节、程度、后果等予以明确规定；三是对违法行为人实施惩罚的国家机关予以明文规定；四是对违法主体应承担的具体惩罚措施予以明文规定。

3. 经济法律责任的承担条件和承担依据的关系

从总体上讲，经济法律责任的承担条件和承担依据是整体和部分的关系。经济法律责任的承担条件是从行为、后果、因果关系、事实、法律、主观、客观等多方面、多角度、多因素来揭示经济法律责任的承担因素，这些条件是必须同时具备，缺一不可的。经济法律责任的承担依据则是从事实或法律的某一方面来揭示经济法律责任的承担原因。而这些事实或者法律往往是承担条件中最关键性的因素，或者说是根本性条件。因此，不能把经济法律责任的承担条件和承担依据完全对立起来。

（三）经济法律事实

经济法律事实是指能够引起经济法律关系产生、变更和消灭的客观事实。经济法律关系的发生、变更、消灭需要具备以下三个条件：

（1）有作为法律依据的经济法律规范，即依据什么发生、变更和消灭。

（2）有经济法主体，即谁承担发生、变更和消灭的权利与义务。

（3）有经济法律事实出现，即什么原因引起发生、变更和消灭。经济法律事实可以分为（主观）行为和（客观）事件两类。

①行为。行为是以人们的意志为转移的客观事实。行为包括合法的行为和违法的行为，其中合法的行为又可分为经济法律行为、经济司法行为和经济行政行为；而违法的行为又可分为一般违法行为和严重违法行为。

②事件。事件是不以人们意志为转移的客观事实。事件包括自然事件和社会事件，前者是指由于自然现象所引起的客观事实，如发生地震、水灾等；后者是指由于社会上发生了不以个人意志为转移的、难以预料的重大事变所形成的客观事实，如战争、社会动乱、武装冲突等。

举案说法

奥运标志上了月饼包装盒　销售商索赔35万元

因月饼包装盒擅自印有奥运标志，销售商被工商部门没收违法所得并处以罚款，随后销售商将食品公司、包装装潢公司和包装制品公司告上法庭，要求三方共同赔偿损失35万元。近日，上海市松江区人民法院判决原告销售商承担50%的责任，被告包装制品公司、包装装潢公司和食品公司分别承担30%、10%、10%的责任。

2009年9月，某食品公司将一批月饼转售给销售商销售，但因包装盒上的图案侵犯了奥林匹克标志专有权：包装上使用了奥运“祥云”图案和“五环”标志，但未经第29届奥委会和国际奥委会许可，被工商行政部门查处，没收违法所得并处罚款，同时扣留未销售的货物，共计损失35万元。

销售商缴纳上述罚款后，与食品公司、包装装潢公司和包装制品公司协商，要求三方赔偿其相关损失。因协商未果，销售商遂将三家公司告上法庭。

庭审中，包装装潢公司辩称，自己接受某食品公司委托向包装制品公司定做包装盒，约定包装盒由包装制品公司设计、加工、生产完成后直接将货发给食品公司。故侵权的月饼包装盒图案是包装制品公司设计和加工的，由此造成的损失理应由图案的设计和制作者最终承担。食品公司同样认为月饼包装盒是包装制品公司生产的，侵权责任应当由包装制品公司承担。包装制品公司未作答辩。

案例点评：作为销售方，应当对食品公司的月饼及包装盒尽到检验义务，以避免出现问题。然而，销售方未能尽到检验义务且在收到工商部门的行政处罚决定书后，也未能穷尽法律手段提出行政复议或行政诉讼进行救济以尽量避免损失的发生，因此，销售方应对行政处罚后果承担一半责任。包装制品公司理应尽到审慎注意的义务，确保加工的产品不存在瑕疵，包装制品公司承担一定的责任。包装装潢公司和食品公司作为委托方，应当对包装制品公司加工的产品尽到检验、审查义务，确保其加工的产品不存在瑕疵，包装装潢公司和食品公司承担相应的责任。故法院作出上述判决。

（资料来源：http://china.findlaw.cn/info/case/jjal/217935.html。）

项目小结

通过本项目内容的学习，要求学生了解经济法的产生和发展史，认知法和经济法的基本概念；掌握经济法的基本原理，熟悉并理解经济法作为独立的法律部门，在市场运行和管理过程中所发挥的作用；结合实际分析经济法律关系构成，运用所学知识，能够正确判断经济法律关系的产生、变更和终止。

项目实训

辩论赛

任务目标

通过实训，测试学生对法的认识，为以后的教学打下基础。锻炼学生的对抗能力，学生独立组织语言、独立辩论的能力，以及语言表达能力、逻辑思维能力、语言组织能力。增加学生的团队意识，提高学生为人处世的能力、人际沟通的能力。

任务内容

1. 正方主张法律限制了我们的自由。
2. 反方主张法律赋予了我们自由。

任务要求

1. 表达清晰、语言流畅、逻辑合理。
2. 总结结果。

任务操作

选出部分或全部学生分为两组——角色分工，各担一方；其他同学检验过程的对错——总结该论证结果。

任务流程

第一步，学生以5人一小组、10人一大组分组。

第二步，组成两大组别，确立正反方：一组为正方，另一组为反方。

第三步，各组围绕议题展开辩论。

第四步，总结。

综合实训

一、单项选择题

1. 经济法是（　　）的必然产物。

A. 计划经济　B. 市场经济　C. 自然经济　D. 混合经济

2. 小明今年3岁，智力正常，但先天腿部残疾。下列关于小明的权利能力和行为能力的表述中，正确的是（　　）。

A. 小明有权利能力，但无行为能力

B. 小明有权利能力，但属于限制行为能力人

C. 小明无权利能力，且属于限制行为能力人

D. 小明既无权利能力，也无行为能力

3. 10周岁以上（大于等于10周岁）的未成年人具有（　　）民事行为能力。

A. 完全　B. 限制　C. 无　D. 不确定

4. 下列各项中，不属于行政处罚的是（　　）。

A. 罚金　B. 吊销许可证　C. 警告　D. 没收违法所得

5. 下列权利义务中，不属于经济法律关系内容的有（　　）。

A. 所有权　B. 纳税义务　C. 经营管理权　D. 服兵役义务

二、多项选择题

1. 下列各项中，可以成为法律关系主体的有（　　）。

A. 国有企业　B. 集体企业　C. 合伙企业　D. 个人独资企业

2. 下列各项中可以作为经济法律关系客体的有（　　）。

A. 土地使用权　B. 发明　C. 劳务　D. 产品

3. 下列各项中，属于我国法律渊源的有（　　）。

A. 联合国宪章

B. 某公立大学的章程

C.《最高人民法院公报》公布的案例

D. 中国证监会发布的《上市公司收购管理办法》

4. 经济法律关系的构成要素有（　　）。

A. 主体　B. 客体　C. 内容　D. 法律关系

5. 下列各项中，属于民事责任形式的有（　　）。

A. 返还财产　B. 排除妨碍　C. 警告　D. 支付违约金

三、案例分析题

试分析下列组织或个人，是否具备法人资格，并说明理由。

（1）某乡镇企业的销售科。

（2）在兰州东部批发市场从事服装经营的某个体工商户。

（3）经过上级有关部门批准，而未经工商行政管理部门核准登记已营业的某贸易公司。

（4）甲和乙合伙开办的牛肉面餐馆（经工商行政管理部门核准登记）。

（5）某财经学院为召开校庆20周年大会，经学校授权的校庆筹备委员会。

（6）兰州某厂的车间。

（7）甲、乙、丙三人各投资10万元在工商行政管理部门已取得营业执照的有限责任公司。

（8）股票在深圳证券交易所上市交易的某化工股份有限责任公司。

模块二

市场主体法

项目二

个人独资企业法

职业能力目标

认知个人独资企业法的基本概念；掌握个人独资企业运营的基本原理；结合实际分析并掌握个人独资企业的事务管理。

典型工作任务

识记个人独资企业法的特征；区别个人独资企业与相关经济组织；熟知个人独资企业的设立流程及变更；掌握个人独资企业事务管理的方式及个人独资企业的财务管理。

开篇普法

个人独资企业法

个人独资企业法一般指《中华人民共和国个人独资企业法》(简称《个人独资企业法》)。《个人独资企业法》是为了规范个人独资企业的行为，保护个人独资企业投资人和债权人的合法权益，维护社会经济秩序，促进社会主义市场经济的发展，根据宪法而制定的。由第九届全国人民代表大会常务委员会第十一次会议于1999年8月30日修订通过，自2000年1月1日起施行。

《个人独资企业法》内容总计48条，包括：

第一章　总　则
第二章　个人独资企业的设立
第三章　个人独资企业的投资人及事务管理
第四章　个人独资企业的解散和清算
第五章　法律责任
第六章　附　则

任务一　个人独资企业概述

一、个人独资企业的概念

个人独资企业（Sole Proprietorship），即个人出资经营、归个人所有和控制、由个人承担经营风险和享有全部经营收益的企业，是自然人企业，也是最古老、最简单的一种企业组织形式。其典型特征是个人出资、个人经营，个人自负盈亏和自担风险。主要盛行于零售业、手工业、农业、林业、渔业、服务业和家庭作坊等。

个人独资企业在世界上的很多地区不需要在政府部门注册。在这种制度下，很简单的经营安排如小贩和保姆在法律上就属于独资企业。甚至暂时的经济活动，如个人之间的买卖交易，在法律上也依照独资企业处理。通常为了方便执法活动，政府会要求某些种类的独资企业注册，如餐馆注册是为了方便卫生检查。另外，还有一个注册原因是牌号，业主有权力使用个人的姓名作企业牌号，如“张大姐饭店”，但是法律通常要求业主登记其他名称的牌号，以防有商标争议。

二、个人独资企业的特征

（一）投资主体特征

个人独资企业仅由一个自然人投资设立。这是独资企业在投资主体上与合伙企业和公司的区别所在。我国合伙企业法规定的普通合伙企业的投资人尽管也是自然人，但人数为两人以上；公司的股东通常为两人以上，而且投资人不仅包括自然人，还包括法人和非法人组织。当然，一人有限责任公司的出资人也只有一人。

（二）企业财产特征

个人独资企业的全部财产为投资人个人所有，投资人（也称业主）是企业财产（包括企业成立时投入的初始出资财产与企业存续期间积累的财产）的唯一所有者。基于此，投资人对企业的经营与管理事物享有绝对的控制与支配权，不受任何其他人的干预。个人独资企业就财产方面的性质而言，属于私人财产所有权的客体。

（三）责任承担特征

个人独资企业的投资人以其个人财产对企业债务承担无限责任。这是在责任形态方面独资企业与公司（包括一人有限责任公司）的本质区别。所谓投资人以其个人财产对企业债务承担无限责任，包括三层意思：

（1）企业的债务全部由投资人承担。

（2）投资人承担企业债务的责任范围不限于出资，其责任财产包括独资企业中的全部财产和其他个人财产。

（3）投资人对企业的债权人直接负责。换言之，无论是企业经营期间还是企业因各种原因而解散时，对经营中所产生的债务如不能以企业财产清偿，则投资人须以其个人所有的其他财产清偿。

（四）主体资格特征

个人独资企业不具有法人资格。尽管独资企业有自己的名称或商号，并以企业名义从事经营行为和参加诉讼活动，但它不具有独立的法人地位。

（1）独资企业本身不是财产所有权的主体，不享有独立的财产权利。

（2）独资企业不承担独立责任，而是由投资人承担无限责任。

这一特点与合伙企业相同而区别于公司。独资企业不具有法人资格，但属于独立的法律主体，其性质属于非法人组织，享有相应的权利能力和行为能力，能够以自己的名义进行法律行为。

三、个人独资企业的优缺点

（一）个人独资企业的优点

个人独资企业是企业制度序列中最初始和最古典的形态，也是民营企业主要的企业组织形式。其主要优点为：

（1）企业资产所有权、控制权、经营权、收益权高度统一。这有利于保守与企业经营和发展有关的秘密，有利于业主个人创业精神的发扬。

（2）企业业主自负盈亏和对企业的债务负无限责任成为强硬的预算约束。企业经营好坏同业主个人的经济利益乃至身家性命紧密相连，因而，业主会尽心竭力地把企业经营好。

（3）企业的外部法律法规等对企业的经营管理、决策、进入与退出、设立与破产的制约较小。

（二）个人独资企业的缺点

虽然独资企业有如上的优点，但它也有比较明显的缺点：

（1）难以筹集大量资金。因为一个人的资金终归有限，以个人名义借贷款难度也较大。因此，独资企业限制了企业的扩展和大规模经营。

（2）投资者风险巨大。企业业主对企业负无限责任，在硬化了企业预算约束的同时，也带来了业主承担风险过大的问题，从而限制了业主向风险较大的部门或领域进行投资的活动。这对新兴产业的形成和发展极为不利。

（3）企业连续性差。企业所有权和经营权高度统一的产权结构，虽然使企业拥有充分的自主权，但这也意味着企业是自然人的企业，业主的病、死，以及业主个人与家属知识和能力的缺乏，都可能导致企业破产。

（4）企业内部的基本关系是雇佣劳动关系，劳资双方利益目标的差异，构成企业内部组织效率的潜在危险。

四、个人独资企业和相关经济组织的区别

个人独资企业在出资形式上和个体工商户、一人公司、全资国有企业有相类似的地方，在责任承担上与合伙企业有相类似的地方，但相互之间的不同是明显的。

（一）个人独资企业和个体工商户的区别

个人独资企业和个体工商户都是自然人出资，这是它们的共同点。两者的区别是：

（1）个人独资企业仅能以个人出资设立；个体工商户则可以是一个自然人设立，也可以是家庭出资设立。

（2）个人独资企业，投资人以其个人财产对企业债务承担无限责任；仅在企业设立登记时明确以其家庭共有财产作为个人出资的，才依法以家庭共有财产对企业债务承担无限责任。而根据《民法通则》第二十九条的规定，个体工商户的债务如属个人经营的，以个人财产承担；属家庭经营的，以家庭财产承担。

（3）依据的法律不同。个人独资企业依照个人独资企业法设立，个体工商户依照《民法通则》、《城镇个体工商户管理暂行条例》及其实施细则的规定设立。

（4）个人独资企业是经营实体，是一种企业组织形态，性质上属于非法人组织，具有团体人格的组织体属性。个体工商户则不采用企业形式，不具有组织体的属性。《个人独资

企业法》颁布之前，我国曾以雇工人数对个人独资企业与个体工商户加以区别，雇工八人及以上者为个人独资企业，雇工不足八人者为个体工商户。显然，这种区分标准缺乏科学性，《个人独资企业法》颁布后不再采用这一标准，即雇工人数少于八人的也可设立独资企业，关键看是否进行了个人独资企业登记，领取个人独资企业营业执照。

（二）个人独资企业和一人公司的区别

一人公司是指只有一个股东的有限责任形式的公司，即公司的投资人为一人，由投资人独资经营，但投资人对公司债务仅负有限责任。我国现行《公司法》规定，自然人和法人都可以出资设立一人有限责任公司。除自然人和法人出资设立的一人公司外，我国公司法上的国有独资公司也属于一人有限责任公司，只是其股东地位特殊而已。个人独资企业和一人公司都是一个主体出资建立的企业，但两者性质是完全不同的，体现在：

（1）出资人不同。个人独资企业只能由自然人出资设立，一人公司既可以由自然人出资设立，也可以由法人出资设立，还可以由国家出资设立。

（2）主体资格不同。个人独资企业属于非法人组织，不具有法人资格，一人公司作为公司的一种，是企业法人，在公司成立时取得法人资格。

（3）责任承担不同。个人独资企业的投资人对企业的债务承担无限责任；一人公司的投资人（股东）仅以出资额为限对公司负责，即负有限责任。

（4）注册资本要求不同。对个人独资企业，法律并无最低注册资本的要求，而一人公司法律有最低注册资本的要求，依据《公司法》的规定，其最低注册资本为十万元，且需在公司成立时一次足额缴纳。

（5）设立的法律依据不同。个人独资企业依照个人独资企业法设立；一人公司则须依照公司法设立。

（三）个人独资企业与全资国有企业的区别

传统的国有企业即全资的国有企业，也是一种独资企业。两者的共同之处是独资形式，但两者的不同之处是明显的。

（1）个人独资企业不具有企业法人资格；全资国有企业则是依法成立的企业法人。

（2）个人独资企业的投资人是自然人；全资国有企业的投资人是国有出资人。

（3）个人独资企业的投资人对企业的债务承担无限责任；国有出资人仅以出资额为限对国有企业负责。

（4）个人独资企业法依照个人独资企业法设立；全资的国有工业企业则依照全民所有制工业企业法设立，其他的全资国有企业也需依照全民所有制工业企业法规定的原则设立。

（四）个人独资企业与外商独资企业的区别

我国的外商投资企业包括中外合资经营企业、中外合作经营企业和外商独资企业三种类型，其中的外商独资企业与个人独资企业有类似之处，即投资人仅为一人，二者的主要区别是：

（1）资本的来源不同。前者来自中华人民共和国境外；后者来自中华人民共和国境内。

（2）出资者不同。前者的出资者可以是单个自然人，也可以是单个法人；后者只能是单个自然人。

（3）设立依据不同。前者依照外资企业法设立；后者依照个人独资企业法设立。

（4）责任承担不同。前者主要为有限责任（也可采取其他责任形式）；后者为无限责任。

（五）个人独资企业与普通合伙企业的区别

个人独资企业和普通合伙企业的出资人均为自然人，对企业债务都承担无限责任，都属于法律主体中的非法人组织，这是二者的相同之处。二者的不同之处是：

（1）投资人人数不同。个人独资企业的出资人仅为一人，普通合伙企业为两人以上。

（2）财产归属不同。个人独资企业的财产归出资人一人所有，普通合伙企业的财产由全体合伙人共有。

（3）责任承担有所不同。个人独资企业仅由出资人一人承担无限责任，普通合伙企业则由全体合伙人承担连带无限责任。

任务二　个人独资企业运营

一、个人独资企业的设立条件

根据《个人独资企业法》的规定，开办个人独资企业应当具备的设立条件是：

（1）投资人为一个自然人，且只能是中国公民；不能是企业法人、公务员、党政机关领导干部、警官、法官、检察官，商业银行工作人员也不可以设立个人独资企业。

（2）有合法的企业名称；不能使用有限、有限责任等字样。

（3）有投资人申报的出资；法律没有规定最低数额。

（4）有固定的生产经营场所和必要的生产经营条件。

（5）有必要的从业人员。

二、个人独资企业的设立流程

个人独资企业的设立采取直接登记制，即设立独资企业无须经过任何部门的审批，而由投资人根据设立准则直接到工商行政管理部门申请登记。

（一）个人独资企业的设立申请

个人独资企业的申请人是个人独资企业的投资人。投资人也可以委托其代理人向个人独资企业所在地的登记机关申请设立登记。投资人申请设立独资企业，应向登记机关提交下列文件。

（1）设立申请书。设立申请书应包括下列事项：

①企业的名称和住所（个人独资企业以其主要办事机构所在地为住所）。

②投资人的姓名和居所。

③投资人的出资额和出资方式。

④经营范围。

（2）投资人身份证明。

（3）生产经营场所使用证明等文件。

（4）国家工商行政管理总局规定提交的其他文件。

由委托代理人申请设立登记的，应当出具投资人的委托书和代理人的合法证明。从事法律、行政法规规定须报经有关部门审批的业务的，应当提交有关部门的批准文件。

委托代理人申请设立登记的，应当提交投资人的委托书和代理人的身份证明或者资格证明。

（二）登记机关核准登记与企业成立

登记机关应当在收到设立申请文件之日起十五日内，对符合《个人独资企业法》规定条件的，予以登记，发给营业执照；对不符合法定条件的，不予登记，并应当给予书面答复，说明理由。个人独资企业的营业执照的签发日期，为个人独资企业的成立日期。在领取营业执照之前，投资人不得以个人独资企业名义从事经营活动。对符合法定条件的申请，登记机关不予登记或者超过法定时限不予答复的，当事人可依法申请行政复议或者提起行政诉讼。

三、个人独资企业的变更

个人独资企业的变更是指个人独资企业存续期间登记事项发生的变更，如企业名称、住所、经营范围、经营期限等方面发生的改变。独资企业应当在作出变更决定之日起的十五日内依法向登记机关申请办理变更登记。个人独资企业登记事项发生变更时，未按个人独资企业法规定办理有关变更登记的，责令限期办理变更登记；逾期不办理的，处以两千元以下的罚款。

（一）个人独资企业变更登记需提交的材料

（1）投资人签署的变更登记申请书。

（2）从事法律、行政法规规定须报经有关部门审批业务的，应当提交有关批准文件。

（3）委托代理人申请变更登记的，应提交投资人的委托书和代理人的身份证或资格证明。

（4）营业执照正、副本（原件）。

（5）法律、法规规定提交的其他文件。

（二）个人独资企业办理变更登记和注销登记

1. 变更登记

个人独资企业变更企业名称、企业住所、经营范围及方式，应当在作出变更决定之日起十五日内向原登记机关申请变更登记。个人独资企业变更住所跨登记机关辖区的，应当向迁入地登记机关申请变更登记。迁入地登记机关受理的，由原登记机关将企业档案移送迁入地登记机关。

个人独资企业变更投资人姓名和居所、出资额和出资方式，应当在变更事由发生之日起十五日内向原登记机关申请变更登记。个人独资企业因转让或者继承致使投资人变化的，个人独资企业可向原登记机关提交转让协议书或者法定继承文件，申请变更登记。个人独资企业改变出资方式致使个人财产与家庭共有财产变换的，个人独资企业可向原登记机关提交改变出资方式文件，申请变更登记。

个人独资企业申请变更登记，应当向登记机关提交投资人签署的变更登记申请书以及国家工商行政管理总局规定提交的其他文件。从事法律、行政法规规定须报经有关部门审批的业务的，应当提交有关部门的批准文件。委托代理人申请变更登记的，应当提交投资人的委托书和代理人的身份证明或者资格证明。登记机关应当在收到规定的全部文件之日起十五日内，作出核准登记或者不予登记的决定。予以核准的，换发营业执照或者发给变更登记通知书；不予核准的，发给企业变更登记驳回通知书。

2. 注销登记

个人独资企业依法解散的，应当由投资人或者清算人于清算结束之日起十五日内向原登记机关申请注销登记。

个人独资企业申请注销登记，应当向登记机关提交下列文件：投资人或者清算人签署的注销登记申请书；投资人或者清算人签署的清算报告；国家工商行政管理总局规定提交的其他文件。

登记机关应当在收到规定的全部文件之日起十五日内，作出核准登记或者不予登记的决定。予以核准的，发给核准通知书；不予核准的，发给企业登记驳回通知书。经登记机关注销登记，个人独资企业终止。

任务三　个人独资企业的事务管理

一、个人独资企业事务管理的方式

（一）投资人有权自主选择企业事务的管理形式

个人独资企业的事务管理主要有以下三种模式。

1. 自行管理

即由个人独资企业投资人本人对本企业的经营事务直接进行管理。

2. 委托管理

即由个人独资企业的投资人委托其他具有民事行为能力的人负责企业的事务管理。

3. 聘任管理

即由个人独资企业的投资人聘用其他具有民事行为能力的人负责企业的事务管理。

（二）委托或聘用管理应签订书面合同

委托管理，须由投资人与受托人签订书面合同，明确委托的具体内容和授予的权利范围。

聘用他人管理企业事务，须由投资人与被聘用的人签订书面合同，明确委托的具体内容和授予的权利范围。投资人委托或者聘用的人员管理个人独资企业事务时违反双方订立的合同，给投资人造成损害的，应承担民事赔偿责任。

（三）不得对抗善意第三人

投资人对受托人或者被聘用的人员职权的限制，不得对抗善意第三人。

二、受托人或被聘用的管理人义务

受托人或者被聘用的管理人应当履行诚信、勤勉义务，按照与投资人签订的合同负责个人独资企业的事务管理。

根据《个人独资企业法》的规定，投资人委托或者聘用的管理个人独资企业事务的人员不得有下列行为：

（1）利用职务上的便利，索取或者收受贿赂。

（2）利用职务或者工作上的便利侵占企业财产。

（3）挪用企业的资金归个人使用或者借贷给他人。

（4）擅自将企业资金以个人名义或者以他人名义开立账户储存。

（5）擅自以企业财产提供担保。

（6）未经投资人同意，从事与本企业相竞争的业务。

（7）未经投资人同意，同本企业订立合同或者进行交易。

（8）未经投资人同意，擅自将企业商标或者其他知识产权转让给他人使用。

（9）泄露本企业的商业秘密。

（10）法律、行政法规禁止的其他行为。

投资人委托或者聘用的人员违反上述规定，侵犯个人独资企业财产权益的，责令其退还侵占的财产；给企业造成损失的，依法承担赔偿责任；有违法所得的，没收违法所得；构成犯罪的，依法追究刑事责任。

三、个人独资企业的财务管理

个人独资企业应当依法设置会计账簿，进行会计核算。企业如果有健全的账簿和核算体系，纳税可实行抄账报税征收，否则就由国地税来核定征收。

个人独资企业的财务管理具有以下特点。

（1）投资主体：个人独资企业的投资主体只有一个人，就是自然人，责任由自己独资承担。

（2）法律形式：个人独资企业不具有法人资格。

（3）设立条件：个人独资企业对出资未作出任何强制规定。

（4）税收缴纳规定：个人独资企业不需要缴纳企业所得税，需要缴纳个人所得税。

（5）投资者承担责任：个人独资企业的投资人以其个人资产对公司承担无限责任。

（6）财务核算要求：个人独资企业则只需依法设置会计账簿来进行会计核算，无须会计事务所审计。

四、个人独资企业劳动管理与社会保障

（1）个人独资企业招用职工的，应当依法与职工签订劳动合同，保障职工的劳动安全，按时、足额发放职工工资。

（2）个人独资企业应当按照国家规定参加社会保险，为职工缴纳社会保险费用。独资企业的职工社会保险主要包括养老保险、工伤保险和医疗保险等。

（3）独资企业的职工可以依法组建工会组织，以维护职工的合法权益，独资企业应当为本企业工会提供必要的活动条件。

（4）个人独资企业违反个人独资企业法的规定，侵犯职工合法权益，未保障职工劳动安全，不缴纳社会保障费用的，按照有关法律、行政法规予以处罚，并追究有关责任人员的责任。

举案说法

张某于 2010 年 3 月成立一家个人独资企业。同年 5 月，该企业与甲公司签订一份买卖合同。按合同，该企业应于同年 8 月支付给甲公司货款 15 万元，后该企业一直未支付该款项。2011 年 1 月该企业解散。2013 年 5 月，甲公司起诉张某，要求张某偿还

上述 15 万元债务。

请问： 下列有关该案的表述哪些是错误的？并解释原因。

A. 因该企业已经解散，甲公司的债权已经消灭

B. 甲公司可以要求张某以其个人财产承担 15 万元的债务

C. 甲公司请求张某偿还债务已超过诉讼时效，其请求不能得到支持

D. 甲公司请求张某偿还债务的期限应于 2013 年 1 月届满

答案解析： ACD。根据《个人独资企业法》第二条："本法所称个人独资企业，是指依照本法在中国境内设立，由一个自然人投资，财产为投资人个人所有，投资人以其个人财产对企业债务承担无限责任的经营实体。"第二十八条："个人独资企业解散后，原投资人对个人独资企业存续期间的债务仍应承担偿还责任，但债权人在五年内未向债务人提出偿债请求的，该责任消灭。"

（资料来源：http://wenku.baidu.com/link?url=L4cETyP4UW0Zw7pNZhvRyzSmrq2iEIiZTBWtJdfYBp7oyvWrS2DN-ob0PrxeGpqUgzWuNIpN6Bf7KPMHIKb5QsGq1EKNEOTXaz8gk9lcBbe。）

项目小结

通过本项目内容的学习，要求学生了解个人独资企业法的概念，掌握个人独资企业法的特征，熟悉并理解个人独资企业法在市场运行和管理过程中的特点；并且能够结合实际分析理解个人独资企业运营中企业设立的方式、流程、登记管理、变更等，以及个人独资企业事务管理的方式、财务管理等问题。

项目实训

设立个人独资企业

任务目标

通过这项实训，可以让学生了解个人独资企业的设立流程和应具备的条件；通过模拟个人独资企业的解散和清算过程，让学生掌握细节内容。

任务内容

1. 决定个人独资企业的申请设立方式，决定是否需要委托代理。
2. 收集并熟知个人独资企业成立应具备的条件和书面文件。
3. 模拟各自的个人独资企业解散和清算的过程。

任务要求

1. 个人独资企业设立条件明确，材料准备充分。
2. 熟悉个人独资企业设立和清算的具体流程。

任务操作

自愿选择方式，设立申请个人独资企业，进行模拟实训。

任务流程

第一步，分别确定一名工商局的工作人员、房屋评估人员、非专利技术评估人员、会计师事务所的会计师以及银行和税务局的工作人员。

第二步，让学生自愿选择方式，设立个人独资企业，确定名称等各事项。

第三步，按照各自设立的流程，开始具体模拟操作。

第四步，模拟企业最后的解散和清算过程，互相交流。

综合实训

一、单项选择题

1. 下列情形中，不属于个人独资企业应当解散的原因的是（　　）。

A. 达到了破产界限，具备了破产原因

B. 投资人决定解散

C. 投资人死亡或者被宣告死亡，无继承人或者继承人放弃继承

D. 被依法吊销营业执照

2. 甲是某个人独资企业的投资人，聘用乙管理企业事务，同乙约定：凡乙对外签订标的额超过 1 万元的合同，须经甲同意。某日，乙未经甲同意与善意第三人丙签订了一份标的额为 2 万元的买卖合同。下列关于该合同效力的表述中，正确的有（　　）。

A. 合同有效，但如果给甲造成损害，由乙承担民事赔偿责任

B. 合同无效，但如果给甲造成损害，由乙承担民事赔偿责任

C. 合同为可撤销合同，可请求人民法院予以撤销

D. 合同无效，经甲追认后有效

3. 个人独资企业通过委托或聘用方式管理企业事务时，应当与受托人或被聘人签订书面合同，合同中对受托人或被聘人的限制，不得对抗（　　）。

A. 善意第三人和非善意第三人　　B. 善意第三人

C. 非善意第三人　　D. 任何人

4. 根据《个人独资企业法》的规定，能够成为个人独资企业投资人的是（　　）。

A. 某国有企业下岗工人　　B. 某外国公司外籍人员

C. 某国家机关公务员　　D. 某派出所警察

5. 关于合伙企业与个人独资企业的表述，下列选项正确的是（　　）。

A. 二者的投资人都只能是自然人

B. 二者的投资人都一律承担无限责任

C. 个人独资企业可申请变更登记为普通合伙企业

D. 合伙企业不能申请变更登记为个人独资企业

二、多项选择题

1. 个人独资企业投资人申请设立独资企业，须向登记机关提交设立申请书。设立申请书包括的主要事项有（　　）。

A. 企业的名称和住所　　B. 投资人的姓名和居所

C. 投资人的出资额和出资方式　　D. 经营范围及方式

2. 个人独资企业应当解散的情形包括（　　）。

A. 投资人决定解散　　B. 投资人死亡或者被宣告死亡

C. 被依法吊销营业执照　　　　　D. 营业执照上规定的经营期限到期

3. 根据《个人独资企业法》的规定，下列各项中由于企业违法应当受到吊销营业执照处罚的有（　　）。

A. 个人独资企业成立后无正当理由超过六个月未开业的

B. 个人独资企业开业后自行停业连续六个月以上的

C. 涂改、出租、转让营业执照，情节严重的

D. 伪造营业执照的

4. 好味道食品加工厂是一家由马某设立的个人独资企业，由于经营不善，面临债权人郭某追债。郭某要求马某要么还钱，要么解散进行清算，但马某迟迟不归还欠款，也不进行清算，此时，（　　）。

A. 郭某可以申请人民法院指定清算人进行清算

B. 若法院指定清算人，郭某应当在接到通知之日起三十日内，未接到通知的应当在公告之日起六十日内，向马某申报其债权

C. 个人独资企业解散后，马某对个人独资企业存续期间的债务仍应承担偿还责任，但郭某在五年内未向马某提出偿债请求的，该责任消灭

D. 个人独资企业财产不足以清偿债务的，郭某可以要求马某以其个人的其他财产予以清偿

5. 下列内容中，符合《个人独资企业法》规定的有（　　）。

A. 公务员、警官、法官不得成为个人独资企业的投资人

B. 个人独资企业为非法人企业，没有注册资本的限额规定

C. 个人独资企业投资人对聘用人员职权的限制不得对抗外部善意的第三人

D. 个人独资企业不能设立分支机构

三、案例分析题

甲投资成立一家个人独资公司，聘请乙负责事务管理，并约定乙代表企业对外签约超过 1 万元需甲同意。某次交易会，乙以公司名义与丙签订价值 2 万元的合同，并未告知丙甲对乙的职权限制情况。甲得知后，以乙超越职权限制为由，拒绝履行合同及支付丙的一千元损失。请问：

（1）甲拒绝履行合同的理由是否成立？为什么？

（2）丙的经济损失该由谁承担？为什么？

项目三 合伙企业法

职业能力目标

认知合伙企业法的基本概念及特征；掌握普通合伙企业的概念及特征；掌握普通合伙企业的退伙条件；结合实际分析有限合伙企业的设立、有限合伙企业的法律责任。

典型工作任务

熟知普通合伙企业的设立条件；掌握普通合伙企业的事务执行与普通合伙企业的法律责任；掌握有限合伙企业的设立与有限合伙企业的法律责任。

开篇普法

合伙企业法

《中华人民共和国合伙企业法》(简称《合伙企业法》)于1997年2月23日第八届全国人民代表大会常务委员会第二十四次会议通过，2006年8月27日第十届全国人民代表大会常务委员会第二十三次会议修订，自2007年6月1日起施行。

《合伙企业法》内容总计109条，包括：

第一章　总　则
第二章　普通合伙企业
第三章　有限合伙企业
第四章　解散、清算
第五章　法律责任
第六章　附　则

任务一　合伙企业概述

一、合伙企业的概念

合伙企业，是指自然人、法人和其他组织依照《合伙企业法》在中国境内设立的，由两个或两个以上的自然人通过订立合伙协议，共同出资经营、共负盈亏、共担风险的企业组织形式。

合伙企业一般无法人资格，不缴纳所得税，缴纳个人所得税。合伙企业的常见类型有普通合伙企业和有限合伙企业。其中，普通合伙企业又包含特殊的普通合伙企业。

国有独资公司、国有企业、上市公司，以及公益性事业单位、社会团体不得成为普通合伙人。

合伙企业可以由部分合伙人经营，其他合伙人仅出资并共负盈亏，也可以由所有合伙人共同经营。

二、合伙企业的特征

（一）生命有限

合伙企业比较容易设立和解散。合伙人签订了合伙协议，就宣告合伙企业的成立。新合伙人的加入，旧合伙人的退伙、死亡、自愿清算、破产清算等均可造成原合伙企业的解散，以及新合伙企业的成立。

（二）责任无限

合伙组织作为一个整体对债权人承担无限责任。按照合伙人对合伙企业的责任，合伙企业可分为普通合伙企业和有限合伙企业。普通合伙企业的合伙人均为普通合伙人，对合伙企业的债务承担无限连带责任。例如，甲、乙、丙三人成立的合伙企业破产时，当甲、乙已无个人资产抵偿企业所欠债务时，虽然丙已依约还清应分摊的债务，但仍有义务用其个人财产为甲、乙两人付清所欠的应分摊的合伙债务，当然此时丙对甲、乙拥有财产追索权。有限合伙企业由一个或几个普通合伙人和一个或几个责任有限的合伙人组成，即合伙人中至少有一个人要对企业的经营活动负无限责任，而其他合伙人只能以其出资额为限对债务承担偿还责任，因而这类合伙人一般不直接参与企业的经营管理活动。

（三）相互代理

合伙企业的经营活动，由合伙人共同决定，合伙人有执行和监督的权利。合伙人可以推举负责人。合伙负责人和其他人员的经营活动，由全体合伙人承担民事责任。换言之，每个合伙人代表合伙企业所发生的经济行为对所有合伙人均有约束力。因此，合伙人之间较易发生纠纷。

（四）财产共有

合伙人投入的财产，由合伙人统一管理和使用，不经其他合伙人同意，任何一位合伙人不得将合伙财产移为他用。只提供劳务、不提供资本的合伙人仅有权分享一部分利润，而无权分享合伙财产。

（五）利益共享

合伙企业在生产经营活动中所取得、积累的财产，归合伙人共有；如有亏损，则亦由合伙人共同承担。损益分配的比例，应在合伙协议中明确规定；未经规定的可按合伙人出资比例分摊，或平均分摊。以劳务抵作资本的合伙人，除另有规定外，一般不分摊损失。

任务二　普通合伙企业

普通合伙企业，是指由普通合伙人组成，合伙人对合伙企业债务依照《合伙企业法》规定承担无限连带责任的一种合伙企业。

一、普通合伙企业的法律特征

普通合伙企业是依照法律规定在中国境内设立的，由各合伙人订立合伙协议，共同出资、合伙经营、共享收益、共担风险，并对合伙企业债务承担无限连带责任的营利性组织。普通合伙企业具有以下几个法律特征。

1. 合伙协议是合伙得以成立的法律基础

合伙协议是处理合伙人相互之间的权利义务关系的内部法律文件，仅具有对内的效力，即只约束合伙人，合伙人之外的人如欲入伙，须经全体合伙人同意，并在合伙协议上签字。所以，合伙协议是调整合伙关系、规范合伙人相互间的权利义务、处理合伙纠纷的基本法律依据，也是合伙得以成立的法律基础，此即合伙的契约性。

2. 合伙须由全体合伙人共同出资、共同经营

（1）出资是合伙人的基本义务，也是其取得合伙人资格的前提。

（2）合伙人共同经营。合伙人必须共同从事经营活动，以合伙为职业和谋生之本。若相互之间无共同经营之目的与行为，则纵使有某种利益上的关联，也非合伙。

（3）合伙从事的行为一般是具有经济利益的营业行为。

3. 合伙人共负共担盈亏与风险

合伙人共负盈亏，共担风险，对外承担无限连带责任。合伙人则既可按对合伙的出资比例分享合伙盈利，也可按合伙人约定的其他办法来分配合伙盈利，当合伙人财产不足以清偿合伙债务时，合伙人还需以其个人财产来清偿债务，即承担无限责任，而且任何一个合伙人都有义务清偿全部合伙债务（不管其出资比例如何），即承担连带责任。

二、普通合伙企业的设立条件

根据合伙企业法的规定，设立普通合伙企业应具备以下条件。

（一）有符合要求的合伙人

1. 关于合伙人的人数

合伙人数应不少于两人，若出资人只有一人，则是独资企业而非合伙企业。合伙企业法未规定合伙企业的人数的上限，即合伙企业人数没有上限限制，这是大陆法系合伙立法的普遍做法。当然，由于合伙的人合性质，合伙人相互之间的信任尤为重要，所以实践中合伙人人数一般不会太多。

2. 关于合伙人的行为能力

合伙人必须具有相应的民事行为能力，即为完全民事行为能力人且能承担无限责任。限制行为能力人不得作为合伙人，无行为能力人当然更不得作为合伙人，所以只有十八周岁以上的人和已满十六周岁未满十八周岁但以自己的劳动收入作为主要生活来源的人，才能作为合伙人。但须注意的是：其一，根据《合伙企业法》第四十八条的规定，普通合伙人被依法认定为无民事行为能力或限制民事行为能力人的，经其他合伙人一致同意，可以依法转为有限合伙人，此时普通合伙企业转为有限合伙企业。其二，根据《合伙企业法》第五十条的规定，合伙人死亡或被宣告死亡的，其继承人根据合伙协议的约定或经全体合伙人同意，可取得合伙人资格；继承人为无民事行为能力或限制民事行为能力人的，经合伙人一致同意，可以依法成为有限合伙人，普通合伙企业转为有限合伙企业。

3. 关于合伙人的职业

法律、行政法规禁止从事营利性活动的人，不得成为合伙企业的合伙人，具体包括国家公务员、法官、检察官及警察。

4. 关于合伙人的种类

根据新修订的《合伙企业法》的规定，除自然人外，法人和其他组织均可以成为合伙企业的合伙人，自然人之间可以设立合伙企业，法人或其他组织之间可以设立合伙企业，自然人和法人或其他组织之间也可以设立合伙企业。法人合伙得到立法的承认，这是新修订的《合伙企业法》的重大修订内容之一。

5. 普通合伙人的资格限制

《合伙企业法》第三条明确规定："国有独资公司、国有企业、上市公司以及公益性的事业单位、社会团体不得成为普通合伙人。"依此规定，这些单位不能成为普通合伙企业的合伙人，但法律并未限制其成为有限合伙企业的合伙人，这意味着国有独资公司、国有企业、上市公司、公益性的事业单位和社会团体是可以成为有限合伙企业的合伙人的。

（二）有合伙协议

合伙协议是指合伙人为设立合伙企业而签订的合同。合伙协议必须采用书面形式，并载明以下内容：

（1）合伙企业的名称和主要经营场所的地点。

（2）合伙目的和合伙企业的经营范围。

（3）合伙人的姓名或者名称及其住所。

（4）合伙人出资的方式、数额和缴付出资的期限。

（5）利润分配和亏损分担办法。

（6）合伙企业事务的执行。

（7）入伙与退伙。

（8）争议解决办法。

（9）合伙企业的解散与清算。

（10）违约责任。

合伙协议经全体合伙人签名、盖章后生效。合伙协议的修改或补充应当经过全体合伙人一致同意，但合伙协议另有约定的除外。

（三）有合伙人实际缴付的出资

合伙人必须向合伙组织出资，合伙人出资的形式可以是货币、实物、土地使用权、知识产权或者其他财产权利。经全体合伙人协商一致，合伙人也可以用劳务、技术等出资。合伙人的出资是设立合伙企业的基本物质条件，也是合伙人资格取得的必备条件。合伙人以货币以外的形式出资，一般应进行评估作价，即折价入伙。评估作价由合伙人协商确定，也可以由全体合伙人委托法定评估机构进行评估，以评估报告作为折价的依据。若以劳务出资，其评估办法由合伙人协商确定，并在合伙协议中载明。合伙人应当按照合伙协议约定的出资方式、数额和缴付出资的期限，履行出资义务。以非货币财产出资的，依照法律、行政法规的规定需要办理财产权转移手续的，合伙人应当依法办理该等手续。如果合伙人违反了出资义务，即构成违约，其他合伙人可追究其违约责任。合伙人只能以其实际向合伙企业缴付的出资作为其出资份额，并据此享有权利和承担义务。与公司不同，合伙企业法没有规定合伙企业的最低注册资本，所以合伙企业不存在法定最低注册资本的问题。

（四）有合伙企业的名称

合伙企业作为市场主体之一，应有自己的名称。合伙企业只有拥有自己的名称，才能以自己的名义参与民事法律关系，享有民事权利，承担民事义务并参与诉讼，成为诉讼当事人。根据《民法通则》的规定，合伙企业享有名称权，即合伙企业对其登记的名称享有专有使用的权利，其他人未经许可，不得使用合伙企业的名称，否则构成民事侵权行为。合伙企业有权要求行为人停止侵害，消除影响，赔礼道歉，并可以要求其赔偿损失。合伙企业的名称中应当标明“普通合伙”字样。至于合伙企业能否使用“公司”字样，笔者认为，公司法并未规定非公司企业不能使用“公司”字样，且使用“公司”字样并不当然表明企业的责任形式，而且我国事实上也存在除有限责任公司和股份有限公司以外的其他企业采用“公司”字样的现象，所以，合伙企业可以在其企业名称中使用“公司”字样，并登记、领取营业执照。

（五）有经营场所和从事合伙经营的必要条件

经营场所是指合伙企业从事生产经营活动的所在地，合伙企业一般只有一个经营场所，即在企业登记机关登记的营业地点。经营场所的法律意义在于确定债务履行地、诉讼管辖、法律文书送达等。从事经营活动的必要条件是指根据合伙企业的业务性质、规模等因素而需具备的设施、设备、人员等方面的条件。

三、普通合伙企业的事务执行

（1）各合伙人无论其出资多少，都有权平等享有执行合伙企业事务的权利。

（2）委托一个或者数个合伙人执行合伙事务的，执行合伙事务的合伙人对外代表合伙企业；其他合伙人不再执行合伙事务，不执行合伙事务的合伙人有权监督执行事务合伙人执行合伙事务的情况。

（3）由一个或者数个合伙人执行合伙事务的，执行事务的合伙人应当定期向其他合伙人报告事务执行情况以及合伙企业的经营和财务状况，其执行合伙事务所产生的收益归合伙企业，所产生的费用和亏损由合伙企业承担。

（4）合伙人有权查阅合伙企业会计账簿等财务资料。

（5）合伙人分别执行合伙事务的，执行事务合伙人可以对其他合伙人执行的事务提出异议。提出异议时，应当暂停该项事务的执行。如果发生争议，按照合伙协议约定的表决办法办理，合伙协议未约定或者约定不明确的，实行合伙人一人一票，并经全体合伙人过半数通过的表决办法。

（6）受委托执行合伙事务的合伙人不按照合伙协议或者全体合伙人的决定执行事务的，其他合伙人可以决定撤销该委托。

四、普通合伙企业的退伙条件

（一）协议退伙

（1）合伙协议约定的退伙事由出现。

（2）经全体合伙人一致同意。

（3）发生合伙人难以继续参加合伙的事由。

（4）其他合伙人严重违反合伙协议约定的义务。

（二）通知退伙

（1）合伙协议未约定合伙期限。

（2）合伙人退伙不给合伙企业事务执行造成不利影响。

（3）应当提前三十日通知其他合伙人。

（三）当然退伙

（1）自然人死亡或者被依法宣告死亡。

（2）个人丧失偿债能力。

（3）法人或者其他组织依法被吊销营业执照、责令关闭、撤销，或者被宣告破产。

（4）必须具有相关资格而丧失该资格。

（5）合伙人在合伙企业中的全部财产份额被强制执行。

（四）除名

（1）未履行出资义务。

（2）因故意或者重大过失给合伙企业造成损失。

（3）执行合伙事务时有不正当行为。

（4）发生合伙协议约定的事由。

任务三　有限合伙企业

一、有限合伙企业概述

（一）有限合伙企业的概念

有限合伙企业由两人以上五十人以下的普通合伙人和有限合伙人组成，其中普通合伙人至少有一人。当有限合伙企业只剩下普通合伙人时，应当转为普通合伙企业；如果只剩下有限合伙人时，应当解散。普通合伙人对合伙企业债务承担无限连带责任，有限合伙人以其认缴的出资额为限对合伙企业债务承担责任。

（二）有限合伙人和普通合伙人的区别

（1）普通合伙人不得同本企业进行交易，但是合伙协议另有约定或者全体合伙人另有约定的除外；有限合伙人可以同本企业进行交易，但是合伙协议另有约定的除外。

（2）普通合伙人不得自营或者同他人合营与本合伙企业相竞争的业务；有限合伙人可以，但是合伙协议另有约定的除外。

（3）普通合伙企业的合伙协议不得约定将全部利润分配给部分合伙人；有限合伙企业不得将全部利润分配给部分合伙人，但是合伙协议另有约定的除外。

（4）普通合伙人以其在合伙企业中的财产份额出质的，须经其他合伙人一致同意；未经其他合伙人一致同意的，其行为无效；有限合伙人可以将其在有限合伙企业中的财产份额出质，但是合伙协议另有约定的除外。

二、有限合伙企业的设立

（一）有限合伙企业设立的法律关系规定

1. 主体

有限合伙企业的主体是由普通合伙人和有限合伙人组成的。普通合伙人也就是满足普通合伙企业的合伙人的条件的合伙人，主要是自然人。因为它涉及对企业的损失承担无限连带责任，所以在具体要求上是比较严格的。如果一旦普通合伙人无法承担责任，那么债权人的利益就得不到保护。《合伙企业法》规定："国有独资公司、国有企业、上市公司以及公益性的事业单位、社会团体不得成为普通合伙人。"之所以规定这些主体不能成为普通合伙人，有下列原因：有限合伙人以其认缴的出资额为限对合伙企业债务承担责任，基于此，其责任限定在"认缴的出资额"范围内。因此，就有限合伙人的身份来看，无论是公民、法人还是其他组织都没有问题。

2. 本质

《合伙企业法》规定："有限合伙企业是由普通合伙人和有限合伙人组成的，普通合伙人对合伙企业的债务承担无限连带责任，有限合伙人以其认缴的出资额为限对合伙企业债务承担责任。"该种合伙企业不同于普通合伙企业，由普通合伙人与有限合伙人组成，前者负责合伙的经营管理，并对合伙债务承担无限连带责任；后者不执行合伙事务，仅以其出资额为限对合伙债务承担有限责任。相对于普通合伙企业，有限合伙企业允许投资者以承担有限责任的方式参加合伙成为有限合伙人，有利于刺激投资者的积极性。并且，可以使资本与智力实现有效的结合，即拥有财力的人作为有限合伙人，拥有专业知识和技能的人作为普通合伙人，这样使资源得到整合，对市场经济的发展起到积极的促进作用。

3. 责任

有限合伙人不执行合伙事务，不对外代表组织，只按合伙协议比例享受利润分配，以其出资额为限对合伙的债务承担清偿责任。它不同于普通合伙人的需要承担无限连带责任。其对企业承担着主要的投资任务，不得以劳务或信用出资。

（二）合伙协议

有限合伙协议载明了合伙企业的设立、运营及合伙人之间的权利、义务等各方面的事项。合伙协议由全体合伙人协商，以书面形式订立。合伙协议包括下列内容：

（1）普通合伙人和有限合伙人的姓名或者名称、住所。

（2）执行事务合伙人应具备的条件和选择程序。

（3）执行事务合伙人权限与违约处理办法。

（4）执行事务合伙人的除名条件和更换程序。

（5）有限合伙人入伙、退伙的条件、程序以及相关责任。

（6）有限合伙人和普通合伙人相互转变程序。

（三）设立条件

设立有限合伙企业，应当具备下列条件：

（1）有限合伙企业由两个以上五十个以下合伙人设立；但是，法律另有规定的除外。

（2）有限合伙企业至少应当有一个普通合伙人。

（3）有限合伙企业名称中应当标明"有限合伙"字样。

（4）有限合伙人可以用货币、实物、知识产权、土地使用权或者其他财产权利作价出资。

（5）有限合伙人不得以劳务出资。

（6）有限合伙人应当按照合伙协议的约定按期足额缴纳出资；未按期足额缴纳的，应当承担补缴义务，并对其他合伙人承担违约责任。

（7）有限合伙企业登记事项中应当载明有限合伙人的姓名或者名称及认缴的出资数额。

（8）有限合伙企业由普通合伙人执行合伙事务。执行事务合伙人可以要求在合伙协议中确定执行事务的报酬及报酬提取方式。

（9）有限合伙人不执行合伙事务，不得对外代表有限合伙企业。

（四）有限合伙企业的合伙人

（1）有限合伙企业由两个以上五十个以下合伙人设立；但是，法律另有规定的除外。

（2）有限合伙企业至少应当有一个普通合伙人和一个有限合伙人。有限合伙企业仅剩有限合伙人的，应当解散；有限合伙企业仅剩普通合伙人的，应当转为普通合伙企业。

（3）国有独资公司、国有企业、上市公司以及公益性的事业单位、社会团体不得成为普通合伙人，可以成为有限合伙人。

（4）有限合伙人不得以劳务出资。

三、有限合伙企业的权利

（一）一般权利

有限合伙人以不执行合伙企业事务为代价，获得对合伙企业债务承担的有限责任的权利。因此，在有限合伙企业中，有限合伙人的权利是受到一定的限制的，修改后的《合伙企业法》规定：有限合伙人不得以劳务对合伙企业出资；有限合伙人不执行合伙事务，不得对外代表有限合伙企业。

（二）特殊权利

《合伙企业法》第七十条规定："有限合伙人可以同本有限合伙企业进行交易；但是，合伙协议另有约定的除外。"第七十一条规定："有限合伙人可以自营或者同他人合作经营与本有限合伙企业相竞争的业务；但是，合伙协议另有约定的除外。"第七十二条规定："有限合伙人可以将其在有限合伙企业中的财产份额出质；但是，合伙协议另有约定的除外。"第七十三条规定："有限合伙人可以按照合伙协议的约定向合伙人以外的人转让其在有限合伙企业中的财产份额，但应当提前三十日通知其他合伙人。"

通过以上的几条可以看出，有限合伙人确实存在很多的优待，尤其是在转让自己的财产份额的时候，只要提前通知其他合伙人就行，而不是经过全体合伙人的同意才能转让。这主要是考虑到有限合伙人主要是出资而不直接参与经营的人，不管是谁来享有这些转让份额的所有权，对于普通合伙人来讲都是无所谓的。另外，有限合伙人可以将自己的财产进行出资，并且不用经过其他合伙人的同意等。

（三）保护免除

有限合伙人对合伙企业债务承担有限责任也不是绝对的，当出现法定情形时，有限合伙人也对合伙企业承担法律责任。修改后的《合伙企业法》规定："第三人有理由相信有限合伙为普通合伙人并与之交易的，该有限合伙人对该笔交易承担与合伙人同样的责任，即对该笔债务承担无限连带责任。”

可见，在第三人有理由相信有限合伙人为普通合伙人的情形，会产生两个法律效果：一是有限合伙人未经授权而以合伙企业名义进行的行为被视为合伙企业的行为，属于表现代表行为，普通合伙人要对此承担无限连带责任；二是在自身行为构成表现代表行为时，有限合伙人要承担与普通合伙人同样的责任，即与普通合伙人承担无限连带责任。

四、有限合伙企业的法律责任

（一）有限合伙企业的正常经营债务承担

《合伙企业法》仅在总则中对有限合伙企业的债务承担进行了规定：“普通合伙人对合伙企业债务承担无限连带责任，有限合伙人以其认缴的出资额为限对合伙企业债务承担责任。”即有限合伙企业对其债务，应先以其全部财产进行清偿；不能清偿到期债务的，由普通合伙人承担无限连带责任。

（二）故意或重大过失形成的企业债务的承担

普通合伙人对合伙企业债务承担无限连带责任是没有争议的，合伙人包括有限合伙人的故意或重大过失形成的债务，到底如何处理呢？即先由合伙企业承担责任；合伙企业财产不足清偿的，由普通合伙人承担无限连带责任；然后向有故意或重大过失责任的合伙人进行追偿。其理论依据在于合同相对性原则和表见代理制度。

一方面，合伙企业与第三人之间的行为多为合同行为，合伙企业在进行相应的合同行为时，主体为合伙企业本身，因此，为了保护善意第三人的合法权益，必须由合伙企业承担责任。

另一方面，不执行合伙企业事务的合伙人对外代表合伙企业进行合同行为，善意第三人完全有理由相信其行为代表合伙企业；对此，合伙企业在管理上也有一定的过错，因此，应承担责任。而这种责任承担方式的法律依据为《合伙企业法》的强制性规定、禁止性规定和法律责任的规定。

（三）有限合伙企业虚假出资、抽逃出资的责任

1. 虚假出资、抽逃出资的表现形式

股东出资不实主要表现为股东根本未出资、未足额出资、未适当出资和抽逃出资等违反公司法关于股东出资义务的情形，基本上可以归纳为虚假出资和抽逃出资两类。

虚假出资，是指公司发起人、股东违反公司法的规定未交付货币、实物或者未转移财产权，欺骗缴足出资的公司的其他股东、债权人和社会公众的行为。其本质特征是股东未支付相应对价而取得公司股权，实践中主要表现为：

（1）以无实际现金或高于实际现金的虚假银行进账单、对账单骗取验资报告，从而获得公司登记。

（2）以虚假的实物投资手续骗取验资报告，从而获得公司登记。

（3）以实物、工业产权、非专利技术、土地使用权出资，但并未办理财产权转移手续。

（4）作为出资的实物、工业产权、非专利技术、土地使用权的实际价额显著低于公司章程所定价额。

（5）股东设立公司时，为了应付验资，将款项短期转入公司账户后又立即转出，公司

未实际使用该款项进行经营。

（6）未对投入的净资产进行审计，仅以投资者提供的少记负债高估资产的会计报表验资。

抽逃出资，是指公司的发起人、股东在公司成立后，抽逃其出资的行为。其行为方式包括在公司成立后，发起人、股东非法抽回其出资和转走其出资两种方式，实践中的典型表现形式为：

（1）控股股东利用其强势地位，强行将注册资金的货币出资的一部分或全部抽走。

（2）伪造虚假的基础交易关系，如公司与股东间的买卖关系，公司将股东注册资金的一部分划入股东个人所有。

（3）将注册资金的非货币部分，如建筑物、厂房、机器设备、工业产权、专有技术、场地使用权在验资完毕后，将其一部分或全部抽走。

（4）未提取法定公积金或者法定公益金或者制作虚假财务会计报表虚增利润，在短期内以分配利润名义提走出资。

（5）抽走货币出资，以其他未经审计评估且实际价值明显低于其申报价值的非货币部分补账，以达到抽逃出资的目的。

（6）通过对股东提供抵押担保而变相抽回出资等。

2. 虚假出资的责任

（1）虚假出资股东对公司和其他股东的违约责任。由于公司设立协议或者发起人协议对所有股东和发起人具有合同约束力，违反该协议而未缴纳或未足额缴纳出资的，即构成违约。在公司成立后，公司章程对所有股东和公司都有约束力，股东必须按公司章程上所记载的出资额足额出资，否则构成违约。《公司法》第二十八条第二款、第八十四条第二款分别规定了有限责任公司股东、股份有限公司发起人违反公司章程或发起人协议而未缴足出资的违约责任。该违约责任属严格责任，无论虚假出资发起人、股东主观上是否有过错，皆应对公司和已足额出资的股东承担违约责任。

（2）虚假出资股东对公司的差额补充责任以及其他股东的连带责任。《公司法》第三十一条规定："有限责任公司成立后，发现作为设立公司出资的非货币财产的实际价额显著低于公司章程所定价额的，应当由交付该出资的股东补足其差额；公司设立时的其他股东承担连带责任。"第九十四条规定："股份有限公司成立后，发起人未按照公司章程的规定缴足出资的，应当补缴；其他发起人承担连带责任。股份有限公司成立后，发现作为设立公司出资的非货币财产的实际价额显著低于公司章程所定价额的，应当由交付该出资的发起人补足其差额；其他发起人承担连带责任。"

这是虚假出资股东差额补充责任的法律根据。差额补充责任既是法定责任，不以公司设立者的约定为条件，也不能以公司章程或股东大会决议来免除；差额补充责任也是一种连带责任，全体公司设立者中的任何一人对资本不足的事实均负全部充实责任。

（3）虚假出资股东对公司债权人的债务清偿责任。由于注册资本最低限额是认定公司法人独立人格的重要因素，虚假出资股东对公司债权人的民事责任应区分以下两种情形。

其一，各发起人、股东实际缴纳的注册资本之和未达到法定最低限额的。根据《公司法》第二十八条、第九十五条的规定，此时的公司因为不具备法律规定的成立条件，而不具备法人资格，各股东在公司设立过程中的关系视同合伙关系，所以对此期间发生的虚假出资行为，应当按照合伙关系对共同债务承担无限连带责任。

其二，各股东实际缴纳的注册资本之和未达到公司章程规定的数额，但已达到法定最低限额的。依据我国《公司法》第三十一条、第九十四条的规定，在此情形中，由于实缴资本已经达到《公司法》规定的最低限额，应认定公司已经具备独立法人资格，公司股东应受到有限责任原则的保护。考虑到未足额出资的过错，未履行出资义务的股东应在实缴资本与应缴资本的差额范围内向债权人承担清偿责任，已经履行出资义务的股东在未履行出资义务的股东不能履行的范围内向债权人承担连带清偿责任。已足额缴纳出资的股东对公司债权人承担责任后，可以违约为由向未履行出资义务的股东行使追偿权。在因多名股东出资不实导致公司股东对公司债务承担连带责任的情形下，出资不实的股东之间可按其实际出资额与应出资额的差额比例分担责任。

3. 抽逃出资的责任

（1）抽逃出资股东对公司的责任。根据《公司法》第三条规定，公司享有法人财产权。由于股东财产与公司财产严格分离是公司法人资格独立的前提，因此，股东在出资后又抽逃其出资的，已经构成对公司法人财产权的侵害，故公司有权起诉抽逃资金股东，要求其归还所抽逃的出资。在公司怠于行使其追偿权时，有限责任公司的股东、股份有限公司连续一百八十日以上单独或者合计持有公司百分之一以上股份的股东，可以根据《公司法》第一百五十二条第二款的规定，提起诉讼，要求股东将抽逃的资金退还公司。

（2）抽逃出资的股东对其他股东的责任。股东抽逃出资导致公司风险增加，但其仍享有股权利益，这是对其他股东利益的变相侵占。在此情形下，已足额出资股东即可以根据公司章程的规定，要求抽逃出资的股东承担违约责任。

（3）抽逃出资股东对公司债权人的民事责任。公司资产是实现公司债权人债权的重要保障，股东抽逃出资必然削弱公司的偿债能力并增加债权人的风险，公司债权人因股东的欺诈行为而受到损失，理应获得赔偿。在公司成立后，股东以各种方式抽逃资本的，在公司不能清偿债务时，股东应在所抽逃资本范围内承担清偿责任。

与虚假出资不同的是，抽逃出资通常发生在公司成立后，由于抽逃出资是一种隐蔽性的违法行为，其他股东通常并无过错，加之《公司法》第三十一条、第九十四条主要适用于股东虚假出资的情形，因此在抽逃出资的股东不能清偿时，其他未抽逃出资的股东不承担责任。但其他股东同意或协助该股东抽逃出资的，则应当在抽逃出资的范围内和抽逃出资的股东一起对公司的债务承担连带清偿责任。

4. 评估、验资中介机构的法律责任

根据我国《公司法》第二百零八条第三款的规定，承担资产评估、验资或者验证的机构因其出具的评估结果、验资或者验证证明不实，给公司债权人造成损失的，除能够证明自己没有过错的外，在其评估或者证明不实的金额范围内承担赔偿责任。

5. 虚假出资、抽逃出资的行政责任

虚假出资和抽逃出资行为本质上是一种欺诈行为。股东、发起人虚假出资、抽逃出资的行为，不仅侵害了公司的法人财产权，损害其他股东和公司债权人的利益，同时，这种行为也侵害了国家对公司的管理秩序。因此，虚假出资、抽逃出资行为不仅应承担民事责任，还应该承担相应的行政责任。我国《公司法》第二百条规定，公司的发起人、股东虚假出资，未交付或者未按期交付作为出资的货币或者非货币财产的，由公司登记机关责令改正，处以虚假出资金额百分之五以上百分之十五以下的罚款。第二百零一条规定，公司的发起人、股东在公司成立后，抽逃其出资的，由公司登记机关责令改正，处以所抽逃出资金额百分之五以上百分之十五以下的罚款。

6. 虚假出资、抽逃出资的刑事责任

不仅《公司法》对虚假出资和抽逃出资规定了相应的行政责任，我国《刑法》还规定，对于发起人、股东虚假出资、抽逃出资构成虚假出资、抽逃出资罪的，应负相应的刑事责任。《刑法》第一百五十九条规定，公司发起人、股东违反公司法的规定未交付货币、实物或者未转移财产权，虚假出资，或者在公司成立后又抽逃其出资，数额巨大、后果严重或者有其他严重情节的，处五年以下有期徒刑或者拘役，并处或者单处虚假出资金额或者抽逃出资金额百分之二以上百分之十以下罚金。单位犯前款罪的，对单位判处罚金，并对其直接负责的主管人员和其他直接责任人员，处五年以下有期徒刑或者拘役。

（四）合伙人身份互换后责任承担

首先可以明确的是普通合伙人和有限合伙人之间是可以相互转换的，如果具备了一定的条件，双方的身份是可以互换的。但是有一个问题，虽然是互换，就必须针对原合伙企业的债务承担相应的责任。根据《合伙企业法》第八十三条规定：有限合伙人转变为普通合伙人的，对其作为有限合伙人期间有限合伙企业发生的债务承担无限连带责任。第八十四条规定，普通合伙人转变为有限合伙人的，对其作为普通合伙人期间合伙企业发生的债务承担无限连带责任。

五、合伙企业的解散和清算

（一）合伙企业的解散

合伙企业的解散是指合伙企业因某种法律事实的发生而使其民事主体资格归于消灭的行为。

根据《合伙企业法》的规定，合伙企业在发生下列情况之一时应当解散：

（1）合伙期限届满，合伙人决定不再经营。（期满解散）

（2）合伙协议约定的解散事由出现。（约定解散）

（3）全体合伙人决定解散。（决定解散）

（4）合伙人已不具备法定人数满三十天。（法定解散）

（5）合伙协议约定的合伙目的已经实现或者无法实现。（情势解散）

（6）依法被吊销营业执照、责令关闭或者被撤销。（责令解散）

（7）法律、行政法规规定的其他原因。

（二）合伙企业的清算

合伙企业解散，应当由清算人（不是清算组）进行清算。

清算人由全体合伙人担任；经全体合伙人过半数同意，可以自合伙企业解散事由出现后十五日内指定一个或者数个合伙人，或者委托第三人，担任清算人。

自合伙企业解散事由出现之日起十五日内未确定清算人的，合伙人或者其他利害关系人可以申请人民法院指定清算人。

1. 清算人在清算期间需执行的事务

（1）清理合伙企业财产，分别编制资产负债表和财产清单。（清理资产）

（2）处理与清算有关的合伙企业未了结事务。（处理事务）

（3）清缴所欠税款。（清缴税款）

（4）清理债权、债务。（清理债务）

（5）处理合伙企业清偿债务后的剩余财产。（处理财产）

（6）代表合伙企业参加诉讼或者仲裁活动。（参与诉讼）

清算人执行清算事务，牟取非法收入或者侵占合伙企业财产的，应当将该收入和侵占的财产退还合伙企业；给合伙企业或者其他合伙人造成损失的，依法承担赔偿责任。

清算人隐匿、转移合伙企业财产，对资产负债表或者财产清单作虚假记载，或者在未清偿债务前分配财产，损害债权人利益的，依法承担赔偿责任。

2. 清算程序

清算人自被确定之日起十日内将合伙企业解散事项通知债权人，并于六十日内在报纸上公告。债权人应当自接到通知书之日起三十日内，未接到通知书的自公告之日起四十五日内，向清算人申报债权。

债权人申报债权，应当说明债权的有关事项，并提供证明材料。清算人应当对债权进行登记。

清算期间，合伙企业存续，但不得开展与清算无关的经营活动。

3. 清偿顺序

合伙企业财产在支付清算费用和职工工资、社会保险费用、法定补偿金以及缴纳所欠税款、清偿债务后的剩余财产，可以按照合伙协议的约定进行分配。合伙协议未约定或者约定不明确的，由合伙人协商决定；协商不成的，由合伙人按照实缴出资比例分配、分担；无法确定出资比例的，由合伙人平均分配、分担。

合伙人的出资、以合伙企业名义取得的收益和依法取得的其他财产，均为合伙企业的财产。

合伙人在合伙企业清算前，不得请求分割合伙企业的财产。合伙人在合伙企业清算前私自转移或者处分合伙企业财产的，合伙企业不得以此对抗善意第三人。

4. 注销登记

清算结束，清算人应当编制清算报告（不是清算方案），经全体合伙人签名、盖章后，在十五日内向企业登记机关报送清算报告，申请办理合伙企业注销登记。

清算人未依照《合伙企业法》规定向企业登记机关报送清算报告，或者报送清算报告隐瞒重要事实，或者有重大遗漏的，由企业登记机关责令改正。由此产生的费用和损失，由清算人承担和赔偿。

5. 责任承担

合伙企业注销后，原普通合伙人对合伙企业存续期间的债务仍应承担无限连带责任。

合伙企业不能清偿到期债务的，债权人可以依法向人民法院提出破产清算申请，也可以要求普通合伙人清偿。

合伙企业依法被宣告破产的，普通合伙人对合伙企业债务仍应承担无限连带责任。

对于合伙企业里作为普通合伙人的投资者来说，破产并没有任何作用。

举案说法

假设 2015 年 3 月，甲、乙、丙、丁按照《合伙企业法》的规定，共同投资设立一从事商品流通的有限合伙企业。合伙协议约定了以下事项：

（1）甲以现金 5 万元出资，乙以房屋作价 8 万元出资，丙以劳务作价 4 万元出资，另外以商标权作价 5 万元出资，丁以现金 10 万元出资。

（2）丁为普通合伙人，甲、乙、丙均为有限合伙人。

（3）各合伙人按相同比例分配盈利、分担亏损。

（4）合伙企业的事务由丙和丁执行，甲和乙不执行合伙企业事务，也不对外代表合伙企业。

（5）普通合伙人向合伙人以外的人转让财产份额的，不需要经过其他合伙人同意。

（6）合伙企业名称为“稳信物流合伙企业”。

要求：根据以上事实，回答下列问题，并分别说明理由。

（1）合伙人丙以劳务作价出资的做法是否符合规定？

（2）合伙企业事务执行方式是否符合规定？

（3）关于合伙人转让出资的约定是否符合规定？

（4）合伙企业名称是否符合规定？

（5）各合伙人按照相同比例分配盈利、分担亏损的约定是否符合规定？

答案解析：

（1）丙以劳务作价出资的做法不符合规定。根据规定，有限合伙人不得以劳务出资，丙为该合伙企业的有限合伙人，因此不得以劳务作为出资。

（2）合伙企业的事务由丙和丁执行的做法不符合规定。根据规定，有限合伙人不执行合伙企业事务，不得对外代表合伙企业，由于丙为该合伙企业的有限合伙人，因此其执行合伙企业事务，对外代表合伙企业的做法是不符合规定的。

（3）合伙人转让出资的约定符合规定。根据规定，除合伙协议另有约定外，普通合伙人向合伙人以外的人转让其在合伙企业中的全部或者部分财产份额时，须经其他合伙人一致同意。按照该规定，只要合伙协议中约定了转让的方式，那么就可以按照合伙协议的约定来处理。

（4）合伙企业名称不符合规定。根据规定，有限合伙企业名称中应当标明“有限合伙”字样，该企业名称中并没有标明“有限合伙”，因此是不符合规定的。其名称应该为“稳信物流有限合伙企业”。

（5）各合伙人按照相同比例分配盈利、分担亏损的约定符合规定。根据规定，合伙企业的利润分配、亏损分担，按照合伙协议的约定办理。因此，有限合伙企业合伙协议有约定的，可以按照约定来处理。

（资料来源：http://wenku.baidu.com/link?url=L4cETyP4UW0Zw7pNZhvRyzSmrq2iEIiZTBWtJdfYBp7oyvWrS2DN-ob0PrxeGpqUgzWuNIpN6Bf7KPMHIKb5QsGq1EKNEOTXaz8gk9lcBbe。）

项目小结

通过本项目内容的学习，要求学生了解合伙企业的概念、特征和分类，认知普通合伙企业和有限合伙企业的概念及设立条件；掌握有限合伙企业的权利，熟悉并理解合伙企业在市场运行和管理过程中所发挥的作用；结合实际分析有限合伙企业的法律责任，以及有限合伙企业虚假出资、抽逃出资的责任。

项目实训

设立合伙企业

任务目标

通过这项实训活动，可以让学生掌握开办合伙企业所应具备的条件，熟知合伙企业出资人的资格要求、应必备的书面文件，同时能够熟悉合伙企业申请创办的具体流程。

任务内容

1. 掌握每个职位的工作人员的工作内容。
2. 收集并熟知合伙企业成立应具备的条件和书面文件。

任务要求

1. 合伙企业设立条件明确，材料准备充分。
2. 熟悉合伙企业设立的具体流程。

任务操作

以小组为单位，采取角色模拟的实训方式。

任务流程

第一步，采取自愿或指定方式，分别确定一名工商局的工作人员、房屋评估人员、非专利技术评估人员、会计师事务所的会计师以及银行和税务局的工作人员。

第二步，让学生自愿组合，分别成立合伙企业，拟定合伙企业名称等各事项。

第三步，每个小组按照各自企业设立的流程，开始具体模拟操作。

第四步，每个小组把设立过程中准备的各种书面材料、填写的表格及最终取得的营业执照、银行开户证明和税务登记证向所有人展示并交流。

综合实训

一、单项选择题

1. 下列对普通合伙企业设立的论述，符合法律规定的是（　　）。

A. 公民张某与自己年仅13周岁的儿子成立一家普通合伙企业

B. 合伙人必须一次全部缴付出资，不可以约定分期出资

C. 公民甲、乙、丙、丁出资设立一家普通合伙企业，甲可以以劳务出资

D. 合伙企业名称中没有标明“普通”或“有限”字样的话，就视为普通合伙企业

2. 甲为某普通合伙企业的合伙人，该合伙企业经营手机销售业务。甲拟再设立一家经

营手机销售业务的个人独资企业。下列关于甲能否设立该个人独资企业的表述中，符合《合伙企业法》规定的是（　　）。

A. 甲经其他合伙人一致同意，可以设立该个人独资企业

B. 甲可以设立该个人独资企业，除非合伙协议另有约定

C. 甲如不执行合伙企业事务，就可以设立该个人独资企业

D. 甲只要具有该合伙企业合伙人的身份，就不可以设立该个人独资企业

3. 某合伙企业的合伙人包括有限责任公司甲、乙，自然人丙、丁。根据合伙企业法律制度的规定，下列情形中，属于当然退伙事由的是（　　）。

A. 甲被债权人申请破产　　B. 丁因斗殴被公安机关拘留

C. 丙被依法宣告失踪　　D. 乙被吊销营业执照

4. 上市公司甲、普通合伙企业乙、全民所有制企业丙和公立大学丁拟共同设立一有限合伙企业。根据合伙企业法律制度的规定，甲、乙、丙、丁中可以成为普通合伙人的是(　　)。

A. 甲　　B. 乙　　C. 丙　　D. 丁

5. 根据合伙企业法律制度的规定，下列各项中，有限合伙人可用作合伙企业出资的是（　　）。

A. 为合伙企业提供财务管理　　B. 为合伙企业提供战略咨询

C. 债权　　D. 社会关系

二、多项选择题

1. 根据合伙企业法律制度的规定，下列各项中，属于合伙企业财产的有（　　）。

A. 合伙人缴纳的实物出资　　B. 合伙企业借用的某合伙人的电脑

C. 合伙企业对某公司的债权　　D. 合伙企业合法接受的赠与财产

2. 根据合伙企业法律制度的规定，下列各项中，属于普通合伙企业的合伙人当然退伙情形的有（　　）。

A. 个人丧失偿债能力

B. 经全体合伙人一致同意

C. 合伙人在合伙企业中的全部财产份额被人民法院强制执行

D. 发生合伙人难以继续参加合伙的事由

3. 合伙企业设立的条件包括（　　）。

A. 有两个以上的合伙人

B. 有企业名称和经营场所

C. 有合伙人认缴或者实际缴付的出资

D. 有书面合伙协议

4. 合伙企业需经全体合伙人一致同意方可执行的事项有（　　）。

A. 聘任合伙人以外的管理人员　　B. 处分合伙企业的不动产

C. 以合伙企业名义为他人提供担保　D. 改变合伙企业名称

5. 合伙人或入股人不能以劳务出资的企业是（　　）。

A. 普通合伙企业　　B. 有限合伙企业

C. 有限责任公司　　D. 一人有限责任公司

E. 股份有限公司

三、案例分析题

甲、乙、丙共同设立一家普通合伙企业。合伙协议约定：甲以现金人民币5万元出资，乙以房屋作价人民币8万元出资，丙以劳务作价人民币4万元出资；各合伙人按相同比例分配盈利、分担亏损。普通合伙企业成立后，为扩大经营，向银行贷款人民币5万元。2016年8月，甲提出退伙，鉴于当时合伙企业盈利，乙、丙表示同意。同月，甲办理了退伙结算手续。2016年9月，丁入伙。丁入伙后，因经营环境变化，企业严重亏损。2016年10月，乙、丙、丁决定解散合伙企业，并将合伙企业现有财产价值人民币3万元予以分配，但对未到期的银行贷款未予清偿。银行贷款到期后，银行找合伙企业清偿债务，发现该企业已经解散，遂向甲要求偿还全部贷款，甲称自己早已退伙，不负责清偿债务。银行向乙要求偿还全部贷款，乙表示只按照合伙协议约定的比例清偿相应数额。银行向丙要求偿还全部贷款，丙则表示自己是以劳务出资的，不承担偿还贷款的义务。银行向丁要求偿还全部贷款，丁称该笔贷款是在自己入伙前发生的，不负责清偿。试问：

（1）甲、乙、丙、丁各自的主张能否成立？并说明理由。

（2）合伙企业所欠银行贷款应如何清偿？

项目四

公司法

职业能力目标

认知公司法的基本概念及特征、公司法的分类；掌握公司法的基本原则；掌握有限责任公司的基本概念及特征，结合实际分析有限责任公司的设立、有限责任公司的组织机构；掌握股份有限公司的基本概念及特征，结合实际分析股份有限公司的设立、股份有限公司的组织机构。

典型工作任务

识记公司法的基本原则；掌握有限责任公司的设立及组织机构；掌握股份有限公司的设立及组织机构。

开篇普法

公司法

公司法有广义和狭义之分：

广义的公司法是指规定公司的设立、组织、活动、解散及其他对内对外关系的法律规范的总称。它除包括《中华人民共和国公司法》(简称《公司法》)外，还包括其他法律、行政法规中有关公司的规定。

狭义的公司法是指《中华人民共和国公司法》(1993年12月29日第八届全国人民代表大会常务委员会第五次会议通过；根据1999年12月25日第九届全国人民代表大会常务委员会第十三次会议《关于修改〈中华人民共和国公司法〉的决定》第一次修正；根据2004年8月28日第十届全国人民代表大会常务委员会第十一次会议《关于修改〈中华人民共和国公司法〉的决定》第二次修正；2005年10月27日第十届全国人民代表大会常务委员会第十八次会议修订，自2006年1月1日起施行)。

2013年12月28日第十二届全国人民代表大会常务委员会第六次会议通过《关于修改〈中华人民共和国海洋环境保护法〉等七部法律的决定》，其中关于《公司法》作出多项调整。调整后的《公司法》自2014年3月1日起施行。

最新《公司法》内容总计218条，包括：

第一章　总　则

第二章　有限责任公司的设立和组织机构

第三章　有限责任公司的股权转让

第四章　股份有限公司的设立和组织机构
第五章　股份有限公司的股份发行和转让
第六章　公司董事、监事、高级管理人员资格和义务
第七章　公司债券
第八章　公司财务、会计
第九章　公司合并、分立、增资、减资
第十章　公司解散和清算
第十一章　外国公司的分支机构
第十二章　法律责任
第十三章　附　则

任务一　公司法概述

一、公司的概念和特征

（一）公司的概念

公司是依照法定的条件与程序设立的、以营利为目的的社团法人。根据我国《公司法》的规定，公司包括有限责任公司和股份有限公司两种类型，属于我国法人分类中的企业法人。注意，在我国法定公司分类中不包括无限公司和两合公司（但是存在实质的对应类型企业）。

（二）公司的特征

1. 公司必须是依照《公司法》的规定设立的经济组织

公司是从事经营活动的法人，法人资格与经营资格的取得都需要得到国家的承认，符合法律规定的条件，履行法律规定的程序，取得国家有关主管部门核发的营业执照等证件。

2. 公司必须是以营利为目的的法人团体

股东出资组建公司的目的在于通过公司的经营活动获取利润，因此营利性成为公司的要素，并以此区别于不以营利为目的公益法人、以行政管理为目的的国家机关以及非商业性公司。以从事行政管理为目的和主要活动内容的公司不应称为公司，因为它不是严格意义的公司。公司必须具备以下两个条件。

（1）设立公司的目的是获取利润。

（2）公司应连续地从事同一性质的经营活动。其从事的经营活动必须连续不断地进行，且有固定的内容，即有明确的经营范围。

3. 公司必须是企业法人

公司须有独立的财产作为其从事经营活动的基础和承担民事责任的前提。我国《公司法》第三条规定："有限责任公司和股份有限公司是企业法人。"公司作为法人，必须具备我国《民法通则》第三十七条规定的条件。

公司具有独立法人资格。公司作为法人，必然具备《民法通则》第三十七条规定的条件，其中最重要的是具有如下三"独"属性：

（1）独立的财产。

（2）能够以自己的名义享有民事、商事权利。

（3）独立承担民事、商事责任。

公司的股东一旦把自己的投资财产投入并转移给公司，就丧失了对该财产的所有权或使用权，从而取得股权，而公司则对股东投入的财产享有完全的、独立的法人财产权。公司独立承担责任是公司法人资格的最终体现，具体包含以下三点：公司应以它的全部财产对其债务承担责任；公司股东不对公司债务直接承担责任；当公司资产不足以抵偿其债务时，就依法宣告破产，清算结束后未受清偿的债务不再清偿。

二、公司的种类

（一）以资本结构和债务承担责任方式为标准划分

（1）有限责任公司。有限责任公司是指股东以其认缴的出资额为限对公司承担责任，公司以其全部财产对公司的债务承担责任的公司。

（2）股份有限公司。股份有限公司是指将公司全部资本分为等额股份；股东以其认购的股份为限对公司承担责任，公司以其全部财产对公司的债务承担责任的公司。

（3）无限公司。

（4）两合公司。两合公司由负无限责任的股东和负有限责任的股东组成。

我国《公司法》规定的公司形式仅为有限责任公司和股份有限公司。

（二）以公司信用为标准划分

（1）资合公司。资合公司是指以资本的结合作为信用基础的公司，其典型的形式为股份有限公司。

（2）人合公司。人合公司是指以股东个人的财力、能力和信誉作为信用基础的公司，其典型的形式为无限公司。

（3）资合兼人合的公司。

（三）以公司组织关系为标准划分

（1）母公司与子公司。公司可以设立子公司，子公司具有法人资格，依法独立承担民事责任。

（2）总公司与分公司。公司可以设立分公司，分公司不具有法人资格，其民事责任由公司承担。

三、公司法的原则

公司法的基本原则包括利益均衡原则、分权制衡原则、自治原则、股东股权平等原则、股东有限责任原则。

（一）利益均衡原则

利益均衡原则是指公司制度的安排及实现，是基于现代市场经济条件下对影响公司及社会发展的多种利益关系进行分析、均衡的原则。利益均衡意味着对某一利益过度保护的否定。坚持利益均衡原则，就要较好研究围绕公司所形成的各种利益关系及诸多关系可能对公司经济、社会目标的实现进而对社会发展的影响程度进行评估，确定各种利益的地位通过制度化的安排，使公司这一企业法律形态发挥出较佳的社会效益，抑制其负面作用。

利益均衡原则是从利益（经济）基础层面决定的公司法的基本原则，可以说是公司法的首要原则。

（二）分权制衡原则

分权制衡原则是指公司有效运转的制度安排与实现，是以对公司各种权力合理分配、相互制衡为出发点而进行配置的原则。分权制衡会形成权责分明、管理科学、激励和约束相结合的内部管理体制，是公司运作的精髓。分权制衡从一定意义上讲与国有企业的厂长（经理）负责制管理模式有根本的区别。坚持分权制衡原则就要对公司内部应该存在哪些权力和权力的适当分配进行分析和界定，对各种权力制衡动作进行制度构建。分权制衡是从权力层面认识公司法的基本原则，是利益均衡原则在制度层面的直接体现。

（三）自治原则

自治原则是指出资人自己进行重大决策，选择公司的管理者；公司作为独立的市场主体，依照公司章程自主经营、自负盈亏，不受非法干预。自治原则符合市场主体在市场中的运动规律：出资人对自己的决策、选择行为负责；公司以章程为基础，自主应对市场的变化，对由此产生的一切后果负责。自治原则充分体现了公司作为市场主体的主体特性，即市场主体的能动性，与产品体制下企业的附属地位形成鲜明的对照。

（四）股东股权平等原则

股东股权平等是指股东基于自己的出资（出资额或者股份）为基础而享有平等待遇的原则。出资的性质一致、数额相同，在公司运转中得到平等对待。股东股权平等并不排除股权内容的不同。股东各按其缴纳的出资额或所持的股份数额享有权利、承担义务，股东所享有的权利多少、承担义务的轻重与其向公司出资的多少成正比。出资少，享有的权利少，承担的义务轻；出资多，享有的权利多，承担的义务重。股权可以划分为普通股、特别股，享有不同股权的股东，享有的权利和承担的义务是有区别的。

（五）股东有限责任原则

股东有限责任是指股东以其投资（出资额或者股份）为限对公司承担责任，并通过公司这个中间物对外承担责任。股东有限责任乃现代公司法律的基石。可以说，现代公司法律制度的形成与建立以及各项具体制度的完善，皆与股东有限责任密切相关。抽去股东有限责任制度，现代公司法律的大厦将难以支撑，现代公司的法律体系就必然失去重心。股东有限责任并非公司制度产生以来就存在的一个原则，而是公司发展到一定历史阶段的产物。我们将股东有限责任作为一项基本原则，既符合现代公司法的方向，也符合我国公司立法的实际。

任务二 有限责任公司

一、有限责任公司概述

（一）有限责任公司的概念

有限责任公司，简称“有限公司”，英文缩写为“CO.，LTD.”。《公司法》所称的有限责任公司是指在中国境内设立的，股东以其认缴的出资额为限对公司承担责任，公司以及全部资产为限对公司的债务承担责任的企业法人。根据《公司法》的规定，必须在公司名称中标明“有限责任公司”或者“有限公司”字样。

（二）有限责任公司的特征

依照我国《公司法》的规定，有限责任公司具备如下法律特征：

（1）有限责任公司是企业法人，公司的股东以其出资额对公司承担责任，公司以其全部资产对公司的债务承担责任。

（2）有限责任公司的股东人数是有严格限制的。各国对有限责任公司股东数的规定不尽相同。我国《公司法》规定股东人数为两个以上五十个以下。

（3）有限责任公司是资合公司，但同时具有较强的人合因素。公司股东人数有限，一般相互认识，具有一定程度的信任感，其股份转让受到一定限制，向股东以外的人转让股份须得到其他股东的同意。

（4）有限责任公司不能向社会公开募集公司资本，不能发行股票。

（5）有限责任公司设立条件和程序相对股份有限公司而言较为简单和灵活，如组织机构、审批程序都比股份有限公司简单。

二、有限责任公司的设立条件

根据最新的《公司法》，设立有限责任公司，应当具备下列条件。

1. 股东符合法定人数

法定人数是指法定资格和所限人数两重含义。法定资格是指国家法律、法规和政策规定的可以作为股东的资格。法定人数是《公司法》规定的注册有限责任公司的股东人数。《公司法》对有限责任公司的股东限定为两个以上五十个以下。

2. 股东出资达到法定资本最低限额

有限责任公司的注册资本为在公司登记机关登记的全体股东认缴的出资额。公司全体股东的首次出资额不得低于注册资本的百分之二十，也不得低于法定的注册资本最低限额，其余部分由股东自公司成立之日起两年内缴足；其中，投资公司可以在五年内缴足。有限责任公司注册资本的最低限额为人民币三万元。法律、行政法规对有限责任公司注册资本的最低限额有较高规定的，从其规定。特定行业的有限责任公司注册资本最低限额需高于前款所定限额的，由法律、行政法规另行规定。

3. 股东共同制定公司章程

制定有限责任公司章程，是设立公司的重要环节，公司章程由全体出资者在自愿协商的基础上制定，经全体出资者同意，股东应当在公司章程上签名、盖章。

4. 建立符合有限责任公司要求的组织机构

有公司名称，建立符合有限责任公司要求的组织机构。设立有限责任公司，除其名称应符合企业法人名称的一般性规定外，还必须在公司名称中标明“有限责任公司”或“有限公司”。建立符合有限责任公司要求的组织机构，是指有限责任公司组织机构的组成、产生、职权等符合《公司法》规定的要求。公司的组织机构一般是指股东会、董事会、监事会、经理或股东会、执行董事、一至二名监事、经理。股东人数较多，公司规模较大的适用前者，反之适用后者。

5. 有公司住所

有固定的生产经营场所和必要的生产经营条件。

三、有限责任公司的组织机构

（一）股东会

1. 股东会的职权

有限责任公司股东会是公司的权力机构，依法行使下列职权：

（1）决定公司的经营方针和投资计划。

（2）选举和更换非由职工代表担任的董事、监事，决定有关董事、监事的报酬事项。

（3）审议批准董事会的报告。

（4）审议批准监事会或者监事的报告。

（5）审议批准公司的年度财务预算方案、决算方案。

（6）审议批准公司的利润分配方案和弥补亏损方案。

（7）对公司增加或者减少注册资本作出决议。

（8）对发行公司债券作出决议。

（9）对公司合并、分立、变更公司形式、解散和清算等事项作出决议。

（10）修改公司章程。

（11）公司章程规定的其他职权。

2. 股东会的形式

股东会会议分为定期会议和临时会议。定期会议应当按照公司章程的规定按时召开。代表十分之一以上表决权的股东，三分之一以上的董事，监事会或者不设监事会的公司的监事提议召开临时会议的，应当召开临时会议。

3. 股东会的召开

首次股东会会议由出资最多的股东召集和主持，依法行使职权。以后的股东会会议，公司设立董事会的，由董事会召集，董事长主持；董事长不能履行职务或者不履行职务的，由副董事长主持；副董事长不能履行职务或者不履行职务的，由半数以上董事共同推举一名董事主持。公司不设董事会的，股东会会议由执行董事召集和主持。董事会或者执行董事不能履行或者不履行召集股东会会议职责的，由监事会或者不设监事会的公司的监事召集和主持；监事会或者监事不召集和主持的，代表十分之一以上表决权的股东可以自行召集和主持。

召开股东会会议，应当于会议召开十五日以前通知全体股东；但是，公司章程另有规定或者全体股东另有约定的除外。股东会应当对所议事项的决定作成会议记录，出席会议的股东应当在会议记录上签名。

4. 股东会的决议

股东会会议由股东按照出资比例行使表决权；但是，公司章程另有规定的除外。股东会的议事方式和表决程序，除《公司法》有规定的外，由公司章程规定。股东会会议作出修改公司章程、增加或者减少注册资本的决议，以及公司合并、分立、解散或者变更公司形式的决议，必须经代表三分之二以上表决权的股东通过。

（二）董事会

1. 董事会的组成

有限责任公司设董事会（依法不设董事会的除外），其成员为三人至十三人。两个以上的国有企业或者其他两个以上的国有投资主体投资设立的有限责任公司，其董事会成员中应当有公司职工代表；其他有限责任公司董事会成员中也可以有公司职工代表。董事会设董事长一人，可以设副董事长。董事任期由公司章程规定，但每届任期不得超过三年。董事任期届满，连选可以连任。

2. 董事会的职权

董事会对股东会负责，行使下列职权：

（1）召集股东会会议，并向股东会报告工作。

（2）执行股东会的决议。

（3）决定公司的经营计划和投资方案。

（4）制订公司的年度财务预算方案、决算方案。

（5）制订公司的利润分配方案和弥补亏损方案。

（6）制订公司增加或者减少注册资本以及发行公司债券的方案。

（7）制订公司合并、分立、变更公司形式、解散的方案。

（8）决定公司内部管理机构的设置。

（9）决定聘任或者解聘公司经理及其报酬事项，并根据经理的提名决定聘任或者解聘公司副经理、财务负责人及其报酬事项。

（10）制定公司的基本管理制度。

（11）公司章程规定的其他职权。

3. 董事会的召开

董事会会议由董事长召集和主持；董事长不能履行职务或者不履行职务的，由副董事长召集和主持；副董事长不能履行职务或者不履行职务的，由半数以上董事共同推举一名董事召集和主持。

4. 董事会的决议

董事会的议事方式和表决程序，除《公司法》有规定的外，由公司章程规定。董事会应当对所议事项的决定作成会议记录，出席会议的董事应当在会议记录上签名。董事会决议的表决，实行一人一票制。

5. 经理

有限责任公司可以设经理，由董事会决定聘任或者解聘。经理对董事会负责，行使法律规定的各项职权。经理列席董事会会议。

6. 执行董事

有限责任公司股东人数较少或者规模较小的，可以设一名执行董事，不设董事会。执行董事可以兼任公司经理。执行董事的职权由公司章程规定。

（三）经理

有限责任公司经理行使下列职权：

（1）主持公司的生产经营管理工作，组织实施董事会决议。

（2）组织实施公司年度经营计划和投资方案。

（3）拟订公司内部管理机构设置方案。

（4）拟订公司的基本管理制度。

（5）制定公司的具体规章。

（6）提请聘任或者解聘公司副经理、财务负责人。

（7）聘任或者解聘除应由董事会聘任或者解聘以外的负责管理人员。

（8）公司章程和董事会授予的其他职权。

（四）监事会

1. 监事会的组成

有限责任公司设立监事会，其成员不得少于三人。股东人数较少或者规模较小的有限责任公司，可以设一至二名监事，不设立监事会。监事会应当包括股东代表和适当比例的公司职工代表，其中职工代表的比例不得低于三分之一，具体比例由公司章程规定。监事会设主席一人，由全体监事过半数选举产生。监事会主席召集和主持监事会会议；监事会主席不能履行职务或者不履行职务的，由半数以上监事共同推举一名监事召集和主持监事会会议。董事、高级管理人员不得兼任监事。监事的任期每届为三年。监事任期届满，连选可以连任。

2. 监事会的职权

监事会、不设监事会的公司的监事，行使下列职权：

（1）检查公司财务。

（2）对董事、高级管理人员执行公司职务的行为进行监督，对违反法律、行政法规、公司章程或者股东会决议的董事、高级管理人员提出罢免的建议。

（3）当董事、高级管理人员的行为损害公司的利益时，要求董事、高级管理人员予以纠正。

（4）提议召开临时股东会会议，在董事会不履行规定的召集和主持股东会会议职责时召集和主持股东会会议。

（5）向股东会会议提出提案。

（6）依照《公司法》的规定，对董事、高级管理人员提起诉讼。

（7）公司章程规定的其他职权。监事可以列席董事会会议，并对董事会决议事项提出质询或者建议。监事会、不设监事会的公司的监事发现公司经营情况异常，可以进行调查。

3. 监事会的决议

监事会每年度至少召开一次会议，监事可以提议召开临时监事会会议。监事会的议事方式和表决程序，除《公司法》有规定外，由公司章程规定。监事会决议应当经半数以上监事通过。监事会应当对所议事项的决定作成会议记录，出席会议的监事应当在会议记录上签名。

四、有限责任公司的股权转让

（一）对内转让

有限责任公司的股东之间可以相互转让其全部或者部分股权。

（二）对外转让

（1）有约定按约定：公司章程对股权转让另有规定的，从其规定。

（2）没有约定按法定。

①股东向股东之外的人转让股权，应当经“其他股东过半数”（大于二分之一）同意。

②表示同意的方式：明确表示同意；其他股东自接到书面通知之日起满三十日未答复的，视为同意转让；其他股东半数以上不同意转让的，不同意的股东应当购买该转让的股权；不购买的，视为同意转让。

③优先购买权（顺序：先“协商”后“出资比例”）：经股东同意转让的股权，在同等条件下，其他股东有优先购买权；两个以上股东主张行使优先购买权的，协商确定各自的购买比例；协商不成的，按照转让时各自的出资比例行使优先购买权。

（三）人民法院强制转让股东股权

（1）强制转让：人民法院依照强制执行程序转让股东的股权时，应当通知公司及全体股东，其他股东在同等条件下有优先购买权。其他股东自人民法院通知之日起满“二十日”不行使优先购买权的，视为放弃优先购买权。

（2）转让股权的程序：注销原股东的出资证明书—向新股东签发出资证明书—修改公司章程和股东名册中有关股东及其出资额的记载。

五、一人有限责任公司

（一）一人有限责任公司的概念

一人有限责任公司简称“一人公司”、“独资公司”或“独股公司”，是指由一名股东（自然人或法人）持有公司的全部出资的有限责任公司。实质意义上的“一人公司”在西方国家特别是美国较为普遍，因为美国许多州的公司法律规定董事必须拥有一定数额的公司股份，即资格股，所以许多公司的股份的绝大部分比例由一个股东拥有，另外极小比例的股份由公司董事拥有。

一人有限责任公司有两个基本法律特征，一是股东人数的唯一性，二是股东责任的有限性。

“一人公司”可分为形式意义上的“一人公司”与实质意义上的“一人公司”，前者指公司的全部出资或所有股份由一个股东拥有，具有股东名义者仅有一人。后者是指形式上公司股东虽为复数，但公司实际上是由一名股东掌握，即公司的“真正股东”，其余的股东仅仅是为了规避法律，满足法律对股东人数要求而持有较少股份的挂名股东。此外，根据“一人公司”股东的性质，可以分为“自然人一人公司”、“法人一人公司”和“国有独资公司”。根据其产生的方式，“一人公司”可以分为“初始一人公司”与“嗣后一人公司”。根据“一人公司”的股份性质，可以分为一人有限责任公司与一人股份有限公司。

（二）一人有限责任公司的特别规定

（1）一人有限责任公司的注册资本最低限额为人民币十万元，股东应当一次足额缴纳公司章程规定的出资额，不允许分期缴付出资。

（2）一个自然人只能投资设立一个一人有限责任公司，该一人有限责任公司不能投资设立新的一人有限责任公司。

（3）一人有限责任公司应当在公司登记中注明自然人独资或者法人独资，并在公司营业执照中载明。

（4）一人有限责任公司不设股东会。法律规定的股东会职权由股东行使，当股东行使相应职权作出决定时，应当采用书面形式，并由股东签字后置备于公司。

（5）一人有限责任公司应当在每一会计年度终了时编制财务会计报告，并经会计师事务所审计。

（6）一人有限责任公司的股东不能证明公司财产独立于股东自己财产的，应当对公司债务承担连带责任。

（三）一人有限责任公司的法律责任

公司法人人格否认制度是在承认公司具有独立人格的前提下，对特定法律关系中的公司人格及股东有限责任加以否认，直接追索公司背后股东的责任，以规制股东滥用公司独立人格。一人有限责任公司之股东利用公司独立人格进行经营活动，即使经营失败，也不会危及股东在公司之外的财产，一人股东因无其他股东的牵制，更易发生滥用公司独立人格的现象。法人人格否认制度主要是为了纠正公司股东有限责任的缺陷，保护善意第三人的利益，并非专门针对“一人公司”。

在司法实践中，以客观标准判断“一人公司”，通常需考虑以下因素：

（1）一人股东全部或大部分控制公司的经营权、决策权、人事权等。

（2）一人股东与公司的业务、财产、场所、会计记录等相互混同。

（3）公司资本显著不足，即一人公司的股东无充足资本就从事营业，根本无法负担公司经营风险和公司债务，若允许该股东以如此薄弱的财产摆脱其个人责任或母公司责任，实属不公平。

（4）诈欺。

其中，第二种情况在“一人公司”中最容易出现。

（四）一人有限责任公司的财产区分

具体而言，公司财产与股东财产的混同主要表现在：公司的经营场所与股东的居所混合使用，或者子公司与母公司的经营场所为同一场所。另外，股东不严格区分公司财产与个人财产，公司财产被用于个人支出而未作适当记录，或者没有保持完整的公司财产记录，均将导致财产混同，其结果是公司的财产消失于股东个人的“保险柜”中，损害债权人利益。

公司业务与股东业务混同的主要表现是：两者从事同一业务活动。而且，公司业务经营常以股东个人名义进行，以至于与之进行交易的对方根本无法分清是与公司还是与股东个人进行交易活动。此种场合下，极易发生股东利用同种营业，剥夺对公司有利的机会而损害公司利益。

此外，一人股东不依照公司法或章程召开董事会，会计账册不完备等，也极易发生在一人公司中。凡此种种，虽不一定存在股东的诈欺行为，但由于财产、业务以至于人格混同，公司往往被当作股东的“另一个自我”或工具，法院应本着公平、正义之理念，对人格混同情形下的责任归属加以调整，或否认公司法人格，或维持公司独立人格，以使公司背后的股东承担相应法律责任。

任务三　股份有限公司

一、股份有限公司概述

（一）股份有限公司的概念

股份公司(Stock corporation)是指公司资本为股份所组成的公司，股东以其认购的股份为限对公司承担责任的企业法人。设立股份有限公司，应当有两人以上二百人以下为发起人，注册资本的最低限额为人民币五百万元。由于所有股份公司均须是负担有限责任的有限公司（但并非所有有限公司都是股份公司），所以一般合称“股份有限公司”。股份公司产生于 18 世纪的欧洲，19 世纪后半期广泛流行于世界资本主义各国。到目前，股份公司在资本主义国家的经济中占据统治地位。

（二）股份有限公司的特征

（1）股份有限公司是独立的经济法人。

（2）股份有限公司的股东人数不得少于法律规定的数目，如我国《公司法》规定，股东人数最少为七人。

（3）股份有限公司的股东对公司债务负有限责任，其限度是股东应交付的股份金额。

（4）股份有限公司的全部资本划分为等额的股份，通过向社会公开发行的办法筹集资金，任何人在缴纳了股款之后，都可以成为公司股东，没有资格限制。

（5）公司股份可以自由转让，但不能退股。

（6）公司账目须向社会公开，以便于投资人了解公司情况，进行选择。

（7）公司设立和解散有严格的法律程序，手续复杂。

由此可以看出，股份有限公司是典型的“资合公司”。一个人能否成为公司股东决定于他是否缴纳了股款，购买了股票，而不取决于他与其他股东的人身关系，因此，股份有限公司能够迅速、广泛、大量地集中资金。同时，还可以看到，虽然无限责任公司、有限责任公司、两合公司的资本也都划分为股份，但是这些公司并不公开发行股票，股份也不能自由转让，证券市场上发行和流通的股票都是由股份有限公司发行的，因此，狭义地讲，股份公司指的就是股份有限公司。

股份公司的资本总额平分为金额相等的股份；公司可以向社会公开发行股票筹资，股票可以依法转让；法律对公司股东人数只有最低限度，无最高额规定；股东以其所认购股份对公司承担有限责任，公司以其全部资产对公司债务承担责任；每一股有一表决权，股东以其所认购持有的股份，享受权利，承担义务；公司应当将经注册会计师审查验证过的会计报告公开。

二、股份有限公司的设立

（一）股份有限公司的设立条件

根据《公司法》第七十三条的规定，设立股份有限公司应当具备以下条件。

1. 发起人符合法定人数

设立股份有限公司，应当有五人以上（含五人）为发起人，其中必须有过半数的发起人在中国境内有住所。公司以其主要办事机构所在地为住所。公司住所是确定公司登记注册级别管辖、诉讼文书送达、债务履行地点、法院管辖及法律适用等法律事项的依据。经公司登记机关登记的公司住所只能有一个，公司的住所应当在其公司登记机关辖区内。公司住所的变更，须到公司登记机关办理变更登记。根据《公司法》的规定，国有企业改建为股份有限公司的，发起人可以少于五人，但应当采取募集设立方式。但是，我国目前暂不允许股份有限公司采取募集设立方式，而应采用“先发起设立，后公开发行股票”的做法。

2. 发起人认缴和社会公开募集的股本达到法定资本最低限额

股份有限公司注册资本（在公司登记机关登记的实收股本总额）的最低限额为人民币一千万元。以募集方式设立的，发起人认购的股份不得少于公司股份总数的百分之三十五。公司申请股票上市，其股本总额不得少于人民币五千万元。发起人、认股人缴纳股款或者缴付抵作股款的出资后，除未按期募足股份、发起人未按期召开创立大会或者创立大会决议不设立公司的情形外，不得抽回资本。

3. 股份发行及筹办事项符合法律规定

这里的“发行”一词有以下两种含义：

（1）就发起设立方式而言，发行是指发起人不公开地认足全部股份，筹集设立公司所需要的资本。

（2）就募集设立方式而言，发行是指发起人认足不少于公司设立所需股份总数的百分之三十五的股份并由发起人向不特定人发出认购股份的要约邀请、要约或单方面表示招募股份的意思。发起人必须依照规定申报设立文件，并承担公司筹办事务。

4. 发起人制定公司章程，并经创立大会通过

公司章程是公司最重要的法律文件，发起人应当根据《公司法》、《上市公司章程指引》、《到香港上市公司章程必备条款》或《到境外上市公司章程必备条款》及相关规定的要求，起草制定章程草案。章程草案须提交创立大会表决通过。发起人向社会公开募集股份的，须向中国证监会报送公司章程（草案）。

5. 有公司名称，建立符合股份有限公司要求的组织机构

拟设立的股份有限公司应当依照工商登记的有关规定确立公司名称，并建立股东大会、董事会、监事会和总经理等公司的组织机构。企业名称应当由行政区划、字号、行业、组织形式依次组成，法律、法规另有规定的除外。

6. 有固定的生产经营场所和必要的生产经营条件

拟设立的股份有限公司应当以投资入股、购买、租赁等方式取得固定的生产经营场所，并具备与其生产经营活动相适应的必要的生产经营条件。

（二）股份有限公司的设立方式

1. 发起设立

发起设立是指所有股份均由发起人认购，不得向社会公开招募。

2. 招募设立

招募设立是指发起人只认购股份的一部分，其余部分向社会公开招募。在不同的国家，股份有限公司的设立规定有所不同。有的国家规定，只有在全部股份均被认足时，公司才得以成立。有的国家规定，股份有限公司实行法定资本制的，以认足全部股份为成立的条件；股份有限公司实行授权资本制的，可以不认足全部股份。

（三）股份有限公司的设立流程

股份有限公司一般分发起设立和募集设立两种方式。

1. 发起设立的程序

（1）发起人之间以书面形式订立发起人协议。发起人协议通常包括以下一些主要内容：发起人的姓名以及住所；公司拟发行的股份类别，每股的面值、发行价；每个发起人的认购数额、出资类别；发起人缴纳股款、交付现物、转让财产权利的时间和方式以及发起费用的预算、开支和每一个发起人的发起费用的负担等。

（2）发起人订立书面协议以后就应该按照协议的规定缴纳出资认购股份。发起人缴纳出资的方式主要有以现金缴纳或者用实物、工业产权、非专利技术、土地使用权来抵充股款。以现金之外的其他财产或财产权利出资的需要由有关的中介结构进行评估，并且要依法办理有关的财产权利的转移手续。

（3）发起人交付全部出资以后，应当选举董事会和监事会，并由董事会向公司登记机关报送设立公司所必需的批准文件、公司章程、验资证明等文件，申请设立登记。

2. 募集设立的程序

（1）发起人首先要做的是与前述的发起设立的程序中前两步相同的步骤，有所区别的是，在发起设立中，发起人要认购全部的股份，而在募集设立中，发起人只认购全部拟股份中的一部分，我国《公司法》规定认购数额应不少于首期发行股份数的百分之三十五。

（2）制定招股说明书。招股说明书是向非特定的社会公众发出的认购股份的书面说明，该说明书在发出以前应当经过国务院证券管理部门的批准。

（3）向国务院递交募股申请。申请时，还必须同时报送《公司法》规定的一些文件，如公司章程、经营估算书、发起人的姓名、认购的股份数等。

（4）募股申请经国务院主管部门批准以后，发起人应该公告招股说明书，并制作认股书。公告招股说明书是应该根据所要募集的范围在相应的报纸杂志上予以公告。同时，发起人必须制作认股书，认股书应载明《公司法》所要求的内容，由认股人填写有关事项，如认购的股数、金额、认股人的住所等。

（5）发起人应该同依法设立的证券经营机构签订承销协议，并与银行签订代收股款的协议。发起人要募集股份，必须通过证券经营机构进行，而且必须与银行签订代收股款的协议，由银行代为收取和保存认股人缴纳的股款。

（6）取得验资证明。发起人在股款募足以后，必须请中立的机构或专家出具证明全部股份已经如数缴纳的文件，这一文件是申请公司注册的必备文件。

（7）召集由认股人组成的创立大会。创立大会的工作主要是选举董事会、监事会成员，并审议发起人的募股情况，并作出设立公司与否的决定。

（8）由创立大会选举的董事会向公司登记机关报送有关文件，申请设立登记。董事会应该在创立大会结束后的法定日期内向公司的登记机关报送《公司法》要求的相关文件，申请设立公司。

三、股份有限公司的组织机构

股份有限公司应当设立以下组织机构。

1. 股东大会

股份有限公司的股东大会由股东组成。股东大会是公司的权力机构，依法行使下列职权：

（1）决定公司的经营方针和投资计划。

（2）选举和更换董事，决定有关董事的报酬事项。

（3）选举和更换由股东代表出任的监事，决定有关监事的报酬事项。

（4）审议批准董事会的报告。

（5）审议批准监事会的报告。

（6）审议批准公司的年度财务预算方案、决算方案。

（7）审议批准公司的利润分配方案和弥补亏损方案。

（8）对公司增加或减少注册资本作出决议。

（9）对发行公司债券作出决议。

（10）对公司合并、分立、解散和结算等事项作出决议。

（11）修改公司章程。

有下列情形之一的，应当在两个月内召开临时股东大会：①董事会人数不足法定人数或公司章程所定人数的三分之二时；②公司未弥补的亏损达股本总额的三分之一时；③持有公司股份百分之十以上的股东请求时；④董事会认为必要时；⑤监事会提议召开时。

2. 董事会

董事会对股东大会负责，行使下列职权：负责召集股东大会，并向股东大会报告工作；执行股东大会的决议；决定公司的经营计划和投资方案；制订公司的年度财务预算方案、决算方案；制订公司的利润分配方案或者弥补亏损方案；制订公司增加或者减少注册资本的方案以及发行公司债券的方案；拟订公司合并、分立、解散的方案；决定公司内部管理机构的设置；聘任或者解聘公司经理，根据经理的提名，聘任或者解聘公司副经理、财务主管人员等高级管理人员，决定其报酬事项；制定公司的基本规章制度。

董事会成员为五人至十九人。董事由股东会选举产生。

董事会设董事长一人，可以设副董事长一至二人。董事长、副董事长由董事会以全体董事的过半数选举产生。

3. 经理

股份有限公司设经理，由董事会聘任或者解聘，对董事会负责。经理行使下列职权：主持公司的日常经营管理工作，组织实施董事会决议；组织实施公司年度经营计划和投资方案；拟订公司内部管理机构设置方案；制定公司的规章制度；提请任免公司副经理、财务负责人；经理列席董事会会议；公司章程和董事会授予的其他职权。

4. 监事会

股份有限公司设立监事会。监事会由股东代表和适当比例的公司职工代表组成，具体比例由公司章程规定。监事会的成员不得少于三人。监事会应在其组成人员中推选一名召集人。董事、经理及财务主管人员等高级管理人员不得兼任监事。

监事的任期每届为三年，任期届满连选可以连任。

四、股份有限公司的股份发行与转让

（一）股份和股票

1. 股份及其特征

股份是构成股份有限公司资本的最小单位，是公司全部资本分成的均等份额。它是确定股东权利义务大小的基础。股份在股份有限公司成立后，以股票形式出现。《公司法》第一百二十九条规定："股份有限公司的资本划分为股份，每一股的金额相等。"股份具有以下特点：

（1）股份特指股份有限公司资本的成本。其他类型的公司，无论是有限责任公司还是无限公司、两合公司的资本，都不能用股份的名称和将其作为计量单位。

（2）股份具有平等性。每次发行的股份价格，每一股的金额一致，每一股份所表现的股东权利和义务相等。

（3）股份具有可发行性。它是股份有限公司的集资手段。在公司成立前，它以认股形式发行，所认股份总额为公司资本总额；在公司成立后，它以股票的形式发行。股份可以在发起人内部发行，也可以向社会公众公开发行。

（4）股份具有不可分性。股份是公司资本的最小均等单位，不可再分。

（5）股份具有可转让性。股份可以自由买卖和转让。除特别规定外，股东只要持有股份，该股份就可以转让，这是由股份有限公司的资合特征所决定的，因为股东的权益随股份的转让而转移，而公司的资本不随之变化。

（6）股份责任的有限性。持有股份的股东对公司所承担的责任仅限于股份的金额，即只负有限责任。

（7）股份的有价证券性。股份有限公司设立后，股份即以股票形式出现，以证明股东对股份的权利和便于股份的转让。股票是股份的证券形式，股份所代表的权利及义务均记载于股票之上，它可以像其他有价证券那样自由转让、流通，合法取得股票者即取得公司的股份权。

2. 股票及其特征

股票是股份有限公司公开发行的证明股东在公司中拥有权益的一种有价证券。它是股份有限公司的股份证书，是确定股东与公司之间权利和义务关系的一种凭证。马克思说：在资本主义社会，股票是"对股份资本预期可得的剩余价值的所有权证书"。我国《公司法》规定：股份有限公司的股份采取股票的形式，股票是公司签发的证明股东所持股份的凭证。股票有以下几个基本特征：

（1）股票是一种权利义务证书。股东合法持有股票，就有权利分享公司的利益，参与公司的决策和管理，同时也要承担公司的责任和风险。

（2）股票是一种票式证券。股票是代表股东所持有的股份的具体形式，表明所拥有的具体份额。股票的制作和记载事项必须按法律的要求，如有些国家的公司法规定股票要由董事签名并经有关机关审查核准、登记方可发行，否则无效。

（二）股份的发行

股份发行是指股份有限公司依法对外发行股份（股票）的行为。

1. 股份发行原则

我国《公司法》第一百二十七条规定，股份的发行，实行公平、公正的原则。具体而言，股份有限公司发行股份时应当做到：

其一，当公司向社会公开募集股份时，应就有关股份发行的信息依法公开披露。其中，包括公告招股说明书、财务会计报告等。

其二，同次发行的股份，每股的发行条件和价格应当相同。任何单位或者个人所认购的股份，每股应当支付相同价额。

其三，发行的同种股份，股东所享有的权利和利益应当是相同的。

2. 股票发行价格

股票的发行价格是指股票发行时所使用的价格，也是投资者认购股票时所支付的价格。股票的发行价格可以分为平价发行的价格和溢价发行的价格。平价发行是指股票的发行价格与股票的票面金额相同，也称等价发行、券面发行。溢价发行是指股票的实际发行价格超过其票面金额。

我国《公司法》第一百二十八条规定，股票发行价格可以按票面金额，也可以超过票面金额即溢价发行，但不得低于票面金额发行。以超过票面金额发行股票所得溢价款，应列入公司资本公积金。

（三）股份的转让

1. 股份转让的概念

股份转让是指股份的持有人和受让人之间达成协议，持有人自愿将自己所持有的股份以一定的价格转让给受让人，受让人支付价金的行为。股票转让还可进一步细分为记名股票转让与非记名股票转让、有纸化股票转让和无纸化股票转让等。

股份转让是通过股票的转让而实现的。股票转让是指股票所有人把自己持有的股票让与他人，从而使他人成为公司股本的行为。

2. 股份转让的限制

我国《公司法》明确规定："股本持有股份可以依法转让。"但《公司法》又对股份转让作了如下几方面的限制：

（1）发起人持有的本公司股份，自公司成立之日起一年内不得转让。

（2）公司董事、监事、高级管理人员应当向公司申报所持有的本公司的股份及其变动情况，在任职期间每年转让的股份不得超过其所持有本公司股份总数的百分之二十五；所持本公司股份自公司股票上市交易之日起一年内不得转让。

（3）国家股的转让须依照法律、行政法规的规定办理。

（4）除法定情形外，公司不得为本公司股份的受让人，不得接受本公司的股票作为抵押权的标的。

（5）股东在法定的"停止过户期"的时限内不得转让股份。

根据《公司法》第一百四十条规定，股东大会召开前二十日内或者公司决定分配股利的基准日前五日内，不得进行前款规定的股东名册的变更登记。但是，法律对上市公司股东名册变更登记另有规定的，从其规定。

（6）国有企业买卖上市交易的股票，必须遵守国家有关规定。我国《证券法》第八十三条规定："国有企业和国有资产控股的企业买卖上市交易的股票，必须遵守国家有关规定。"

3. 股份转让方式

（1）记名股票，由股东以背书方式或者法律、行政法规规定的其他方式转让，转让后由公司将受让人的姓名或者名称及住所记载于股东名册。股东大会召开前二十日内或者公司决定分配股利的基准日前五日内，不得进行上述规定的股东名册的变更登记。但是，法律对上市公司股东名册变更登记另有规定的，从其规定。

（2）无记名股票的转让，由股东将该股票交付给受让人后即发生转让的效力。

五、上市公司组织机构的特别规定

（1）上市公司在一年内购买、出售重大资产或者担保金额超过公司资产总额百分之三十的，应当由股东大会作出决议，并经出席会议的股东所持表决权的三分之二以上通过。

（2）上市公司设立独立董事。

（3）上市公司设立董事会秘书，负责公司股东大会和董事会会议的筹备、文件保管以及公司股权管理，办理信息披露事务等事宜。

（4）上市公司董事与董事会会议决议事项所涉及的企业有关联关系的，不得对该项决议行使表决权，也不得代理其他董事行使表决权。该董事会会议由过半数的无关联关系董事出席即可举行，董事会会议所作决议须经无关联关系董事过半数通过。出席董事会的无关联关系董事人数不足三人的，应将该事项提交上市公司股东大会审议。

举案说法

A、B、C 三人经协商，准备成立一家有限责任公司甲，主要从事家具的生产。其中：A 为公司提供厂房和设备，经评估作价 25 万元；B 从银行借款 20 万元现金作为出资；C 原为一家私营企业的家具厂厂长，具有丰富的管理经验，提出以管理能力出资，作价 15 万元。B、C 签订协议后，向工商局申请注册。

请问：

（1）本案包括哪几种出资形式？请分析 A、B、C 的出资效力。

（2）甲公司能否成立？为什么？

答案解析：

（1）本案例中有三种出资形式：实物、现金、无形资产。其中 A 为实物出资，符合我国《公司法》的规定；B 虽然是从银行借的资金，但并不影响其出资能力，故属于货币出资，符合我国《公司法》的规定；C 的出资为无形资产，但我国《公司法》第二十七条规定只有知识产权等可以用货币估价并可依法转让的非货币财产才可以作价出资，以管理能力作为出资我国《公司法》中没有规定。

（2）甲公司可以成立。因为作为有限责任公司的最低注册资金必须在三万元以上（第二十六条），甲公司达到了法定的最低资本额。股东人数也符合规定（第二十四条：五十人以下）。

（资料来源：http://www.wordwendang.com/word_jingji/20110823/732093.html。）

项目小结

通过本项目内容的学习，要求学生了解公司法，认知有限责任公司、股份有限公司的概念；掌握公司法的基本原理，熟悉并理解有限责任公司的概念、特征，以及其在市场运行和管理过程中的特殊性；结合实际分析有限责任公司、股份有限公司的组织结构，运用所学知识，进行有限责任公司、股份有限公司设立方式及设立流程的分析。

项目实训

组建公司组织机构

任务目标

通过这项实训活动，可以让学生熟知公司组织机构的人员构成和资格要求，熟知各个机构的职权，并深入了解《公司法》。

任务内容

以小组为单位，采取角色模拟的实训方式组建公司组织机构。

任务要求

1. 收集并掌握公司组建的必要条件，并准备资料。
2. 了解《公司法》的内容，根据流程组建公司。

任务操作

采用场景模拟的方式，由学生扮演其中的角色，设身处地地分析与解决所面临的问题。

任务流程

第一步，把学生分成几个小组，每个小组成立一家公司，名称、经营范围自定。

第二步，每个小组根据制定的公司章程组建股东会，选举董事和监事。

第三步，把各自选举出来的董事和监事列入公司章程中，并准备报工商局备案。

第四步，每个小组把公司章程、选举的董事和监事名单以及记录整个组建公司过程的材料上交。

综合实训

一、单项选择题

1. 下列各项中，不是由国有独资公司董事会作出决议的是（　　）。

A. 发行公司债券

B. 审议批准公司的年度利润分配方案

C. 审议批准公司的年度财务预算方案

D. 决定公司内部管理机构的设置

2. 根据《公司法》的规定，股份有限公司董事会作出决议，应由（　　）。

A. 全体董事的过半数通过

B. 出席会议的董事三分之二以上通过

C. 出席会议的董事过半数通过

D. 全体董事的三分之二以上通过

3. 根据公司法律制度，下列有关股份有限公司监事会组成的表述中，符合规定的是（　　）。

A. 监事会成员必须全部由股东大会选举产生

B. 监事会中必须有职工代表

C. 未担任公司行政管理职务的公司财务负责人可以兼任监事

D. 监事会成员任期为三年，不得连选连任

4. 2016 年 1 月 5 日甲公司召开董事会并作出相关的决议，此次董事会的决议内容违反了公司章程，那么公司股东应当在自决议作出之日起（　　）内，请求人民法院撤销。

A. 10 日　　B. 30 日　　C. 60 日　　D. 90 日

5. 设立公司应当申请名称预先核准，预先核准的公司名称保留期为（　　）。

A. 1 个月　　B. 3 个月　　C. 6 个月　　D. 12 个月

二、多项选择题

1. 下列选项中，关于公司的年度检验，不正确的有（　　）。

A. 公司登记机关应于每年 3 月 1 日至 6 月 1 日对公司进行年度检验

B. 公司在接受年度检验时，应当提交《企业法人营业执照》正本

C. 设立分公司的公司提交的年度检验材料与其他公司相同

D. 公司应当缴纳的年度检验费为 50 元

2. 根据《公司法》的规定，下列各项中，不属于有限责任公司监事会行使的职权有（　　）。

A. 检查公司财务　　B. 决定公司内部管理机构的设置

C. 对董事的行为进行监督　　D. 提议召开临时股东会

3. 王某听说新《公司法》允许设立一人公司，便向律师咨询，打算自己成立一人公司，律师的建议中正确的是（　　）。

A. 王某的一人公司注册资本最低限额为人民币 10 万元，并应当一次足额缴纳

B. 王某只能成立一个一人公司，且不可以再投资设立其他的公司

C. 王某的一人公司不设立股东会

D. 王某如果不能证明公司财产独立于股东自己的财产时，应当对公司债务承担连带责任

4. 某有限责任公司于 2016 年 4 月 18 日召开股东会，选举公司的监事。下列人员中不可以担任公司监事的是（　　）。

A. 在国家机关任处长的王某

B. 曾因挪用公款罪被判处有期徒刑，2015 年 2 月 13 日刑满释放的李某

C. 该公司的股东代表赵某

D. 该公司业务员王某

5. 下列对于股份有限公司和有限责任公司区别的表述中，不正确的是（　　）。

A. 有限责任公司两权分离程度较低；股份有限公司两权分离程度较高

B. 股份有限公司为非开放型公司，没有严格信息披露的义务；有限责任公司具有开

放性，负有法律规定的信息披露义务

C. 有限责任公司必须设立股东会、董事会、监事会；股份有限公司可不设立董事会和监事会

D. 有限责任公司股东转让股权时，其他股东没有优先购买权；股份有限公司股东转让股权时，其他股东有优先购买权

三、案例分析题

某有限责任公司拟任命有经营头脑的 W 担任公司的董事，但股东甲提出反对意见，因为 W 目前在文化局担任副处长，是国家的公务员；而股东乙认为 W 才华出众，极富经营头脑，还有半年就退休了，现在工作不是很忙，完全可以胜任董事的职务。另外，该有限责任公司董事 Z 在担任该公司董事期间，还与高中同学合伙成立了合伙企业经营与该有限责任公司相同的产品，获得个人收益 10 万元。股东甲一直对公司的经营管理业绩不太满意，想抽回出资或者悄悄将自己持有的出资份额转让给一直想投资实业的 G。试问：

（1）W 是否可以担任公司的董事？为什么？

（2）董事 Z 是否可以成立合伙企业与该有限责任公司竞争？为什么？

（3）董事 Z 的 10 万元收益如何处理？

（4）股东甲是否可以实现自己的想法？为什么？

项目五

企业破产法

职业能力目标

认知破产及破产法的基本概念；掌握破产的申请和受理，破产重整制度的概念和特征，破产和解制度的概念和特征；结合实际分析破产清算受理程序。

典型工作任务

掌握破产法、破产的申请和受理程序、破产和解制度、破产清算受理程序。

开篇普法

企业破产法

《中华人民共和国企业破产法》(简称《企业破产法》)，由中华人民共和国第十届全国人民代表大会常务委员会第二十三次会议于2006年8月27日通过，是为规范企业破产程序，公平清理债权债务，保护债权人和债务人的合法权益，维护社会主义市场经济秩序，而制定的法律。该法自2007年6月1日起施行。

《企业破产法》内容总计136条，包括：

第一章　总　则
第二章　申请和受理
第三章　管理人
第四章　债务人财产
第五章　破产费用和共益债务
第六章　债权申报
第七章　债权人会议
第八章　重　整
第九章　和　解
第十章　破产清算
第十一章　法律责任
第十二章　附　则

任务一 破产法概述

一、破产的概念及破产界限

（一）破产的概念

破产在不同语境中有不同含义。在日常生活中，破产常被用于指称债务人不能清偿其到期债务的事实状态，而不论是否因此进入破产法律程序。一般所谓破产是指法律意义上的破产，具体包括狭义和广义两种含义。狭义上的破产，特指清算型破产，它是指当债务人不能清偿到期债务时，由法院根据债权人或债务人的申请，依法宣告债务人破产，并将其全部财产公平分配给全体债权人的清算程序。广义上的破产，则指预防型破产，它是指当债务人不能清偿到期债务时，由法院根据当事人的申请，对债务人实施的挽救性程序以及就债务人的全部财产实行的概括性清算程序的统称。它是由破产清算程序与破产和解、破产重整等预防性程序共同构成的一个统一的破产法律制度体系。

清算型破产以破产清算为唯一目的，预防型破产则以破产预防为主要目的，以破产清算为次要目的。传统意义上的破产是就狭义而言，现代意义上的破产则是就广义而言。我国 2006 年《企业破产法》在该法的名称及某些概念上直接使用广义上“破产”概念的同时，又在某些概念上将“破产”概念限定于破产清算程序之中。

（二）破产界限

破产界限，是指企业破产的法定事由，是当事人申请破产和人民法院宣告破产的基本条件。《民事诉讼法》第一百九十九条规定：“企业法人因严重亏损，无力清偿到期债务，债权人可以向人民法院申请宣告债务人破产还债，债务人也可以向人民法院申请宣告破产还债。”《民事诉讼法》规定的破产界限包括如下两个要件。

1. 严重亏损

严重亏损是指企业的亏损额已经达到甚至超过企业资产的总额，并使企业丧失了清偿到期债务的能力。导致企业严重亏损的原因不仅限于经营管理不善，而且还包括天灾人祸、不可抗力等。

2. 无力清偿到期债务

无力清偿到期债务包括两种情况，一种情况是资不抵债且信用失灵，不能以良好的信誉取得贷款或吸引投资，因而不能清偿到期债务；另一种情况是虽然资产仍大于债务，但实际上已陷于破产境地。例如，企业实际资产有 210 万元、负债 200 万元，但企业资产中有相当一部分是固定资产，若将固定资产变卖还债，企业实际已不能生存。

以上两个条件必须同时具备，才可认定达到了破产界限，二者缺一不可。

二、破产法

破产法是破产制度的法律表现形式。它是规定在债务人不能清偿到期债务时，法院强制对其全部财产清算分配，公平清偿债权人，或者通过和解、重整，避免其倒闭，清偿债务的法律规范的总称。

破产法主要包括破产实体规范和程序规范两方面。实体规范主要包括破产能力、破产原因、债务人财产、破产债权、取回权、撤销权、破产无效行为、抵销权、破产费用和共益债务等制度；程序规范主要包括破产案件的管辖、破产申请的提出与受理、债权申报、管理人、债权人会议、和解、重整、破产宣告、清算分配与破产程序的终结等制度。

任务二 破产的申请和受理

破产受理即破产案件的受理，又称立案，是指人民法院在收到破产案件申请后，认为申请符合法定条件而予以接受，并由此开始破产程序的司法行为。法院裁定受理破产申请，是破产程序开始的标志。

由于破产程序开始具有一系列的法律效果，有关破产案件受理的规则在破产法上具有重要的意义。当债权人或者债务人向人民法院提出债务人破产的申请时，破产程序并未开始。人民法院收到破产申请后，应当在法定时限内对破产申请进行审查，包括形式审查和实质审查。法院经审查认为破产申请符合法定条件的，应当裁定受理破产申请；法院认为破产申请不符合法定条件或者申请理由不成立的，则应裁定驳回破产申请。

一、破产的受理时限

（一）对债权人提出破产申请的受理时限以及债务人的异议期限

《企业破产法》第十条规定，债权人提出破产申请后，人民法院应当自收到破产申请之日起五日内通知债务人。这是因为，破产对债务人来说是生死攸关的事情，故债务人有权及时知道自己被申请破产，而且有权就自己是否具备破产原因或者是否有不适用破产程序的其他理由提出意见。实践中，由于债权人不能够详尽地了解债务人的财务状况，可能会在债务人并不具备破产原因的情况下提出破产申请；也可能有债权人为了达到不正当的目的，试图借助破产程序损毁债务人的商誉或者阻止债务人将要进行的某项交易，甚至以此对债务人进行敲诈或胁迫。因此，《企业破产法》规定，债务人对债权人的申请有异议的，可以自收到人民法院的通知之日起七日内向人民法院提出。从债务人接到人民法院所送达的破产申请通知之日起七日内为债务人对破产申请的异议期。债务人有异议的，必须在异议期内提出。

异议期满后，无论债务人是否提出异议，法院有不超过十天的审理期。也就是说，法院将在异议期满后十日内作出受理或者不受理破产申请的裁定。

（二）债务人或清算责任人提出破产申请的受理时限

在债务人或者清算责任人提出破产申请的情形下，不存在债务人提出异议的问题。因此，人民法院应当自收到破产申请之日起十五日内裁定是否受理。

（三）特殊情况下人民法院受理破产申请期限的规定

以上是对一般情况下人民法院受理破产申请的时限规定。但是，当出现一些比较特殊的情况时，如债权人人数众多、债权债务关系复杂、资产状况混乱等，人民法院难以在很短的时间内完成对破产申请的审查。此时，为了保证受理裁定的正确性，人民法院可以经上一级人民法院的批准，将裁定受理的时间延长十五日。因此，在特殊情况下，从法院收到破产申请到法院作出受理裁定的最长时间，债权人提出申请的案件为37日，债务人或清算责任人提出申请的案件为30日。

二、受理审查

《企业破产法》第十条规定的受理裁定时间，实际上就是人民法院在受理前的审查期间。我国的破产程序开始制度，实行的是对破产申请审查受理制而不是当然受理制。因此，对破产申请的审查是案件受理程序的必要环节。对破产申请的审查包括形式审查和实质审查两方面。

（一）形式审查

形式审查是旨在判定破产申请是否具备法律规定的申请形式。其审查内容主要包括以下几项。

（1）申请人是否具备破产申请资格，即是否为《企业破产法》第七条规定的债权人、债务人或者清算责任人。

（2）债务人是否为依法可适用企业破产程序的主体，即是否为《企业破产法》第二条规定的企业法人或者第一百三十五条规定的其他组织。

（3）受案法院对本案是否有管辖权，这要依据《企业破产法》第三条及相关司法解释确定。

（4）申请文件是否符合《企业破产法》第八条的要求，即申请书内容完整、相关证据齐备、法定文件齐全。形式审查中，发现有可补正的形式缺陷的，法院可以在本条规定的时限内，责令申请补正。

（二）实质审查

实质审查旨在判定破产申请是否具有法律规定的破产申请实质条件，即债务人是否存在破产原因。破产原因的存在是一个事实问题，对这种事实的确定通常需要一个调查和证明的过程，而这个过程只能在破产程序开始以后才能进行。所以，在破产案件受理阶段的实质审查是一种表面事实的审查，即依据申请人提交的材料，对债务人是否具有《企业破产法》第二条或者（在债权人申请的情况下）第七条第二款规定的事由。

受理破产案件的实质审查实行表面事实审查制，有利于及时启动破产程序，以保全债务人财产和保护债权人的合法权益，也有利于企业的及时拯救。当然，在实践中，不排除案件受理时的表面事实与真实情况不符，或者案件受理后因情况变化而致原有破产原因消除的可能性。在这样的情况下，可以适用《企业破产法》第十二条第二款的规定，驳回破产申请并终结破产案件。

三、破产申请的驳回

（一）裁定不受理破产申请

人民法院在收到破产申请书以及相关的证据材料后，通过形式审查和实质审查，认为不符合破产条件的，应该依法作出不受理的裁定。人民法院通过对破产申请的不受理，可以有效地防止债权人滥用破产申请损害债务人的商业信誉等合法权益，也可以防止债务人假借破产之名逃废债务，损害债权人的合法权益。根据《企业破产法》第十二条的规定，不受理破产申请的裁定应当自作出之日起五日内送达申请人，并说明不受理的理由。申请人对裁定不服的，可以自裁定送达之日起十日内向上一级人民法院提起上诉。申请人因相关证据不足被裁定不受理的，可以在补足证据后重新提出破产申请。

（二）受理后驳回破产申请

由于破产案件受理时的实质审查是表面事实的审查，实践中可能存在债务人实际上不存在破产原因的情形。因此，人民法院在受理以后，有机会通过进一步审查证据和了解情况，确定表面事实的真实性。《企业破产法》第十二条第二款规定，在受理破产申请后，裁定破产宣告前，人民法院发现债务人不具备《企业破产法》第二条或者（债权人申请时）第七条第二款规定的破产原因时，可以驳回该申请，终结破产程序。

（三）受理裁定的送达

《企业破产法》第十一条规定，人民法院受理破产申请的，应当自裁定作出之日起五日内送达受理破产申请的裁定书。送达的对象，在债务人申请或者清算责任人申请的情况下，为申请人；在债权人申请的情况下，为申请人和债务人。受理裁定的送达，应直接送交受送达人。直接送达有困难的，可以根据实际情况，采用《民事诉讼法》规定的其他方式送达。

无论破产申请由谁提出，受理破产申请的裁定都应当及时送达债务人，以便债务人能够就履行《企业破产法》第十五条规定的义务做好相应的准备。而在债权人提起破产申请的情况下，申请人不能提供关于债务人的财产、债权债务、财务会计和职工债权等与企业破产案件关系极为密切的情况，为了使人民法院能够及时、公正和有效地审理破产案件，保护债权人和债务人的合法权益，法律规定债务人负有在收到受理破产申请裁定到达后的十五日内，向人民法院提交财产状况说明、债务清册、债权清册、有关财务会计报告以及职工工资的支付和社会保险费用的缴纳情况的义务。违反此项义务的，依照《企业破产法》第一百二十七条的规定追究法律责任。

任务三　破产重整与和解

一、破产重整制度的概念和特征

破产重整制度，是指经由利害关系人的申请，在法院的主持和利害关系人的参与下，对具有重整原因和重整能力的债务人进行生产经营上的整顿和债权债务关系上的清理，以使其摆脱财务困境，重获经营能力的破产预防制度。我国《企业破产法》设专章规定了重整制度。

破产重整制度具有以下基本特征。

1. 重整的原因比较宽泛

与破产清算的原因相比，重整的原因要宽泛得多，并不限于不能清偿到期债务。对于因经营或财务困难将要无力偿债的企业法人也可适用重整程序。

2. 重整对象的特定化

基于重整的特殊性，多数国家或地区均将其对象限制在较小范围，如股份有限公司。

3. 目标的多元化与重整措施的多样化

重整制度不仅要清理债务人的对外债务，更重要的是从根本上恢复企业的生产经营能力，同时还注重企业劳动者利益的维护。这种目标的多元化要求重整措施的多样化，重整的措施不仅包括债权人和债务人的妥协让步，还包括企业部分或整体出让、合并与分立、追加投资、租赁经营等。

4. 重整主体的广泛化

重整程序的参加者不仅包括债权人和债务人，还包括股东（出资人）。

5. 重整程序的优先化

重整程序一旦启动，不仅正在进行的一般民事执行程序应当中止，而且正在进行的破产程序和和解程序也应当中止。当破产申请、和解申请和重整申请同时并存时，法院应当优先受理重整申请。

二、重整程序的启动

（一）重整申请的提出

依我国《企业破产法》第七十条规定，有权提出重整申请的人包括债务人、债权人以及债务人的出资人。

1. 债务人申请重整

当债务人不能清偿到期债务并且资产不足以清偿全部债务或者明显缺乏清偿能力，或者有明显丧失清偿能力的，可以向人民法院申请进行重整；债权人申请对债务人进行破产清算的，在人民法院受理破产案件后、宣告债务人破产前，债务人为了避免破产倒闭，可以向人民法院申请进行重整。

2. 债权人申请重整

当债务人不能清偿对债权人的到期债务时，债权人即可直接向人民法院提出对债务人进行重整的申请。

3. 债务人的出资人申请重整

债权人申请对债务人进行破产清算，在人民法院受理破产申请后、宣告破产前，出资额占债务人注册资本十分之一以上的出资人，可以向人民法院申请重整。

（二）重整申请的受理

人民法院审查认为重整申请符合法律规定的，应当裁定债务人重整，并予以公告。

自人民法院裁定债务人重整之日起至重整程序终止，为重整期间。重整期间在国外立法中也称为“冻结期间”，其目的在于防止债权人在重整期间对债务人及其财产采取诉讼或其他程序，以保护企业的正常运作和制订重整计划，同时也对债务人的股东、董事和高级管理人员加以限制，以增加重整成功的可能性。

（三）重整程序的效力

重整程序开始后，会产生一系列的法律效力，主要体现在以下五个方面。

（1）在重整期间，经债务人申请，人民法院批准，债务人可以在管理人的监督下自行管理财产和营业事务。依法已接管债务人财产和营业事务的管理人应当向债务人移交财产和营业事务，管理人的职权由债务人行使。管理人负责管理财产和营业事务的，可以聘任债务人的经营管理人员负责营业事务。

（2）重整期间，对债务人的特定财产享有的担保权暂停行使。但是，担保物有损坏或者价值明显减少的可能，足以危害担保权人权利的，担保权人可以向人民法院请求恢复行使担保权。债务人或者管理人为继续营业而借款的，可以为该借款设定担保。

（3）债务人合法占有的他人财产，该财产的权利人在重整期间要求取回的，应当符合事先约定的条件。

（4）重整期间，债务人的出资人不得请求投资收益分配。债务人的董事、监事、高级管理人员不得向第三人转让其持有的债务人的股权。但是，经人民法院同意的除外。

（5）重整申请受理后，应当中止一切有关债务人财产的其他民事执行程序和其他保全措施，已开始尚未审结的有关债务人财产或者权利的民事诉讼也应中止。

（四）重整程序的终止

依我国《企业破产法》第七十八条、第七十九条第三款、第八十八条、第九十三条第一款规定，重整程序在以下情形下终止。

（1）在重整期间，有下列情形之一的，经管理人或者利害关系人请求，人民法院应当裁定终止重整程序，并宣告债务人破产：①债务人的经营状况和财产状况继续恶化，缺乏挽救的可能性；②债务人有欺诈、恶意减少债权人财产或者其他显著不利于债权人的行为；③由于债务人的行为致使管理人无法执行职务。

（2）债务人或者管理人未按期提出重整计划草案的，人民法院应当裁定终止重整程序，并宣告债务人破产。

（3）重整计划草案未获得通过，且未依照《企业破产法》第八十七条的规定获得人民法院批准，或者已通过的重整计划未获批准的，人民法院应当裁定终止重整程序，并宣告债务人破产。

（4）债务人不能执行或者不执行重整计划的，人民法院经管理人或者利害关系人请求，应当裁定终止重整计划的执行，并宣告债务人破产。

三、重整计划

重整计划，是指由重整人制订的，旨在维持债务人的继续营业，谋求债务人的再生并清理债权债务关系为内容的协议。其类似于和解程序中的和解协议，是重整程序中最为重要的法定文件。

（一）重整计划草案的制订

债务人或者管理人应当自人民法院裁定债务人重整之日起六个月内，同时向人民法院和债权人会议提交重整计划草案。期限届满，经债务人或者管理人请求，有正当理由的，人民法院可以裁定延期三个月。

债务人自行管理财产和营业事务的，由债务人制作重整计划草案。管理人负责管理财产和营业事务的，由管理人制作重整计划草案。

重整计划草案应当包括下列内容：①债务人的经营方案；②债权分类；③债权调整方案；④债权受偿方案；⑤重整计划的执行期限；⑥重整计划执行的监督期限；⑦有利于债务人重整的其他方案。

（二）重整计划草案的通过

人民法院应当自收到重整计划草案之日起三十日内召开债权人会议，对重整计划草案进行表决。债权人按不同的债权进行分组，各组分别对草案进行表决，出席会议的同一表决组的债权人过半数同意重整计划草案，并且其所代表的债权额占该组债权总额的三分之二以上的，即该组通过重整计划草案。

各表决组均通过重整计划草案时，重整计划为通过。部分表决组未通过重整计划草案的，债务人或者管理人可以同未通过重整计划草案的表决组协商。该表决组可以在协商后再表决一次。双方协商的结果不得损害其他表决组的利益。未通过重整计划草案的表决组拒绝再次表决或者再次表决仍未通过重整计划草案，在符合法律规定的条件下，债务人或者管理人可以申请人民法院批准重整计划草案。

（三）批准重整计划

自重整计划通过之日起十日内，债务人或者管理人应当向人民法院提出批准重整计划的申请。人民法院经审查认为符合《企业破产法》规定的，应当自收到申请之日起三十日内裁定批准，终止重整程序，并予以公告。依据《企业破产法》第八十七条第二款的规定，法院还可以对重整计划进行强制批准。

（四）重整计划的效力

经人民法院裁定批准的重整计划，对债务人和全体债权人均有约束力。重整计划排除了未按法律规定申报债权的债权人在该计划执行期间主张权利的效力，在重整计划执行完毕后，此类债权人可以按照重整计划规定的同类债权的清偿条件行使权利。债权人对债务人的保证人和其他连带债务人所享有的权利，不受重整计划的影响。

（五）重整计划的执行

重整计划由债务人负责执行。在重整计划规定的监督管理期内，管理人监督重整计划的执行。重整计划执行完毕后，按照重整计划减免的债务，债务人不再承担清偿责任。

四、破产和解制度的概念和特征

破产和解制度，是指破产程序开始后，经由债务人与债权人会议达成协议，就债务人延期清偿债务、减少债务数额等事项达成协议，以中止破产程序，防止企业破产的法律制度。

破产和解制度具有以下法律特征。

（1）破产和解适用于已具备破产原因的债务人，并且是以避免破产清算为目的的。破产和解制度给予了债务人以复苏的机会，能够减少破产给社会带来的不利影响。

（2）破产和解协议内容一般是债权人作出延期或分期偿还债务、减少债务或利息、放弃利息或者同意第三人承担债务等让步。通过债权人的让步，不仅使债务人获得了拯救的机会，而且往往能够使债权人获得比在破产清算时更多的清偿。

（3）和解协议是债务人与债权人会议之间自愿达成的协议。和解协议草案应由债务人提出，经由债权人会议表决通过，达成和解协议。

（4）破产和解具有强制性。即和解协议一经债权人会议表决通过，该和解协议即对全体债权人有约束力。

五、破产和解程序

（一）破产和解申请的提出

破产和解申请，是债务人向法院请求同债权人会议进行和解的意思表示。各国破产法规定，破产和解申请的主体为债务人。我国《企业破产法》第九十五条规定：“债务人可以依照本法规定，直接向人民法院申请和解；也可以在人民法院受理破产申请后、宣告债务人破产前，向人民法院申请和解。”“债务人申请和解，应当提出和解协议草案。”

（二）法院裁定和解

人民法院审查后认为和解申请符合法律规定的，应当裁定和解，予以公告，并召集债权人会议讨论和解协议草案。对债务人的特定财产享有担保权的权利人，自人民法院裁定和解之日起可以行使权利。

（三）通过和解协议

债权人会议通过和解协议的决议，由出席会议的有表决权的债权人过半数同意，并且其所代表的债权额占无财产担保债权总额的三分之二以上。债权人会议通过和解协议的，由人民法院裁定认可，终止和解程序，并予以公告。

和解协议草案经债权人会议表决未获得通过，或者已经债权人会议通过的和解协议未获得人民法院认可的，人民法院应当裁定终止和解程序，并宣告债务人破产。新的《企业破产法》还规定了破产程序中的和解：人民法院受理破产后，债务人与全体债权人就债权债务的处理自行达成协议的，可以请求人民法院裁定认可，并终结破产程序。

六、和解协议的效力

和解协议法律效力的发生并不依赖于债权人会议的决议，而取决于法院的确认。根据《企业破产法》规定，和解协议在经法院审查认可之后，正式生效，并产生以下法律效力。

（1）债权人会议通过和解协议的，由人民法院裁定认可，终止和解程序，并予以公告。管理人应当向债务人移交财产和营业事务，并向人民法院提交执行职务的报告。

（2）和解协议草案经债权人会议表决未获得通过，或者已经债权人会议通过的和解协议未获得人民法院认可的，人民法院应当裁定终止和解程序，并宣告债务人破产。

（3）经人民法院裁定认可的和解协议，对债务人和全体和解债权人均有约束力。和解债权人是指人民法院受理破产申请时对债务人享有无财产担保债权的人。和解债权人未依照企业破产法规定申报债权的，在和解协议执行期间不得行使权利；在和解协议执行完毕后，可以按照和解协议规定的清偿条件行使权利。和解债权人对债务人的保证人和其他连带债务人所享有的权利，不受和解协议的影响。债务人应当按照和解协议规定的条件清偿债务。

（4）因债务人的欺诈或者其他违法行为而成立的和解协议，人民法院应当裁定无效，并宣告债务人破产。有该情形的，和解债权人因执行和解协议所受的清偿，在其他债权人所受清偿同等比例的范围内，不予返还。

（5）债务人不能执行或者不执行和解协议的，人民法院经和解债权人请求，应当裁定终止和解协议的执行，并宣告债务人破产。但在此情形下，为和解协议的执行提供的担保继续有效。人民法院裁定终止和解协议执行的，和解债权人在和解协议中作出的债权调整的承诺失去效力。和解债权人因执行和解协议所受的清偿仍然有效，和解债权未受清偿的部分作为破产债权。因执行和解协议获得部分清偿的和解债权人，只有在其他债权人同自己所受的清偿达到同一比例时，才能继续接受分配。

（6）人民法院受理破产申请后，债务人与全体债权人就债权债务的处理自行达成协议的，可以请求人民法院裁定认可，并终结破产程序。按照和解协议减免的债务，自和解协议执行完毕时起，债务人不再承担清偿责任。

任务四 破产清算

一、破产清算受理程序

在提出破产申请后，法院如受理破产清算案件，通常按下列程式进行。

（一）成立清算组

法院应当自宣告债务企业破产之日起十五日内成立清算组，接管破产企业。清算组由法院从公司的主管部门、政府有关部门和专业人员中指定，也可以聘请中国注册会计师和律师参加。清算组负责破产财产的保管、清理、估价、处理和分配。清算组应对人民法院负责并报告工作，接受法院的监督。我国《公司法》规定，清算组在清算期间行使下列职权：

（1）清理公司财产，分别编制资产负债表和财产清单。

（2）通知或者公告债权人。

（3）处理与清算有关的公司未了结的业务。

（4）清缴所欠税款。

（5）清理债权、债务。

（6）处理公司清偿债务后的剩余财产。

（7）代表公司参与民事诉讼活动。

（二）通知债权人申报债权

清算组应当自成立之日起十日内通知债权人，并于六十日内在报纸上至少公告三次，公告和通知中应当规定第一次债权人会议召开的日期。

（三）召开债权人会议

所有债权人均为债权人会议成员。第一次债权人会议由人民法院召集，应当在债权申请期限届满后十五日内召开。以后的债权人会议在人民法院或者会议主席认为必要时召开，也可以在清算组或占无财产担保债权总额的四分之一以上的债权人要求时召开。

（四）确认破产财产

破产财产指用以清偿债务的全部财产，主要包括：

（1）宣告破产时破产企业经营管理的全部财产。

（2）破产企业在破产宣告后至破产程式终结前所取得的财产。

（3）应当由破产企业行使的其他财产权利。已作为担保物所担保的债务数额的，超过部分属于破产财产。破产企业内属于他人的财产，应由该财产的权利人通过清算组取回。

（五）确认破产债权

破产债权指宣告破产前就已成立的、对破产人发生的、依法申报确认并从破产财产中获得公开清偿的可强制性执行的财产请求权。主要包括：

（1）宣告破产前成立的无财产担保的债权和放弃优先受偿权利的有财产担保的债权。

（2）宣告破产时未到期的债权，视为已到期债权，但是应当减去至到期日的利息。

（3）宣告破产前成立的有关财产担保的债权，债权人享有就该担保物优先受偿的权利。如果该项债权数额超过担保物的价款的，未受清偿的部分作为破产债权。债权人参加破产程式的费用不得作为破产债权。

（六）拨付破产费用

破产费用指在破产程式中为破产债权人的共同利益而由破产财产中支付的费用，主要包括：

（1）破产财产的管理、变卖和分配所需要的费用，包括聘任工作人员的费用。

（2）破产案件的诉讼费用。

（3）为债权人的共同利益而在破产程式中支付的其他费用。

破产费用应当从破产财产中优先拨付。

（七）破产财产清偿顺序

破产财产在优先拨付破产费用后，按照下列顺序清偿：

（1）破产企业所欠职工工资和劳动保险费用。

（2）破产企业所欠税款。

（3）破产债权。

破产财产不足清偿同一顺序的清偿要求的，按照比例分配。

有些国家（如美国），在法律中规定了详细的债权清偿等级，受有效抵押权所担保的债权，将在作为其担保物的财产变卖所得价款范围内首先获得清偿。如果所得价款不足以清偿有财产担保债权人的债权，不足金额作为无担保非优先债权，或一般无担保债权。无担保债权分为优先和非优先两级。无担保优先债权应在支付无担保非优先债权之前全数清偿。无担保优先债权共分六级，第一级债权（管理费用）应在支付第二级债权之前全数偿还，还并依此类推。然而，在这六级中，任何一级可用的现金不足以支付该级的所有债权，则按比例清偿。无担保非优先债权也应按相同的现金分配程式清偿。只有在所有债权人的债权均受清偿之后才能分配给股东（所有者）。

（八）破产清算的结束

经过上述破产清算程式后，清算组应当编制破产清算结束报告，并出具清算期内的各种报表，连同各种财务账册，经中国注册会计师验证后，报授权部门审批。

（九）登报声明

经批准后再向工商行政管理部门和税务部门注销登记并在省级或者市级以上报纸上刊登公告。

破产清算、破产重整和破产和解制度均是我国新破产法规定的破产程序，共同构成现代企业破产制度的三大基石。破产清算、重整及和解制度同为处理破产案件的程序，在启动主体、启动条件、利益主体、审批程序、强制力、法律目标等方面存在诸多差异。

二、破产清算、破产重整和破产和解的区别

（一）三者的调整内容和规范重点有所区别

（1）破产清算制度是通过宣告债务人破产后，由破产管理人对破产财产进行清算、评

估、处理，并按照规定的程序和分配规则对破产财产进行分配，最终使债务人不复存在的一套制度。破产清算制度往往适用于那些无法通过重整或和解而继续生存下去的公司。

（2）破产和解制度着眼于通过债权人与债务人的协商，减免债务数额及延缓债务履行期限，使债务人摆脱了经济困难、避免破产，从而维护社会正常交易秩序，兼顾当事人个体利益与社会利益。

（3）企业重整制度则着眼于积极预防破产，充分调动各方利害关系人的积极性，共同拯救陷于经营困境的企业，从根本上恢复债务人的生产经营能力，维持企业正常的生产经营秩序，实现企业价值的更生再造。其在性质上，重整制度具有债务清理和企业拯救的双重目的，而后者是主要方面。

（二）三者的适用条件不同

（1）能够启动破产清算程序必须是债务人出现了破产原因。破产原因有两种：一是债务人不能清偿到期债务，且资产不足以清偿全部债务，而无论该等债务是否到期；二是债务人不能清偿到期债务，且明显缺乏清偿能力。只要满足上述情形之一的，即可被认定为出现了破产原因。破产原因并不论债务人是否经营盈亏，只问能否偿还债务，譬如本身经营并不亏损，但却因不适当地承担了担保责任而被宣告破产。

（2）对破产和解来说，程序启动的条件与破产清算程序启动的条件是一致的，亦即出现了破产原因。

（3）相对来说，破产重整程序开始的条件较破产清算、和解程序更为宽松，不仅在破产原因已经发生时可以申请重整，在债务企业有明显丧失清偿能力可能时，即有发生破产原因可能的，债权人也可以申请重整。

（三）三者的申请人范围不同

（1）破产清算申请人可以是债务人和债权人。此外，对于企业已解散但未清算或者未清算完毕，且资产不足以清偿债务的，依法负有清算责任的人应当向法院申请破产清算；金融机构具有破产原因的，国务院相应的金融监督管理机构亦可以提出破产清算。

（2）破产和解申请人仅限于债务人。也就是说，当债务人不能清偿到期债务而具备破产原因时，债权人依法有权向法院申请宣告债务人破产，而不能提起破产和解，至于债务人为了避免被宣告破产，可以向债权人提出破产和解的请求。

（3）破产重整制度的申请人则较为广泛。按照新破产法的规定，重整程序的申请人分为两种情况：一是破产案件受理前的初始重整申请，可以由债务人或者债权人提出；二是破产案件受理后，破产宣告前的后续重整申请，初始申请为债权人申请债务人破产清算的，债务人或者持有债务人注册资本十分之一以上的出资人可以提出。值得说明的是，法律并没有明确“注册资本十分之一以上”是指单一持有还是合计持有，通常学界认为应当理解为是合计持有。此外，金融机构具有破产原因或者有发生破产原因可能的，国务院相应的金融监督管理机构亦可以提出破产重整。

（四）三者所适用的法律措施不尽相同

（1）破产清算制度只是通过法律程序对债务人财产进行清算，并将可分配财产在有关权利人（主要是债权人）间实现较为公平的清偿，因而没有更多的措施可以采用。

（2）破产和解制度是通过债权人与面临被宣告破产的债务人之间就减免债务、债务的迟延履行等方面达成和解协议的方式实现的，可以采取的措施也较为单调，主要靠债权人的让步，给债务人以喘息的机会从而获得清偿手段。

（3）企业重整制度的适用目标是企业摆脱经营困境，维持其正常经营秩序。为此，重整制度的措施较为丰富，只要法律没有明确限制或者禁止的，原则上都可以实施，如可采取延期偿还或减免债务的方式，还可采取无偿转让股份，核减或增加公司注册资本，将债权转化为股份，向特定对象定向发行新股或公司债券，转让营业、资产等方法；此外重整方式也具有多样灵活性，如当各个表决组不能一致以法定多数通过重整计划时，那么管理人可根据企业具体情况，决定将重整计划提交法院强制批准。

举案说法

某汽车汽配厂实有资产 3 820 万元，欠债 3 735 万元。但是该厂以“实有资产 1 280 万元，欠债 3 735 万元”的理由向当地人民法院提交了破产申请书，同时将 2 540 万元转移并隐蔽起来。该法院接到申请书后立即作出以下裁定：宣告该厂破产还债，并公告该厂所有债权人自公告之日起两个月内申报债权，逾期者一律视为放弃债权。禹州市工商银行看到公告后立即申请债权，并说明自己的债权是有财产担保的，因为该厂半年前向该银行借钱时以厂房作为抵押。但法院认为破产还债，所有债权人都是一样的，应该平等对待，裁定 1 280 万元财产由全体债权人按比例平均分配。

请问：以上做法，依我国现行破产法律制度来分析有无不相符之处？如有，请指出并说明理由。（提示：有五处的做法不合理）

答案解析：该汽车汽配厂实有资产 3 820 万元，欠债 3 735 万元。但是该厂以“实有资产 1 280 万元，欠债 3 735 万元”的理由（①虚假破产）向当地人民法院提交了破产申请书，同时将 2 540 万元转移并隐蔽起来（②隐匿财产）。该法院接到申请书后立即作出以下裁定（③未作调查和审核）：宣告该厂破产还债，并公告该厂所有债权人自公告之日起两个月内申报债权，逾期者一律视为放弃债权。禹州市工商银行看到公告后立即申请债权，并说明自己的债权是有财产担保的，因为该厂半年前向该银行借钱时以厂房作为抵押。但法院认为破产还债，所有债权人都是一样的，应该平等对待，裁定 1 280 万元财产（④所谓破产财产，是指能够依据破产程序分配给债权人的、属于债务人的所有财产，包括债务人在破产宣告时所有的或者经营管理的全部财产，债务人在破产宣告后至破产程序终结前取得的财产，以及应当由债务人行使的其他财产权利。所以抵押的厂房应为破产财产，用来还债）由全体债权人按比例平均分配（⑤应按债权比例来分配，而不是平均分配）。

（资料来源：http://wenda.so.com/q/1362021730064472。）

项目小结

通过本项目内容的学习，要求学生了解破产法及破产的相关概念；掌握破产和解制度的概念和特征，熟悉并理解破产和解程序、破产清算程序；并能够结合实际帮助企业制订重整计划；结合实际分析解决破产清算、破产重整和破产和解的区别。

项目实训

收集破产企业案例

任务目标

通过这项实训活动，学生不但能掌握理论知识，还能够提高其自学、解决问题及人际交往能力，包括书面与口头表达、辩论与听取、小组的组织与管理等。

任务内容

共 7 个选题：三鹿破产案例分析；柯达的破产保护的思考；雷曼兄弟控股公司的破产；通用汽车申请破产保护；中国沿海小企业破产分析；唯冠清算假设与 IPAD3 大陆上市；通用瑞典萨博汽车申请破产。各小组任选其一。

任务要求

收集背景资料，进行事件排队，作出案例分析，给出自己的建议。

任务操作

全部学生自愿分组收集案例资料→小组分析、讨论，达成共识→课堂发言，全班讨论→总结归纳，内化提升。

任务流程

第一步，将学生分成几个小组，针对案例公司破产的某一方面收集资料，按时间进行事件陈述和排队。

第二步，以小组为单位进行案例的讨论和分析。

第三步，每个小组进行发言，全班讨论，总结归纳。

综合实训

一、单项选择题

1. 红光印染厂被宣告破产，需要清偿如下费用及债务：

（1）管理、变价和分配企业财产的费用；

（2）企业作为保证人对被保证人负担的保证债务；

（3）企业欠缴的社会保险费用；

（4）企业财产受无因管理所产生的债务。

以上费用及债务的清偿顺序是（　　）。

A.（1）（3）（2）（4）　　B.（1）（4）（3）（2）

C.（4）（1）（3）（2）　　D.（3）（1）（4）（2）

2. 关于债权人会议的说法正确的是（　　）。

A. 债务人的所有债权人均为债权人会议成员

B. 债权人会议应当有债务人职工和工会代表参加

C. 债权人会议主席由全体成员选举产生

D. 对债务人特定财产享有担保权的债权人不享有表决权

3. 红日公司是碧海公司的出资人，其出资占碧海公司注册资本的 30%，碧海公司有明显丧失偿债能力的可能，蓝天公司是碧海公司的债权人，下列说法正确的有（　　）。

A. 碧海公司、红日公司、蓝天公司均可以直接向人民法院申请对碧海公司重整

B. 碧海公司向法院申请重整，法院不需审查，直接裁定碧海公司重整，并予以公告

C. 重整期间，碧海公司自行管理财产和营业事务

D. 重整期间，蓝天公司不得请求投资收益分配

4. 有财产担保债权人对下列事项不享有表决权的是（　　）。

A. 通过重整计划　　B. 通过和解协议

C. 通过债务人财产的管理方案　　D. 通过债务人财产的变价方案

5. 甲公司向人民法院申请宣告破产，法院受理了申请，并确定了 2 个月的申报期限，甲公司的债权人乙企业没有在申报期限内申报债权，下列说法正确的是（　　）。

A. 乙企业无权补充申报债权

B. 乙企业只有有正当理由，才能在破产财产最后分配前补充申报

C. 乙企业有权在破产财产最后分配前补充申报，为审查和确认补充申报债权的费用，由乙企业承担

D. 乙企业有权在破产财产最后分配前补充申报，为审查和确认补充申报债权的费用，列为破产费用

二、多项选择题

1. 宏达纺织厂向人民法院申请宣告破产，法院受理了申请，债权人会议对宏达纺织厂财产的分配方案未表决通过，下列说法不正确的是（　　）。

A. 债权人会议二次表决，再未通过的，三次表决，直到通过为止

B. 债权人会议二次表决，再未通过的，法院裁定，债权人对裁定不服的，向法院申请复议

C. 债权人会议二次表决，再未通过的，法院裁定，债权额占无财产担保债权总额 1/2 以上的债权人对裁定不服的，可以向该法院申请复议

D. 法院直接裁定，债权人对法院裁定不服的，可以向该法院申请复议

2. 甲企业被宣告破产，乙企业对甲企业的债权是附生效条件的债权，下列不正确的是（　　）。

A. 乙企业的债权不是破产债权，不能参与破产财产的分配

B. 乙企业的债权是破产债权，管理人应向乙企业按清偿比例分配破产财产

C. 乙企业的债权是破产债权，管理人应将乙企业的分配额提存，如在最后分配公告日条件仍未成就，应当分配给其他债权人

D. 乙企业的债权是破产债权，管理人应将乙企业的分配额提存，如自最后分配公告日起 2 个月内条件仍未成就，应当分配给其他债权人

3. 根据我国《企业破产法》的规定，整顿期间，债务人企业有下列（　　）情形时，应经人民法院裁定终结企业重整，宣告其破产。

A. 对原来没有财产担保的债务提供担保，严重损害债权人利益的

B. 无偿转让财产，严重损害债权人利益的

C. 财务状况继续恶化，债权人会议申请终结整顿的

D. 不执行和解协议

4. 下列各项中，应当召开债权人会议的情形有（　）。

A. 人民法院认为必要时

B. 债权人会议主席提议时

C. 占无财产担保债权总额 1/4 以上的债权人要求时

D. 占债权总额 1/4 以上的债权人要求时

5. 下列各项中属于破产费用的是（　）。

A. 破产案件的诉讼费用

B. 管理、变价和分配债务人财产的费用

C. 管理人执行职务的费用、报酬

D. 因债务人不当得利所产生的债务

三、案例分析题

2016 年 5 月 6 日由甲市工商行政管理局登记的国有企业——甲市机械设备厂由于经营管理不善，不能清偿到期债务，设备厂厂长决定向本企业所在区的人民法院申请宣告破产。法院在征得其上级主管部门同意并受理后，召集并主持了债权人会议，该企业的最大债权人是乙市的贸易公司，法院指定有财产担保未放弃优先受偿权的债权人丙担任债权人会议主席。此后经一段时间的审理，法院作出裁定宣告该国有企业破产，破产企业由其上级主管部门接管并进行清算活动。试问：该国有企业破产过程中，有哪些违法之处？

模块三

市场运行法

项目六

合同法

职业能力目标

了解合同的概念和基本原则；了解合同的不同分类；掌握合同订立程序、理解要约和承诺的概念；掌握合同生效要件；掌握合同履行原则；了解合同的担保形式；掌握合同的违约责任。

典型工作任务

识记合同的概念和主要内容；撰写经济合同条款；辨析合同效力。

开篇普法

合同法

《中华人民共和国合同法》由中华人民共和国第九届全国人民代表大会第二次会议于1999年3月15日通过，自1999年10月1日起施行。

我国合同制度的立法，经历了长期的历史发展过程。特别应当指出的是，在改革开放以来，为适应以经济建设为中心的需要，我国陆续颁布、实施了《中华人民共和国经济合同法》、《中华人民共和国涉外经济合同法》、《中华人民共和国技术合同法》。此外，《中华人民共和国民法通则》也对合同制度作了大量规定，对促进经济发展发挥了重要作用。但是，在我国实行社会主义市场经济和加大对外开放力度后，这三部合同法的计划经济色彩已显现出来，同时，由于三部合同法并存的弊端和冲突，显然已经不能满足社会主义市场经济发展的需要。

为了维护社会主义市场经济秩序，促进社会主义市场经济的健康发展，切实保护合同当事人的合法权益，促进社会主义现代化建设，我国于1999年颁布和施行了《中华人民共和国合同法》(简称《合同法》)。

《合同法》内容总计428条，包括：

总　则

第一章　一般规定

第二章　合同的订立

第三章　合同的效力

第四章　合同的履行

第五章　合同的变更和转让

第六章　合同的权利义务终止
第七章　违约责任
第八章　其他规定
分　则
第九章　买卖合同
第十章　供用电、水、气、热力合同
第十一章　赠与合同
第十二章　借款合同
第十三章　租赁合同
第十四章　融资租赁合同
第十五章　承揽合同
第十六章　建设工程合同
第十七章　运输合同
第十八章　技术合同
第十九章　保管合同
第二十章　仓储合同
第二十一章　委托合同
第二十二章　行纪合同
第二十三章　居间合同
附　则

任务一　合同法概述

一、合同的概念及特征

（一）合同的概念

《合同法》第二条规定，合同是平等主体的自然人、法人、其他组织之间设立、变更、终止民事权利义务关系的协议。

婚姻、收养、监护等有关身份关系的协议，适用其他法律规定。我国合同法所调整的合同是当事人之间设立、变更、终止财产性民事权利义务关系的协议。

（二）合同的特征

合同主要具有以下法律特征。

（1）合同是一种民事法律行为。民事法律行为，是指以意思表示为要素，并依其意思表示的内容引起民事法律关系设立、变更、终止的行为。而合同是合同当事人意思表示的结果，是以设立、变更、终止财产性民事权利义务关系为目的的，且合同的内容，即合同当事人之间的权利义务主要是由意思表示的内容来确定的。因而，合同是一种民事法律行为。

（2）合同是一种双方或多方当事人意思表示一致的民事法律行为。合同的成立必须有两方以上的当事人，他们在自愿的基础上相互或平行作出意思表示，而且意思表示必须达成一致。这是合同区别于单方法律行为的重要标志。单方民事法律行为如立遗嘱、放弃债权等，虽也有行为人的意思表示，但其仅依单方的意思表示而发生效力，非二人以上意思表示一致的行为，不是合同。

（3）合同是以在当事人之间设立、变更、终止财产性民事权利义务关系为目的的协议。无论当事人订立合同是为了设立财产性民事权利义务关系，还是为了变更或终止民事权利义务关系，只要当事人达成的协议依法成立并生效，就会对当事人产生法律约束力，当事人也必须依合同规定享有权利和履行义务。

二、合同种类

合同类型化，便于人们认清各类合同特征、对成立要件及生效要件的不同要求、应具有何种法律效力等，有助于合同立法的科学化及其妥当适用，也有助于当事人订立和履行合同，更有助于完善合同理论化。对合同大体可作如下分类。

1. 双务合同与单务合同

以双方当事人是否互负对待给付义务为标准，合同可分为双务合同与单务合同。

双务合同，是指当事人双方互负对待给付义务的合同。在双务合同中，一方享有的权利正是对方承担的义务，反之亦然。买卖、互易、租赁、承揽等合同均为双务合同。

单务合同是指只有一方当事人负给付义务的合同，如赠与、借用合同。

区分二者的法律意义在于，确定合同履行中是否适用同时履行抗辩权、先履行抗辩权、不安抗辩权的规则，因不可归责于双方当事人的原因而致不能履行时的风险负担问题，以及因一方当事人的过错导致合同不能履行的法律后果。

2. 有偿合同与无偿合同

以当事人取得权利是否支付对价为标准，合同可分为有偿合同与无偿合同。

有偿合同，是指当事人一方享有合同规定的权益，须向对方当事人偿付相应代价的合同。买卖、租赁、保险等合同是其典型。

无偿合同，是指当事人一方享有合同规定的权利，不必向对方当事人偿付相应代价的合同。赠与、借用等合同为其代表。

区分二者的法律意义在于，当事人应尽的注意义务与责任不同，对缔约人的要求不同，是否可行使撤销权不同，以及有无返还义务不同。

3. 诺成合同与实践合同

以合同成立是否交付标的物为标准，合同可分为诺成合同与实践合同。

诺成合同，又称不要物合同，是指只要双方当事人意思表示一致，不需交付标的物即可成立的合同。依我国《合同法》，绝大多数合同均为诺成合同。

实践合同，又称要物合同，是指除双方当事人意思表示一致外，还须交付标的物才能成立的合同，即以交付标的物为成立要件的合同。我国《担保法》规定，定金合同从实际交付定金之日起生效，是典型的实践合同。

区分二者的法律意义在于，二者成立的要件与当事人义务的确定不同。

4. 要式合同与不要式合同

以合同依法律规定或当事人约定是否采取特定形式为标准，合同可分为要式合同与不要式合同。

要式合同，是指法律规定或者当事人约定必须采取特定形式的合同。

不要式合同，是指法律没有特别规定，当事人也没有特别约定采用特定形式的合同。

现代合同以不要式为常态，以要式为例外。

区分二者的法律意义在于，要式合同如不符合法定的“形式要件”时会发生一些特定的法律后果，如合同不成立、无效等，而非要式合同通常不存在这些问题。

5. 有名合同与无名合同

以法律是否设有规范并赋予一个特定名称为标准，合同可分为有名合同与无名合同。

有名合同，又称典型合同，是指法律设有规范并赋予一定名称的合同。我国《合同法》分则部分所规定的买卖合同、赠与合同、借款合同、租赁合同等15种合同即有名合同。

无名合同，又称非典型合同，是指法律尚未为其确定一定名称和特定规范的合同。

区分二者的法律意义在于，处理这两类合同纠纷所适用的法律规则不同。对于有名合同，直接适用有关该类合同的法律规则，而对于无名合同，则适用合同法的一般规则，其内容涉及有名合同的规定时，可类推适用有名合同规则并参照当事人的意思进行处理。

6. 确定合同与射幸合同

以合同的效果在缔约时是否确定为标准，合同可分为确定合同与射幸合同。

确定合同，又称实定合同，是指合同的法律效果在缔约时已经确定的合同。绝大多数合同都是确定合同。射幸合同，是指合同的法律效果在缔约时不能确定，而且在缔约后完全因偶然的情事而决定的合同。例如，保险合同是典型的射幸合同。

区分二者的法律意义在于，确定合同一般要求等价有偿，若不等价则可能被撤销乃至无效；射幸合同一般不从等价与否的角度来衡量合同是否公平，但法律往往从维护公序良俗出发，对其种类、效力等加以限制。例如，押赌合同在我国被认为是非法的，有奖抽奖或有奖销售合同尽管被认为是合法合同，但对有奖销售或有奖销售进行数额限制，数额过高者以不法论。

7. 主合同与从合同

以合同相互间的主从关系为标准，合同可分为主合同与从合同。

主合同，是指不依赖其他合同而能够独立存在的合同。

从合同，又称附属合同，是指以其他合同的存在为前提而存在的合同，如保证、抵押、质押等合同均为从合同。

区分二者的法律意义在于，从合同以主合同的存在为前提，主合同无效，从合同除法律另有规定或当事人另有约定者外也随之无效。主合同变更或终止，从合同也随之变更或终止。

三、合同法的概念及其基础原则

（一）合同法的概念

根据《合同法》第二条的规定，合同法是调整平等主体之间财产流转关系的法律，它主要规范合同的订立、合同的效力及合同的履行、担保、解除、终止、违约责任等问题，是我国民法的重要组成部分。

（二）合同法的基本原则

合同法的基本原则是指效力贯穿于整个合同法制度和规范之中的根本准则，是指导合同立法、合同司法和进行合同活动的带有普遍指导意义的基本行为准则。

合同法是民法的组成部分，因而民法的基本原则如平等、诚实信用、公序良俗等适用于民法各领域的原则，也是合同法的基本原则。除此以外，合同法的基本原则还有合同自由原则和合同正义原则。

1. 合同自由原则

合同自由原则，是指当事人依法享有自愿订立、变更、解除合同和确定合同内容等的权利，任何单位和个人不得非法干预。

合同自由原则的主要内容有：①缔结合同的自由。即缔约当事人有权决定是否与他人签订合同。此种自由是决定合同内容等自由的前提。②选择相对人的自由。即指自由决定与谁签订合同。③决定合同内容的自由。即当事人有权依法决定合同内容的自由。④变更和解除合同的自由。即当事人有权通过协商，在合同成立以后变更合同的内容或者解除合同。⑤选择合同方式的自由。即当事人在不违反法律或法规的强制性规定的情况下，有权决定合同的方式。

我国《合同法》第四条规定："当事人依法享有自愿订立合同的权利，任何单位和个人不得非法干预。"通常认为此即合同自由原则。

2. 合同正义原则

合同正义属平均正义，是指对任何人都同样看待，双方的所得与所失应是对等的，而不考虑其身份与地位。它主要作用于人们之间的交换关系，又称交换正义，其法律上的适用领域主要是私法，尤其是合同法。在双务合同中，合同正义强调一方的给付与他方的对待给付之间应具有等值性以及合同上负担与风险的合理分配。简言之，合同正义的一项内容即给付与对待给付之间的等值，当然，由于两种给付在客观上等值与否缺乏明确标准，故合同法上应采用主观标准，即以当事人愿以此给付换取对待给付即公平合理。但在有胁迫、欺诈、乘人之危等情形使当事人违背其真实意思而缔约时，应以客观等值原则予以处理；适用情势变更原则调整显失公平的情形亦属必然。

合同正义的另一项内容，即合同上负担与风险的合理分配。在合同中，除当事人约定的权利义务外，尚有附随义务、损害赔偿等负担及各种风险，从符合正义与公平的角度讲，均应合理配置。在风险负担上，合同法对买卖合同中标的物的损毁灭失等采用交付主义，这比原理论及实务中采用所有人主义更为合理；在其他如承揽、仓储、保管、货运等合同中的风险负担，合同法也给予关注并设计相对合理的风险分担机制。

合同自由与合同正义是合同法的基本原则，必须相互补充，彼此协力，才能充分实践合同法的机能。合同立法和合同法的解释适用，都必须协调这两项原则，以达到最佳境界。

任务二 合同的订立

一、合同订立的程序

合同订立是指合同双方在平等、自愿的基础上，就合同的主要条款达成一致。

从法律上看，合同订立可以分为要约和承诺两个阶段。

（一）要约

1. 要约的概念与构成要件

要约是希望和他人订立合同的一种意思表示。其中，发出要约的人为要约人，受领要约的人为受要约人。

要约的构成要件有：

（1）要约是特定合同当事人的意思表示。发出要约的目的在于订立合同，要约人必须使接收要约的相对方能够明白是谁发出了要约以便作出承诺。因此，发出要约的人必须能够确定，必须能够特定化。虽然合同双方都可以作为要约人，但作为要约人的必须是特定的合同当事人。不论是自然人还是法人，只要是具有相应民事权利能力与民事行为能力的人，都可以作为要约人。如果是代理人，必须取得本人的授权，还必须说明谁是被代理人。

（2）要约必须向要约人希望与之缔结合同的相对人发出。要约一般应向特定人发出。相对人的特定化意味着要约人对谁有资格作为承诺人，作为合同相对方作出了选择，这样对方一承诺，一个合同就成立了。如果相对人不确定，则作为合同的另一方当事人就不确定，承诺后合同也不一定成立。

（3）要约必须具有缔约目的并表明经承诺即受此意思表示的约束。能否构成一个要约要看这种意思表示是否表达了与被要约人订立合同的真实意愿。这要根据特定情况和当事人所使用的语言来判断。当事人在合同中一般不会采用诸如“如果承诺合同就成立”这样明确的词语来表示，所谓“表明”并不是要有明确的词语进行说明，而是整个要约的内容表明了这一点。

（4）要约的内容必须具备足以使合同成立的主要条件。要约的效力在于，一经被受要约人承诺，合同即可成立。因此，如果一个订约的建议含混不清、内容不具备一个合同的最根本的要素，是不能构成一个要约的。一项要约的内容可以很详细，也可以较为简明，一般法律对此并无强制性要求。只要其内容具备使合同成立的基本条件，就可以作为一项要约。合同的基本条件也没有必要全部确定，只要能够确定就可以。但究竟怎样才算具备了使合同成立的基本条件，如果法律有类似规定的要依据规定进行判断，最重要的是要根据具体情况进行判断。

2. 要约的效力

（1）要约的生效时间。当事人直接以对话的方式作出的要约，原则上即时生效。非以对话方式所作出的要约，理论上有表意主义、发信主义（投邮主义）、到达主义等不同观点，我国《合同法》第十六条第一款规定：“要约到达受要约人时生效。”即我国《合同法》采取了到达主义原则。所谓到达，是指意思表示已进入受领人的控制领域，并在通常情况下可以期待受领人能够知悉意思表示内容的客观状况。采用数据电文形式订立合同，收件人指定特定系统接收数据电文的，该数据电文进入该特定系统的时间，视为到达时间；未指定特定系统的，该数据电文进入收件人的任何系统的首次时间，视为到达时间。

（2）要约的法律效力。要约的法律效力是指要约在生效以后对要约人和受要约人的约束力。

要约生效后的约束力一般仅及于要约人。要约生效，要约人不得随意撤回、撤销及对要约加以限制、变更或扩张。受要约人原则上不受要约的约束，只是取得承诺以订立合同的权利，受要约人对于要约人，原则上不负任何义务。

（3）要约法律效力的存续期间。要约法律效力的存续期间，实为受要约人的承诺期限。依据《合同法》第二十三条的规定，要约中规定了有效期的，从其规定。要约中没有规定有效期的，如果是对话式的要约，受要约人应当即时作出承诺；如果是非对话式要约，依正常情形能够收到承诺所需要的一段合理期限内，对要约人有约束力。在确定“合理期限”

时通常要考虑以下因素：要约到达于受要约人的必要时间；受要约人考虑接受要约与否所需的必要时间；承诺发出至到达要约人所需的必要时间。

3. 要约的撤回与撤销

要约的撤回，是指要约在发生法律效力之前，要约人欲使其不产生法律效力而取消要约的意思表示。《合同法》第十七条规定："要约可以撤回。撤回要约的通知应当在要约到达受要约人前或者与要约同时到达受要约人。"

要约的撤销，是指要约在发生法律效力之后，要约人欲使其丧失法律效力的意思表示。我国合同法在强调要约的法律效力的同时，为了平衡要约人与受要约人的利益，借鉴了《联合国国际货物销售合同公约》的做法，规定要约可以撤销。撤销要约的通知应当在受要约人发出承诺通知之前到达受要约人。有下列两种情形的，要约不得撤销：①要约人确定了承诺期限或者以其他形式明示要约不可撤销；②受要约人有理由认为要约是不可撤销的，并已经为履行合同作了准备工作。

4. 要约的失效

要约的失效，又称要约的消灭，是指要约丧失其法律效力，要约人和受要约人均不再受其约束。具体而言，要约人解除了其受要约约束的效力或义务，受要约人丧失了作出承诺的资格或权利。根据《合同法》第二十条的规定，要约消灭的原因主要有以下几个。

（1）拒绝要约的通知到达要约人。

（2）要约人依法撤销要约。

（3）承诺期限届满，受要约人未作出承诺。

（4）受要约人对要约的内容作出实质性变更。

（二）承诺

1. 承诺的概念与构成要件

承诺是指受要约人同意要约的意思表示。承诺的法律效力在于，要约一经承诺并送达要约人，合同即告成立。一项有效的承诺应具备以下构成要件。

（1）承诺必须由受要约人作出。

（2）承诺应当向要约人作出。

（3）承诺的内容须不能对要约的内容作出实质性变更。根据《合同法》第三十条、第三十一条规定，承诺的内容应当与要约的内容一致。受要约人对要约的内容作出实质性变更的，为新要约。有关合同标的、数量、质量、价款或者报酬、履行地点和方式、违约责任和解决争议方法等的变更，是对要约内容的实质性变更。承诺对要约的内容作出实质性变更的，除要约人及时表示反对或者要约表明承诺不得对要约的内容作出任何变更的以外，该承诺有效，合同的内容以承诺的内容为准。

（4）承诺应当在要约有效期间内作出。《合同法》第二十八条、第二十九条规定，受要约人超过承诺期限发出承诺的，除要约人及时通知受要约人该承诺有效以外，为新要约。受要约人在承诺期限内发出承诺，按照通常情形能够及时到达要约人，但因其他原因承诺到达要约人时超过承诺期限的，除要约人及时通知受要约人因承诺超过期限不接受该承诺以外，该承诺有效。

2. 承诺的方式

承诺的方式，是指受要约人应当采取何种方法作出其表达同意要约的意思表示。根据

《合同法》第二十二条规定，一般而言，承诺应采取通知的方式（明示的方式）；在例外情况下，即根据交易习惯或者要约表明可以通过行为作出承诺的，不采取通知的方式。从我国的立法与司法实践来看，不作为的默示只有在法律有规定或者双方当事人有约定的情况下，才可作为承诺的意思表示方式。

3. 承诺的生效时间

根据《合同法》规定，承诺通知到达要约人时生效。承诺不需要通知的，根据交易习惯或者要约的要求作出承诺的行为时生效。采用数据电文形式订立合同，收件人指定特定系统接收数据电文的，该数据电文进入该特定系统的时间，视为承诺到达时间；未指定特定系统的，该数据电文进入收件人的任何系统的首次时间，视为承诺到达时间。

4. 承诺的撤回

承诺的撤回，是指受要约人在发出承诺通知以后阻止承诺发生法律效力的行为。承诺生效，合同即告成立，显然，承诺不能像要约一样撤销。亦即，撤回承诺的通知须在承诺生效之前到达要约人。《合同法》第二十七条规定，承诺可以撤回。撤回承诺的通知应当在承诺通知到达要约人之前或者与承诺通知同时到达要约人。

如上所述，合同订立的程序如图 6-1 所示。

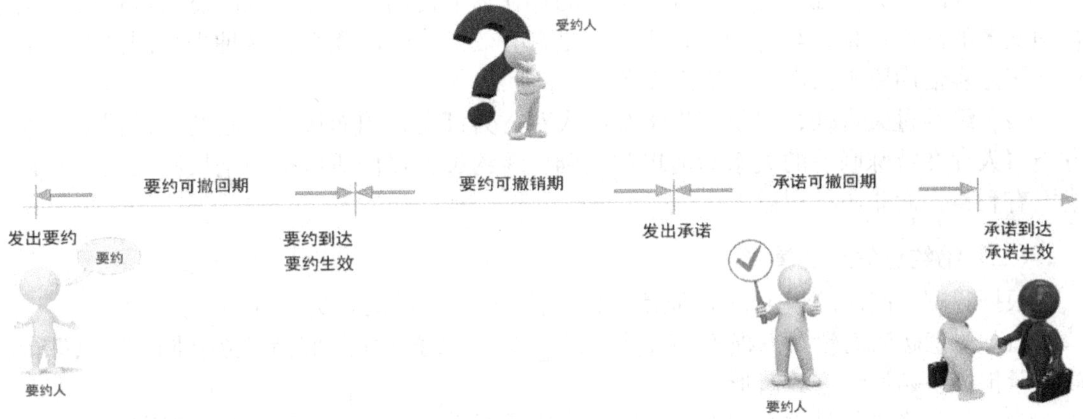

图 6-1 合同订立的程序

二、合同的内容

（一）合同的主要条款

合同的条款，指合同当事人协商一致的合同内容，记载着合同当事人双方的权利与义务。合同的条款通常由当事人协商决定。

依我国《合同法》第十二条的规定，合同的内容由当事人约定，一般包括以下条款：①当事人的名称或者姓名和住所；②标的；③数量；④质量；⑤价格或者报酬；⑥履行期限、地点和方式；⑦违约责任；⑧解决争议的方法。当事人可以参照各类合同的示范文本订立合同。

（二）合同的格式条款

格式条款，又称定式条款，是指当事人为了重复使用而预先拟定，并且在订立合同时不与对方协商的合同条款。

我国合同法对格式条款也有原则性规定：首先，采用格式条款订立合同的，提供格式条款的一方应当遵循公平原则确定当事人之间的权利义务，并采取合理的方式提请对方注意免除或者限制其责任的条款，按照对方的要求，对该条款予以说明。其次，格式条款具有合同法所规定的无效情形的，或者提供格式条款一方免除其责任、加重对方责任、排除对方主要权利的，该条款无效。再次，格式条款和非格式条款不一致的，应当采用非格式条款。最后，对格式条款的理解发生争议的，应当按照通常理解予以解释。对格式条款有两种以上解释的，应当作出不利于提供格式条款一方的解释。

三、合同缔约过失责任

（一）缔约过失责任的概念与特征

缔约过失责任，是指缔约人或其缔约磋商辅助人故意或者过失违反先合同义务而给对方造成信赖利益或固有利益的损失时，应依法承担的民事责任。所谓先合同义务是指缔约人双方为签订合同而相互磋商时依诚实信用原则逐渐产生的注意义务，而非合同有效成立后所产生的给付义务，它包括互相协助、互相照顾、互相保护、互相通知、互相忠诚等义务。

缔约过失责任主要具有以下特征。

（1）缔约过失责任，是以先合同义务的存在为前提的，是缔约人故意或者过失违反先合同义务的法律后果，与合同是否成立或是否有效没有必然联系。这种先合同义务，是一种基于诚实信用原则而产生的法定义务。

（2）缔约过失责任，仅仅产生于缔约人双方为订立合同而接触、磋商的过程中，以双方当事人存在特殊联系的关系为前提和基础。缔约过失责任所保护的是权利人的信赖利益或固有利益，而非履行利益。

（二）缔约过失责任情形

根据我国合同法的规定，下列情形中当事人应承担缔约过失责任。

（1）恶意磋商而致对方损害。《合同法》第四十二条规定，假借订立合同，恶意进行磋商应承担损害赔偿责任的情形。

（2）故意隐瞒与订立合同有关的重要事实或提供虚假情况而致相对人损害。如前述，此即违背《合同法》第四十二条规定的情报提供（或说明）义务之损害赔偿问题。

（3）泄露或不正当使用商业秘密而致相对人损害。这是对《合同法》第四十三条规定“当事人在订立合同过程中知悉的商业秘密，无论合同是否成立，不得泄露或者不正当地使用”义务的违反所承担的责任。当然，这里的损害赔偿责任也可通过侵权法得到救济。

（4）因无权代理发生的损害。《合同法》第四十八条规定，无权代理对被代理人不发生效力，由行为人承担责任。这里的责任除履行责任外，还可能包括赔偿责任，而赔偿责任，就包括缔约过失责任。

（5）因合同无效或被撤销而致对方损害。《合同法》第五十八条规定，在合同无效或被撤销后，除返还财产外，有过错的一方应赔偿对方因此而受到的损失，双方都有过错的，应各自承担相应的责任。这种赔偿责任实际上也是缔约过失责任。

（6）其他违背诚实信用原则而致他方损害。这是《合同法》第四十二条规定的一个兜底条款。当然，此处所谓“其他违背诚实信用原则”行为范围的界定，宜结合具体情况进行解释。人民法院可以根据案件的具体情况和相对人的请求，判决相对人自己办理有关手续；对方当事人应对由此产生的费用和给相对人造成的实际损失，承担损害赔偿责任。

任务三 合同的效力

一、合同的效力概述

（一）合同效力的概念

合同效力，又称合同的法律效力，是指依法成立受法律保护的合同，对合同当事人产生的必须履行其合同的义务，不得擅自变更或解除合同的法律约束力。

（二）合同成立条件

合同成立应具备以下条件。

（1）订约主体应为双方或多方当事人。

（2）具备法律规定的要约与承诺这两个阶段或过程。

（3）对主要条款达成一致的意思表示（有些情形还需某种形式作为载体来进行表现）。

此外，对于实践性合同来说还应把实际交付物作为成立要件。如果具备以上条件，合同就成立。只要依法成立的合同，都应有效。

（三）合同效力层次的分类

合同根据效力层次可分为四大类，即有效合同，无效合同，效力待定合同，可变更、可撤销合同。

二、有效合同

（一）合同生效的含义

合同成立未必有效。所谓有效合同，是指依照法律的规定成立并在当事人之间产生法律约束力的合同。

（二）合同生效的要件

（1）当事人在订立合同时必须具有相应的民事行为能力。

（2）合同当事人的意思表示真实；合同当事人订立合同是真正自愿的，不是强加的，也就是说，当事人意思表示完全自由；再就是当事人的内心想的与外在表示出来的一致。法律上有五种意思表示有瑕疵的合同：因重大误解、乘人之危、欺诈、胁迫、显失公平而订立的合同，不是有效合同。

（3）合同内容不违反法律或社会公共利益。

（4）合同标的需确定。

三、无效合同

（一）无效合同的含义

无效合同是指因欠缺合同有效条件，不发生合同约束力的合同，无效合同自始无效。

无效合同分为全部无效合同和部分无效合同。合同部分无效，不影响其他部分效力，其他部分仍然有效。

（二）无效合同情形

《合同法》第五十二条规定："有下列情形之一的，合同无效：

（一）一方以欺诈、胁迫的手段订立合同，损害国家利益；

（二）恶意串通，损害国家、集体或者第三人利益；

（三）以合法形式掩盖非法目的；

（四）损害社会公共利益；

（五）违反法律、行政法规的强制性规定。"

合同无效前三种情形主要从订立合同的程序或合同的形式中来认定无效的，"损害公共利益"涉及合同的内容，而只有"违反法律、行政法规强制性规定"的合同无效才是无效合同，这也是与其他效力类型的合同进行区别的根本性标志。

四、效力待定合同

（一）效力待定合同的含义

所谓效力待定合同，是指合同虽然已经成立，但因其不完全符合法律有关生效要件的规定，因此其发生效力与否尚未确定，一般须经有权人表示承认或追认才能生效。它主要包括三种情况："一是无行为能力人订立的和限制行为能力人依法不能独立订立的合同，必须经其法定代理人的承认才能生效；二是无权代理人以本人名义订立的合同，必须经过本人追认，才能对本人产生法律约束力；三是无处分权人处分他人财产权利而订立的合同，未经权利人追认，合同无效。"

（二）效力待定合同的类型

（1）限制民事行为能力人依法不能独立订立的合同，经法定代理人追认后，该合同有效，法定代理人拒绝的，该合同无效。但纯获利益的合同或者与其年龄、智力、精神健康状况相适应而订立的合同，不必经法定代理人追认。

相对人可以催告法定代理人在一个月内予以追认。法定代理人未作表示的，视为拒绝追认。合同被追认之前，善意相对人有撤销的权利。撤销应当以通知的方式作出。

（2）无权代理人订立的合同，未经被代理人追认，对被代理人不发生效力，由行为人承担责任。如被代理人予以追认的，该合同有效。同样，相对人可以催告被代理人在一个月内予以追认。被代理人未作表示的，视为拒绝追认。合同被追认之前，善意相对人有撤销的权利。撤销应当以通知的方式作出。

行为人没有代理权、超越代理权或者代理权终止后以被代理人名义订立合同，相对人有理由相信行为人有代理权的，该代理行为有效。

法人或者其他组织的法定代表人、负责人超越权限订立的合同，除相对人知道或者应当知道其超越权限的以外，该代表行为有效。

（3）无处分权的人处分他人财产，经权利人追认或者无处分权的人订立合同后取得处分权的，该合同有效。行为人未取得处分权，权利人又不追认的，合同一般无效。

五、可变更、可撤销合同

可变更、可撤销合同是指基于法定原因，当事人有权诉请法院或仲裁机构予以变更、撤销的合同。

可变更、可撤销合同的种类有：

（1）因重大误解订立的合同。

（2）订立合同时显失公平的。

（3）一方以欺诈、胁迫的手段或乘人之危，使对方在违背真实意思的情况下订立的合同，受损害方有权请求人民法院或仲裁机构变更或撤销。

（4）效力未定的合同。

对于可变更、可撤销合同，当人有权诉请法院或仲裁机构予以变更、撤销，当事人请求变更的，人民法院或者仲裁机构不得撤销。

任务四　合同的履行

合同履行，是指合同当事人按照合同的约定或者法律的规定，全面适当地完成各自承担的合同义务，使债权人的权利得以实现的过程。合同的履行是合同效力的集中体现，也是合同消灭的最主要原因。

一、合同履行的原则

合同履行的原则，是法律规定的、所有种类合同的当事人在履行合同的整个过程中所必须遵循的一般准则。根据我国合同立法及司法实践，合同的履行除应遵守平等、公平、诚实信用等民法基本原则外，还应遵循合同履行的特有原则：实际履行原则、全面履行原则、协作履行原则和经济合理原则。

（一）实际履行原则

实际履行原则，是指合同当事人必须按照有效合同约定的标的履行合同义务，不能用其他标的等加以代替。

（二）全面履行原则

全面履行原则，又称正确履行原则或适当履行原则，是指除经债权人同意者外，债务人必须按照合同规定的标的以及其在数量、质量、履行期限、地点、方式等的要求，全面完成合同义务。

我国《合同法》第六十条第一款规定：“当事人应当按照约定全面履行自己的义务。”全面履行原则是对实际履行原则的补充和扩展。实际履行原则只要求当事人按合同约定的标的履行，至于这种履行是否符合合同的具体规定，则是全面履行原则所要解决的问题。因此，全面履行必定是实际履行，实际履行未必是全面履行。

（三）协作履行原则

协作履行原则，是指当事人不仅应各自严格履行自己义务，还须本着诚实信用原则协助对方当事人履行其义务的原则。《合同法》第六十条第二款关于“当事人应当遵循诚实信用原则，根据合同的性质、目的和交易习惯履行通知、协助、保密等义务”的规定，体现了协作履行原则。

一般认为协助履行原则包括以下内容：

（1）债务人履行合同债务，债权人应适当受领。

（2）债务人履行合同债务，债权人应创造必要的条件，提供方便。

（3）债务人因故不能履行或不能完全履行时，债权人应积极采取措施避免或减少损失，否则须对扩大的损失负责。

（4）对在履行合同的过程中了解到的对方的秘密，应当予以保密。

（四）经济合理原则

经济合理原则，是指在履行合同时，讲求经济效益，要从整体出发，要符合对方的利益和国家利益。

二、合同履行的规则

合同履行规则，是指法律规定的适用于某类合同或某种情形，当事人履行合同时必须共同遵守的具体准则。合同履行的规则是合同履行原则的具体体现。

当事人就有关合同内容约定不明确时的履行规则主要有以下几点。

（一）质量要求不明确的

按照国家标准、行业标准履行；没有国家标准、行业标准的，按照通常标准或符合合同目的的特定标准履行。

（二）价款或报酬不明确的

按照订立合同时履行地的市场价格履行；依法应当执行政府定价或政府指导价的，按照规定履行。

（三）履行地点不明确的

给付货币的，在接受货币一方所在地履行；交付不动产的，在不动产所在地履行；其他标的，在履行义务一方所在地履行。

（四）履行期限不明确的

债务人可以随时履行，债权人也可以随时要求履行，但应当给对方必要的准备时间。

（五）履行方式不明确的

按照有利于实现合同目的的方式履行。

三、合同履行中的抗辩权

双务合同履行中的抗辩权，是指在符合法定条件时，当事人一方对抗对方当事人的履行请求权，暂时拒绝履行其债务的权利。根据我国《合同法》的规定，双务合同履行中的抗辩权主要有同时履行抗辩权、先履行抗辩权和不安抗辩权。

（一）同时履行抗辩权

同时履行抗辩权，又称不履行抗辩权，是指在双务合同中，没有先后履行顺序的，当事人应当同时履行，一方在对方履行之前有权拒绝其履行要求，一方在对方履行债务不符合约定时有权拒绝其相应的履行请求。

行使同时履行抗辩权须符合以下条件：

（1）必须因双务合同而互负债务。由于同时履行抗辩权产生的基础在于合同双方权利义务在本质上的牵连性，而只有双务合同才具有这种性质，所以必须是双务合同才能适用同时履行抗辩权。

（2）必须因同一双务合同互负到期债务，且没有先后履行顺序。也就是说，双方当事人所负的债务具有对价的牵连关系，是基于同一个合同产生的，并且均已届履行期。

（3）对方未履行债务或者履行债务不符合约定。如果履行仅有细微的瑕疵的，根据诚实信用原则，当事人不能主张同时履行抗辩权。

（4）对方的履行必须是可能的，否则只能解除合同。

（二）先履行抗辩权

先履行抗辩权，是指在双务合同中，当事人互负债务，有先后履行顺序的，先履行一方未履行，后履行一方有权拒绝其履行请求，先履行一方履行债务不符合约定的，后履行一方有权拒绝其相应的履行请求。

先履行抗辩权的适用条件包括：

（1）须由同一双务合同所产生的两项债务，且互为对价给付。

（2）双方当事人互负的债务必须是有效且存在的。

（3）须双方互负的债务均已届清偿期，但当事人履行债务有先后顺序。这种顺序一般由当事人在合同中约定，也有根据交易习惯来确定的。

（4）须应先履行的一方未履行债务或者履行债务不符合约定。

（5）应该先履行的债务有可能履行。

（三）不安抗辩权

不安抗辩权，又称拒绝权，是指在双务合同中应当先履行债务的当事人在有确切的证据证明后序履行债务的当事人在缔约后出现足以影响其对待给付的情形下，可以中止履行合同并有条件地可解除合同的权利。

不安抗辩权的适用条件为：

（1）须由同一双务合同所产生的两项债务，且互为对价给付。

（2）须双方当事人互负的债务有效且存在。

（3）须当事人债务的履行有先后顺序。

（4）先序履行方履行期限届至，但后序履行债务方债务尚未届履行期限。

（5）后序履行债务的一方当事人有丧失或可能丧失履行债务能力的情形。

（6）先序履行债务的当事人有确切证据证明对方有丧失或丧失履行债务能力的情形。

后序履行债务的一方当事人有丧失或可能丧失履行债务能力的情形具体包括：

（1）经营状况严重恶化。

（2）转移财产、抽逃资金。

（3）丧失商业信誉。

（4）有丧失或可能丧失履行债务能力的其他情形。

先履行方行使不安抗辩权的，应及时通知后履行方，该通知的内容包括中止履行的意思表示以及指出后履行方提供适当担保的合理期限。行使不安抗辩权的先履行方还负有举证后履行方的履行能力明显降低，有难为对待给付之虞的义务。先履行方中止履行后，后履行方如期提供适当担保或在合理期限内恢复履行能力的，先履行方应当恢复履行；后履行方在合理期限内未恢复履行能力且未提供适当担保的，先履行方可解除合同，该解除应以通知方式作出，后履行方的行为构成违约时，可产生违约责任。

四、合同履行的保全

合同履行的保全，又称合同的保全或合同债的保全，是指法律为了防止债务人的财产不当减少而给债权人债权的实现带来危险，允许债权人代债务人之位向第三人行使债务人的权利，或者请求法院撤销债务人与第三人的法律行为的法律制度。其中前者为代位权制度，后者为撤销权制度。

合同保全是合同对外效力的体现，目的在于防止债务人实施各种不正当的行为逃避债务，确保债权人的债权得以实现。代位权是为保持债务人的财产而设，撤销权是为恢复债务人的财产而设。

（一）代位权

债权人的代位权，是指当债务人怠于行使其对第三人享有的权利而危及于债权人的债权时，债权人为保全自己的债权，以自己的名义行使属于债务人的权利的权利。

当事人行使代位权须符合如下条件：

（1）债务人须对第三人享有权利。能成为代位权行使对象的通常只能是纯粹的财产性权利，且是债务人的现实权利。

（2）债务人怠于行使其权利。怠于行使其权利，是指债务人应当行使且能够行使而不行使其权利，包括两个方面的内容：其一，债务人若不及时行使该权利，该权利即有可能消灭或减值；其二，客观上债务人并不存在行使该权利的障碍。

（3）债权人的债权已经到期。若债务人的债务履行期限尚未届至，债权人的债权能否顺利实现还难以预料，若在这种情况下允许债权人行使代位权，则对于债务人的干预实属过分。反之，若债务人已陷于迟延，怠于行使其权利，且又无资力清偿其债务，则债权人的债权已经有不能实现的现实危险，此时已发生保全债权的必要。故债权人代位权应以债务人陷于迟延为成立要件。

（4）债务人怠于行使其权利损害了债权人的债权。如果债务人的现有财产足以满足债权，则并无代为行使权利的必要；如果债务人的财产并不足以满足债权，若不向次债务人行使权利则不能满足债权的，债务人的怠于行使即造成了对债权人的损害。

（二）撤销权

撤销权，是指债权人对于债务人所为的危害债权的行为，可请求人民法院予以撤销的权利。

我国《合同法》第七十四条规定："因债务人放弃其到期债权或者无偿转让财产，对债权人造成损害的，债权人可以请求法院撤销债务人的行为。债务人以明显不合理的低价转让财产，对债权人造成损害，并且受让人知道该情形的，债权人也可以请求人民法院撤销债务人的行为。"

撤销权可因一定除斥期间届满而消灭。法律一方面赋予债权人一定的撤销权，以保护其债权不受侵害；另一方面又对其行使权利进行时间上的限制，即规定除斥期间，目的是维护交易的安全，维护各方当事人利益的平衡。《合同法》第七十五条规定："撤销权自债权人知道或者应当知道撤销事由之日起一年内行使。自债务人的行为发生之日起五年内没有行使撤销权的，该撤销权消灭。"因此，撤销权行使的除斥期间有两种：一是时间为一年的除斥期间，适用于债权人知道或者应当知道撤销事由的情况，其起算点为债权人知道或者应当知道之日。二是时间为五年的除斥期间，适用于债权人不知道撤销事由的情况，其起算点为债务人的行为发生之日。

任务五　合同的担保

合同的担保是指促使债务人履行其债务，保障债权人的债权得以实现的法律措施。

合同的担保有保证、抵押、质押、留置和定金，其中抵押、质押、留置等属于物的担保。保证是人的担保，定金是金钱担保。

一、保证

（一）保证及保证人的概念

保证，是指第三人和债权人约定，当债务人不履行其债务时，该第三人按照约定履行债务或者承担责任的担保方式。这里的第三人叫作保证人，具有代为清偿债务能力的法人、其他组织或者公民，可以作保证人。

根据《担保法》规定，国家机关不得为保证人，但经国务院批准为使用外国政府或者国际经济组织贷款进行转贷的除外；学校、幼儿园、医院等以公益为目的的事业单位、社会团体不得为保证人；企业法人的职能部门不得为保证人，企业法人的分支机构可以在法人书面授权的范围内提供保证。

（二）保证方式

保证方式分为一般保证和连带责任保证。

所谓一般保证，是指当事人在保证合同中约定，债务人不能履行债务时，保证人承担保证责任的保证。

所谓连带责任保证，是指当事人在保证合同中约定，保证人与债务人对债务承担连带责任的保证。

这两种保证之间最大的区别在于保证人是否享有先诉抗辩权。在一般保证的情况下，保证人享有先诉抗辩权，即一般保证的保证人在主合同纠纷未经审判或者仲裁，并就债务人财产依法强制执行仍不能履行债务前，对债权人可以拒绝承担保证责任。而在连带责任保证的情况下，保证人不享有先诉抗辩权，即连带责任保证的债务人在主合同规定的债务履行期届满没有履行债务的，债权人可以要求债务人履行债务，也可以要求保证人在其保证范围内承担保证责任。

（三）保证合同与其内容

保证合同，是指保证人与债权人订立的在主债务人不履行其债务时，由保证人承担保证债务的协议。保证合同一般应采取书面形式。

保证合同的内容包括：

（1）被保证的主债权种类、数额。

（2）债务人履行债务的期限。

（3）保证的方式。

（4）保证担保的范围。

（5）保证的期间。

（6）双方认为需要约定的其他事项。

（四）保证责任

（1）保证担保的范围包括主债权及利息、违约金、损害赔偿金和实现债权的费用。保证合同另有约定的，按照约定。当事人对保证担保的范围没有约定或者约定不明确的，保证人应当对全部债务承担责任。

（2）保证期间，债权人依法将主债权转让给第三人的，保证人在原保证担保的范围内继续承担保证责任。保证合同另有约定的，按照约定。

（3）保证期间，债权人许可债务人转让债务的，应当取得保证人书面同意，保证人对未经其同意转让的债务，不再承担保证责任。

（4）债权人与债务人协议变更主合同的，应当取得保证人书面同意，未经保证人书面同意的，保证人不再承担保证责任。保证合同另有约定的，按照约定。

（5）一般保证的保证人与债权人未约定保证期间的，保证期间为主债务履行期届满之日起六个月。

（6）连带责任保证的保证人与债权人未约定保证期间的，债权人有权自主债务履行期届满之日起六个月内要求保证人承担保证责任。在合同约定的保证期间和前款规定的保证期间，债权人未要求保证人承担保证责任的，保证人免除保证责任。

（7）同一债权既有保证又有物的担保的，保证人对物的担保以外的债权承担保证责任。债权人放弃物的担保的，保证人在债权人放弃权利的范围内免除保证责任。

有下列情形之一的，保证人不承担民事责任：①主合同当事人双方串通，骗取保证人提供保证的；②主合同债权人采取欺诈、胁迫等手段，使保证人在违背真实意思的情况下提供保证的。

二、抵押

（一）抵押及抵押权的概念

依据我国法律，抵押是指债务人或者第三人不转移用于担保的财产的占有，将该财产作为债务的担保，在债务人不履行债务时或者发生当事人约定的实现抵押权的情形时，债权人有权依法以抵押物折价或以拍卖、变卖抵押物的价款优先使被担保债权获得受偿的一种债权担保方法。其中，以其财产抵押的债务人或第三人为抵押人，债权人为抵押权人，用来抵押的财产为抵押物，抵押权人对抵押物所享有的优先清偿其债权的权利为抵押权。

（二）抵押的特征

1. 抵押是一种债权担保方式

设定抵押的目的在于担保债权人债权的实现。

2. 抵押为一种物的担保

抵押是以债务人或第三人的特定财产的价值担保债权的实现。在债务人不履行到期债务或者发生当事人约定的实现抵押权的情形时，债权人得对担保物进行折价，以替代债务的履行，或对担保物进行变价，而以变价的价款优先满足自己的债权。

3. 抵押为担保物的权利和占有不发生转移的担保

在抵押担保中，担保物的所有权和占有均不发生转移，而仅赋予债权人在不履行债务时可以以抵押物折价清偿或对担保物进行变价而优先清偿被担保债权的权利。

（三）抵押合同与其内容

抵押权依抵押行为而设立。抵押行为具体表现为抵押合同。

抵押合同应采取书面形式，并包括以下内容：

（1）被担保的主债权的种类和数额。

（2）债务人履行债务的期限。

（3）抵押物的名称、数量、质量、状况、所在地、所有权权属或使用权权属。

（4）抵押担保的范围。抵押权人在债务履行期届满前，不得与抵押人约定债务人不履行到期债务时抵押财产归债权人所有。

（四）抵押合同的标的物——抵押财产

根据我国有关法律规定，债务人或者第三人有权处分的下列财产可以抵押：

（1）建筑物和其他土地附着物。

（2）建设用地使用权。

（3）以招标、拍卖、公开协商等方式取得的荒地等土地承包经营权。

（4）生产设备、原材料、半成品、产品。

（5）正在建造的建筑物、船舶、航空器。

（6）交通运输工具。

（7）法律、行政法规未禁止抵押的其他财产。

为了保护社会公共利益，法律规定以下财产不得抵押：

（1）土地所有权。

（2）耕地、宅基地、自留地、自留山等集体所有的土地使用权，但法律有特别规定的除外。

（3）学校、幼儿园、医院等以公益为目的的事业单位和社会团体的教育设施、医疗卫生设施和其他社会公益设施。

（4）所有权、使用权不明或有争议的财产。

（5）依法被查封、扣押、监管的财产。

（6）依法不能抵押的其他财产。

三、质押

（一）质押的概念

质押是指债务人或第三人将其动产或者权利移交债权人占有，将该动产作为债权的担保，当债务人不履行债务时，债权人有权依法就该动产卖得的价金优先受偿。

质押财产称为质物，提供财产的人称为出质人，享有质权的人称为质权人。质押担保应当签订书面合同。质押分为动产质押和权利质押两种。动产质押是指可移动并因此不损害其效用的物的质押；权利质押是指以可转让的权利为标的物的质押。

（二）质押的特征

（1）具有一切担保物权具有的共同特征——从属性、不可分性和物上代位性。

（2）质权的标的是动产和可转让的权利，不动产不能设定质权。质权因此分为动产质权和权利质权。

金钱经特定化后也可以出质：债务人或者第三人将其金钱以特户、封金、保证金等形式特定化后，移交债权人占有作为债权的担保，债务人不履行债务时，债权人可以以该金钱优先受偿。

（3）质权是移转质物的占有的担保物权，质权以占有标的物为成立要件。

（三）动产质押

动产质押是指债务人或者第三人将其动产移交债权人占有，将该动产作为债权的担保。债务人不履行债务时，债权人有权依照法律规定以该动产折价或者以拍卖、变卖该动产的价款优先受偿。设定动产质押，出质人和质权人应当以书面形式订立质押合同。质押合同的内容应当包括如下条款：被担保的主债权种类，数额；债务人履行债务的期限；质物的名称、数量、质量、状况；质押担保的范围；质物移交的时间；当事人认为需要认定的其他事项。

（四）权利质押

可以出质的权利类型包括：

（1）汇票、本票、支票、债券、存款单、仓单、提单。

（2）依法可以转让的股份、股票。

（3）依法可以转让的商标专用权，专利权、著作权中的财产权。

（4）依法可以转让的债权。

（5）公路桥梁、公路隧道或者公路渡口等不动产收益。

四、留置

留置是指在债务人不履行到期债务时，债权人可以留置已经合法占有的债务人的动产，并有权就以动产折价或者拍卖、变卖的价款优先受偿的权利。其中所谓的债权人为留置权人，债权人已合法占有的动产为留置财产。

留置权成立须具备如下条件：

（1）债权人合法地占有债务人的动产。

（2）债权已届清偿期而债务人未按规定的期限履行其债务。

（3）债权的发生与该动产具有牵连关系。所谓的牵连关系，根据相关法律规定，是指除企业之间留置外，债权人占有动产是基于与其债权发生的同一法律关系发生的，或者说留置权发生的基础法律关系在债权与留置物之间存在牵连。但在成立留置权时，对动产的占有不是因侵权行为而取得的，并且不能违反社会公共利益或善良风俗，也不得与债权人的义务相抵触。

留置权人负有妥善保管留置物的义务。因保管不善致使留置物灭失或毁损的，留置权人应承担相应的民事责任。此外，债权人与债务人应在合同中约定，债权人留置财产后债务人应当在不少于两个月的期限内履行债务。债权人与债务人在合同中未约定的，债权人留置债务人财产后，应当确定两个月以上的期限，通知债务人在该期限内履行债务。债务人逾期仍不履行的，债权人可以与债务人协议以留置物折价，也可以依法拍卖、变卖留置物。留置物折价拍卖、变卖后，其价款超过债权数额的部分归债务人所有，不足部分由债务人清偿。

五、定金

定金，是指合同当事人为了确保合同的履行，依照法律规定或者当事人的约定，由一方当事人在合同履行之前，按照合同标的额的一定比例，预先付给对方当事人的金钱。定金的目的是确保债权的实现，且在履行前由一方当事人按法定或约定给付，因而其为一种担保形式，并且因为定金只能以金钱充之，因此为金钱担保。

定金合同，是指主合同的双方当事人就交付一定的定金而成立的协议。根据我国法律规定，定金合同为要式合同、实践合同。定金应当以书面形式约定，包括定金合同和定金条款。定金合同从实际交付定金之日起生效；约定的定金数额与实际交付的定金数额不一致的，以实际交付的数额为准。此外，定金数额不得高于主合同标的额的百分之二十，超过部分无效。

给付定金的一方不履行合同义务的，无权要求返还定金；收受定金的一方不履行合同义务的，双倍返还定金。给付定金的一方履行合同义务后，定金应当返还或抵作价款。

在当事人既约定违约金，又给付定金的情况下，一方违约时，损害赔偿金、违约金与定金这“三金”的适用关系应如何予以协调，成为实践中常见的问题。我国《合同法》第一百一十六条规定，在违约金与定金并存的情况下，二者只能择其一而适用。根据该法第一百一十二条规定，损害赔偿与违约金之间亦为选择性关系。至于损害赔偿金与定金能否同时选择，理论上尚存在争议。

任务六　合同的变更、转让和终止

一、合同变更

合同的变更是在不改变合同主体的前提下，当事人就原合同的内容进行修改或者补充而形成新的权利义务关系。

合同变更主要具有以下特征：

（1）合同变更通常为双方当事人协商一致的结果，任何一方不得擅自变更合同。此外，合同也或基于法律的直接规定而变更，如情势变更。因此，合同变更通常分为协议变更和法定变更两种。

（2）合同变更只是合同的内容发生了变化，而合同的主体则保持不变。

（3）合同变更只是对原合同关系的内容作某些修改和补充，而不是对合同内容的全部变更。如果合同内容全部发生变化，则实际上导致原合同关系的消灭，一个新的合同产生。同时，对原合同关系作出修改或补充的内容仅限于非要素（非实质性或非根本性）内容，如标的数量的少量增减、履行地点的改变、履行期限的顺延等；如果变化的是合同的要素，合同关系则失去了连续性，不再属于合同的变更，而为合同的更新。

（4）合同变更只能发生在合同有效成立之后尚未完全履行之前。合同未成立，当事人之间不存在合同关系，当然谈不上合同变更；合同已履行，当事人之间的合同关系已消灭，也不可能变更。

（5）合同变更只是使合同增加新的内容或改变合同的某些内容。合同变更是仅在变更的范围内使合同原有内容消灭，而变更之外的合同内容继续有效。合同的变更一般不涉及已履行的部分，只是对未履行的部分发生效力。

二、合同转让

合同转让，亦即合同主体的变更，是指当事人一方将合同权利、合同义务或合同的权利和义务全部或部分转让给第三人的行为。因此，合同转让包括合同权利的转让，合同义务的转让以及合同权利、义务的一并转让（也称概括转让）三种情形。

合同转让主要具有以下法律特征：

（1）合同转让是合同主体的改变。合同的转让通常将导致第三人代替原合同当事人一方而成为合同当事人，或者由第三人加入到合同关系之中成为合同当事人。合同主体的变化导致原合同关系的消灭，新合同关系的产生。

（2）合同转让不是合同内容的变更。合同转让是对有效的合同权利或义务的转让，转让并不引起原合同内容的变更，转让后的合同内容与转让前的合同内容具有同一性。

（3）合同转让通常要涉及两种不同的法律关系，即原合同当事人双方之间的关系、转让人与受让人之间的关系。合同转让主要是在转让人和受让人之间完成，但因为合同转让涉及原合同当事人的利益，所以法律通常要求合同义务的转让须征得原合同债权人的同意，合同权利的转让须通知原合同的债务人。

三、合同权利义务终止

合同权利义务的终止，又称合同的消灭，是指由于一定的法律事实的发生，使合同所设定的债权债务关系在客观上已不再存在。

根据我国《合同法》规定，合同权利义务终止的原因主要有：①债务已经按照约定履行；②合同解除；③债务相互抵销；④债务人依法将标的物提存；⑤债权人免除债务；⑥债权债务同归于一人；⑦法律规定或者当事人约定终止的其他情形。

（一）债务已经按照约定履行

债务已按约定履行即债务清偿，是指债务人向债权人履行债的内容的行为，也即债权人依据合同的约定实现债权目的的行为。

合同债务在法律规定或合同有约定时，可由第三人代为清偿，即可由第三人为给付，或执行第三人提供的担保物而清偿。第三人代为清偿后，债权人与债务人的合同关系归于消灭，第三人则因此取得代位求偿权，在其代为清偿的范围内，向债务人要求偿付。

对清偿费用未作约定，法律又未规定的，通常由债务人负担；但因可归责于债权人的原因所导致的履行费用的增加，由债权人承担。对于清偿地点，有约定的从约定，无约定的从法定。

（二）合同解除

合同解除，是指合同有效成立后，当解除的条件具备时，因当事人一方或双方的意思表示，使合同关系自始或向未来消灭的行为。

合同的解除分为协议解除、约定解除和法定解除。

协议解除，是指当事人双方通过协商同意将合同解除的行为。它不以解除权的存在为必要，解除行为也不是解除权的行使。

约定解除，是指当事人以合同形式，约定为一方或双方保留解除权的解除。当解除合同的条件出现时，享有解除权的当事人可以行使解除权解除合同，而不必再与对方当事人协商。

法定解除，是指合同成立后履行完毕之前，合同一方当事人行使法定解除权，而使合同效力归于消灭的行为。有下列情形之一的，当事人可以解除合同：

（1）因不可抗力致使不能实现合同目的。

（2）在履行期限届满之前，当事人一方明确表示或以自己的行为表明不履行主要债务。

（3）当事人一方迟延履行主要债务，经催告后在合理期限内仍未履行。

（4）当事人一方迟延履行债务或者有其他违约行为致使不能实现合同目的。

（5）法律规定的其他情形。

（三）债务相互抵销

抵销，是指当事人双方互负债务时，各以其债权充当债务之履行，而使其债务与对方债务在等额范围内归于消灭的行为。其中，为抵销的债权，即债务人的债权，称为主动债权，被抵销的债权，即债权人的债权，称为受动债权。

抵销依其产生的依据不同，可分为法定抵销和约定抵销两种。

抵销的意思表示应向对方当事人作出。抵销为单方行为，故此种意思表示一经抵销权人作出即发生法律效力，不须对方当事人同意，也不以诉讼上的裁判为必要。根据我国《合同法》第九十九条第二款规定，当事人主张抵销的，应当通知对方，通知自到达对方时生效。但是，抵销不得附有条件或期限，附条件或期限的，该抵销的意思表示无效。抵销的意思表示发生后，不得撤回。

（四）债务人依法将标的物提存

提存，是指由于债权人的原因而无法向其交付合同标的物时，债务人将标的物交付给提存部门，从而消灭合同关系的一项制度。将标的物交付提存的债务人称为提存人；债权人为提存受领人；由国家设立并保管提存物的机关为提存机关；交付保管的物为提存物。

根据我国《合同法》第一百零一条的规定，提存的原因要件包括以下三方面。

（1）须有合法的提存人。提存人是对提存受领人负有清偿义务的人，包括债务人及其代理人，作为债务清偿的第三人。

（2）须有合法的提存原因。合法的提存原因主要包括：①债权人无正当理由拒绝受领，即受领迟延。债权人受领迟延，经债务人催告仍不受领的，债务人可将标的物提存。②债权人下落不明，即债权人地址不详等情形。③债权人死亡或丧失民事行为能力，尚未确定继承人或监护人。④法律规定的其他情形。

（3）提存的标的物与合同的标的物相符且适合于提存。提存的标的，应为债务人依合同的规定应当给付的。而且，提存的标的物，以适合于提存者为限。对于标的物不适于提存或者提存费用过高的，债务人依法可以拍卖或者变卖标的物，提存所得的价款。

（五）债权人免除债务

债权人免除债务，是指由债权人免除债务人的债务，从而全部或部分终止合同权利义务关系的行为。债务的免除是债权人抛弃债权的单方行为，由债权人表示免除，无须债务人同意即可生效。

根据我国法律，自债权人向债务人或其代理人作出免除的意思表示后，即产生免除的效力，债权人不得撤回该意思表示。免除发生债务绝对消灭的效力。全部免除债务的，合同关系全部终止；部分免除债务的，合同关系仅在该免除的部分终止。主债务免除的，从债务也归于消灭，但从债务免除的效力并不能及于主债务。

（六）债权债务同归于一人

债权债务同归于一人，也称混同，是指债权和债务同归于一人致使合同关系消灭的事实。混同是一种法律事实而非法律行为，故而只要债权和债务同归于一人的事实发生，无须当事人作出任何意思表示，合同关系以及其他债的关系即归于消灭。

混同成立的原因有二：第一，债权债务的概括承受。例如，在企业合并的情形下，合并各方的债权债务同归于合并后的企业。第二，特定承受，即债权人承受债务人对自己的债务，或债务人受让债权人对自己的债权。

混同的效力在于使合同关系以及其他债的关系归于消灭，但若合同当事人的债权涉及第三方利益，如以债权为第三人设立质权的，为维护第三人的正当权益，各国法律均规定此时债权仍应有效，第三人可以依约就此债权主张权利。

任务七　合同违约责任

一、违约责任概述

（一）违约责任的概念和特征

违约责任，即“违反合同的民事责任”，是指当事人一方不履行合同债务或者其履行不符合合同约定或法律规定时，对另一方当事人所应承担的赔偿损失、支付违约金、强制实际履行等民事责任。

违约责任作为民事责任的一种，当然具有民事责任的一般特征，它是违反民事义务的民事法律后果，具有补偿性等。然而，违约责任作为民事责任的一种重要责任形式，又具有以下区别于其他民事责任的法律特征。

1. 违约是民事责任

违约责任是当事人一方不履行合同债务或者履行不符合合同约定或法律规定时所产生的民事责任。因此违约责任的产生以合同当事人不履行合同义务为前提，没有违反合同义务的行为，便没有违约责任。

2. 违约责任具有相对性

由于合同关系的相对性，决定了违约责任的相对性，即违约责任只能在特定的当事人之间即合同关系的当事人之间发生。合同关系以外的人，不负违约责任，合同当事人也不对其承担违约责任。

3. 违约责任是财产责任

违约责任具有补偿性，旨在弥补或补偿因违约行为所造成的损害后果。因此，违约责任主要适用于补偿合同债权人所受的财产损失、支付违约金等财产性民事责任的形式，而不适用于赔礼道歉等非财产性民事责任形式。

（二）违约形态

违约形态，是违约行为形态的简称，是指根据违约行为违反义务的性质和特点而对违约行为所作的分类。

违约形态可分为预期违约与实际违约两种。

1. 预期违约

预期违约又称期前违约、先期违约或毁约，是指当事人一方在合同规定的履行期限到来之前，明示或默示其将不履行合同，又分为明示的预期违约和默示的预期违约。

2. 实际违约

实际违约包括不履行和不完全履行。

（1）不履行，又称完全不履行，是指债务人因某种事由而致履行不能，或者履行期限到来之后届满之前，债务人无正当理由拒绝履行债务的行为。前者称履行不能，后者称拒绝履行。

（2）不完全履行包括迟延履行、不适当履行、其他不完全履行。①迟延履行包括给付迟延和受领迟延，前者是指债务人在履行期限届满时，能够履行而没有近期履行债务；后者是指债权人对债务人已提供的给付未为及时接受。②不适当履行，是指债务人履行了债务，但其履行有瑕疵或给债权人造成损害的情形，又可分为瑕疵给付与加害给付两种。瑕疵给付，是指债务人虽然履行了债务，但因履行有瑕疵，以致减少或丧失该履行本身的价值或效用，其所侵害的是债权人对于正确履行所能取得的利益，即履行利益，如债务人交付有传染病的家畜，使该家禽的价值减少等。加害给付，是指因债务人的不当履行造成债权人履行利益以外的其他损失，如债务人交付有传染病的家畜，致使债权人的其他家畜感染死亡等。③其他不完全履行行为，是指除迟延履行、不适当履行以外的不完全履行行为。它主要包括：部分履行；履行方法不当；履行地点不当；其他违反合同义务的行为。

二、违约责任的承担形式

（一）实际履行

实际履行，又称强制实际履行，我国现行合同立法称为继续履行，是指违约方不履行合同时，另一方有权请求法院强制违约方按合同规定的标的履行义务，而不得以支付违约金或赔偿金的方式代替履行。

构成实际履行应具备以下条件：

（1）必须有违约行为，即《合同法》第一百零九条规定的“当事人一方未支付价款或者报酬的”和第一百一十条规定的“当事人一方不履行非金钱债务或者履行非金钱债务不符合约定的”情况。

（2）非违约方必须在合理期限内提出继续履行的请求。如果债权人在合理期限内未要求履行的，则不得强制实际履行。

（3）必须是违约方能够继续履行合同。如法律上或者事实上不能履行，或者债务的标的不适于强制履行或者履行费用过高的，则不能适用强制实际履行。

（二）损害赔偿

损害赔偿，是指违约方因不履行或不完全履行合同义务而给对方造成损失，依法或根据合同规定应承担赔偿对方当事人所受损失的责任。在我国，依现行法律规定，违约损害赔偿责任的形式为金钱赔偿。

为了公平地保护合同双方当事人的利益，法律对完全赔偿原则作出了适当的限制，主要包括以下规则：

（1）可预见性规则。当事人一方不履行合同义务或者履行合同义务不符合约定，应当赔偿给对方所造成的损失，“但不得超过违反合同一方订立合同时预见到或者应当预见到的因违反合同可能造成的损失”。

（2）过错相抵规则。过错相抵规则又称与有过失规则或混合过错规则，是指在受害人对损失的发生或扩大也有过失时，可以减轻或免除赔偿责任的规则。

（3）减轻损失规则。减轻损失规则是指受害人不得就其本可采取合理措施予以避免的损失获得赔偿。我国现行立法对此作了明确规定：“当事人一方违约后，对方应当采取适当措施防止损失的扩大；没有采取适当措施致使损失扩大的，不得就扩大的损失要求赔偿。当事人因防止损失扩大而支出的合理费用，由违约方承担。”

（三）支付违约金

为了保证合同的履行，保护自己的利益免受损害，合同当事人可以约定一方违约时应当向对方支付一定数额的违约金，也可以约定因违约产生的损失赔偿额的计算方法。

违约金，是指当事人在合同中约定的或者法律规定的一方违约后应向另一方支付的金钱。合同当事人违约的，违约方应按照合同的约定或者法律的规定承担支付违约金。

依违约金的不同发生原因，可以将其分为约定违约金和法定违约金。当事人在合同中约定的违约金为约定违约金。由法律直接规定的违约金为法定违约金，如我国有关立法中关于逾期利息的规定。

约定的违约金低于造成的损失的，当事人可以请求人民法院或者仲裁机构予以增加；约定的违约金过分高于造成的损失的，当事人可以请求人民法院或者仲裁机构予以适当减少。当事人就迟延履行约定违约金的，违约方支付违约金后，还应当履行债务。违约金与赔偿损失不能并用。

（四）给付或者双倍返还定金

当事人依照《担保法》约定一方向对方给付定金作为债权的担保的，债务人履行债务后，定金应当抵作价款或者收回。给付定金的一方履行约定的债务的，无权要求返还定金；收受定金的一方不履行约定债务的，应当双倍返还定金。

当事人既约定违约金，又约定定金的，一方违约的，对方可以选择适用违约金或者定金条款，但二者不能并用。当事人执行定金条款后不足以弥补所受损害的，仍可请求赔偿损失。

（五）标的物瑕疵的补正

标的物有瑕疵的，债权人有权选择由债务人给予修理、更换、重作，并可以请求损害赔偿。我国《合同法》第一百一十一条规定：“质量不符合约定的，应当按照当事人的约定承担违约责任。对违约责任没有约定或者约定不明确，依照本法第六十一条的规定仍不能确定的，受损害方根据标的的性质以及损失的大小，可以合理选择要求对方承担修理、更换、重作、退货、减少价款或者报酬等违约责任。”

三、免责事由

《合同法》虽然采取了无过错责任原则，但并不意味着违约方在任何情况下均须对其违约行为负责。在法律规定有免责事由的情况下，当事人不承担违约责任；在当事人以约定排除或限制其未来责任的情况下，也可能不承担违约责任或只承担一部分违约责任。

所谓免责事由，是指法定的或合同约定的当事人对其不履行合同债务不承担违约责任的条件。免责事由既可以是法律规定的，也可以是合同约定的。免责事由是合同不履行的免责事由，仅适用于合同责任。我国《合同法》规定的一般免责事由为不可抗力，当事人约定的免责事由包括免责条款和当事人约定的不可抗力条款。

（一）不可抗力

不可抗力是指当事人在缔结合同时不能预见、不能避免且不能克服的客观情况，具体包括自然灾害、政府行为及社会异常事件。但对于当事人外部原因的第三人行为不属于不可抗力的范畴，而应归于通常事变。此外，不可抗力的范围当事人可通过合同加以约定。

现代各国普遍将不可抗力作为违约责任的免责事由，我国亦不例外。我国《合同法》第一百一十七条和第一百一十八条对此作出明确规定：因不可抗力不能履行合同的，根据不可抗力的影响，部分或者全部免除责任，但法律另有规定的除外。当事人迟延履行后发生不可抗力的，不能免除责任。当事人一方因不可抗力不能履行合同的，应当及时通知对方，以减轻可能给对方造成的损失，并应在合理期限内提供证明。

（二）情势变更

情势变更又称情势变迁，是指合同成立后，作为合同关系基础的情势，由于不可归责于当事人的原因，发生了非缔约当初所能预料的变化，如果坚持原来合同的效力，将会产生显失公平的结果，因而应将合同变更以至解除的制度。这一规则的实质在于，维护诚实信用原则的公正性，消除合同因情势变更所产生的不公平后果。其效果在于，使合同一方当事人取得单方变更或解除合同的权利。

情势变更原则作为大陆法系的一项重要制度，在我国《合同法》中并没有明确规定，但为我国司法实践所采纳。《合同法解释（二）》确立了这一制度，第二十六条规定：合同成立以后客观情况发生了当事人在订立合同时无法预见的、由非不可抗力造成的、不属于商业风险的重大变化，继续履行合同对于一方当事人明显不公平或者不能实现合同目的，当事人请求人民法院变更或者解除合同的，人民法院应当根据公平原则，并结合案件的实际情况确定是否变更或者解除。

（三）免责条款

免责条款，是当事人双方在合同中事先约定的、旨在限制或免除其未来责任的条款。免责条款是一种合同条款，它是合同的组成部分，但这并不意味着所有的免责条款均有效。《合同法》及相关法律中规定了一些免责条款无效的情形，如《合同法》第四十条规定：“格式条款具有本法第五十二条和第五十三条规定情形的，或者提供格式条款一方免除其责任、加重对方责任、排除对方主要权利的，该条款无效。”第五十三条规定：“合同中的下列免责条款无效：（一）造成对方人身伤害的；（二）因故意或者重大过失造成对方财产损失的。”另外，《消费者权益保护法》第二十四条规定：“经营者不得以格式合同、通知、声明、店堂告示等方式作出对消费者不公平、不合理的规定，或者减轻、免除其损害消费者合法权益应当承担的民事责任。”“格式合同、通知、声明、店堂告示等含有前款所列内容的，其内容无效。”因此，免责条款无效的原因实质上是违背公序良俗的原则。

举案说法

甲方向乙方去函表示："本厂生产的××手机，每部单价900元。如果贵单位需要，请与我厂联系。"乙单位回函："我部门愿向贵厂订购××型手机500部，每部单价850元。"2个月后，乙单位收到甲厂发来的500部手机，但每部价格仍为900元，于是拒收。为此甲方以乙单位违约为由起诉于法院。

请问：乙方是否违约？为什么？

答案解析：乙方不违约。因为合同还未成立。乙方对甲方的回函是一个附条件的新要约，因其对甲方的要约作出了实质性变更，这一行为并不是承诺，而是一个新要约。《合同法》第三十条规定"承诺的内容应当与要约的内容一致。受要约人对要约的内容作出实质性变更的，为新要约。……"乙方的回函对甲方手机的报价提出异议，属于实质性变更，故为新要约。因此，该合同没有成立，乙方并不承担任何违约责任。

项目小结

通过本项目内容的学习，要求学生了解合同法的基本原则，认知合同的概念和主要内容；了解合同的不同类型，熟悉并理解合同订立程序；能够辨析合同不同层次的效力；运用所学知识，解决经济合同纠纷和相关违约责任的承担。

项目实训

磋商与订立合同

任务目标

通过这项实训活动，可以让学生掌握正确订立合同的全过程，同时能够按照合同法的规定，订立规范的合同。学生从所扮演角色的角度出发，运用所学知识，自主分析与决策，以提高学生解决问题的技能。

任务内容

全部同学自愿分成多个小组，分别模拟当事人双方进行合同的磋商与订立。

任务要求

1. 熟知合同的要约和承诺规则。
2. 掌握合同必备的主要条款，拟定合同具备的内容。

任务操作

以小组为单位，采取角色模拟的实训方式。

任务流程

第一步，将学生分成多个小组，每个小组6~10人，每个小组再分成当事人双方。

第二步，每组的双方可以自由协商来订立合同。合同可以包括房屋租赁、产品购销、货物买卖、运输等方面。

第三步，每个小组在规定的时间内独立完成合同的磋商与订立。

第四步，各个小组相互交流各自订立的合同书。

综合实训

一、单项选择题

1. 甲、乙双方互负债务，没有先后履行顺序，一方在对方履行之前有权拒绝其履行要求，一方在对方履行债务不符合约定时有权拒绝其相应的履行要求。这在我国合同法上称作（　　）。

A. 先履行抗辩权　　B. 先诉抗辩权

C. 同时履行抗辩权　　D. 不安抗辩权

2. 当事人不承担缔约过失责任的行为是（　　）。

A. 假借订立合同，恶意进行磋商

B. 故意隐瞒与订立合同有关的重要事实或者提供虚假情况

C. 有其他违背诚实信用原则的行为

D. 合同履行期限届满未履行合同

3. 甲公司与乙公司签订买卖合同。合同约定甲公司先交货。交货前夕，甲公司派人调查乙公司的偿债能力，有确切材料证明乙公司负债累累，根本不能按时支付货款。甲公司遂暂时不向乙公司交货。甲公司的行为是（　　）。

A. 违约行为　　B. 行使同时履行抗辩权

C. 行使先诉抗辩权　　D. 行使不安抗辩权

4. 就要约所作的以下表述中，正确的是（　　）。

A. 要约在发出时生效　　B. 要约在到达受要约人时生效

C. 要约生效后不得撤销　　D. 只要受要约人未发出承诺通知，要约均可撤销

5. 张某是某企业的销售人员，随身携带盖有该企业公章的空白合同书，便于对外签约。后张某因收取回扣被企业除名，但空白合同书未被该企业收回。张某以此合同书与他人签订购销协议，该购销协议的性质应认定（　　）。

A. 不成立　　B. 无效　　C. 可撤销　　D. 成立并生效

二、多项选择题

1. 甲公司向乙公司发出要约，欲向其出售一批货物。要约发出后，甲公司因进货渠道发生困难而欲撤回要约。甲公司撤回要约的通知应当（　　）。

A. 在要约到达乙公司之前到达乙公司

B. 在乙发出承诺之前到达乙公司

C. 与要约同时到达乙公司

D. 在乙发出承诺同时到达乙公司

2. 在法律上区分要约和要约邀请的意义是十分重要的，下面是关于要约邀请的一些说法，其中（　　）符合合同法的规定，并且是正确的。

A. 发出要约邀请的人不受其约束

B. 即使收到要约邀请的人为此已经做了准备工作，发出要约邀请的人也无须承担法

律责任

C. 接受要约邀请的人因信赖而受到损失，发出要约邀请的人应承担缔约过失责任

D. 要约邀请是希望他人与自己订立合同的意思表示

3. 下面属于要约的言辞包括（　　）。

A. 甲对一直想购买其珍藏的猴年邮票的乙说“我正在考虑是否要将这张邮票卖给你”

B. 某建筑公司发传真给某水泥厂，上面写着“请速运 20 吨 150 型号水泥来我公司”

C. 某大学生张三勤工俭学出售 IC 卡，他在各个学生宿舍都散发了销售传单，上面写着“面值 100、50、30 元的 IC 卡 9 折优惠，如需要请呼 19188888”

D. 赵六素来想购买好友郭七祖传的一幅黄庭坚真迹，郭七都不肯割售。一日，两人共饮都有七分醉意，赵六以言语相激，说郭七自己不懂欣赏书法却不肯出售黄庭坚真迹，郭七不胜赵六之激，便说：“好，你拿 30 万块钱来，这幅画就归你”

4. 下列情形中，出现时合同的权利义务即终止的有（　　）。

A. 债务人李某将欠王某的 1 万元钱还给了王某

B. 张三欠自己哥哥张二 2 万元钱，不久张二因车祸去世，张三是张二的唯一继承人

C. 甲借乙 3 万元钱，为期一年，但过了 4 年乙也没有向甲要钱

D. 甲偿还拖欠乙的两箱啤酒，乙拒绝受领，甲便将啤酒放在乙的门外，后被小偷偷走

5. 下列债权属于合同法代位权制度中债权人不能代位行使的有（　　）。

A. 基于扶养关系、抚养关系、赡养关系、继承关系产生的给付请求权

B. 人身伤害赔偿请求权

C. 劳动报酬、退休金、养老金、抚恤金、安置费

D. 人寿保险

三、案例分析题

李某本人酷爱收藏，并且具有相当的古玩鉴赏能力。其家中收藏有一商代酒杯，但由于年代太久远，李某无法评估其真实价值，而只能大略估计其价值在 10 万元以上。某日，李某将其酒杯带到一古董店，请古董店老板鉴赏，店老板十分喜欢该酒杯，并且知道其价值不下百万元，于是提出向李某买下该酒杯，出价为 50 万元。李某对此高价内心十分满意，但仔细一想，心知该酒杯价值绝对超过 50 万元，如果拍卖，超过百万元也有可能。但苦于拍卖成本过高，自身也没有条件拍卖。于是，李某心生一计，同意将酒杯卖给古董店老板，待日后古董店老板高价卖出后再主张合同可撤销，要求变更合同。结果，古董店老板通过拍卖，酒杯被卖到 1 000 万元。此后，李某向法院主张合同显失公正，要求古董店老板至少再补偿 900 万元。试分析：

（1）李某与古董店老板的合同是否成立，是否有效？

（2）李某的请求是否具有法律依据？为什么？

（3）法院应如何处理？

项目七

工业产权法

职业能力目标

了解工业产权的概念和特征；掌握专利、专利权、商标、商标权的概念；了解专利和商标的申请流程；掌握专利和商标的申请条件；掌握专利权和商标权的内容。

典型工作任务

撰写专利申请书、专利说明书及商标申请书；用法律手段维护商标权人的商标权。

开篇普法

工业产权法（商标法和专利法）

工业产权法是调整因确认、使用和保护智力成果而发生各种社会关系的法律规范总和。

工业产权是专利权和商标权的统称。工业产权和著作权统称为知识产权。

工业产权一词最早出现于1791年法国的专利法中。在此以前，英国和法国都称专利权为特权或垄断权。1833年制定的《保护工业产权巴黎公约》也采用了这个词，工业产权一词现已成为国际通用的专门术语。

工业产权法以专利法、商标法为主干，反不正当法、合同法等法律中调整工业产权法律关系的规范以及有关行政法规、规章，最高人民法院以司法解释形式发布的有关规范性文件等，都是工业产权法的组成部分。我国已相继颁布和实施了《中华人民共和国商标法》、《中华人民共和国商标法实施条例》、《中华人民共和国专利法》、《中华人民共和国专利法实施细则》等法律、法规。

（一）商标法

1982年8月23日第五届全国人大常委会第二十四次会议，通过的《中华人民共和国商标法》（简称《商标法》）是我国第一部知识产权的保护的专门立法；自1983年3月1日起施行。根据2013年8月30日第十二届全国人大常委会第四次会议《关于修改〈中华人民共和国商标法〉的决定》第3次修正。

《商标法》内容总计73条，包括：

第一章　总　则

第二章 商标注册的申请
第三章 商标注册的审查和核准
第四章 注册商标的续展、变更、转让和使用许可
第五章 注册商标的无效宣告
第六章 商标使用的管理
第七章 注册商标专用权的保护
第八章 附 则

（二）专利法

为了保护发明创造专利权，鼓励发明创造，有利于发明创造的推广应用，促进科学技术的发展，适应社会主义现代化建设的需要而制定专利法。《中华人民共和国专利法》（简称《专利法》）由第十一届全国人民代表大会常务委员会第六次会议于2008年12月27日通过，自2009年10月1日起施行。

《专利法》内容总计76条，包括：

第一章 总 则
第二章 授予专利权的条件
第三章 专利的申请
第四章 专利申请的审查和批准
第五章 专利权的期限、终止和无效
第六章 专利实施的强制许可
第七章 专利权的保护
第八章 附 则

任务一 工业产权概述

一、工业产权的概念

工业产权，是指人们依法对应用于商品生产和流通中的创造发明和显著标记等智力成果，在一定地区和期限内享有的专有权。按照国际规定，工业产权包括发明、实用新型、外观设计、商标、服务标记、厂商名称、货源标记、原产地名称以及制止不正当竞争的权利；而在我国，工业产权主要是指商标专用权和专利权。

工业产权一词最早出现于1791年法国的专利法中，现已成为国际通用的专门术语。

知识产权包括工业产权和著作权；工业产权又主要包括专利权、商标权、地理标志，是发明专利、实用新型、外观设计、商标的所有权的统称。

二、工业产权的特征

工业产权属于无形财产权，与有形财产权相比具有以下特征。

1. 权利专有性

工业产权是国家赋予专利权人和商标专用权人，在有效期内对其专利和商标享有的独占、使用、收益和处分的权利。未经权利人许可（特定情形下，行政部门的强制许可），任何第三人皆不得使用，否则，即构成侵权。

2. 产权地域性

工业产权的地域性是指工业产权的地域限制，即一个国家法律所确认和保护的工业产权，只在该国范围内有效，对其他国家不发生效力，即不具有域外效力。如果想获得该国的保护，必须依照该国的法律取得相应的知识产权或根据共同签订的国际条约取得保护。

3. 权利时间性

工业产权的时间性是指工业产权的时间限制，即工业产权的保护是有一定期限的，这也就是工业产权的有效期。法律规定的期限届满，工业产权的专有权即告终止，权利人即丧失其专有权，这些智力成果即成为社会财富。

三、工业产权的保护

为促进各国科学技术的日益进步和工业生产的迅速发展，扩大各国之间的技术交流、技术合作和技术贸易，各国政府经过谈判，在工业产权的不同领域订立了一系列的国际公约。最主要的是 1883 年在巴黎签订的《保护工业产权巴黎公约》(简称《巴黎公约》)，其经过多次修改，是保护工业产权方面影响最大的国际公约。我国已于 1984 年 11 月 14 日加入该公约，自 1985 年 3 月 19 日起该公约对我国有效。它主要包括以下内容。

（一）保护范围

《巴黎公约》规定工业产权保护的对象有专利、实用新型、外观设计、商标、服务标记、厂商名称、货源标记或原产地名称以及制止不正当竞争。该公约还规定，对工业产权应作广义的理解，不仅应适用于工业和商业本身，而且也应同样适用于农业和采掘业，适用于一切制成品或者天然产品。

（二）国民待遇原则

《巴黎公约》规定，任何巴黎联盟成员国的国民，在其他成员国国内应享有各该国法律现在或今后给予该国国民的各种便利，不论他们在各该国有无永久住所或营业所。非联盟成员国的国民如果在成员国领土内有永久住所或者有真实的正当的工商营业所者，享有与联盟成员国国民同样的待遇。

（三）优先权原则

优先权原则是指以某一申请人在一个巴黎联盟成员国为一项工业产权提出的正式申请为基础，在此后一定时期内（6 个月或 12 个月），同一申请人或者他的继承人在其他成员国就同一工业产权申请保护时，该后来的国家应当把该申请人第一次提出申请的日期视为在后来国家的申请日期。《巴黎公约》规定，即使作为优先权基础的第一个申请最终被驳回，优先权仍然有效。

（四）各国工业产权独立原则

根据《巴黎公约》规定，各成员国授予专利权或者商标权是相互独立的，各国均依据本国法律决定是否给某一申请以工业产权保护，在审查申请是否符合法律规定时，其他国家对同一申请是否授予工业产权不应作为考虑的因素。

（五）强制许可原则

《巴黎公约》规定，各成员国可以采取立法措施，规定在一定条件下可以核准强制许可，以防止专利权人可能对专利权的滥用。强制许可的条件是，专利权人自提出专利权申请之日起满四年或者自批准专利权之日起满三年未实施专利且又提不出正当理由。

（六）驰名商标保护

无论驰名商标本身是否取得了商标注册，各成员国均应禁止他人使用相同或者类似驰名商标的商标，拒绝注册与驰名商标相同或者相似的商标。

任务二 商标法

一、商标及商标法概述

（一）商标概述

1. 商标的概念

商标俗称“牌子”，是指在商品或者服务项目上所使用的，用以识别不同经营者所生产、制造、加工、拣选、经销的商品或者提供的服务的，由可视性标志（包括文字、图形、字母、数字、三维标志和颜色组合以及上述诸要素的组合）而构成的要素组合。

商标法中所称商标，具有特定含义。我国现行《商标法》未直接规定商标的含义，但在第四条规定了可以取得商标权的主体和商标使用的对象，又在第九条规定商标应当具备显著特征，便于识别。由此，我国商标的法律概念可归纳为：自然人、法人或者其他组织在其生产、制造、加工、拣选或者经销的商品或提供的服务上使用的，用以区分商品或服务的生产经营者或提供者，由具有显著性便于识别的可视性标识构成的标志。

2. 商标的分类

现代经济社会中，商品和服务项目日渐繁多，商标使用范围越来越广。依据不同的标准，商标可以进行各种分类。

按照商标的构成要素分类，商标分为文字商标、图形商标、字母商标、数字商标、三维标志商标、颜色组合商标和组合商标。

按照商标使用者的不同情况划分为制造商标、销售商标和集体商标。

按照商标功能不同，分为联合商标、防御商标和证明商标。

按照是否进行商标注册，分为注册商标和非注册商标。

按照商标知名度的高低和保护范围的大小，可分为普通商标、知名商标和驰名商标。

3. 商标的功能

商标有广泛的作用，有多种不可忽视的功能，主要表现在：

（1）识别商品来源的功能。即商标具有识别性，这是商标的基本功能、首要功能。商标就是由于要识别商品的来源才得以产生，因此有此功能者方可成为商标，无此功能者不能称商标。

（2）促进销售的功能。生产经营者使用商标标明商品的来源；消费者通过商标来区别同类商品，了解商品，作出选择。鉴于此，商标成为开拓市场、在市场上展开竞争的重要工具，这是商标的又一重要功能。

（3）保证商品品质的功能。生产者通过商标表示商品为自己所提供，服务提供者通过商标表示某项服务为自己所提供，消费者也通过商标来辨别商品或服务，对其质量作出鉴别，这种鉴别关系到生产经营者的兴衰。商标的使用促使生产经营者注重质量，保持质量的稳定。

（4）广告宣传的功能。现代的商业宣传往往以商标为中心，通过商标发布商品信息、推介商品，突出醒目，简明易记；借助商标这种特定标记吸引消费者的注意力，加深对商品的印象。商品吸引了消费者，消费者借助商标选择商品，商标的作用便显而易见。在现实中，商标成为无声的广告，更显出商标的优势。

（5）树立商业声誉的功能。商标用于显示商品来源，保证商品的质量，进行商品的广告宣传，作为生产经营者开拓市场的有效手段。商标是商品信誉和与之有关的企业信誉的最佳标记，因此树立商誉的有效途径是形成声誉卓著的商标。商品的竞争变成了商标的竞争，商标越孚众望，竞争力越强。

（二）商标法概述

商标法是指调整商标的组成、注册、使用、管理和商标专用权的保护等的法律规范的总称。其作用主要是为了加强商标管理，保护商标专业权，促进生产者和经营者保证商品质量和维护商标信誉，以保障消费者的利益，促进社会主义市场经济的发展。1983 年 3 月 1 日实施并与 1993 年、2001 年分别修订的《中华人民共和国商标法》（简称《商标法》）与 2002 年 9 月 15 日实施的《中华人民共和国商标法实施细则》（简称《实施细则》）以及《关于惩治假冒注册商标犯罪的补充规定》，是目前我国商标注册、管理与保护的基本法律。

二、商标权的内容及其取得

（一）商标权的概念及内容

商标权是商标专用权的简称，是指商标主管机关依法授予商标所有人对其注册商标受国家法律保护的专有权。商标注册人拥有依法支配其注册商标并禁止他人侵害的权利，包括商标注册人对其注册商标的排他使用权、收益权、处分权、续展权和禁止他人侵害的权利。

商标权人的权利主要有注册商标的专有使用权、禁止权、许可权、转让权等内容。

1. 专有使用权

专有使用权是商标权最重要的内容，是商标权中最基本的核心权利。它的法律特征为，商标权人可在核定的商品上独占性地使用核准的商标，并通过使用获得其他合法权益。

专有使用权具有相对性，只能在法律规定的范围内使用。我国《商标法》第五十六条规定："注册商标的专用权，以核准注册的商标和核定使用的商品为限。"即注册商标只能在注册时所核定的商品或者服务项目上使用，而不及于类似的商品或者服务项目；商标权人也不得擅自改变构成注册商标的标志，也不能使用与注册商标近似的商标。

2. 禁止权

禁止权是指注册商标所有人有权禁止他人未经其许可，在同一种或者类似商品或服务项目上使用与其注册商标相同或近似的商标。商标权具有与财产所有权相同的属性，即不受他人干涉的排他性，其具体表现为禁止他人非法使用、印制注册商标及其他侵权行为。由此可见，专有使用权和禁止权是商标权的两个方面。

3. 许可权

许可权是指注册商标所有人通过签订许可使用合同，许可他人使用其注册商标的权利。许可使用是商标权人行使其权利的一种方式。许可人是注册商标所有人，被许可人根据合同约定，支付商标使用费后在合同约定的范围和时间内有权使用该注册商标。实质上，商标使用许可制度对于企业将发展横向联合、发挥优势、扩大名牌商品生产、活跃流通、满足消费者需要、提高社会经济效益，具有积极的意义。

4. 转让权

转让是指注册商标所有人按照一定的条件，依法将其商标权转让给他人所有的行为。转让商标权是商标所有人行使其权利的一种方式，商标权转让后，受让人取得注册商标所有权，原来的商标权人丧失商标专用权，即商标权从一主体转移到另一主体。转让注册商标，应由双方当事人签订合同，并应共同向商标局提出申请，经商标局核准公告后方为有效。

（二）商标权的取得

商标权的取得，是指特定的人（包括自然人和法人），对其商标依法申请并经商标局核准注册，即取得商标权。商标权取得即商标权法律关系产生。作为无形财产权，它和有形财产权一样，其取得方式依其来源的不同，可分为原始取得和传来（又称继受）取得。

1. 原始取得

原始取得又称直接取得，即以法律规定为依据，具备了法定条件并经商标主管机关核准直接取得的商标权。原始取得通常采用以下三种原则：

（1）使用原则。按使用商标的先后来确定商标权的归属，即谁先使用该商标，这一商标的商标权就属于谁，并可以“使用在先”为由对抗使用在后的人，要求撤销其注册商标。

（2）注册原则。按申请注册的先后确定商标权的归属问题，即谁最先申请注册，商标权就授予谁。商标注册是一种法律事实。一旦商标所有人通过注册取得了商标权，就受国家法律保护。

（3）混合原则。这是使用原则与注册原则的折中适用。根据这一原则，一个企业或一个人只要首先使用了某一商标，即便没有注册，也可以在规定的期限内，以使用在先为理由。

2. 传来取得

传来取得，又称继受取得，即商标权的取得不是最初产生的，而是以原商标所有人的商标权及其意志为依据，通过一定的法律程序实现商标权的转移。传来取得有两种方式：一种是根据转让合同，由受让人向出让人有偿或无偿地取得商标权；另一种是根据继承程序，由法定继承人继承已死亡的被继承人的商标权。

（三）商标的注册

商标注册，是指商标所有人为了取得商标专用权，将其使用的商标，依照国家规定的注册条件、原则和程序，向商标局提出注册申请，商标局经过审核，准予注册的法律事实。经商标局审核注册的商标，便是注册商标，享有商标专用权。商标注册制度有着重要的意义，它是保护商标专用权的一种基本法律制度，同时商标标志着商品质量，也是消费者认购商品的依据。

1. 商标注册的原则

（1）自愿注册原则。自愿注册原则是指使用在某种商品上的商标是否申请注册完全由商标使用人自行决定。要取得商标专用权，就应注册，否则也可以不注册。但自愿注册原则在我国《商标法》中有例外，对人用药品和烟草制品，我国实行强制注册。

（2）申请在先原则。两个或两个以上的申请人，在同一种商品或类似商品上，以相同或相近的商标申请注册的，初步审定并公告申请在先的商标。同一天申请的，由国家商标局通知申请人在三十天内提交该商标实际使用日期的有效证明，初步审定并公告使用在先的商标，驳回其他人的申请。若申请商标系同日使用或均未使用的，商标局通知申请人自行协商。若达不成协议的，由申请人抽签决定，或者由商标局裁定。

（3）优先权原则。商标注册申请的优先权是指符合法定条件的商标注册申请人享有的将实际特定日期的申请日提前到某一特定日期的权利。根据《商标法》的规定，有两种情形：①商标注册申请人自其商标在外国第一次提出商标注册申请之日起六个月内，又在中国就相同商品以同一商标提出商标注册申请的，依照该外国同中国签订的协议或者共同参加的国际条约，或者按照互承认优先权的原则，可以享有优先权。②商标在中国政府主办的或者承认的国际展览会上展出的商品上首次使用的，自该商品展出之日起六个月内，该商标的注册申请人可以享有优先申请权。

（4）一份商标一份申请原则。申请商标注册的，应当按规定的商品分类填报使用商标的商品类别和使用名称。商标注册申请人在不同类别的商品上申请注册同一商标的，应当按商品分类表提出注册申请。注册商标需要在同一类的其他商品上使用的，应当另行提出申请。注册商标需要改变其标志的，应当重新提出注册申请。注册商标需要变更注册人的名义、地址或者其他注册事项的，应当提出变更申请。总之，商标注册申请采用“一类商品，一种商标，一份申请”的方式。

2. 商标注册的审查与核准

（1）商标注册的审查。商标注册的审查是指商标主管机关对商标注册申请是否符合商标法的规定进行的一系列活动。它主要包括初步审查和实质审查。

初步审查也叫形式审查，是对商标注册文件能否受理的审查。审查的具体内容包括：商标注册人的资格，商标申请的核准程序，商标的申请日期，编定申请号和商标注册申请表是否是一个商标。

商标局对受理的申请，依照《商标法》的规定进行实质审查。实质审查的内容主要包括：申请注册的商标是否具有显著特征，便于识别；申请注册的商标是否与已注册在相同或类似商品或服务上的商标相同或近似；申请注册的商标是否违背《商标法》的禁止规定，是否与申请在先的商标及已撤销、失效并不满一年的注册商标相混同。

商标进行实体内容审查之后，有两种结果：一是初步审定，予以公告；二是驳回申请和复审。初步审定是指商标局对符合形式审查和实体内容审查的申请注册商标作出可以核准注册的结论，但此时该商标还未取得商标权，而是应当公告，由全社会对商标局初步审定的结果进行监督，增加商标审查工作的透明度。另外，这也有助于商标注册人和在先申请人维护自身权益，避免商标局核准注册与自己的商标相同或者相近的商标，减少商标注册后可能发生的争议。申请注册的商标，凡不符合《商标法》规定的，由商标局驳回申请，不予公告。

（2）商标的异议和核准。对初步审定的商标，自公告之日起三个月内，任何人均可以提出异议。对初步审定予以公告的商标提出异议的，商标局应当听取异议人和被异议人陈述事实和理由，经调查核实后，作出裁定。当事人不服的，可以自收到通知之日起十五日内向商标评审委员会申请复审，由商标评审委员会作出裁定，并书面通知异议人和被异议人；当事人对商标评审委员会的裁定不服的，可以自收到通知之日起三十日内向人民法院起诉。人民法院应当通知商标复审程序的对方当事人作为第三人参加诉讼。当事人在法定期限内对商标局作出的裁定不申请复审或者对商标评审委员会作出的裁定不向人民法院起诉的，裁定生效。

经裁定异议不能成立的，予以核准注册，发给商标注册证，并予以公告；经裁定异议成立的，不予核准注册。经裁定异议不能成立而核准注册的，商标注册申请人取得商标专用权的时间自初审公告三个月期满之日起计算。

商标的注册核准是指商标经商标局初步审定公告期满，没有人提出异议，或经裁定异议不能成立的，商标局对申请注册的商标予以注册。申请注册的商标一经商标局核准，就标志着申请人取得了注册商标专用权。

三、商标权的保护

（一）注册商标的保护期限

我国《商标法》规定，注册商标的有效期限为十年，自核准注册之日起计算。注册商标有效期满，需要继续使用的，应当在期满前六个月内申请续展注册；在此期间未能提出申请的，可以给予六个月的宽限期。

（二）商标侵权行为

商标侵权行为是指违反商标法规定，侵犯他人注册商标专用权的行为。商标侵权行为的种类和认定如下：

（1）未经商标注册人的许可，在同一种商品或者类似商品上使用与其注册商标相同或者近似的标的。这里所称类似商品，是指在功能、用途、生产部门、销售渠道、消费对象等方面相同，或者相关公众一般认为其存在特定联系、容易造成混淆的商品。

（2）销售侵犯注册商标专用权的商品的。

（3）伪造、擅自制造他人注册商标标识或者销售伪造、擅自制造的注册商标标识的。商标标识是指构成商标图样的文字、图形或者其结合的物质实体，如商标纸、商标文牌。

（4）未经商标注册人同意，更换其注册商标并将该更换商标的商品又投入市场的。

（5）给他人的注册商标专用权造成其他损害的。

（三）侵犯注册商标专用权的法律责任

1. 民事责任

民事责任主要包括停止侵害、消除影响、赔偿损失等。其中，根据《商标法》的规定，侵犯商标专用权的赔偿数额，为侵权人在侵权期间因侵权所获得的利益，或者被侵权人在被侵权期间因被侵权所受到的损失，包括被侵权人为制止侵权行为所支付的合理的开支，如权利人或者委托代理人对侵权行为进行调查、取证的费用等。上述所称侵权人因侵权所得利益，或者被侵权人因被侵权所受损失难以确定的，由人民法院根据侵权行为的情节判决给予五十万元以下的赔偿。销售不知道是侵犯注册商标专用权的商品，能证明该商品是自己合法取得的并说明提供者的，不承担赔偿责任。

2. 行政责任

行政责任主要包括：①责令立即停止侵权行为。②没收、销毁侵权商品和专门用于制造侵权商品、伪造注册商标标识的工具。③罚款。根据规定，工商行政管理部门可以根据情节处以非法经营额百分之二十以下或者非法获利两倍以下的罚款；对侵犯注册商标专用权的单位的直接责任人员，可根据情节处以一万元以下的罚款。

3. 刑事责任

人民法院对假冒他人注册商标，伪造、擅自制造他人注册商标标识或者销售伪造、擅自制造的注册商标，以及销售明知是假冒注册商标的商品等情节严重构成犯罪行为的直接责任人员，依法追究刑事责任。

任务三 专利法

一、专利及专利法概述

（一）专利概述

专利一词作为法律术语系外来词，原指由国家授予某项可公开的发明的垄断权。在我国专利法与日常生活中，专利一词通常有三种含义：一是专利权的简称，也是专利最基本的含义，即国家专利机关依法授予专利申请人对其发明创造在一定期限内享有独占权；二是被授予专利的发明创造，一般包括发明、实用新型和外观设计；三是指专利技术的专利文献。

（二）专利权概述

专利权是指专利权人在法定期限内对其发明创造成果享有的专有权利。它是国家专利行政部门授予发明人或申请人生产经营其发明创造并禁止他人生产经营其发明创造的某种特权，是对发明创造的独占的排他权。

作为知识产权之一的专利权，具有知识产权所具有的各项特征。

（三）专利法概述

专利法是指调整因发明创造的开发、实施及其保护等发生的各种社会关系的法律规范的总称。专利法有广义和狭义之分。狭义的专利法仅指全国人民代表大会常务委员会通过的《中华人民共和国专利法》。目前我国的专利法律体系主要包括：1985 年 4 月 1 日实施，并分别于 1992 年、2000 年和 2008 年修订的《中华人民共和国专利法》（简称《专利法》）；2001 年 7 月 1 日实施，并于 2002 年和 2010 年修订的《中华人民共和国专利法实施细则》及其他涉及专利技术使用、管理和保护的法律、法规。

二、专利权的法律关系

（一）专利权的主体

专利权的主体是指具体参加特定的专利权法律关系并享有专利权的人。根据《专利法》的规定，发明人或设计人、职务发明创造的单位、合法受让人、外国人等都可以成为专利权的主体。

1. 发明人或设计人

发明人或设计人，是指对发明创造的实质性特点作出创造性贡献的人。在完成发明创造过程中，只负责组织工作的人、为物质技术条件的利用提供方便的人或者从事其他辅助工作的人，不是发明人或设计人。发明人或设计人一定是自然人。

我国《专利法》第六条规定，对于非职务发明创造，申请专利的权利属于发明人或设计人；申请被批准后，专利权归发明人或设计人所有。非职务发明创造，通常是指不在任何单位工作的独立的发明人或设计人完成的发明创造，或者单位工作人员离、退休或退职一年后完成的发明创造，或者虽然是单位的工作人员，但不是执行本单位项目，也不是主要利用本单位物质条件所完成的发明创造。

2. 发明人或设计人所属单位

职务发明创造是指发明人或设计人执行本单位的项目，或者主要是利用本单位的物质技术条件所完成的发明创造。

职务发明创造分为两类：第一类为执行本单位的项目完成的发明创造。它包括：①在本职工作中作出的发明创造；②履行本单位交付的本职工作之外的项目所作出的发明创造。这里所称本单位，包括临时工作单位。③退休、调离原单位后或者劳动、人事关系终止后一年内作出的，与其在原单位承担的本职工作或者原单位分配的项目有关的发明创造。第二类为主要利用本单位的物质技术条件完成的发明创造。这里所称本单位的物质技术条件，是指本单位的资金、设备、零部件、原材料或者不对外公开的技术资料等。

另外，我国的《专利法》还规定，两个以上单位或者个人合作完成的发明创造、一个单位或者个人接受其他单位或者个人委托所完成的发明创造，除另有协议的以外，申请专利的权利属于完成或者共同完成的单位或者个人；申请被批准后，申请的单位或者个人为专利权人。

3. 合法受让人

我国的《专利法》明确规定：专利申请权和专利权可以转让。因此，一项发明创造的专利申请人、专利权人可以依法转让其专利申请权和专利权。依法转让后，申请专利的权利属于合法受让人；申请被批准后，合法受让人为专利权人。

4. 外国人

外国人是指不具有中华人民共和国国籍的人，包括外国的自然人和法人。它主要有两种情况：①在中国有经常居所或者营业所的外国人、外国企业或者外国其他组织在中国申请专利的，享有与我国国民同等的待遇。②在中国没有经常居所或者营业所的外国人、外国企业或者外国其他组织在中国申请专利的，依照其所属国同中国签订的协议或者共同参加的国际条约，或者依照互惠原则，根据《专利法》的规定处理。

（二）专利权的客体

专利权的客体，也称专利法保护的对象，是指可以获得专利法保护的发明创造，包括发明、实用新型和外观设计。

1. 发明

我国专利法所称的发明是指对产品、方法或者其改进所提出的新的技术方案。发明包括产品发明、方法发明、改进发明。

发明具有如下特征：①发明是利用自然规律而进行的创造。需要指出的是，发明与发现不同，发现是对自然规律本身的新的认识，并不是利用，因此发现不能称为发明。②发明是具体的技术方案。发明应能够解决特定的技术难题，必须产生一定的技术效果，具有一定的实用性。

2. 实用新型

实用新型是指对产品的形状、构造或者其结合所提出的适于实用的新的技术方案。

实用新型具有如下特征：①实用新型是一种新的技术方案。实用新型必须具有一定的创新性，与现有技术方案相比，它必须具有创造性。②实用新型必须具有实用价值，能够实施，可以用工业方法再现。③实用新型要求产品必须是具有特定的形状、构造的产品。气态、液态、凝胶状或颗粒粉末状的物质或者材料，不属于实用新型的产品范围。

由于实用新型的创造水平与发明相比较低，故又称“小发明”。

3. 外观设计

外观设计是指对产品的形状、图案或者其结合以及色彩与形状、图案的结合所作出的富有美感并适于工业应用的新设计。

外观设计具有如下特征：①外观设计必须以产品为载体。②外观设计以产品的形状、图案、色彩或者其结合为要素。③外观设计富有美感，外观设计包含的是美术思想，即解决产品的视觉效果问题，而不是技术思想，这一点与实用新型相区别。④外观设计必须能在产业上应用。外观设计必须能够用于以生产经营为目的的制造或生产。如果设计不能用工业的方法复制出来或者达不到批量生产的要求，就不是专利法意义上的外观设计。

（三）专利权的内容

专利权的内容是指专利权人依法享有的各种权利和应承担的义务。

1. 专利权人的权利

（1）独占权。发明或实用新型专利权被授予后，任何单位或者个人未经专利权人许可，都不得实施其专利，即不得为生产经营目的制造、使用、许诺销售、进口其专利产品，或者使用专利方法以及使用、许诺销售、进口依照该专利方法直接获得的产品。

外观设计专利权被授予后，任何单位和个人未经专利权人许可，都不得实施其专利，即不得为生产经营目的制造、销售和进口其外观设计专利产品。

（2）许可实施权。专利权人有权许可他人实施其专利技术并获得专利使用费。《专利法》规定，任何个人和单位实施他人专利时，除法律另有规定外，都必须与专利权人订立书面实施许可合同，向专利权人支付专利费用。被许可人不得允许合同规定以外的任何单位和个人实施该专利。

（3）转让权。转让是指专利权人将其专利转移给他人所有。专利权转让的方式有出卖、赠与和投资入股等。转让专利权的，当事人应当订立书面合同，并向国务院专利行政部门登记，由国务院专利行政部门予以公告。专利权的转让自登记之日起生效。

（4）标记权。专利权人有权在其专利产品或者该产品的包装上标明专利标记和专利号。

（5）放弃权。专利权人有权通过向专利局提交书面申请或以不缴纳年费的方式放弃其专利权。

（6）请求保护权。当专利权没有得到专利权人的许可，擅自利用专利技术而构成侵权行为时，专利权人有权要求侵犯人停止侵权行为并赔偿经济损失。

2. 专利权人的义务

（1）缴纳专利年费的义务。专利权人应当自被授予专利权的当年开始缴纳年费，不履行该义务，其专利权将终止。

（2）实施发明创造专利的义务。专利权人有自己在中国制造其专利产品，使用其专利方法的义务。

（3）依法给予奖励和报酬的义务。被授予专利权的单位应当对职务发明创造的发明人或者设计人给予奖励；发明创造专利实施后，根据其推广应用的范围和取得的经济效益对发明人或者设计人给予合理的报酬。

三、专利权的取得

（一）专利权的申请原则

1. 单一性原则

单一性原则是指一份专利申请文件只能就一项发明创造提出专利申请，即“一申请一发明”原则。属于一个总的发明构思的两项以上的发明或者实用新型；同一产品两项以上的相似外观设计，或者用于同一类别并且成套出售或者使用的产品的两项以上外观设计，可以作为一件申请提出。

2. 申请在先原则

申请在先原则是指在两个以上的申请人分别就同样的发明创造申请专利的情况下，对先提出申请的申请人授予专利权。如果两个以上申请人在同一日分别就同样的发明创造申请专利的，由申请人自行协商确定，申请人不能达成协定的，由中国专利主管机关作出决定。

3. 优先权原则

优先权原则是指专利申请人首次提出申请后，又就相同主题或专利在一定时间内提出申请时享有的依首次申请日进行审查的一种权利。我国专利申请的优先权包括外国优先权和本国优先权。

外国优先权，是指申请人自发明或者实用新型在外国第一次提出专利申请之日起 12 个月内，或者自外观设计在外国第一次提出专利申请之日起 6 个月内，又在中国就相同主题提出专利申请的，依照该外国同中国签订的协议或者共同参加的国际条约，或者依照相互承认优先权的原则，可以享有优先权。

本国优先权，是指申请人自发明或者实用新型在中国第一次提出专利申请之日起 12 个月内，又向国务院专利行政部门就相同主题提出专利申请的，可以享有优先权。

（二）专利权的取得条件

1. 发明和实用新型专利权取得的条件

授予专利权的发明和实用新型，应当具备新颖性、创造性和实用性。

（1）新颖性是指在申请人以前没有同样的发明创造在国内外出版物上公开发表过、在国内公开使用过，或者以其他方式为公众所知，没有同样的发明创造由他人向专利局提出过专利申请，并且记载在申请日以后公布的专利申请文件中。

（2）创造性是指同申请日以前的已有技术相比，该发明有突出的实质性特点和显著进步，该实用新型有实质性特点和进步。

（3）实用性是指该发明或者实用新型能够制造或者使用，并且能够产生积极效果。实用性作为授予专利权的必备条件之一，是专利制度旨在推动技术进步和经济发展的必然要求。

2. 外观设计专利权取得的条件

授予专利权的外观设计，应当同申请日以前在国内外出版物上公开发表过或国内公开使用过的外观设计不相同或不相近。可见，对外观设计新颖性的要求，出版物方式的书面公开以世界地域为标准，使用公开则以本国地域为标准。此外，授予专利权的外观设计，还应当具有美感并适于工业上应用。

根据《专利法》的规定，不能授予专利权的项目包括：违反国家法律、社会公德或者妨碍公共利益的发明创造；科学发现；智力活动的规则和方法；疾病的诊断和治疗方法；动物和植物品种，但其生产方法可依法授予专利权；用原子核变换方法获得的物质。

（三）专利权的取得程序

1. 专利申请

专利权不能自动取得，申请人必须履行《专利法》规定的专利申请手续，向国务院专利行政部门提交必要的申请文件。

（1）确定申请日。国务院专利行政部门收到专利申请文件之日为申请日。如果申请文件是邮寄的，以寄出的邮戳日为申请日。

（2）提交申请专利文件。根据《专利法》的规定，申请发明或者实用新型专利的，应当提交请求书、说明书及其摘要和权利要求书等文件。

申请外观设计专利的，应当提交请求书、该外观设计的图片或者照片等文件，并且应当写明使用该外观设计的产品及其所属的类别。如有必要，国务院专利行政部门可以要求申请人提交使用该外观设计的样品或者模型。

2. 专利申请的审查批准

（1）发明专利申请的审查批准。

① 初步审查。初步审查也叫形式审查，主要包括以下内容：专利申请是否具备《专利法》规定的申请文件和其他必要的文件，以及这些文件是否符合规定的格式；发明专利申请是否明显属于违反国家法律、社会公德或者妨害公共利益的发明创造；发明专利申请是否明显属于不授予专利权的项目；专利申请人是否符合申请人主体资格；专利申请是否明显不符合申请主题单一性原则；专利申请文件的修改是否符合要求；申请发明专利是否合适；专利申请文件尤其是说明书和权利要求书的撰写是否符合《专利法》规定的格式和内容，等等。

② 申请公开。国务院专利行政部门对发明专利申请经初步审查认为符合《专利法》规定要求的，自申请日起满十八个月，即行公布。国务院专利行政部门还可以根据申请人的请求早日公布其申请。

③ 实质审查。实质审查是国务院专利行政部门根据申请人的请求，对发明的新颖性、创造性、实用性等实质性条件进行的审查。

发明专利申请自申请日起三年内，国务院专利行政部门可以根据申请人随时提出的请求，对其申请进行实质审查；申请人无正当理由逾期不请求实质审查的，该申请即被视为撤回。国务院专利行政部门认为必要时，可以自行对发明专利申请进行实质审查。

④ 授权决定或驳回申请。发明专利申请经实质审查没有发现驳回理由的，由国务院专利行政部门作出授予发明专利权的决定，发给发明专利证书，同时予以登记和公告。发明专利权自公告之日起生效。

国务院专利行政部门对发明专利申请进行实质审查后，认为不符合《专利法》规定的，应当通知申请人，要求其在指定的期限内陈述意见，或者对其申请进行修改；无正当理由逾期不答复的，该申请即被视为撤回。发明专利申请经申请人陈述意见或者进行修改后，国务院专利行政部门仍然认为不符合《专利法》规定的，应当予以驳回。

（2）实用新型和外观设计专利申请的审查批准。

国务院专利行政部门受理实用新型和外观设计专利申请后，只进行初步审查，不进行申请公开和实质审查程序。

实用新型和外观设计专利申请经初步审查没有发现驳回理由的，由国务院专利行政部门作出授予实用新型专利权或者外观设计专利权的决定，发给相应的专利证书，同时予以登记和公告。实用新型专利权和外观设计专利权自公告之日起生效。

3. 专利的复审

专利复审是指专利申请人对国务院专利行政部门驳回其专利申请不服的，请求专利复审委员会对其专利申请进行再审。

专利申请人对国务院专利行政部门驳回申请的决定不服的，可以自收到通知之日起三个月内，向专利复审委员会请求复审。专利复审委员会复审后，作出复审决定，并通知专利申请人。专利申请人对专利复审委员会的复审决定不服的，可以自收到通知之日起三个月内向人民法院起诉。

4. 专利权的无效

专利权无效是指已经取得的专利权因不符合《专利法》的规定，根据有关单位或个人的请求，经专利复审委员会审核后被宣告无效。

请求宣告专利权无效的单位或个人，应当向专利复审委员会提出请求书，并说明理由。专利复审委员会收到请求宣告专利权无效的请求书后，应当及时审查和作出决定，并通知请求人和专利权人。宣告专利权无效的决定，由国务院专利行政部门登记和公告。对专利复审委员会宣告专利权无效或者维持专利权的决定不服的，可以自收到通知之日起三个月内向人民法院起诉。人民法院应当通知无效宣告请求程序的对方当事人作为第三人参加诉讼。

宣告无效的专利权视为自始即不存在。宣告专利权无效的决定，对在宣告专利权无效前人民法院作出并已执行的专利侵权的判决、调解书，已经履行或者强制执行的专利侵权纠纷处理决定，以及已经履行的专利实施许可合同和专利权转让合同，不具有追溯力。但是因专利权人的恶意给他人造成的损失，应当给予赔偿。

四、专利权的保护

（一）专利权的保护期限

发明专利权的期限为二十年，实用新型专利权和外观设计专利权的期限为十年，均自申请日起计算。

（二）专利权的保护范围

根据《专利法》的规定，发明或者实用新型专利权的保护范围以其权利要求的内容为准，说明书及附图可以用于解释权利要求的内容。外观设计专利权的保护范围以表示在图片或者照片中的该产品的外观设计为准，简要说明可以用于解释图片或者照片所表示的该产品的外观设计。

（三）专利侵权行为

专利侵权行为是指除法律规定以外，任何单位或个人未经专利权人同意，以生产经营为目的的实施他人专利的行为。具体包括：

（1）制造、使用、销售或进口他人的发明或实用新型专利产品。

（2）使用他人的专利方法。

（3）使用、销售或进口依照他人专利方法直接获得的产品。

（4）制造、销售或进口他人的外观设计专利产品。

根据《专利法》的规定，有下列情形之一的，不视为侵犯专利权：

（1）专利权用尽。专利产品或者依照专利方法直接获得的产品，由专利权人或者经其许可的单位或个人售出后，使用、许诺销售、销售、进口该产品的。

（2）先用权人的实施。在专利申请日前已经制造相同产品、使用相同方法或者已经作好制造、使用的必要准备，并且仅在原有范围内继续制造、使用的。

（3）临时过境。临时通过中国领陆、领水、领空的外国运输工具，依照其所属国同中国签订的协议或者共同参加的国际条约，或者依照互惠原则，为运输工具自身需要而在其装置和设备中使用有关专利的。

（4）专为科学研究和实验而使用有关专利的。为提供行政审批所需要的信息，制造、使用、进口专利药品或者专利医疗器械的，以及专门为其制造、进口专利药品或者专利医疗器械的。

（四）侵害专利权的法律责任

侵害专利权行为的法律责任包括民事责任、行政责任和刑事责任。

1. 民事责任

民事责任主要表现为停止侵害，赔偿损失。根据《专利法》的规定，侵犯专利权的赔偿数额按照权利人因被侵权所受到的实际损失确定；实际损失难以确定的，可以按照侵权人因侵权所获得的利益确定。权利人的损失或者侵权人获得的利益难以确定的，参照该专利许可使用费的倍数合理确定。

2. 行政责任

行政责任主要有责令停止侵权行为，没收非法收入或者侵权产品，罚款及给予有关责任人员行政处分等形式。

3. 刑事责任

《专利法》规定了三种违法行为构成犯罪：

（1）假冒他人专利，构成犯罪的，依法追究刑事责任。

（2）违反专利法规定向外国申请专利，泄露国家秘密，构成犯罪的，依法追究刑事责任。

（3）从事专利管理工作的国家机关工作人员、其他有关国家机关工作人员玩忽职守、滥用权利、徇私舞弊，构成犯罪的，依法追究刑事责任。

举案说法

山东省金乡县酒厂对其生产的白酒申请注册“王府井”商标，被商标局驳回。商标局认为王府井是北京著名商业街，用作商标易使人对商品出处产生误认。当事人被驳回后不服，申请商标评审委员会复审。理由是商标虽然是“王府井”，但商品上标有地址或企业名称，不会使人对商品出处产生误认。商标评审委员会经复审认为，要求复审的理由不成立，再予驳回。

请问：商标局驳回注册的理由是否成立？

答案解析：（1）王府井为北京市的著名商业区，与贸易活动密切联系，在国内外具有很高的知名度，不应为独家专用，且该名称已具有显著的地理标志性。（2）用该词作商标，确实容易使公众对商品的出处造成误认，缺乏商标应有的显著性，并引起不良影响。根据《商标法》第八条第九款规定，不能核准注册。

项目小结

通过本项目内容的学习，要求了解工业产权立法的目的，认知专利和商标的基本概念；掌握专利和商标的申请条件，熟悉并能撰写专利和商标申请书；结合实际分析专利权和商标权人的合法权益内容；运用所学知识，解决和维护专利权和商标权人的合法权益。

项目实训一

设计商品商标或服务商标

任务目标

通过这项实训活动，让学生掌握商标法的相关法律法规和基本内容，将市场考察和理论实践相结合，同时还可以培养学生的设计创意能力。

任务内容

了解《商标法》的基本内容，根据规定设计商品商标或服务商标。

任务要求

1. 根据相关法律规定讨论交流。
2. 设计商标。

任务操作

全部学生自愿分组，设立公司，根据公司经营项目设计商标，课上展示并交流。

任务流程

第一步，将学生分成几个小组，根据《公司法》设立公司并确定经营项目。

第二步，每个小组分析本公司项目，并根据《商标法》选择公司某一商品或某一经营项目设计商标。

第三步，每个小组将各组商标在课堂上展示、交流。

项目实训二

专利的查询与收集

任务目标

通过专利法相关内容的学习，学生了解了我国专利的分类和基本性质，这项实训活动，能够让学生将理论知识与实际结合起来，学会通过专利检索网站来完成我国一些专利相关查询。

任务内容

查询并收集我国的一些专利。

任务要求

1. 了解专利的理论知识。
2. 学会使用专利检索网站

任务操作

学生课后进行查询并整理收集，制作相关演示文稿，课上展示总结交流。

任务流程

第一步，学生了解中国专利检索的一些网站（中国国家知识产权局网站：www.sipo.gov.cn；中国知识产权网：www.cnipr.com；专利下载网页：http://www.drugfuture.com/cnpat/cn_patent.asp）。

第二步，每位同学选择一种类型的专利进行收集，并制作相关演示文稿。

第三步，课上展示演示文稿并进行点评与交流。

综合实训

一、单项选择题

1. 我国《商标法》规定，注册商标的有效期为（　　）年，自核准注册之日起计算。

A. 5　　B. 10　　C. 20　　D. 15

2. 我国《商标法》保护的核心是（　　）。

A. 商标权　　B. 商标的显著性 C. 商标的信誉　　D. 商标

3. 某县的甲公司未经漫画家乙许可，将其创作的一幅漫画作品作为新产品的商标使用，并于2003年3月3日被核准注册。乙认为其著作权受到侵害，与甲发生纠纷。乙应当采取下述（　　）所述的方式保护自己的合法权益。

A. 向甲公司所在地基层法院提起侵犯著作权之诉

B. 向有管辖权的法院提起撤销甲公司的注册商标之诉

C. 请求商标评审委员会裁定撤销甲公司的注册商标

D. 请求商标局裁定撤销甲公司的注册商标

4. 甲厂经乙厂许可，在某省独占使用乙厂的注册商标，后发现当地的丙厂也使用了该商标。经查，丙厂是经过外省对同一商标享有独占使用权的丁厂的违法许可而使用该商标的。甲厂的下列请求中，不能成立的是（　　）。

A. 请求乙厂承担违约责任　　B. 请求丁厂承担侵权责任

C. 请求丙厂承担侵权责任　　D. 请求丙、丁厂连带承担侵权责任

5. 甲公司于2000年3月为其生产的酸奶注册了“乐乐”商标，该商标经过长期使用，在公众中享有较高声誉。2004年8月，同一地域销售牛奶的乙公司将“乐乐”登记为商号并突出宣传使用，容易使公众产生误认。下列说法中，正确的是（　　）。

A. 乙公司的行为必须实际造成消费者误认，才侵犯甲公司的商标权

B. 即使“乐乐”不属于驰名商标，乙公司的行为也侵犯了甲公司的商标权

C. 甲公司可以直接向法院起诉要求撤销该商号登记

D. 乙公司的商号已经合法登记，应受法律保护

6. 下列属于可以授予专利权的主题是（　　）。

A. 伪造人民币的设备　　B. 快速记忆德语动词规则的方法

C. 促进种子发芽的红外光　　D. 原子核裂变的反应器

7. 下列主体不能作为专利申请人的是（　　）。

A. 某研究所课题组　　B. 某有限责任公司

C. 某监狱服刑人员　　D. 某十四周岁的中学生

8. 甲公司研制开发出一项汽车刹车装置的专利技术，委托乙公司生产该刹车装置的专用零部件。乙公司在生产过程中擅自将该种零部件出售给丙公司，致使丙公司很快也开发出同种刹车装置并投入生产。下列说法中，错误的是（　　）。

A. 乙公司的行为构成违约行为

B. 丙公司侵犯了甲公司的专利权

C. 在甲公司提起的专利侵权诉讼中，丙公司应为被告，乙公司应列为第三人

D. 该案只能由特定的中级人民法院管辖

9. 乙公司委托甲公司研发某产品，甲公司指定员工吕某承担此项研发任务，吕某在研发过程中完成了一项发明创造。在没有任何约定的情形下，该发明创造申请专利的权利属于（　　）。

A. 吕某　　B. 甲公司　　C. 乙公司　　D. 甲公司和乙公司

10. 某发明专利，申请日为2008年8月1日，优先权日为2007年9月1日，公布日为2009年1月10日，授权公告日为2012年3月1日。该专利权的期限届满日是（　　）。

A. 2027年9月1日　　B. 2028年8月1日

C. 2029年1月10日　　D. 2032年3月1日

二、多项选择题

1. “花果山”市出产的鸭梨营养丰富，口感独特，远近闻名，当地有关单位拟对其采取的保护措施中，不合法的是（　　）。

A. 将“花果山”申请注册为集体商标，使用于鸭梨上

B. 将“花果山”申请注册为证明商标，使用于鸭梨上

C. 将鸭梨的形状申请注册为立体商标，使用于鸭梨上

D. 将“香梨”申请注册为文字商标，使用于鸭梨上

2. 某外资企业拥有“雨露”商标，使用的商品为啤酒。该商标未在中国注册，但被我国有关部门认定为驰名商标。该外资企业的下列请求中，应当得到支持的是（　　）。

A. 请求禁止甲公司将“雨露”商标在葡萄酒上注册

B. 请求禁止乙公司将“雨露”商标在葡萄酒上使用

C. 请求禁止丙公司将“雨露”商标在啤酒上使用

D. 请求已将“雨露”商标在啤酒上使用的丁公司赔偿损失

3. 甲公司在纸手帕等纸制产品上注册了“茉莉花”文字及图形商标。下列未经许可的行为中，构成侵权的是（　　）。

A. 乙公司在其制造的纸手帕包装上突出使用“茉莉花”图形

B. 丙商场将假冒“茉莉花”牌纸手帕作为赠品进行促销活动

C. 丁公司长期制造茉莉花香型的纸手帕，并在包装上标注“茉莉花香型”

D. 戊公司购买甲公司的“茉莉花”纸手帕后，将“茉莉花”改为“山茶花”重新包装后销售

4. 甲公司的一注册商标系乙画家创作的绘画作品。甲申请该商标注册时未经乙的许可。现乙认为其著作权受到侵害，与甲进行交涉。乙对于此事可采取的正确做法有（　　）。

A. 向甲公司所在地基层法院提起著作权侵权之诉

B. 请求商标评审委员会裁定撤销甲的注册商标

C. 如对法院判决不服可以上诉但对商标评审委员会的裁定只能服从

D. 采取许可方式使甲继续使用该注册商标，但甲应赔偿损失和支付报酬

5. 商标法规定禁止作为商标使用的标志有（　　）。

A. 与“红新月”相同的文字　　B. 同外国军旗近似的图形

C. 带有民族歧视性的文字　　D. 夸张的图形

6. 下列说法中正确的是（　　）。

A. 发明专利申请须经过初步审查、公布、实质审查才能授予专利权

B. 实用新型专利保护对产品及其制造方法所提出的适于实用的新的技术方案

C. 外观设计专利权授予最先设计的人

D. 任何单位或者个人实施他人专利的，应当与专利权人订立实施许可合同

7. 下列专利申请中，不能作为就相同主题提出的实用新型专利申请的优先权基础的是（　　）。

A. 在中国提出的外观设计专利申请

B. 已享受过本国优先权的专利申请

C. 不是第一次在外国提出的专利申请

D. 已被授予专利权的专利申请

8. 以下关于新颖性、创造性、实用性的说法中正确的是（　　）。

A. 一项发明只有在具备新颖性的前提下，才判断其是否具备创造性和实用性

B. 授予专利权的发明应当具备新颖性、创造性和实用性

C. 具备创造性的发明一定具备新颖性

D. 从属权利要求具备创造性，则其引用的独立权利要求也具备创造性

9. 下列情形中，可以将两件产品的外观设计认定为实质相同的外观设计的是（　　）。

A. 互为镜像对称的两张电脑桌

B. 难以察觉细微差异的两扇百叶窗，其差异仅在于具体叶片数不同

C. 形状、图案和色彩均相同的两个玻璃杯子，其区别仅在于一个是钢化玻璃的，一个是普通玻璃的

D. 形状、图案和色彩均相同的浴巾和地毯

10. 甲公司拥有一项新型药物的专利权。未经甲公司许可，下列行为中，侵犯了甲公司的专利权的是（　　）。

A. 乙公司通过电子邮件向某医院发出销售该新型药物的介绍信息

B. 李某在专业期刊上发表文章对该新型药物的性能作了全面介绍

C. 某医院为尽快治疗好患者，自行配置并使用了该新型药物

D. 丙公司为提供行政审批所需要的信息，自行制造了该新型药物

三、案例分析题

1. 某市甲食品厂自 2014 年以来，在该厂生产的儿童食品上使用“白雪”商标，但未进行注册。2015 年该市另一家乙食品厂也在其生产的儿童食品上使用了“白雪”商标，并于 2015 年 12 月在国家商标局获准注册。甲食品厂发现后，认为乙食品厂使用了本厂的商标，使消费者对商品的来源发生混淆，直接导致了本厂利润的下降，于是状告乙食品厂侵犯其财产权益，而后者在案件审理中提出反诉，认为原告未经其同意，在“白雪”商标注册后，仍在使用该商标，是侵权行为，要求原告承担侵权责任。试问：

（1）本案中，谁享有“白雪”商标的专用权?

（2）本案中，谁应当承担侵权责任?

2. 公司甲与业余发明人乙订立了一份技术开发协议，约定由乙为甲开发完成一项电冰箱温控装置技术，由甲为乙提供技术开发资金、设备、资料等，并支付报酬。在约定的时间内乙完成了合同约定的任务，并按约定将全部技术资料和权利都交给了甲公司。此外，乙在完成开发任务的过程中，还开发出了一项附属技术 T，并以自己的名义就技术 T 申请专利。甲公司知道此事后，认为技术 T 的专利申请权应归甲公司所有，因此，甲、乙双方就技术 T 的专利申请权归属发生争议。请你根据本案所提供的材料，分析以下问题：

（1）该技术 T 的专利申请权应归谁所有？为什么？

（2）该纠纷可通过哪些途径解决?

项目八

产品质量法

职业能力目标

认知产品质量法的适用范围；掌握生产者、销售者的产品质量责任和义务；结合实际分析违反产品质量法应承担的责任。

典型工作任务

掌握生产者、销售者的产品质量责任和义务应用；辨析违反产品质量法的形态。

开篇普法

产品质量法

为了加强对产品质量的监督管理，提高产品质量水平，明确产品质量责任，保护消费者的合法权益，维护社会经济秩序，我国制定了《中华人民共和国产品质量法》。

1993 年 2 月 22 日第七届全国人民代表大会常务委员会第三十次会议通过的《中华人民共和国产品质量法》(简称《产品质量法》)，根据 2000 年 7 月 8 日第九届全国人民代表大会常务委员会第十六次会议《关于修改〈中华人民共和国产品质量法〉的决定》修正通过，自 2000 年 9 月 1 日起施行。

《产品质量法》内容总计 74 条，包括：

第一章　总　则
第二章　产品质量的监督
第三章　生产者、销售者的产品质量责任和义务
第一节　生产者的产品质量责任和义务
第二节　销售者的产品质量责任和义务
第四章　损害赔偿
第五章　罚　则
第六章　附　则

任务一　产品质量法概述

一、产品与产品质量

（一）产品

我国《产品质量法》第二条第二款规定："本法所指的产品是经过加工、制作，用于销售的产品。"根据这一规定，《产品质量法》调整的产品包括以下几个方面：

（1）以销售为目的，通过工业加工、手工制作等生产方式获得的具有特定使用性能的物品。所谓加工、制作是指改变原材料、毛坯或半成品的形状、性质或表面状态，使之达到规定要求的各种工作的统称。

（2）初级农产品（指种植业、畜牧业、渔业产品等，如小麦、鱼等）及未经加工的天然形成的产品（如石油、原煤、天然气等）不适用该法的规定；但不包括经过加工的这类产品。

（3）虽然经过加工、制作，但不用于销售的产品，纯为科学研究或为自己使用而加工、制作的产品，不属于该法调整的范围。

（4）建设工程不适用该法规定。但建设工使用的建筑材料、建筑构配件和设备，适用该法的规定。

（5）军工产品不适用该法的规定。

（二）产品质量

产品质量是指产品符合人们需要的内在素质与外观形态的各种特征的综合状态，是满足生活和生产需要的适用性、安全性等特性的总和。它具体包括产品的功能性、安全性、可靠性、经济性、可维修性等多方面的内容。

二、产品质量法

产品质量法是调整在产品的生产、销售和消费领域中，因产品质量而发生的生产者、销售者与消费者之间的权利、义务关系以及产品质量监督管理关系的法律规范的总称。

我国的产品质量法主要调整两大类社会关系：

（1）产品的生产者、销售者与产品的用户和消费者之间因产品缺陷而产生的产品质量责任关系。

（2）在国家对企业的产品质量进行监督管理过程中产生的产品质量管理关系。

在我国，产品质量法主要是以 1993 年颁布实施并经 2000 年修改通过的《产品质量法》为主，包括其他涉及产品质量的法律，如《计量法》、《标准化法》、《食品卫生法》、《药品管理法》、《工业产品质量责任条例》、《产品质量认证管理条例》等；其他法中的相关规定，如《民法通则》、《合同法》、《消费者权益保护法》中的相关规定。

任务二　生产者、销售者的产品质量责任和义务

生产者、销售者的产品质量责任和义务，是指根据产品质量法规定，在产品生产过程中应当履行的保证产品质量的法定责任和义务。产品质量法对生产者、销售者的产品质量

责任和义务规定主要有两类，即积极责任和消极责任，或者称作为义务和不作为义务，前者是指当事人必须做出一定行为的义务，后者是指当事人不得做出一定行为的义务。

一、生产者的产品质量责任和义务

（一）生产者对其生产的产品质量负责

产品质量应当符合下列要求：

（1）不存在危及人身、财产安全的不合理的危险，有保障人体健康和人身、财产安全的国家标准、行业标准的，应当符合该标准。

（2）具备产品应当具备的使用性能，但对产品存在使用性能的瑕疵作出说明的除外。

（3）符合在产品或者其包装上注明采用的产品标准，符合以产品说明、实物样品等方式表明的质量状况。

产品或者其包装上的标识必须真实，并符合下列要求：

（1）有产品质量检验合格证明。

（2）有中文标明的产品名称、生产厂厂名和厂址。

（3）根据产品的特点和使用要求，需要标明产品规格、等级、所含主要成分的名称和含量的，用中文相应予以标明；需要事先让消费者知晓的，应当在外包装上标明，或者预先向消费者提供有关资料。

（4）限期使用产品，应当在显著位置清晰地标明生产日期和安全使用期或者失效日期。

（5）使用不当，容易造成产品本身损坏或者可能危及人身、财产安全的产品，应当有警示标志或者中文警示说明。

（6）裸装的食品和其他根据产品特点难以附加标识的裸装产品，可以不附加产品标识。

（7）易碎、易燃、易爆、有毒、有腐蚀性、有放射性等危险物品以及储运中不能倒置和其他有特殊要求的产品，其包装质量必须符合相应要求，依照国家有关规定作出警示标志或者中文警示说明，标明储运注意事项。

（二）生产者必须遵守的禁止性义务

（1）生产者不得生产国家明令淘汰的产品。

（2）生产者不得伪造产地，不得伪造或者冒用他人的厂名、厂址。

（3）生产者不得伪造或者冒用认证标志等质量标志。

（4）生产者生产产品，不得掺杂、掺假，不得以假充真、以次充好，不得以不合格产品冒充合格产品。

二、销售者的产品质量责任和义务

（1）销售者应当建立并执行进货检查验收制度，验明产品合格证明和其他标识。

（2）销售者应当采取措施，保持销售产品的质量。

（3）销售者不得销售国家明令淘汰并停止销售的产品和失效、变质的产品。

（4）销售者销售的产品的标识应当符合《产品质量法》第二十七条的规定。

（5）销售者不得伪造产地，不得伪造或者冒用他人的厂名、厂址。

（6）销售者不得伪造或者冒用认证标志等质量标志。

（7）销售者销售产品，不得掺杂、掺假，不得以假充真、以次充好，不得以不合格产品冒充合格产品。

任务三 违反产品质量法的责任

产品质量责任是指生产者、销售者以及依法对产品质量负有责任的单位，因产品质量造成消费者或者其他利害关系人人身或者财产的损害而依法承担的法律后果。产品质量的法律责任包括产品质量的民事责任、行政责任和刑事责任。

一、民事责任

产品质量民事责任是指生产者和销售者因违反产品质量法的规定或合同当事人约定的产品质量民事义务，应当承担的民事法律后果。根据《产品质量法》的规定，产品质量民事责任主要有两种，即产品瑕疵责任和产品缺陷责任。

（一）产品瑕疵责任

产品瑕疵是指产品不具备应有的使用性能，不符合明示采用的产品质量标准，或不符合产品说明、实物样品等方式表明的质量状况。

瑕疵产品属于一般质量不合格产品，其本身不存在危险性。因此，瑕疵责任的承担方式主要是对售后的产品进行修理、更换、退货；给购买产品的用户、消费者造成很大损失的，销售者应当赔偿损失，即赔偿用户、消费者在要求销售者进行修理、更换、退货过程中所提出的运输费、交通费、误工费等经济损失。

（二）产品缺陷责任

1. 产品缺陷的构成要件

（1）产品存在缺陷。产品缺陷是指产品存在危及人身、财产安全的不合理危险及不符合保障人体健康和人身、财产安全的国家标准、行业标准。它具体包括设计上的缺陷、原材料的缺陷、制造上的缺陷、指示上的缺陷。

（2）存在人身伤害、财产损害的事实。即“无损害，无责任”。

（3）产品缺陷与损害事实之间有因果关系。

2. 产品缺陷责任

产品缺陷责任即产品责任，是指产品存在缺陷给受害人造成人身伤害或产品以外的财产损失所产生的法律后果。

（1）生产者的责任。《产品质量法》规定，因产品存在缺陷，造成人身、缺陷产品以外的其他财产损害的，生产者应承担赔偿责任。当然，消费者依法请求赔偿也负有举证义务，即消费者要证明：一是该产品的用户、消费者或出现在现场的当事人；二是在正确使用该产品的情况下，损害后果发生了；三是人身或财产损害的后果情况等。

生产者能够证明有下列情形之一的，不承担赔偿责任：

①未将产品投入流通的。

②产品投入流通时，引起损害的缺陷尚不存在。

③生产者将产品投入流通时的科学技术水平尚不能发现缺陷存在的。

（2）销售者的责任。《产品质量法》规定，由于销售者的过错使产品存在缺陷，造成人身、财产损害的，销售者应当承担赔偿责任。销售者不能指明缺陷产品的生产者也不能指明缺陷产品的供货者的，销售者应当承担赔偿责任。

（三）产品责任处理

1. 产品责任追究程序

《产品质量法》规定，因产品存在缺陷造成人身、财产损害的，受害人可以向产品的生产者要求赔偿，也可以向产品的销售者要求赔偿；因产品缺陷造成人身、财产损害先行赔偿，若责任属于产品的生产者的，销售者赔偿后有权向产品的生产者追偿；若责任属于产品的销售者的，生产者赔偿后有权向产品的销售者追偿。

2. 产品责任赔偿范围

我国《产品质量法》规定了因产品存在缺陷而赔偿的范围：

（1）人身伤害赔偿。具体包括医疗费、治疗期间的护理费、因误工减少的收入等费用；造成残疾的还应当支付残疾者生活自助具费、生活补助费、残疾赔偿金以及由其扶养的人所必需的生活费等费用；造成受害人死亡的，并应当支付丧葬费、死亡赔偿金以及由死者生前扶养的人所必需的生活费等费用。

（2）财产损害赔偿。具体包括恢复原状或折价赔偿；受害人遭受其他重大损失的，侵害人应当赔偿损失。

（四）产品责任时效和争议的解决方式

1. 时效

（1）诉讼时效。因产品存在缺陷造成损害要求赔偿的诉讼时效期限为两年，自当事人知道或者应当知道其权益受到侵害时起计算。

（2）赔偿请求权时效。因产品存在缺陷造成损害要求赔偿的请求权，自造成损害的缺陷产品交付最初消费者满十年丧失；但是，尚未超过明示的安全使用期的除外。

2. 争议的解决方式

因产品质量发生民事争议时，当事人双方可以通过协商解决；也可以通过消费者协会居中调解解决；当事人不愿通过协商、调解解决或者协商、调解不成的，可以根据当事人的协议向仲裁机构申请仲裁；当事人没有仲裁协议或者仲裁协议无效的，可以直接向法院起诉。

二、行政责任

产品质量行政责任由技术监督部门、工商行政管理部门追究和制裁。产品质量行政责任的种类主要包括：

（1）生产、销售不符合保障人体健康和人身、财产安全的国家标准、行业标准产品的，责令停止生产、销售，没收违法生产、销售的产品，并处违法生产、销售产品（包括已售或未售的产品）货值金额等值以上三倍以下的罚款；有违法所得的，并处没收违法所得；情节严重的，吊销营业执照。

（2）生产销售掺杂、掺假、以次充好或者以不合格产品冒充合格产品的，责令停止生产、销售，没收违法生产、销售的产品，并处违法生产、销售产品（包括已售或未售的产品）货值金额百分之五十以上三倍以下的罚款；有违法所得的，并处没收违法所得；情节严重的，吊销营业执照。

（3）生产国家明令淘汰的产品的或者销售国家明令淘汰并停止销售的产品的，责令停止生产、销售，没收违法生产、销售的产品，并处违法生产、销售产品（包括已售或未售的产品）货值金额等值以下的罚款；有违法所得的，并处没收违法所得；情节严重的，吊销营业执照。

（4）销售失效、变质产品的，责令停止生产、销售，没收违法生产、销售的产品，并处违法生产、销售产品（包括已售或未售的产品）货值金额等值两倍以下的罚款；有违法所得的，并处没收违法所得；情节严重的，吊销营业执照。

（5）生产者、销售者伪造产品的产地的，伪造或者冒用他人厂名、厂址的，伪造或者冒用认证标志等质量标志的，责令改正，没收违法生产、销售的产品，并处以违法生产、销售产品货值金额等值以下的罚款；有违法所得的，并处没收违法所得；情节严重的，吊销营业执照。

（6）产品标识不符合对产品或其包装上的标识要求的，应依法责令改正；有包装的产品标识，不符合有关警示标志或者中文警示说明规定的，情节严重的，责令停止生产、销售，并处以违法生产、销售产品货值金额百分之三十以下的罚款；有违法所得的，并处没收违法所得。

（7）隐匿、转移、变卖、损毁被产品质量监督部门或者工商行政管理部门查封、扣押的物品的，处被隐匿、转移、变卖、损毁物品货值金额等值以上三倍以下的罚款；有违法所得的，并处没收违法所得。

三、刑事责任

（1）生产、销售不符合保障人体健康和人身、财产安全的国家标准、行业标准产品，构成犯罪的，依法追究刑事责任。

（2）生产销售掺杂、掺假、以次充好或者以不合格产品冒充合格产品，构成犯罪的，依法追究刑事责任。

（3）销售失效、变质产品，构成犯罪的，依法追究刑事责任。

（4）以暴力、威胁方法阻碍产品质量监督部门或者工商行政管理部门的工作人员依法执行职务构成犯罪的，依法追究刑事责任。

举案说法

赵某于展览会上向一皮衣厂购得4 000元的皮衣一件，并看到“当面检验，概不退货”八个字。回来后发现皮衣脱皮，质量不合格。赵某要求退货，被拒绝。赵某于是向电视台公布，并对皮衣厂进行曝光，使得皮衣厂销售量大减。皮衣厂告赵某侵犯其名誉权，要求赔礼道歉，并赔偿经济损失。

请问：

（1）皮衣厂的8个字是否有效？

（2）皮衣厂告赵某的侵犯名誉权是否成立？为什么？

（3）赵某是否承担违约责任？为什么？

（4）皮衣厂是否承担产品责任？

答案解析：

（1）那8个字属于格式条款，也就是霸王条款，是肯定无效的，这条条款免除了商家的质量保证义务，排除消费者进行补救的权利，根据合同法的规定，属于无效的格式条款。

（2）不成立。赵某的行为从表面上看造成了皮衣厂的销量减少，但是并不属于侵权行为，而是维护自己权益的合法行为，他有权利采取社会监督的方法来维护自己的权益；从本质上来说，造成皮衣厂销量下降是因为其产品确实存在质量问题，赵某的行为与皮衣厂销量下降并没有本质的因果关系。而且赵某主观上并没有过错，不存在侵害他人权益的故意或者过失，这种行为是值得鼓励的行为。张某的行为不符合侵权行为的构成要件，所以不成立侵权。

（3）赵某也无须承担违约责任。因为赵某跟皮衣厂的买卖合同里，并没有规定赵某不得向媒体公布这样的义务，也就不存在违约的问题。

（4）皮衣厂对其生产的产品负有质量保证责任，因此应当承担产品责任，当售出的产品不具备产品应当具备的使用性能时，应当负责修理、更换或者退货。

项目小结

通过本项目内容的学习，要求认知产品及产品质量的定义；掌握生产者、销售者的产品质量责任和义务；结合实际分析违反产品质量法的形态；运用所学知识，无论在生产或销售中要有关于保证产品质量的意识防范。

项目实训

认识质量认证标志

任务目标

通过实训，让学生了解我国和国际的一些质量认证标志，在日后的生活和工作中积累一定的常识。此次实训需要学生课后亲自观察与查询，锻炼学生自主求知的能力，也增强同学之间的交流。

任务内容

观察生活当中各个商品的质量认证标志，查询相关意义。

任务要求

1. 善于观察，自主查询。
2. 总结结果，制作卡片，相互交流。

任务操作

学生课后观察生活当中的商品质量认证，查询相关质量认证标志的意义，收集质量认证标志，制作卡片。

任务流程

第一步，学生各自观察身边商品的质量认证标志，查询具体含义。

第二步，按照质量认证标志制作相同的卡片，背面标注名称等内容。

第三步，课上相互展示自己查询到的质量认证标志并作出相关解释。

综合实训

一、单项选择题

1. 生产、销售伪劣商品涉嫌构成犯罪的，应依照（　　）追究刑事责任。

A.《产品质量法》

B.《刑法》

C.《行政处罚法》

D.《全国人大常委会关于严惩生产、销售伪劣商品犯罪的决定》

2. 国际标准化组织（ISO）制定的第一个管理标准是（　　）。

A. ISO 9000　　B. ISO 14000　　C. QS 9000　　D. ISO 9001

3. 生产企业中，有权判定产品质量是否合格的专门机构是（　　）。

A. 设计开发部门　　B. 工艺技术部门

C. 质量检验部门　　D. 质量管理部门

4. 检验记录应有人签名，以示负责，正确的签名方式是（　　）。

A. 可以他人亲笔代签　　B. 签名栏姓名可打字

C. 须本人亲笔签名或盖本人印章　　D. 可以由检验部门负责人统一代签

5.《产品质量法》规定，拒绝接受依法进行的产品质量监督检查的行为，给予警告，（　　）。

A. 吊销营业执照　　B. 责令停止生产、销售

C. 责令停止整顿　　D. 责令改正

二、多项选择题

1. 2008 年 9 月 1 日施行的《化妆品标识管理规定》中，规定化妆品标识应当标注（　　）。

A. 化妆品名称、净含量、全成分表、产品标准号

B. 生产者的名称和地址

C. 生产日期和保质期或者生产批号和限期使用日期

D. 生产许可证标志和编号

2. 判断汽车产品存在缺陷的原则是（　　）。

A. 经检验机构检验安全性能存在不符合有关汽车安全的技术法规和国家标准的

B. 因设计、制造上的缺陷已给车主或他人造成人身、财产损害的

C. 虽未造成人身、财产损害，但经检测、实验和论证，在特定条件下缺陷仍可能引发人身或财产损害的

D. 投诉集中的

3. 生产者的产品质量义务有（　　）。

A. 产品包装必须符合规定要求　　B. 保证产品标识符合法律规定的要求

C. 保持产品原有质量　　D. 严禁销售假冒伪劣产品

4. 消费者有权就产品质量问题，向（　　）查询；向产品质量监督部门、工商行政管理部门及有关部门申诉，接受申诉的部门应当负责处理。

A. 生产者　　B. 销售者　　C. 质检协会　　D. 消费者协会

5. 某消费者在商场购买的一台电视机，使用三个月后发生故障，在“三包”有效期间，经两次修理，仍不能正常使用。该商场解决此问题的适宜方法包括（　　）。

A. 消费者要求退货时，应无条件退货

B. 要求消费者交付折旧费后退货

C. 消费者要求调换时，应无条件调换同型号产品

D. 要求消费者支付折旧费后调换同型号产品

三、案例分析题

2015 年 12 月，北京海淀区一位老人过 70 大寿时，儿孙们给他买了一条安徽省桐城某家电厂生产的电热毯，送给老人祝寿。正巧当晚大雪纷飞，气温骤然降至零下。晚 11 时，大儿子为老人铺好电热毯，安顿老人安然入梦。第二天，大儿子起床后闻到老人屋里传出刺鼻的焦味，他急忙叫醒众人，撞开门，只见满屋浓烟滚滚，老人躺在床上已死去，全身烧焦，屋内物品均化为灰烬。案发后，海淀区技术监督部门对电热毯进行了质量监督检验。检验发现电热毯有 7 项技术指标不符合国家有关标准的要求，属劣质品。老人的后辈多次找家电厂协商未果，一纸诉状把家电厂告上法院，当地人民法院根据该检验结论，作出判决：责令桐城某家电厂和商场停止生产、销售该类电热毯，赔偿受害人家属丧葬费、死亡赔偿金、财产损失等共计 15 万多元，没收违法生产、销售该电热毯的违法所得，并处罚款。试讨论，本案例中涉及《产品质量法》的哪些法律条文？

项目九

消费者权益保护法

职业能力目标

理解消费者权益保护法的基本原则；掌握消费者权利的具体内容，具备分析消费者各项权利及对应经营者各项义务的能力。

典型工作任务

运用所学知识，掌握消费争议解决的办法，能够确定法律责任主体，具备解决消费纠纷的技能。

开篇普法

消费者权益保护法

《中华人民共和国消费者权益保护法》(简称《消费者权益保护法》)是维护全体公民消费权益的法律规范，是为了保护消费者的合法权益，维护社会经济秩序稳定，促进社会主义市场经济健康发展而制定的一部法律。

《消费者权益保护法》于1993年10月31日第八届全国人大常委会第四次会议通过，自1994年1月1日起施行。2009年8月27日第十一届全国人民代表大会常务委员会第十次会议根据《关于修改部分法律的规定》进行第一次修正。2013年10月25日第十二届全国人大常委会第五次会议《关于修改的决定》进行第二次修正。

2014年3月15日，由全国人大修订的新版《消费者权益保护法》正式实施。

《消费者权益保护法》内容共8章63条，包括：

第一章　总　则
第二章　消费者的权利
第三章　经营者的义务
第四章　国家对消费者合法权益的保护
第五章　消费者组织
第六章　争议的解决
第七章　法律责任
第八章　附　则

任务一　消费者权益保护法概述

一、消费者和消费者权益

（一）消费者的界定

从我国《消费者权益保护法》第二条“为生活消费需要购买、使用商品或者接受服务”的行为界定为消费者的消费行为这一规定，可以看出：所谓消费者，是指为满足生活需要而购买、使用商品或接受服务的，由国家专门法律确认其主体地位和保护其消费权益的个人。这一定义不仅符合《消费者权益保护法》保护弱者的立法原则，而且也与有关国际组织和国家的方法相一致。国际标准化组织（ISO）认为，消费者是以个人消费为目的而购买使用商品和服务的个体社会成员。

（二）消费者具有的法律特征

根据消费者的定义，其体现如下五个基本的法律特征：

（1）消费者的主体是购买、使用商品或接受服务的个人。

（2）消费者的消费客体包括商品和服务。

（3）消费者的消费方式包括购买、使用（商品）和接受（服务）。

（4）消费者的消费是属于生活性消费活动。

（5）消费者的权利是由国家专门法律确认其主体地位并得到特定保护的。

（三）消费者权益

消费者权益是指消费者在有偿获得商品或接受服务时，以及在以后的一定时期内依法享有的权益。消费者权益，是一定社会经济关系下适应经济运行的客观需要赋给商品最终使用者享有的权利。在现代市场经济中，国家依照社会经济运行的需要和市场上消费者的主体地位，制定明确的立法，这就使消费者权益不仅是一种公共约定和共认的规范，还得到了国家法律的确认和保护。保护消费者权益具有十分重要的意义，具体可以概括为以下几点。

（1）保护消费者权益有利于鼓励公平竞争，限制不正当竞争。损害消费者权益的行为实际上就是不正当竞争行为，必须限制和打击。如果放任经营者损害消费者利益，就会使广大合法、诚实的经营者的利益受到损害，污染竞争环境。

（2）保护消费者权利有利于提高人民生活水平和生活质量。在市场经济条件下，通过保护消费者权利，让消费者能够购买到称心如意的商品和服务，就是提高了人民生活水平。

（3）保护消费者权利有利于提高企业和全社会的经济效益。政府若切实保护消费者权利，那些靠制造假冒伪劣产品、靠欺骗消费者赚钱的企业和个人就无法生存下去。大多数企业的合法权益也可以得到充分保护，从而在全社会形成一种靠正当经营、正当竞争来提高经济效益的良好商业道德。这就有利于促使企业努力加强管理，不断提高产品质量和服务质量，提高经济效益，推动社会进步。

二、消费者权益保护法

消费者权益保护法是维护全体公民消费权益的法律规范的总称，是为了保护消费者的合法权益，维护社会经济秩序稳定，促进市场经济健康发展而制定的法律。

《消费者权益保护法》的颁布与施行，是我国第一次以立法的形式全面确认消费者的权利。对保护消费者的权益，规范经营者的行为，维护社会经济秩序，促进社会主义市场经济健康发展具有十分重要的意义。

我国《消费者权益保护法》规定了适用范围：

（1）消费者为生活消费需要购买、使用商品或者接受服务，其权益受该法保护。

（2）经营者为消费者提供其生产、销售的商品或者提供服务，应当遵守该法。

（3）农民购买、使用直接用于农业生产的生产资料。

农民购买、使用直接用于农业生产的生产资料，这种消费本不属于《消费者权益保护法》的调整范围。在消费者权益保护法立法时考虑到我国目前农业生产规模不发达，生产单位以家庭联产承包为主，不具有规模效益，并且农民在购买使用农业用生产资料时经常受到假劣农药、假化肥、假种子等的侵害，而其合法权益又很难得到救济，因此作为例外情况纳入《消费者权益保护法》保护的范围，《消费者权益保护法》规定："亦应参照该法执行。"但不能据此否定消费者作为自然人的公民个体消费者的含义。

任务二 消费者权利与经营者义务

一、消费者的权利

消费者权利，是指在消费活动中，消费者依法享有的各项权利的总和。消费者保护法为消费者设立了相互独立又相互关联的九项权利。

（一）保障安全权

安全保障是消费者最基本的权利。消费者在购买、使用商品和接受服务时享有人身、财产安全不受损害的权利；消费者有权要求经营者提供的商品和服务，符合保障人身、财产安全的要求。

消费者在整个消费过程中都享有安全权。这就要求：

（1）经营者提供的商品必须具有合理的安全性，不得提供有可能对消费者人身及财产造成损害的不安全、不卫生的产品。

（2）经营者向消费者提供的服务必须有可靠的安全保障。

（3）经营者提供的消费场所应具有必要的安全保障，使消费者能在安全的环境中选购商品或接受服务。也就是说，消费者的安全都要得到保证。

（二）知悉真情权

知悉真情权就是获取信息权、知情权和了解权，是消费者享有知悉其购买、使用的商品或者接受的服务的真实情况的权利。

该项权利的设定旨在消除消费者和经营者的信息不对称给消费者带来的不利影响。知悉真情权包括询问权和真情权，具体分为三个方面：

（1）销售状况，主要指价格和售后服务。

（2）商品的技术指标，主要指认证标志、使用方法、主要成分、等级、规格、性能、用途等。

（3）商品或服务的基本情况，主要有服务内容、包装、有效期限、生产日期、产地、生产经营者、商品名称等。

（三）自主选择权

自主选择权是指消费者享有自主选择商品或者服务的权利。

消费者自主选择权包括：

（1）自主选择提供商品和服务的经营者。

（2）自主选择商品品种和服务方式。

（3）自主决定购买或者不购买任何一种商品，接受或者不接受任何一项服务。

（4）在自主选择商品或服务时，有权进行比较、鉴别和挑选。

（四）公平交易权

公平交易权是指消费者享有公平交易的权利，即消费者在购买商品或者接受服务时，有权获得质量保障、价格合理、计量正确等公平交易条件，有权拒绝经营者的强制交易行为。

消费者所享有的公平交易权主要体现在两方面：

（1）有权获得质量保障、价格合理、计量正确等公平交易条件。质量保障是消费者在购买商品或接受服务时对经营者的基本要求，这是关系到人体健康和人身安全的重大问题；价格合理充分地体现了等价交换的原则；计量的准确性则直接涉及消费者的经济利益。因此，经营者在提供商品或服务时，必须保证质量、价格合理、计量正确。

（2）消费者有权拒绝经营者的强制交易行为。有的经营者在掌握了人们非常需要而又十分紧俏的商品或服务时，往往违反平等自愿、公平交易的市场准则，违背消费者的意愿强制交易，从而损害了消费者自主选择商品或者服务的权利，侵害了消费者的合法权益。因此，消费者在自己的公平交易权受到侵害时，有权依法要求经营者改正错误，提供质量好、价格合理、计量正确的服务，有权拒绝强制交易，并获得合理的赔偿。

（五）依法获赔权

依法获赔权是指消费者因购买、使用商品或者接受服务受到人身、财产损害的，享有依法获得赔偿的权利。

我国《消费者权益保护法》规定，消费者的索赔权包括以下内容。

（1）超时服务索赔权。超时服务的索赔又分两种：一种是事后索赔，一种是事中索赔。

（2）延误使用索赔权。消费者只要不是因为自己的过错而购买了不合格的商品从而耽误使用的，就可以向销售者要求赔偿。

（3）精神损害索赔权。经营者侵害消费者的人格尊严、侵犯消费者人身自由或者侵害消费者个人信息依法得到保护的权利的，应当停止侵害、恢复名誉、消除影响、赔礼道歉，并赔偿损失。经营者有侮辱诽谤、搜查身体、侵犯人身自由等侵害消费者或者其他受害人人身权益的行为，造成严重精神损害的，受害人可以要求精神损害赔偿。

（4）赠品质次索赔权。销售者有义务保证赠品的质量和服务的质量。如果消费者因使用免费产品或接受免费服务遭受权益损害的，销售者应当承担相应的赔偿责任。

（5）“三包产品”超期索赔权。消费者购买的消费品一旦因其自身缺陷原因而造成损害的，只要购买后未超过产品说明中所标明的安全使用期的，仍然可以向销售者索赔。

（6）三倍赔偿索赔权。经营者提供商品或者服务有欺诈行为的，应当按照消费者的要求增加赔偿其受到的损失，增加赔偿的金额为消费者购买商品的价款或者接受服务的费用的三倍；增加赔偿的金额不足五百元的，为五百元。法律另有规定的，依照其规定。

（六）依法结社权

依法结社权是指消费者享有依法成立维护自身合法权益的社会组织的权利。

消费者结社权主要体现在以下两方面：

（1）消费者有权要求国家或政府建立代表并保障消费者合法权益的职能部门。

（2）消费者有权自己建立自己的组织。消费者建立了自己的组织——消费者协会。通过集体的力量来改变自己的弱者地位。

（七）获得相关知识权

获得相关知识权，也称接受知识权，是指消费者享有获得有关消费和消费者权益保护方面的知识的权利。

消费者应当努力掌握所需商品或者服务的知识和使用技能，正确使用商品，提高自我保护意识。消费者有权获得消费方面、权益保护方面的知识，其主要包括：消费观念知识、市场基本知识、消费者权益保护的法律和政策、消费者权益保护机构、消费者权益保护的途径等知识。

（八）获得尊重权

获得尊重权是指消费者在购买、使用商品和接受服务时，享有人格尊严、民族风俗习惯得到尊重的权利，享有个人信息依法得到保护的权利。

获得尊重权包括以下三个方面：

（1）消费者在购买、使用和接受服务时，享有人格尊严受到尊重的权利。尊重他人的人格尊严，是一个国家和社会文明进步的重要标志，也是法律对人权保障的基本要求。

（2）消费者在购买、使用和接受服务时，民族风俗习惯得到尊重的权利。我国是一个多民族国家，尊重各个民族尤其是少数民族的风俗习惯，关系到全国的安定团结，关系到各民族的长久和睦。《消费者权益保护法》将尊重民族风俗习惯专条加以规定，是对消费者精神权利的有力保障，也是党和国家民族政策在法律上的体现。

（3）消费者在购买、使用和接受服务时，消费者享有个人信息依法得到保护的权利。

（九）监督批评权

监督批评权是指消费者享有对商品和服务以及保护消费者权益工作进行监督的权利。

监督权是上述各项权利的必然延伸，对消费者权利的切实实现至关重要，消费者监督权包括五个方面：

（1）对经营者提供的商品或服务质量监督的权利。

（2）对经营者提供的商品或服务的价格进行监督的权利。

（3）对经营者提供的商品或服务的数量进行监督的权利。

（4）对经营者的经营态度、服务作风进行监督的权利。

（5）对消费者权益保护工作进行监督的权利。

二、经营者的义务

在消费经济法律关系中，经营者是与消费者直接进行交易的另一方，是为消费者提供其生产产品或者提供服务的市场主体，为了有效地保护消费者的权益，约束经营者的经营行为，《消费者权益保护法》不仅专章规定了消费者的权利，还专章规定了经营者的义务。

（一）履行法定义务及约定义务

经营者向消费者提供商品或者服务，应当依照我国产品质量法和其他有关法律、法规的规定履行义务。

经营者和消费者有约定的，应当按照约定履行义务，但双方的约定不得违背法律、法规的规定。

经营者向消费者提供商品或者服务，应当恪守社会公德，诚信经营，保障消费者的合法权益；不得设定不公平、不合理的交易条件，不得强制交易。

（二）接受监督的义务

经营者应当听取消费者对其提供的商品或者服务的意见，接受消费者的监督。

经营者的此项义务与《消费者权益保护法》赋予消费者的监督权相对应。

（三）保证商品和服务安全的义务

经营者应当保证其提供的商品或者服务符合保障人身、财产安全的要求。对可能危及人身、财产安全的商品和服务，应当向消费者作出真实的说明和明确的警示，并说明和标明正确使用商品或者接受服务的方法以及防止危害发生的方法。

宾馆、商场、餐馆、银行、机场、车站、港口、影剧院等经营场所的经营者，应当对消费者尽到安全保障义务。

（四）产品召回义务

经营者发现其提供的商品或服务存在缺陷，有危及人身、财产安全危险的，应立即向有关行政部门报告和告知消费者，并采取停止销售、警示、召回、无害化处理、销毁、停止生产或者服务等措施。采取召回措施的，经营者应当承担消费者因商品被召回支出的必要费用。

（五）提供真实信息的义务

（1）经营者向消费者提供有关商品或者服务的质量、性能、用途、有效期限等信息，应当真实、全面，不得作虚假或者引人误解的宣传。

（2）经营者对消费者就其提供的商品或者服务的质量和使用方法等问题提出的询问，应当作出真实、明确的答复。

（3）经营者提供商品或者服务应当明码标价。

（4）采用网络、电视、电话、邮购等方式提供商品或者服务的经营者，以及提供证券、保险、银行等金融服务的经营者，应当向消费者提供经营地址、联系方式、商品或者服务的数量和质量、价款或者费用、履行期限和方式、安全注意事项和风险警示、售后服务、民事责任等信息。

（六）标明真实名称和标记的义务

（1）经营者应当标明其真实名称和标记。

（2）租赁他人柜台或者场地的经营者，应当标明其真实名称和标记。

（七）出具凭证或单据的义务

经营者提供商品或者服务，应当按照国家有关规定或者商业惯例向消费者出具发票等购货凭证或者服务单据；消费者索要发票等购货凭证或者服务单据的，经营者必须出具。

（八）保证商品和服务质量的义务

（1）经营者应当保证在正常使用商品或者接受服务的情况下其提供的商品或者服务应当具有的质量、性能、用途和有效期限；但消费者在购买该商品或者接受该服务前已经知道其存在瑕疵，且存在该瑕疵不违反法律强制性规定的除外。

（2）经营者以广告、产品说明、实物样品或者其他方式表明商品或者服务的质量状况的，应当保证其提供的商品或者服务的实际质量与表明的质量状况相符。

（3）经营者提供的机动车、计算机、电视机、电冰箱、空调器、洗衣机等耐用商品或者装饰装修等服务，消费者自接受商品或者服务之日起六个月内发现瑕疵，发生争议的，由经营者承担有关瑕疵的举证责任。

（九）履行“三包”义务

“三包”是指包修、包换、包退。经营者履行“三包”的义务内容包括：

（1）经营者提供的商品或者服务不符合质量要求的，消费者可以依照国家规定、当事人约定退货，或者要求经营者履行更换、修理等义务。

（2）没有国家规定和当事人约定的，消费者可以自收到商品之日起七日内退货；七日后符合法定解除合同条件的，消费者可以及时退货，不符合法定解除合同条件的，可以要求经营者履行更换、修理等义务。

（3）依照规定进行退货、更换、修理的，经营者应当承担运输等必要费用。

（十）远程购物“七日退货”义务

经营者采用网络、电视、电话、邮购等方式销售商品，消费者有权自收到商品之日起七日内退货，且无须说明理由，但下列商品除外：

（1）消费者定作的；

（2）鲜活易腐的；

（3）在线下载或者消费者拆封的音像制品、计算机软件等数字化商品；

（4）交付的报纸、期刊。

除前款所列商品外，其他根据商品性质并经消费者在购买时确认不宜退货的商品，不适用无理由退货。

消费者退货的商品应当完好。经营者应当自收到退回商品之日起七日内返还消费者支付的商品价款。退回商品的运费由消费者承担；经营者和消费者另有约定的，按照约定。

（十一）不得单方作出对消费者不利规定的义务

（1）经营者在经营活动中使用格式条款的，应当以显著方式提请消费者注意商品或者服务的数量和质量、价款或者费用、履行期限和方式、安全注意事项和风险警示、售后服务、民事责任等与消费者有重大利害关系的内容，并按照消费者的要求予以说明。

（2）经营者不得以格式条款、通知、声明、店堂告示等方式，作出排除或者限制消费者权利、减轻或者免除经营者责任、加重消费者责任等对消费者不公平、不合理的规定，不得利用格式条款并借助技术手段强制交易。

（3）格式条款、通知、声明、店堂告示等含有前款所列内容的，其内容无效。

（十二）不得侵犯消费者人格权的义务

经营者不得对消费者进行侮辱、诽谤，不得搜查消费者的身体及其携带的物品，不得侵犯消费者的人身自由。

（十三）保护消费者个人信息的义务

（1）经营者收集、使用消费者个人信息，应当遵循合法、正当、必要的原则，明示收集、使用信息的目的、方式和范围，并经消费者同意。经营者收集、使用消费者个人信息，应当公开其收集、使用规则，不得违反法律、法规的规定和双方的约定收集、使用信息。

（2）经营者及其工作人员对收集的消费者个人信息必须严格保密，不得泄露、出售或者非法向他人提供。经营者应当采取技术措施和其他必要措施，确保信息安全，防止消费者个人信息泄露、丢失。在发生或者可能发生信息泄露、丢失的情况时，应立即采取补救措施。

（3）经营者未经消费者同意或者请求，或者消费者明确表示拒绝的，不得向其发送商业性信息。

任务三　消费者权益的保护

在保护消费者合法权益方面，不只经营者负有直接义务，国家和社会也负有相应的义务。我国《消费者权益保护法》中对此也作出相应的内容规定。

一、国家对消费者权益的保护

（一）立法保护

国家制定有关消费者权益的法律、法规、规章和强制性标准，应当听取消费者和消费者协会等组织的意见。

（二）行政保护

（1）各级人民政府应当加强领导，组织、协调、督促有关行政部门做好保护消费者合法权益的工作，落实保护消费者合法权益的职责。各级人民政府应当加强监督，预防危害消费者人身、财产安全行为的发生，及时制止危害消费者人身、财产安全的行为。

（2）各级人民政府工商行政管理部门和其他有关行政部门应当依照法律、法规的规定，在各自的职责范围内，采取措施，保护消费者的合法权益。有关行政部门应当听取消费者和消费者协会等组织对经营者交易行为、商品和服务质量问题的意见，及时调查处理。

（3）有关行政部门在各自的职责范围内，应当定期或者不定期对经营者提供的商品和服务进行抽查检验，并及时向社会公布抽查检验结果。有关行政部门发现并认定经营者提供的商品或者服务存在缺陷，有危及人身、财产安全危险的，应当立即责令经营者采取停止销售、警示、召回、无害化处理、销毁、停止生产或者服务等措施。

（三）司法保护

有关国家机关应当依照法律、法规的规定，惩处经营者在提供商品和服务中侵害消费者合法权益的违法犯罪行为。

人民法院应当采取措施，方便消费者提起诉讼。对符合《民事诉讼法》起诉条件的消费者权益争议，必须受理，及时审理。

二、社会对消费者合法权益的保护

保护消费者的合法权益，是全社会的共同责任，国家鼓励、支持一切组织和个人对损害消费者合法权益的行为进行社会监督。

在社会监督中，最主要的形式是消费者协会和其他消费者组织，它们是依法成立的对商品和服务进行社会监督的保护消费者合法权益的社会组织。

《消费者权益保护法》规定，消费者协会履行下列公益性职责：

（1）向消费者提供消费信息和咨询服务，提高消费者维护自身合法权益的能力，引导文明、健康、节约资源和保护环境的消费方式。

（2）参与制定有关消费者权益的法律、法规、规章和强制性标准。

（3）参与有关行政部门对商品和服务的监督、检查。

（4）就有关消费者合法权益的问题，向有关部门反映、查询，提出建议。

（5）受理消费者的投诉，并对投诉事项进行调查、调解。

（6）投诉事项涉及商品和服务质量问题的，可以委托具备资格的鉴定人鉴定，鉴定人应当告知鉴定意见。

（7）就损害消费者合法权益的行为，支持受损害的消费者提起诉讼或者依照本法提起诉讼。

（8）对损害消费者合法权益的行为，通过大众传播媒介予以揭露、批评。

各级人民政府对消费者协会履行职责应当予以必要的经费等支持。

消费者协会应当认真履行保护消费者合法权益的职责，听取消费者的意见和建议，接受社会监督。依法成立的其他消费者组织依照法律、法规及其章程的规定，开展保护消费者合法权益的活动。同时，为充分保护消费者的合法权益，消费者组织不得从事商品经营和营利性服务，不得以收取费用或者其他牟取利益的方式向消费者推荐商品和服务。

任务四 消费者权益争议的解决和法律责任

一、争议解决的途径

消费者和经营者发生消费者权益争议的，可以通过下列途径解决。

（一）与经营者协商和解

当消费者和经营者因商品或服务发生争议时，协商和解应作为首选方式，特别是因误解产生的争议，通过解释、谦让及其他补救措施，便可化解矛盾，平息争议。协商和解必须在自愿平等的基础上进行；重大纠纷，双方立场对立严重，要求相距甚远的，可寻求其他解决方式。

（二）请求消费者协会调解

消费者协会是依法成立的对商品和服务进行社会监督的保护消费者合法权益的社会团

体。《消费者权益保护法》明确消费者协会具有七项职能，其中之一是对消费者的投诉事项进行调查、调解。消费者协会作为保护消费者权益的社会团体，调解经营者和消费者之间的争议，应依照法律、行政法规及公认的商业道德从事调解活动，并由双方自愿接受和执行调解协议。

（三）向有关行政部门申诉

政府有关行政部门依法具有规范经营者的经营行为，维护消费者合法权益和市场经济秩序的职能。消费者权益争议涉及的领域很广，当权益受到侵害时，消费者可根据具体情况，向不同的行政职能部门，如物价部门、工商行政管理部门、技术质量监督部门等提出申诉，求得行政救济。

（四）提请仲裁

由仲裁机构解决争端的方式，在国际国内商贸活动中被广泛采用。消费者权益争议亦可通过仲裁途径予以解决。不过，仲裁必须具备的前提条件是双方订有书面仲裁协议（或书面仲裁条款）。在我国，一般的消费活动中，大多数情况下没有必要也没有条件签订仲裁协议。因此，在消费领域，很少有以仲裁方式解决争议的。

（五）向人民法院提起诉讼

消费者权益保护法及相关法律都规定，消费者权益受到损害时，可直接向人民法院提起诉讼，也可因不服行政处罚决定而向人民法院起诉。司法审判具有权威性、强制性，是解决各种争议的最后手段。消费者为求公正解决争议，可依法行使诉讼的权利。

二、违反消费者权益保护法的法律责任

《消费者权益保护法》中的法律责任是经营者违反保护消费者的法律规定的或经营者与消费者约定的义务而依法应当承担的法律后果。它是保证经营者依法履行义务的措施，是保护消费者权利，保障消费者权益顺利实施的重要手段。当消费者的权益因经营者的原因无法行使或受到损害时，消费者可以依据对经营者提起索赔，行政机关依法可以对经营者给予行政处罚，经营者有涉及刑事违法行为的，依法由司法机关追究其刑事责任。

（一）侵犯消费者合法权益的民事责任

1. 一般规定

《消费者权益保护法》规定，经营者提供商品或者服务有下列情形之一的，除《产品质量法》另有规定外，应当依照其他有关法律、法规的规定，承担民事责任：

（1）商品或者服务存在缺陷的。

（2）不具备商品应当具备的使用性能而出售时未作说明的。

（3）不符合在商品或者其包装上注明采用的商品标准的。

（4）不符合商品说明、实物样品等方式表明的质量状况的。

（5）生产国家明令淘汰的商品或者销售失效、变质的商品的。

（6）销售的商品数量不足的。

（7）服务的内容和费用违反约定的。

（8）对消费者提出的修理、重作、更换、退货、补足商品数量、退还货款和服务费用或者赔偿损失的要求，故意拖延或者无理拒绝的。

（9）法律、法规规定的其他损害消费者权益的情形。

当侵犯消费者权益的行为同时符合《消费者权益保护法》、《民法通则》和《合同法》等普通民事法律的民事责任要件时，消费者有权选择适用《消费者权益保护法》请求保护。

2. 侵犯人身权的民事责任

（1）人身伤害的民事责任。经营者提供商品或者服务，造成消费者或者其他受害人人身伤害的，应当赔偿医疗费、护理费、交通费等为治疗和康复支出的合理费用，以及因误工减少的收入。造成残疾的，还应当赔偿残疾生活辅助具费和残疾赔偿金。造成死亡的，还应当赔偿丧葬费和死亡赔偿金。

（2）侵犯消费者人格尊严、人身自由的民事责任。经营者侵害消费者的人格尊严、侵犯消费者人身自由或者侵害消费者个人信息依法得到保护的权利的，应当停止侵害、恢复名誉、消除影响、赔礼道歉，并赔偿损失。经营者有侮辱诽谤、搜查身体、侵犯人身自由等侵害消费者或者其他受害人人身权益的行为，造成严重精神损害的，受害人可以要求精神损害赔偿。

3. 侵犯财产权的民事责任

（1）经营者提供商品或者服务，造成消费者财产损害的，应当依照法律规定或者当事人约定承担修理、重作、更换、退货、补足商品数量、退还货款和服务费用或者赔偿损失等民事责任。

（2）经营者提供商品或者服务有欺诈行为的，应当按照消费者的要求增加赔偿其受到的损失，增加赔偿的金额为消费者购买商品的价款或者接受服务的费用的三倍；增加赔偿的金额不足五百元的，为五百元。法律另有规定的，依照其规定。

（3）经营者明知商品或者服务存在缺陷，仍然向消费者提供，造成消费者或者其他受害人死亡或者健康严重损害的，受害人有权要求经营者依照本法等法律规定赔偿损失，并有权要求所受损失二倍以下的惩罚性赔偿。

（二）消费者权益保护法的行政责任

1. 应承担行政责任的情形

经营者有下列情形之一，除承担相应的民事责任外，其他有关法律、法规对处罚机关和处罚方式有规定的，依照法律、法规的规定执行；法律、法规未作规定的，由工商行政管理部门或者其他有关行政部门责令改正，可以根据情节单处或者并处警告、没收违法所得、处以违法所得一倍以上十倍以下的罚款，没有违法所得的，处以五十万元以下的罚款；情节严重的，责令停业整顿、吊销营业执照：

（1）提供的商品或者服务不符合保障人身、财产安全要求的。

（2）在商品中掺杂、掺假，以假充真，以次充好，或者以不合格商品冒充合格商品的。

（3）生产国家明令淘汰的商品或者销售失效、变质的商品的。

（4）伪造商品的产地，伪造或者冒用他人的厂名、厂址，篡改生产日期，伪造或者冒用认证标志等质量标志的。

（5）销售的商品应当检验、检疫而未检验、检疫或者伪造检验、检疫结果的。

（6）对商品或者服务作虚假或者引人误解的宣传的。

（7）拒绝或者拖延有关行政部门责令对缺陷商品或者服务采取停止销售、警示、召回、无害化处理、销毁、停止生产或者服务等措施的。

（8）对消费者提出的修理、重作、更换、退货、补足商品数量、退还货款和服务费用或者赔偿损失的要求，故意拖延或者无理拒绝的。

（9）侵害消费者人格尊严、侵犯消费者人身自由或者侵害消费者个人信息依法得到保护的权利的。

（10）法律、法规规定的对损害消费者权益应当予以处罚的其他情形。

经营者有前款规定情形的，除依照法律、法规规定予以处罚外，处罚机关应当记入信用档案，向社会公布。

2. 行政处罚机关和处罚方式

（1）处罚依据。对《消费者权益保护法》列举的情形，若相关法律、法规（如产品质量法、食品卫生法、广告法、价格法等）对处罚机关和处罚方式有规定的，应依照其规定执行；若法律、法规没有规定的，由工商行政管理部门进行处罚。

（2）处罚方式。对违法情形的处罚方式有：责令改正，警告，没收违法所得，罚款；还可对情节严重者责令停业整顿，吊销营业执照。

（3）行政复议。现实中，为防止行政机关滥用行政权力作出对经营者不公的处罚，规定了经营者的申请行政复议权，即经营者对行政处罚不服的，可自收到处罚决定之日起十五日内向作出处罚的上一级行政机关申请复议，对复议决定仍不服的，可以向人民法院提起诉讼，也可以不经行政复议，直接向人民法院提起诉讼。

（三）消费者权益保护法中的刑事责任

《消费者权益保护法》规定：

（1）以暴力、威胁等方法阻碍有关行政部门工作人员依法执行职务的，依法追究刑事责任；拒绝、阻碍有关行政部门工作人员依法执行职务，未使用暴力、威胁方法的，由公安机关依照《治安管理处罚法》的规定处罚。

（2）国家机关工作人员玩忽职守或者包庇经营者侵害消费者合法权益的行为的，由其所在单位或者上级机关给予行政处分；情节严重，构成犯罪的，依法追究刑事责任。

举案说法

秒杀商品有瑕疵　卖家拒换

2016 年 4 月，网友露露在一家网上鞋店以 239 元的秒杀价格，购得一双市场价格 500 元的女款休闲运动鞋。货送到之后，露露试穿发现鞋子的表面有一大块污迹无法消除，便与卖家沟通要求换货。卖家表示，本来就是超低价亏本销售的商品，而且在秒杀注意事项里面已经写明了“秒杀商品不退不换，不享受‘三包’服务”，因此不能换货。经调查发现，网络上的一些秒杀商品，卖家通常明确告知不实行“三包”，即便消费者买到不称心或货不对板的商品，也难以找卖家要求“三包”。

现象解析：商家以秒杀商品价格低廉为理由拒绝退货或换货的做法，违反了我国法律的有关规定。就性质而言，秒杀在本质上属于限时限量促销，只不过是通过网络进行。对于买卖双方来说，商品的成交价格可以双方协商，但商家对于商品质量和性能的保证，却是强制性的，商家必须保证所售商品能够达到同类商品的基本性能和质量标准。因此，即使通过秒杀所获取的商品也应当享受国家规定的“三包”服务。

项目小结

通过本项目内容的学习，要求理解消费者权益保护法的基本原则；掌握消费者权利的具体内容，具备分析消费者各项权利及对应经营者各项义务的能力；运用所学知识，掌握消费争议解决的办法，能够确定法律责任主体，具备解决消费纠纷的技能。

项目实训

情境模拟与研讨

任务目标

通过这项实训活动，让学生掌握消费者权益保护法的相关理论内容，能够结合实际进行分析。通过分组与录制视频的模式，提高学生的沟通和表达能力，增强团队协作能力。

任务内容

1. 收集有关消费者权益方面的案例。
2. 以小组为单位将案例录制成视频。

任务要求

1. 自愿分组，录制视频。
2. 案例内容明确，视频拍摄清晰，音量适中。

任务操作

全部学生自愿分组，收集案例，排练并拍摄。

任务流程

第一步，学生自愿分组，收集适合的案例，案例内容明确并反映出有关消费者权益保护法的内容。

第二步，以小组为单位，将案例拍摄成视频，注意案例中的各项细节。

第三步，教师收齐视频后在课上播放，全班同学共同讨论案例中出现的问题，并巩固理论基础。

综合实训

一、单项选择题

1. 经营者提供的商品或者服务不符合质量要求的，消费者可以依照国家规定、当事人约定退货。没有国家规定和当事人约定的，消费者可以自收到商品之日起（　　）内退货。

A. 5日　　B. 7日　　C. 10日　　D. 15日

2. 经营者采用网络方式销售商品的，消费者在收到商品之日起七日内无理由退货且经营者和消费者无约定的，退回商品的运费由（　　）。

A. 经营者承担　　B. 消费者承担

C. 消费者和经营者共同承担　　D. 网络交易平台承担

3.（　　）权是目前中国消费者最基本、最重要的权利。

A. 安全保障　　B. 请求赔偿　　C. 公平交易　　D. 自主选择

4. 消费者因产品缺陷造成人身、财产损害的，可以向生产者要求赔偿，也可以向（　　）要求赔偿。

A. 供货者　　B. 运输者　　C. 销售者　　D. 储存者

5. 王小姐在某大型商场购物时，因收银台带电，以致全身遭到强电电击，林小姐的（　　）权受到了侵害。

A. 自由权　　B. 安全保障权　　C. 人格权　　D. 知情权

二、多项选择题

1. 以下符合经营者明码标价义务的是（　　）。

A. 收取未标明的费用　　B. 货品与价签对位

C. 价格变动时，调整价签　　D. 标价内容真实明确

2. 经营者的下列行为中，违反《消费者权益保护法》中规定的义务的是（　　）。

A. 店堂告示“商品一旦售出概不退换”

B. 商场销售服装没有明码标价

C. 顾客购买两条毛巾索要发票，经营者以“小额商品，不开发票”为由加以拒绝

D. 出售蛋类食品的价格随着市场供求关系经常变化

3. 下列说法中，正确的是（　　）。

A. 经营者提供商品或者服务有欺诈行为的，应当按照消费者的要求增加赔偿其受到的损失，增加赔偿金额为消费者购买商品的价款或者接受服务的费用的 2 倍

B. 经营者对行政处罚决定不服的，可以自收到处罚决定之日起 30 日内向人民法院提起诉讼

C. 对包修、包换、包退的大件商品，消费者要求经营者修理、更换、退货的，经营者应当承担运输等合理费用

D. 拒绝、阻碍有关行政部门工作人员依法执行职务，未使用暴力，威胁方法的，由公安机关依照《治安管理处罚条例》的规定处罚

4. 经营者侵害消费者的人格尊严或者侵犯消费者人身自由的，应当负的责任包括（　　）。

A. 停止侵害　　B. 恢复名誉　　C. 消除影响　　D. 赔礼道歉

5. 消费者和经营者发生消费者权益争议的，可以通过下列（　　）途径解决。

A. 与经营者协商和解

B. 请求消费者协会调解

C. 根据与经营者达成的仲裁协议提请仲裁机构仲裁

D. 向有关行政部门申诉

三、案例分析题

A 县商业局和供销社联手举办商品展销会。甲在展销会上以 2 000 元的价格购买了 B 厂展销的电冰箱一台，将冰箱拉回家后，甲按照说明书的要求安放，接通电源。但是过了很长时间仍然没有动静，打开冰箱发现里面很热。第二天，甲赶到展销会，请 B 厂的技术

人员到家里维修，经过两个多小时的检修，冰箱恢复正常。但是，用了一周之后，冰箱再也不制冷了，此时展销会已经结束。甲写信到B厂要求修理更换，被告知B厂已被合并到C厂，B厂已被撤销。试分析：

（1）甲应向谁提出修理、更换、退货等要求？

（2）甲可以通过何种途径解决纠纷？

模块四

宏观调控法

项目十

财税法

职业能力目标

掌握会计法概念、适用范围和基本原则；熟悉会计法在会计机构和会计人员、会计核算、会计监督等方面的相关规定。掌握税收与税法相关概念；熟悉增值税、消费税、企业所得税、个人所得税的纳税义务人、征税范围、税率及应纳税额计算方法；熟悉税收征收管理法的相关规定。

典型工作任务

调研会计结构、熟悉会计人员岗位，切身体会会计工作管理体制；实践会计业务基本原理；辨析增值税、消费税、企业所得税、个人所得税的纳税义务人、征税范围、税率及应纳税额计算方法。

开篇普法

财税法规（会计法和税法）

财税法不是一部法律，是指财经法规与税法的总称，在此分为会计法规、税收管理法律制度。

（一）会计法

会计法，有广义和狭义之分。广义的会计法是指国家权力机关和行政机关制定的各种会计法规性文件的总称，包括会计法律、会计行政法规、国家统一的会计制度、地方性会计法规等。狭义的会计法仅是指国家最高权力机关通过一定的立法程序，颁发施行的会计法律。《中华人民共和国会计法》(简称《会计法》) 就属于狭义的会计法。

中国第一部会计法《会计法》于 1985 年 1 月 21 日，由第六届全国人民代表大会常务委员会第九次会议通过，同年 5 月 1 日起施行。为了适应建立社会主义市场经济的要求，1993 年 12 月 29 日，第八届全国人民代表大会常务委员会第五次会议通过了《关于修改〈中华人民共和国会计法〉的决定》，对会计法作了修改。1999 年 10 月 31 日，第九届全国人民代表大会常务委员会第十二次会议根据进一步深化经济体制改革对会计工作提出的新的要求，审议通过了重新修订的《会计法》。重新修订后的《会计法》，自 2000 年 7 月 1 日起施行。

《会计法》内容总计 52 条，包括：

第一章 总 则
第二章 会计核算
第三章 公司、企业会计核算的特别规定
第四章 会计监督
第五章 会计机构和会计人员
第六章 法律责任
第七章 附 则

（二）税法

税法即税收法律制度，是调整税收关系的法律规范的总称，是国家法律的重要组成部分。它是以宪法为依据，调整国家与社会成员在征纳税上的权利与义务关系，维护社会经济秩序和税收秩序，保障国家利益和纳税人合法权益的一种法律规范，是国家税务机关及一切纳税单位和个人依法征税的行为规则。

《中华人民共和国税收征收管理法》（简称《税收征收法》）是为了加强税收征收管理，规范税收征收和缴纳行为，保障国家税收收入，保护纳税人的合法权益，促进经济和社会发展而制定的法律。由第九届全国人民代表大会常务委员会第二十一次会议于 1992 年 9 月 4 日通过，自 1993 年 1 月 1 日起施行。现行版本为 2015 年 4 月 24 日第十二届全国人民代表大会常务委员会第十四次会议修正。

《税收征收管理法》内容总计 94 条，包括：

第一章 总 则
第二章 税务管理
第一节 税务登记
第二节 账簿、凭证管理
第三节 纳税申报
第三章 税款征收
第四章 税务检查
第五章 法律责任
第六章 附 则

任务一 会计法

一、会计法概述

（一）会计及会计法的概念

会计是以货币为主要计量单位，以凭证为依据，采用专门的技术方法，对特定主体的经济活动进行全面、连续、综合、系统的核算和监督，并向有关方面提供会计信息的一种经济管理活动。

会计法是调整会计关系的法律规范的总称。会计关系是指会计机构和会计人员在办理会计事务过程中发生的经济关系。在一个单位中，会计关系的主体是会计机构和会计人员，客体是会计工作相关的各种事务。

（二）会计法的适用范围

国家机关、社会团体、公司、企业、事业单位和其他组织（统称单位）办理会计事务，适用本法。个体工商户会计管理的具体办法，由国务院财政部门根据本法的原则另行规定。

（三）会计法的基本原则

1. 依法办理会计事务

国家机关、社会团体、公司、企业、事业单位和其他组织必须依照本法办理会计事务。任何单位或者个人不得以任何方式授意、指使、强令会计机构、会计人员伪造、变造会计凭证，会计账簿和其他会计资料，提供虚假财务会计报告。违反者需要承担相应的法律责任。

2. 保证会计资料真实、完整

保证会计资料真实、完整，是对会计工作的基本要求。各单位必须依法设置会计账簿，并保证其真实、完整。单位负责人对本单位的会计工作和会计资料的真实性、完整性负责。

二、会计机构和会计人员

会计机构是指各单位会计事务的职能部门。会计人员是指直接从事会计工作的人员。

（一）会计机构和会计人员的设置

《会计法》规定，各单位应当根据会计业务的需要，设置会计机构，或者在有关机构设置会计人员并指定会计主管人员；不具备设置条件的，应当委托经批准设立从事会计代理记账业务的中介机构代理记账。国有的和国有资产占控股地位或者主导地位的大、中型企业必须设置总会计师。总会计师的任职资格、任免程序、职责权限由国务院规定。

会计机构内部应当建立稽核制度，出纳人员不得兼任稽核、会计档案保管和收入、支出、费用、债权债务账目的登记工作。

（二）会计人员的任职资格

从事会计工作的人员，必须取得会计从业资格证书。担任会计机构负责人（会计主管人员）的，除取得会计从业资格证书外，还应当具备会计师以上专业技术职称资格或从事会计工作三年以上经历。

会计人员应当遵守职业道德，提高业务素质。

因有提供虚假财务会计报告，做假账，隐匿或者故意销毁会计凭证、会计账簿、财务会计报告，贪污，挪用公款，职务侵占等与会计职务有关的违法行为被依法追究刑事责任的人员，不得取得或者重新取得会计从业资格证书。除前款规定的人员外，因违法违纪行为被吊销会计从业资格证书的人员，自被吊销会计从业资格证书之日起五年内，不得重新取得会计从业资格证书。

（三）会计人员的工作交接

会计人员调动工作或者离职，必须与接管人员办清交接手续。

一般会计人员办理交接手续，由会计机构负责人（会计主管人员）监交；会计机构负责人（会计主管人员）办理交接手续，由单位负责人监交，必要时主管单位可以派人会同监交。

三、会计核算

会计核算是会计工作的基本职能之一，是会计工作的重要环节。具体指，以货币为主要计量单位，通过确认、计量、记录、报告等环节，对特定主体的经济活动进行记账、算账、报账，为有关方面提供会计信息的功能。《会计法》规定各单位必须根据实际发生的经济业务事项进行会计核算，填制会计凭证，登记会计账簿，编制财务会计报告。任何单位不得以虚假的经济业务事项或者资料进行会计核算。

（一）会计核算的内容

《会计法》规定，下列经济业务事项，应当办理会计手续，进行会计核算：

（1）款项和有价证券的收付。

（2）财物的收发、增减和使用。

（3）债权债务的发生和结算。

（4）资本、基金的增减。

（5）收入、支出、费用、成本的计算。

（6）财务成果的计算和处理。

（7）需要办理会计手续、进行会计核算的其他事项。

（二）会计核算的一般要求

《会计法》规定，会计凭证、会计账簿、财务会计报告和其他会计资料，必须符合国家统一的会计制度的规定。使用电子计算机进行会计核算的，其软件及其生成的会计凭证、会计账簿、财务会计报告和其他会计资料，也必须符合国家统一的会计制度的规定。任何单位和个人不得伪造、变造会计凭证、会计账簿及其他会计资料，不得提供虚假的财务会计报告。

1. 会计凭证

会计凭证包括原始凭证和记账凭证。原始凭证又称“单据”，是指在经济业务发生或完成时取得或填制的，用以记录、证明经济业务已经发生或完成情况的文字凭据。记账凭证又称记账凭单，是会计人员根据审核无误的原始凭证填制的，简要载明交易或事项内容、确定会计分录并作为记账依据的会计凭证。

各单位办理经济业务事项，必须填制或者取得原始凭证并及时送交会计机构。会计机构、会计人员必须按照国家统一的会计制度的规定对原始凭证进行审核，对不真实、不合法的原始凭证有权不予接受，并向单位负责人报告；对记载不准确、不完整的原始凭证予以退回，并要求按照国家统一的会计制度的规定更正、补充。

原始凭证记载的各项内容均不得涂改；原始凭证有错误的，应当由出具单位重开或者更正，更正处应当加盖出具单位印章。原始凭证金额有错误的，应当由出具单位重开，不得在原始凭证上更正。

记账凭证应当根据经过审核的原始凭证及有关资料编制。除部分转账业务，以及结账、更正错误外，记账凭证必须附有原始凭证并注明原始凭证的张数。

2. 会计账簿

会计账簿又称“账簿”或“账册”，是指由具有一定格式账页组成的，已审核无误的会计凭证为依据，用来全面、系统、连续地记录各项经济业务的簿籍。

《会计法》规定，会计账簿登记，必须以经过审核的会计凭证为依据，并符合有关法律、行政法规和国家统一的会计制度的规定。会计账簿包括总账、明细账、日记账和其他辅助性账簿。会计账簿应当按照连续编号的页码顺序登记。会计账簿记录发生错误或者隔页、缺号、跳行的，应当按照国家统一的会计制度规定的方法更正，并由会计人员和会计机构负责人（会计主管人员）在更正处盖章。

各单位发生的各项经济业务事项应当在依法设置的会计账簿上统一登记、核算，不得违反本法和国家统一的会计制度的规定私设会计账簿登记、核算。

各单位应当定期将会计账簿记录与实物、款项及有关资料相互核对，保证会计账簿记录与实物及款项的实有数额相符、会计账簿记录与会计凭证的有关内容相符、会计账簿之间相对应的记录相符、会计账簿记录与会计报表的有关内容相符。

使用电子计算机进行会计核算的，其会计账簿的登记、更正，应当符合国家统一的会计制度的规定。

3. 财务会计报告

财务会计报告又称财务报告，是指总括反映会计主体某一特定日期财务状况和某一会计期间经营成果、现金流量等会计信息的一种书面文件。

财务会计报告应当根据经过审核的会计账簿记录和有关资料编制，并符合《会计法》和国家统一的会计制度关于财务会计报告的编制要求、提供对象和提供期限的规定。财务会计报告由会计报表、会计报表附注和财务情况说明书组成。向不同的会计资料使用者提供的财务会计报告，其编制依据应当一致。有关法律、行政法规规定会计报表、会计报表附注和财务情况说明书须经注册会计师审计的，注册会计师及其所在的会计师事务所出具的审计报告应当随同财务会计报告一并提供。

财务会计报告应当由单位负责人和主管会计工作的负责人、会计机构负责人（会计主管人员）签名并盖章；设置总会计师的单位，还须由总会计师签名并盖章。单位负责人应当保证财务会计报告真实、完整。

4. 其他方面

（1）会计年度，自公历 1 月 1 日起至 12 月 31 日止。

（2）记账本位币，会计核算以人民币为记账本位币。业务收支以人民币以外的货币为主的单位，可以选定其中一种货币作为记账本位币，但是编报的财务会计报告应当折算为人民币。

（3）会计方法变更，各单位采用的会计处理方法，前后各期应当一致，不得随意变更；确有必要变更的，应当按照国家统一的会计制度的规定变更，并将变更的原因、情况及影响在财务会计报告中说明。

（4）会计记录文字，会计记录的文字应当使用中文。在民族自治地方，会计记录可以同时使用当地通用的一种民族文字。在中华人民共和国境内的外商投资企业、外国企业和其他外国组织的会计记录可以同时使用一种外国文字。

（5）会计档案，各单位对会计凭证、会计账簿、财务会计报告和其他会计资料应当建立档案，妥善保管。会计档案的保管期限和销毁办法，由国务院财政部门会同有关部门制定。

（三）公司、企业会计核算的特别规定

公司、企业必须根据实际发生的经济业务事项，按照国家统一的会计制度的规定确认、

计量和记录资产、负债、所有者权益、收入、费用、成本和利润。

公司、企业进行会计核算不得有下列行为：

（1）随意改变资产、负债、所有者权益的确认标准或者计量方法，虚列、多列、不列或者少列资产、负债、所有者权益。

（2）虚列或者隐瞒收入，推迟或者提前确认收入。

（3）随意改变费用、成本的确认标准或者计量方法，虚列、多列、不列或者少列费用、成本。

（4）随意调整利润的计算、分配方法，编造虚假利润或者隐瞒利润。

（5）违反国家统一的会计制度规定的其他行为。

四、会计监督

会计监督是会计的基本职能之一，是指会计人员在进行会计核算的同时，对特定主体经济活动的合法性、合理性进行审查。会计监督按照监督主体的不同分为单位内部监督、政府监督和社会监督，其中单位内部监督是会计监督的基础。

（一）单位内部监督

单位内部监督制度是为了保证资产的安全、完整，保证单位的经营活动符合国家法律、法规和内部有关管理制度的规定，提高经营管理水平和效率，在单位内部采取的一系列相互监督的制度和方法。《会计法》规定，各单位应当建立、健全本单位内部会计监督制度。

单位内部会计监督制度应当符合下列要求：

（1）记账人员与经济业务事项和会计事项的审批人员、经办人员、财物保管人员的职责权限应当明确，并相互分离、相互制约。

（2）重大对外投资、资产处置、资金调度和其他重要经济业务事项的决策和执行的相互监督、相互制约程序应当明确。

（3）财产清查的范围、期限和组织程序应当明确。

（4）对会计资料定期进行内部审计的办法和程序应当明确。

（5）会计机构和人员在内部监督中的责任。单位负责人应当保证会计机构、会计人员依法履行职责，不得授意、指使、强令会计机构、会计人员违法办理会计事项。会计机构、会计人员对违反本法和国家统一的会计制度规定的会计事项，有权拒绝办理或者按照职权予以纠正。会计机构、会计人员发现会计账簿记录与实物、款项及有关资料不相符的，按照国家统一的会计制度的规定有权自行处理的，应当及时处理；无权处理的，应当立即向单位负责人报告，请求查明原因，作出处理。

（二）政府监督

政府监督是一种外部监督，主要是指财务部门代表国家对各单位相关人员的会计行为实施的监督检查，以及对发现的违法行为进行行政处罚。《会计法》规定，县级以上人民政府财政部门是各单位会计工作的监督检查部门，对单位会计工作行使监督权，对会计违法行为享有行政处罚权。

财政部门对各单位的下列情况实施监督：

（1）是否依法设置会计账簿。

（2）会计凭证、会计账簿、财务会计报告和其他会计资料是否真实、完整。

（3）会计核算是否符合本法和国家统一的会计制度的规定。

（4）从事会计工作的人员是否具备从业资格。

在对前款第（2）项所列事项实施监督，发现重大违法嫌疑时，国务院财政部门及其派出机构可以向与被监督单位有经济业务往来的单位和被监督单位开立账户的金融机构查询有关情况，有关单位和金融机构应当给予支持。

财政、审计、税务、人民银行、证券监管、保险监管等部门应当依照有关法律、行政法规规定的职责，对有关单位的会计资料实施监督检查。

各单位必须依照有关法律、行政法规的规定，接受有关监督检查部门依法实施的监督检查，如实提供会计凭证、会计账簿、财务会计报告和其他会计资料以及有关情况，不得拒绝、隐匿、谎报。

（三）社会监督

会计工作的社会监督是指由注册会计师及其所在的会计师事务所依法对委托单位的经济活动进行审计、鉴证的一种监督制度。《会计法》规定，有关法律、行政法规规定，须经注册会计师进行审计的单位，应当向受委托的会计师事务所如实提供会计凭证、会计账簿、财务会计报告和其他会计资料及有关情况。任何单位或者个人不得以任何方式要求或者示意注册会计师及其所在的会计师事务所出具不实或者不当的审计报告。财政部门有权对会计师事务所出具审计报告的程序和内容进行监督。

此外，任何单位和个人对违反本法和国家统一的会计制度规定的行为，有权检举。收到检举的部门有权处理的，应当依法按照职责分工及时处理；无权处理的，应当及时移送有权处理的部门处理。收到检举的部门、负责处理的部门应当为检举人保密，不得将检举人姓名和检举材料转给被检举单位和被检举人个人。

五、法律责任

单位或个人违反会计法律制度，应当承担法律责任，收到法律制裁。违反《会计法》的行为承担法律责任的形式有行政处罚、行政处分、刑事责任等。

（一）违反国家统一会计制度行为的法律后果

违反《会计法》规定，有下列行为之一的，由县级以上人民政府财政部门责令限期改正，可以对单位并处三千元以上五万元以下的罚款；对其直接负责的主管人员和其他直接责任人员，可以处二千元以上二万元以下的罚款；属于国家工作人员的，还应当由其所在单位或者有关单位依法给予行政处分：

（1）不依法设置会计账簿的。

（2）私设会计账簿的。

（3）未按照规定填制、取得原始凭证或者填制、取得的原始凭证不符合规定的。

（4）以未经审核的会计凭证为依据登记会计账簿或者登记会计账簿不符合规定的。

（5）随意变更会计处理方法的。

（6）向不同的会计资料使用者提供的财务会计报告编制依据不一致的。

（7）未按照规定使用会计记录文字或者记账本位币的。

（8）未按照规定保管会计资料，致使会计资料毁损、灭失的。

（9）未按照规定建立并实施单位内部会计监督制度或者拒绝依法实施的监督或者不如

实提供有关会计资料及有关情况的。

（10）任用会计人员不符合本法规定的。

有前款行为之一，构成犯罪的，依法追究刑事责任。会计人员有上述行为之一，情节严重的，由县级以上人民政府财政部门吊销会计从业资格证书。

（二）提供虚假会计信息的法律责任

单位或个人伪造、变造会计凭证、会计账簿，编制虚假财务会计报告，构成犯罪的，依法追究刑事责任。

有前款行为，尚不构成犯罪的，由县级以上人民政府财政部门予以通报，可以对单位并处五千元以上十万元以下的罚款；对其直接负责的主管人员和其他直接责任人员，可以处三千元以上五万元以下的罚款；属于国家工作人员的，还应当由其所在单位或者有关单位依法给予撤职直至开除的行政处分；对其中的会计人员，并由县级以上人民政府财政部门吊销会计从业资格证书。

（三）隐匿或故意销毁会计资料的法律责任

单位或个人隐匿或者故意销毁依法应当保存的会计凭证、会计账簿、财务会计报告，构成犯罪的，依法追究刑事责任。

有前款行为，尚不构成犯罪的，由县级以上人民政府财政部门予以通报，可以对单位并处五千元以上十万元以下的罚款；对其直接负责的主管人员和其他直接责任人员，可以处三千元以上五万元以下的罚款；属于国家工作人员的，还应当由其所在单位或者有关单位依法给予撤职直至开除的行政处分；对其中的会计人员，并由县级以上人民政府财政部门吊销会计从业资格证书。

（四）授意、指使、强令提供虚假会计信息的法律责任

授意、指使、强令会计机构、会计人员及其他人员伪造、变造会计凭证、会计账簿，编制虚假财务会计报告或者隐匿、故意销毁依法应当保存的会计凭证、会计账簿、财务会计报告，构成犯罪的，依法追究刑事责任；尚不构成犯罪的，可以处五千元以上五万元以下的罚款；属于国家工作人员的，还应当由其所在单位或者有关单位依法给予降级、撤职、开除的行政处分。

（五）打击报复依法履行会计职责的会计人员的法律责任

单位负责人对依法履行职责、抵制违反《会计法》规定行为的会计人员以降级、撤职、调离工作岗位、解聘或者开除等方式实行打击报复，构成犯罪的，依法追究刑事责任；尚不构成犯罪的，由其所在单位或者有关单位依法给予行政处分。对受打击报复的会计人员，应当恢复其名誉和原有职务、级别。

（六）国家机关及其工作人员违法行为的法律责任

财政部门及有关行政部门的工作人员在实施监督管理中滥用职权、玩忽职守、徇私舞弊或者泄露国家秘密、商业秘密，构成犯罪的，依法追究刑事责任；尚不构成犯罪的，依法给予行政处分。有关机关工作人员将检举人姓名和检举材料转给被检举单位和被检举人个人的，由所在单位或者有关单位依法给予行政处分。

任务二 税法

一、税法概述

（一）税法的含义

税法是国家制定的用以调整国家与纳税人之间征纳活动的权利与义务关系的法律规范的总称。它是国家依法征税、纳税人依法纳税的行为规范。其目的是保障国家经济利益和纳税人的合法权益，维护税收秩序，保证国家的财政收入。

（二）税法的调整对象

税法的调整对象是在税收活动中发生的社会关系。这种关系简称税收关系，可以分为两大类：税收体制关系和税收征纳关系。税收体制关系是指国家税收机关因税收方面的权限划分而产生的社会关系，它实质上是一种权力分配关系。税收征纳关系是指在税收征纳过程中产生的社会关系，主要表现为税收征纳双方之间的关系。税收征纳关系还可以进一步划分为税收征纳实体关系和税收征纳程序关系。

（三）税法的基本原则

1. 税收公平原则

税收公平原则是指税收负担必须依照纳税人的负担能力分配，负担能力相等者税负相同，负担能力不等者税负不同。税收公平原则主要体现为三个方面：一是从税收负担能力上看，负担能力大的应多纳税，负担能力小的应少纳税，没有负担能力的不纳税；二是从纳税人的生产和经营环境来看，由于客观环境优越而取得超额收入或级差收益者应多纳税，反之少纳税；三是从税负平衡看，不同地区、不同行业间及多种经济成分之间的实际税负必须尽可能公平。

2. 税收法定原则

税法法定原则是指税收课税要素的全部内容必须由法律规定。由于税收是国家为实现职能而对单位和个人占有的部分财产的强制再分配，税收征收管理对单位和个人的基本财产权利有重要作用，同时也对国家利益有重要作用，因此，课税要素的全部内容必须由法律规定。课税要素主要包括纳税人、征税机关、征税对象、税率、税收优惠、征税基本程序、税务争议的解决办法等。

3. 实质课税原则

实质课税原则是指应根据纳税人的真实负担能力决定纳税人的税负，不能仅考核其表面上是否符合课税要件。这是因为纳税人是否满足课税要件，其外在形式和内在真实之间，往往会因一些客观因素或纳税人的刻意伪装而产生差异。例如，纳税人借转让定价而减少计税所得，按其确定的价格计税则不能反映其真实所得。税务机关根据实质课税原则，有权重新估定计税价格，并据以计算应纳税额。

（四）税法的构成要素

税法的构成要素是构成税法的必要因素，是税法必不可少的内容。它主要包括以下几种。

1. 税收主体

税收主体是在税收法律关系中享有权力和承担义务的当事人，包括征税主体和纳税主体两类。从理论上来说，征税主体是国家。在实际活动中，代表国家行驶征税权的是国家授权的政府职能部门，一般由税务机关和海关具体负责税收征管。纳税主体又称纳税人或纳税义务人，是依法直接承担纳税义务的自然人、法人和非法人组织。根据税收法定原则中课税要素法定的要求，纳税人必须依法确定。因此，法律、行政法规规定负有纳税义务的单位和个人为纳税人。

2. 征税对象

征税对象又称纳税客体，主要是指税收法律关系中征纳双方权利义务所指向的物或行为。征税对象是税收制度最基本的要素，也是一种税收区别与另一种税收的主要标志。在现代社会，国家的征税对象主要包括所得、商品和财产三类，国家的税制往往也是以对应这三类征税对象的所得税、商品税和财产税为主体。

3. 税目与计税依据

税目与计税依据是对征税对象在质和量上的具体化。税目是税法规定的各个税种的具体征税项目，也是征税对象的具体化，体现了每个税种的征税广度。例如，消费税就具体规定了烟、酒等是一个税目。计税依据简称税基，是税法规定的用以计算应纳税额的依据，直接影响着纳税人最终纳税义务的承担。

4. 税率

税率是应纳税额与征税对象之间的比例，通常用百分比来表示。税率的高低直接关系到国家征税的数量和纳税人的税收负担，因而它是税收制度的中心环节。

5. 纳税环节

纳税环节主要是指税法规定的征税对象在从生产到消费的流转过程中应当缴纳税款的环节。纳税环节的存在，取决于征税对象的运动属性，包括所处位置的变换和所有者的变更。国家在规定某种征税对象时，必须明确规定其纳税环节，即发生纳税义务的时间和场所。

6. 纳税期限

纳税期限是指纳税人发生纳税义务后向国家缴纳税款的期限。例如，企业所得税在月份或季度终了后十五日预缴，年度终了后四个月内汇算清缴，多退少补；营业税的纳税期限分为五日、十日、十五日或一个月，纳税人的具体纳税期限，由主管税务机关根据纳税人应纳税额的大小分别核定，不能按照固定期限纳税的，可以按次纳税。

7. 减免税

减免税主要是对某些纳税人和征税对象采取减少征税或者免予征税的特殊规定。免税只能由法律、行政法规作出规定，或者法律、行政法规授权国务院作出规定，对于减免税权限的规定非常严格。减免税是对某些纳税人和征税对象给予鼓励和照顾的一种措施。减免税的类型有一次性减免税、一定期限的减免税、困难照顾型减免税、扶持发展型减免税等。

8. 法律责任

法律责任是对违反税法规定的单位和个人采取的处罚措施。法律责任一般包括违法行为和因违法而应承担的法律责任。违法行为主要是指违反税法规定的行为，包括作为与不作为。税法中的法律责任既包括行政责任，也包括刑事责任。无论是国家税务机关工作人员，还是纳税人，只要违反税法的规定，均应依法承担相应的法律责任。

二、我国主要税种的法律规定

（一）增值税

1. 增值税的含义

增值税是指对在中华人民共和国境内销售货物或者提供加工、修理修配劳务（简称应税劳务），交通运输业、邮政业、电信业、现代服务业（简称应税服务），以及进口货物的企业单位和个人，就其销售货物、提供应税劳务、提供应税服务的增值额和货物进口金额为计税依据而课征的一种流转税。

增值税法是指国家制定的用以调整增值税征收和缴纳之间权利及义务关系的法律规范。

2. 增值税的纳税人

凡在中华人民共和国境内销售货物、提供应税劳务、提供应税服务，以及进口货物的单位和个人，都是增值税的纳税人。

增值税纳税人包括小规模纳税人和一般纳税人。

（1）小规模纳税人是从事货物生产或者提供应税劳务的纳税人，以及以从事货物生产或者提供应税劳务为主，并兼营货物批发或者零售的纳税人，年应征增值税销售额在五十万元以下的。

（2）一般纳税人是年应征增值税销售额超过财政部、国家税务总局规定的小规模纳税人标准，且会计核算健全，并能提供增值税销项、进项税额的企业或企业性单位。其认定办法按国务院税务总局制定的《增值税一般纳税人申请认定办法》相关规定执行。

3. 增值税的税率

根据确定增值税税率的基本原则，我国增值税设置了一档基本税率的基础上，针对特殊行业和产品设计了低税率，此外还有对出口货物、服务实施的零税率。

（1）基本税率。增值税一般纳税人销售或者进口货物，提供加工、修理修配劳务，除低税率适用范围和销售个别旧货适用低税率外，税率一律是17%。

（2）低税率。一般纳税人销售或者进口下列货物的，按低税率13%计征增值税；现代服务业中的有形动产租赁服务适用17%的税率。

（3）零税率。零税率是指对出口货物除了在出口环节不征增值税外，还要对该产品在出口前已经缴纳的增值税进行退税，使该出口产品在出口时完全不含增值税税款，从而以无税产品进入国际市场。纳税人出口货物，税率为零。但是国务院另有规定的除外。

（4）其他规定。纳税人兼营不同税率的货物或者应税劳务的，应当分别核算不同税率货物或者应税劳务的销售额。未分别核算销售额的，从高适用税率。

纳税人销售不同税率货物或应税劳务，并兼营应属一并征收增值税的非应税劳务的，其非应税劳务应从高适用税率。

4. 增值税的法定免税项目

（1）农业生产者销售的自产农产品。

（2）避孕药品和用具。

（3）古旧图书。古旧图书是指向社会收购的古书和旧书。

（4）直接用于科学研究、科学试验和教学的进口仪器、设备。

（5）外国政府、国际组织无偿援助的进口物资和设备。

（6）由残疾人组织直接进口的供残疾人专用的物品。

（7）销售自己使用过的物品。销售自己使用过的物品是指其他个人（不包括个体工商户）自己使用过的物品，除游艇、摩托车、应征消费品的小汽车以外的货物。

（二）消费税

消费税是国际上普遍采用的对特定的某些消费品和消费行为征收的一种间接税。根据国家产业正常和消费政策的要求，对消费品有选择地征收消费税，可以合理地调节消费行为，正确引导消费需求，间接调节收入分配和引导投资流向。消费税与增值税、关税等相配合，构成了我国流转税法体系。

1. 消费税的纳税义务人

在中华人民共和国境内生产、委托加工和进口《消费税暂行条例》规定的消费品的单位和个人，以及国务院确定的销售《消费税暂行条例》规定的消费品的其他单位和个人，为消费税的纳税人。

单位，是指企业、行政单位、事业单位、军事单位、社会团体及其他单位。

个人，是指个体工商户及其他个人。

在中华人民共和国境内，是指生产、委托加工和进口属于应当缴纳消费税的消费品的起运地或所在地在境内。

2. 消费税的征税范围

（1）生产应税消费品。生产应税消费品是消费税征收的主要环节，因为一般情况下，消费税具有单一环节征税的特点，对于大多数消费税应税商品而言，在生产销售环节征税以后，流通环节不用缴纳消费税。纳税人生产应税消费品，除了直接对外销售应征消费税外，如将生产的应税消费品换取生产资料、消费资料、投资入股、偿还债务，以及用于继续生产应税消费品以外的其他方面都应缴纳消费税。

（2）委托加工应税消费品。委托加工应税消费品是指委托方提供原料和主要材料，受托方只收取加工费和代垫部分辅助材料交工的应税消费品。由受托方提供原材料或其他情形的一律不能视同加工应税消费品。委托加工的应税消费品收回后，再继续用于生产应税消费品销售且符合现行政策规定的，其加工环节缴纳的消费税款可以扣除。

（3）进口应税消费品。单位和个人进口属于消费税征税范围的货物，在进口环节要缴纳消费税。为了减少征税成本，进口环节缴纳的消费税有海关代收。

（4）零售应税消费品。经国务院批准，自 1995 年 1 月 1 日起，金银首饰消费税由生产环节征收改为零售环节征收。改在零售环节征收消费税的金银首饰仅限于金基、银基合金首饰以及金、银和金基、银基合金的镶嵌首饰。自 2002 年 1 月 1 日起，对钻石和钻石饰品消费税的纳税环节由生产环节、进口环节后移至零售环节。自 2003 年 5 月 1 日，铂金首饰消费税改为零售环节征税。

3. 消费税的税目和税率

消费税应该不同的税目或子目确定相应的税率或单位税额。一般情况下，对一种消费品只选择一种税率形式，但为了更好、更有效地保全消费税税基，对卷烟和白酒，则采取了比例税率和定额税率复合征收的形式。

消费税采用比例税率和定额税率两种形式，以适应不同应税消费品的实际情况。

4. 消费税应纳税额

消费税的应纳税额的计算有三种方法：从价定率计征法、从量定额计征法、从价定率和从量定额复合计征法。

（三）企业所得税

企业所得税是国家对企业生产经营所得和其他所得征收的一种所得税。国家财政、税务主管部门相继制定了系列部门规章和规范性文件，这些法律、部门规章及规范性文件构成了我国的企业所得税法律制度。

1. 企业所得税的纳税人

企业所得税是指对在我国境内的企业和其他取得收入的组织的生产经营所得和其他所得征收的一种税。在中华人民共和国境内，企业和其他取得收入的组织（统称企业）为企业所得税的纳税人，依照《中华人民共和国企业所得税法》的规定缴纳企业所得税。企业所得税的纳税人包括各类企业、事业单位、社会团体、民办非企业单位和从事经营活动的其他组织。依照中国法律、行政法规成立的个人独资企业、合伙企业，不属于企业所得税的纳税义务人，不缴纳企业所得税。

企业所得税采取收入来源地管辖权和居民管辖权相结合的双重管辖权，把企业分为居民企业和非居民企业，分别确定不同的纳税义务。

（1）居民企业，是指依法在中国境内成立，或者依照外国（地区）法律成立但实际管理机构在中国境内的企业。居民企业应当就其来源于中国境内、境外的所得缴纳企业所得税。

（2）非居民企业，是指依照外国（地区）法律成立且实际管理机构不在中国境内，但在中国境内设立机构、场所的，或者在中国境内未设立机构、场所，但有来源于中国境内所得的企业。

2. 企业所得税的征税对象

企业所得税的征税对象是纳税人所取得的生产经营所得、企业所得和清算所得。

（1）居民企业的征税对象。居民企业应当就其来源于中国境内、境外的所得缴纳企业所得税。包括销售货物所得、提供劳务所得、转让财产所得、股息红利等权益性投资所得、利息所得、租金所得、特许权使用费所得、接受捐赠所得和其他所得。

（2）非居民企业的征税对象。非居民企业在中国境内设立机构、场所的，应当就其所设机构、场所取得的来源于中国境内的所得，以及发生在中国境外但与其所设机构、场所有实际联系的所得，缴纳企业所得税。非居民企业在中国境内未设立机构、场所的，或者虽设立机构、场所但取得的所得与其所设机构、场所没有实际联系的，应当就其来源于中国境内的所得缴纳企业所得税。实际联系，是指非居民企业在中国境内设立的机构、场所拥有据以取得所得的股权、债权，以及拥有、管理、控制据以取得所得的财产等。

3. 企业所得税的税率

企业所得税实行比例税率。它设有两档税率。

（1）居民企业以及在中国境内设立机构、场所且取得的所得与其所设机构、场所有实际联系的非居民企业，就其来源于中国境内、境外的所得缴纳企业所得税，适用税率为25%。

（2）非居民企业在中国境内未设立机构、场所的，或者虽设立机构、场所但取得的所得与其所设机构、场所没有实际联系的，应当就其来源于中国境内的所得缴纳企业所得税，适用税率为20%。

4. 企业所得税的税收优惠

我国企业所得税的税收优惠包括免税收入、可以减免税的所得、优惠税率、民族自治地区的减免税、加计扣除、抵扣应纳税所得额、加速折旧、减计收入、抵免应纳税额和其他专项优惠政策。

免税收入，是指属于企业的应税所得，但是按照税法规定免予征收企业所得税的收入。企业的免税收入包括：①国债利息收入；②符合条件的居民企业之间的股息、红利等权益性投资收益；③在中国境内设立机构、场所的非居民企业从居民企业取得与该机构、场所有实际联系的股息、红利等权益性投资收益；④符合条件的非营利组织的收入。

企业的下列所得，可以免征、减征企业所得税：①从事农、林、牧、渔业项目的所得；②从事国家重点扶持的公共基础设施项目投资经营的所得；③从事符合条件的环境保护、节能节水项目的所得；④符合条件的技术转让所得，即一个纳税年度内，居民企业技术转让所得不超过五百万元的部分，免征企业所得税，超过五百万元的部分，减半征收企业所得税；⑤非居民企业在中国境内未设立机构、场所的，或者虽设立机构、场所但取得的所得与其所设机构、场所没有实际联系的，非来源于中国境内的所得。

（四）个人所得税

个人所得税是对个人（自然人）取得的各项应税所得征收的一种税。由中国各级税务管理机关发布的有关税收征管的通知，构成了现行中国个人所得税法的主体法律基础。

1. 个人所得税的纳税义务人

个人所得税的纳税义务人包括在中国境内有住所，或者虽无住所但在中国境内居住满一年的个人，以及无住所又不居住或无住所而在境内居住不满一年但有从中国境内取得所得的个人。具体包括中国公民、个体工商户、外籍个人以及中国香港、澳门、台湾同胞等。

个人独资企业和合伙企业不缴纳企业所得税，只对投资者个人或自然人合伙人取得的生产经营所得征收个人所得税。

个人所得税的纳税义务人依据住所和居住时间两个标准，区分为居民纳税人和非居民纳税人，且分别承担不同的纳税义务。

2. 个人所得税的应税项目

个人所得税的征税对象是个人取得的应税所得。《个人所得税法》规定的个人应税所得共有十一项。

（1）工资、薪金所得。

（2）个体工商户的生产、经营所得。

（3）对企事业单位的承包经营、承租经营所得。

（4）劳务报酬所得。

（5）稿酬所得。

（6）特许权使用费所得。

（7）利息、股息、红利所得。

（8）财产租赁所得。

（9）财产转让所得。

（10）偶然所得。

（11）经国务院财政部门确定征税的其他所得。

3. 个人所得税的税率

（1）工资、薪金所得适用3%～45%的超额累进税率。

（2）个体工商户的生产、经营所得和对企事业单位的承包经营、承租经营所得，适用5%～35%的超额累进税率。

（3）劳务报酬所得适用比例税率，税率为20%。

（4）稿酬所得适用比例税率，税率为20%，并按应纳税额减征30%，其实际税率为14%。

（5）特许权使用费所得，利息、股息、红利所得，财产租赁所得，财产转让所得，偶然所得和其他所得，适用比例税率，税率为20%。

4. 个人所得税的税收优惠

下列各项个人所得，免征个人所得税：

（1）省级人民政府、国务院部委和中国人民解放军军以上单位，以及外国组织、国际组织颁发的科学、教育、技术、文化、卫生、体育、环境保护等方面的奖金。

（2）国债和国家发行的金融债券利息。

（3）按照国务院规定发给的政府特殊津贴、院士津贴、资深院士津贴，以及国务院规定免纳个人所得税的其他补贴、津贴。

（4）福利费、抚恤金、救济金。

（5）保险赔款。

（6）军人的转业费、复员费。

（7）按照国家统一规定发给干部、职工的安家费、退职费、退休工资、离休工资、离休生活补助费。

（8）依照我国有关法律规定应予免税的各国驻华使馆、领事馆的外交代表、领事官员和其他人员的所得。

（9）中国政府参加的国际公约、签订的协议中规定免税的所得。

（10）经国务院财政部门批准免税的所得。

有下列情况之一的，经批准可以减征个人所得税：

（1）残疾、孤老人员和烈属的所得。

（2）因严重自然灾害造成重大损失的。

（3）其他经国务院财政部门批准减税的。

上述减税项目的减征幅度和期限，由省、自治区、直辖市人民政府规定。

三、税收征收管理制度

（一）税收征收管理法

税收征收管理是国家税务机关依据国家税收法律、行政法规的规定，按照统一标准，通过一定的程序，对纳税人应纳税额组织入库的一种行政活动，是国家将税收政策贯彻实施每个纳税人，有效地组织税收收入及时、足额入库的一系列活动的总称。

（二）税务管理制度

我国的税务管理机关包括国家税务局、地方税务局和海关。国家税务局主管全国的税收征管工作，各地的国家税务局和地方税务局按照国务院规定的税收征收管理范围分别进行征收管理，海关主要负责关税的征收和管理。

税务管理包括税务登记，账簿、凭证管理，纳税申报等内容。

1. 税务登记

税务登记是纳税人在开业、歇业前，以及生产经营期间发生变动时，就其生产经营的有关情况向所在地税务机关办理书面登记的一种制度。税务登记是税收管理的首要环节，具有应税收入、应税财产或应税行为的各类纳税人，都应该依法办理税务登记。具体规定如下：

（1）企业，企业在外地设立的分支机构和从事生产、经营的场所，个体工商户和从事生产、经营的事业单位自领取营业执照之日起三十日内，持有关证件，向税务机关申报办理税务登记。税务机关应当自收到申报之日起三十日内审核并发给税务登记证件。

（2）从事生产、经营的纳税人，税务登记内容发生变化的，自工商行政管理机关办理变更登记之日起三十日内或者在向工商行政管理机关申请办理注销登记之前，持有关证件向税务机关申报办理变更或者注销税务登记。

（3）纳税人按照国务院税务主管部门的规定使用税务登记证件。税务登记证件不得转借、涂改、损毁、买卖或者伪造。

2. 账簿、凭证管理

账簿是纳税人、扣缴义务人连续记录其各种经济业务的账册和簿籍。凭证是纳税人用来记录其各种经济业务，明确经济责任，并据以登记账簿的书面证明。税务部门按照税收法律、行政法规和财务会计制度规定，对纳税人的会计账簿、凭证等实行管理和监督，是税收管理的重要环节。具体规定如下：

（1）纳税人、扣缴义务人按照有关法律、行政法规和国务院财政、税务主管部门的规定设置账簿，根据合法、有效凭证记账，进行核算。

（2）从事生产、经营的纳税人的财务、会计制度或者财务、会计处理办法和会计核算软件，应当报送税务机关备案。纳税人、扣缴义务人的财务、会计制度或者财务、会计处理办法与国务院或者国务院财政、税务主管部门有关税收的规定抵触的，依照国务院或者国务院财政、税务主管部门有关税收的规定计算应纳税款、代扣代缴和代收代缴税款。

（3）税务机关是发票的主管机关，负责发票印制、领购、开具、取得、保管、缴销的管理和监督。单位、个人在购销商品、提供或者接受经营服务以及从事其他经营活动中，应当按照规定开具、使用、取得发票。发票的管理办法由国务院规定。

（4）增值税专用发票由国务院税务主管部门指定的企业印制；其他发票，按照国务院税务主管部门的规定，分别由省、自治区、直辖市国家税务局、地方税务局指定企业印制。

（5）从事生产、经营的纳税人、扣缴义务人必须按照国务院财政、税务主管部门规定的保管期限保管账簿、记账凭证、完税凭证及其他有关资料。账簿、记账凭证、完税凭证及其他有关资料不得伪造、变造或者擅自损毁。

3. 纳税申报

纳税申报是纳税人按照税法规定的期限和内容，向税务机关提交有关纳税事项书面报告的法律行为，是纳税人履行纳税义务、承担法律责任的主要依据，是税务机关税收管理信息的主要来源和税务管理的一项重要制度。具体规定如下：

（1）纳税人必须依照法律、行政法规规定或者税务机关依照法律、行政法规的规定确定的申报期限、申报内容如实办理纳税申报，报送纳税申报表、财务会计报表以及税务机关根据实际需要要求纳税人报送的其他纳税资料。扣缴义务人必须依照法律、行政法规规定或者税务机关依照法律、行政法规的规定确定的申报期限、申报内容如实报送代扣代缴、代收代缴税款报告表以及税务机关根据实际需要要求扣缴义务人报送的其他有关资料。

（2）纳税人、扣缴义务人可直接到税务机关办理纳税申报或者报送代扣代缴、代收代缴税款报告表，也可以按照规定采取邮寄、数据电文或者其他方式办理上述申报、报送事项。

（3）纳税人、扣缴义务人不能按期办理纳税申报或者报送代扣代缴、代收代缴税款报告表的，经税务机关核准，可以延期申报。

（三）税款征收制度

税款征收是税务机关依据国家税收法律、行政法规规定的标准和范围，通过法定程序将纳税人应纳税款组织征收入库的一系列活动。税款征收是税收征管活动的中心环节，也是纳税人履行纳税义务的体现。

1. 税款征收方式

（1）查账征收。税务机关根据纳税人会计账簿等财务核算资料，依照税法规定计算征收税款的方式。适用于财务制度健全、核算严格规范、纳税意识较强的纳税人。

（2）查定征收。税务机关根据纳税人从业人数、生产设备、耗用原材料、经营成本、平均利润率等因素，查定核实其应纳税所得额，据以征收税款的方式。一般适用于经营规模较小、实行简易记账或会计核算不健全的纳税人。

（3）定期定额征收。税务机关根据纳税人自报和一定的审核评议程序，核定其一定时期应税收入和应纳税额，并按月或季度征收税款的方式。一般适用于生产经营规模小、不能准确计算营业额和所得额的小规模纳税人或个体工商户。

（4）代收、代扣代缴。税务机关按照税法规定，对负有代收代缴、代扣代缴税款义务的单位和个人，在其向纳税人收取或支付交易款项的同时，依法从交易款项中扣收纳税人应纳税款并按规定期限和缴库办法申报解缴的税款征收方式。适用于有代收代缴、代扣代缴税款义务的单位和个人。

（5）委托代征。税务机关依法委托有关单位和个人，代其向纳税人征收税款的方式。主要适用于零星、分散、流动性大的税款征收，如集贸市场税收、车船税等。

（6）查验征收。税务机关对纳税人应税商品通过查验数量，按照市场同类产品平均价格，计算其收入并据以征收税款的方式。一般适用于在市场、车站、码头等场外临时经营的零星、流动性税源。

2. 税款征收相关法律规定

（1）税务机关依照法律、行政法规规定征收税款，不得违反法律、行政法规的规定开征、停征、多征、少征、提前征收、延缓征收或者摊派税款。除税务机关、税务人员，以及经税务机关依照法律、行政法规委托的单位和人员外，任何单位和个人不得进行税款征收活动。

扣缴义务人依照法律、行政法规的规定履行代扣、代收税款的义务，纳税人拒绝的，扣缴义务人应当及时报告税务机关处理。税务机关按照规定付给扣缴义务人代扣、代收手续费。

税务机关征收税款时，必须给纳税人开具完税凭证。扣缴义务人代扣、代收税款时，纳税人要求扣缴义务人开具代扣、代收税款凭证的，扣缴义务人应当开具。

（2）纳税人、扣缴义务人按照法律、行政法规规定或者税务机关依照法律、行政法规的规定确定的期限，缴纳或者解缴税款。纳税人因有特殊困难，不能按期缴纳税款的，经省、自治区、直辖市国家税务局、地方税务局批准，可以延期缴纳税款，但是最长不得超过三个月。

纳税人未按照规定期限缴纳税款的，扣缴义务人未按照规定期限解缴税款的，税务机关除责令限期缴纳外，从滞纳税款之日起，按日加收滞纳税款万分之五的滞纳金。

（3）纳税人可以依照法律、行政法规的规定书面申请减税、免税。减税、免税的申请须经法律、行政法规规定的减税、免税审查批准机关审批。地方各级人民政府、各级人民政府主管部门、单位和个人违反法律、行政法规规定，擅自作出的减税、免税决定无效，税务机关不得执行，并向上级税务机关报告。

（4）税务机关征收税款，税收优先于无担保债权，法律另有规定的除外；纳税人欠缴的税款发生在纳税人以其财产设定抵押、质押或者纳税人的财产被留置之前的，税收应当先于抵押权、质权、留置权执行。纳税人欠缴税款，同时又被行政机关决定处以罚款、没收违法所得的，税收优先于罚款、没收违法所得。

（5）纳税人超过应纳税额缴纳的税款，税务机关发现后应当立即退还；纳税人自结算缴纳税款之日起三年内发现的，可以向税务机关要求退还多缴的税款并加算银行同期存款利息，税务机关及时查实后应当立即退还；涉及从国库中退库的，依照法律、行政法规有关国库管理的规定退还。

（6）因税务机关的责任，致使纳税人、扣缴义务人未缴或者少缴税款的，税务机关在3年内可以要求纳税人、扣缴义务人补缴税款，但是不得加收滞纳金。

（四）税务检查制度

税务检查是税务机关依法对纳税主体履行纳税情况进行的检验核查。

（1）税务机关有权进行下列税务检查：

①检查纳税人的账簿、记账凭证、报表和有关资料，检查扣缴义务人代扣代缴、代收代缴税款账簿、记账凭证和有关资料。

②到纳税人的生产、经营场所和货物存放地检查纳税人应纳税的商品、货物或者其他财产，检查扣缴义务人与代扣代缴、代收代缴税款有关的经营情况。

③责成纳税人、扣缴义务人提供与纳税或者代扣代缴、代收代缴税款有关的文件、证明材料和有关资料。

④询问纳税人、扣缴义务人与纳税或者代扣代缴、代收代缴税款有关的问题和情况。

⑤到车站、码头、机场、邮政企业及其分支机构检查纳税人托运、邮寄应纳税商品、货物或者其他财产的有关单据、凭证和有关资料。

⑥经县以上税务局（分局）局长批准，凭全国统一格式的检查存款账户许可证明，查询从事生产、经营的纳税人、扣缴义务人在银行或者其他金融机构的存款账户。

税务机关在调查税收违法案件时，经设区的市、自治州以上税务局（分局）局长批准，可以查询案件涉嫌人员的储蓄存款。税务机关查询所获得的资料，不得用于税收以外的用途。

（2）税务机关对从事生产、经营的纳税人以前纳税期的纳税情况依法进行税务检查时，发现纳税人有逃避纳税义务行为，并有明显的转移、隐匿其应纳税的商品、货物以及其他财产或者应纳税的收入的迹象的，可按规定的批准权限采取税收保全措施或者强制执行措施。

（3）纳税人、扣缴义务人必须接受税务机关依法进行的税务检查，如实反映情况，提供有关资料，不得拒绝、隐瞒。

（4）税务机关依法进行税务检查时，有权向有关单位和个人调查纳税人、扣缴义务人和其他当事人与纳税或者代扣代缴、代收代缴税款有关的情况，有关单位和个人有义务向税务机关如实提供有关资料及证明材料。

（5）税务机关调查税务违法案件时，对与案件有关的情况和资料，可以记录、录音、录像、照相和复制。

（6）税务机关派出人员进行税务检查时，应出示税务检查证和税务检查通知书，并有责任为被检查人保守秘密；未出示税务检查证和税务检查通知书的，被检查人有权拒绝检查。

四、违反税法的法律责任

1. 纳税人、扣缴义务人的法律责任

（1）纳税人有下列行为之一的，由税务机关责令限期改正，可以处二千元以下的罚款；情节严重的，处二千元以上一万元以下的罚款：

①未按照规定的期限申报办理税务登记、变更或者注销登记的。

②未按照规定设置、保管账簿或者保管记账凭证和有关资料的。

③未按照规定将财务、会计制度或者财务、会计处理办法和会计核算软件报送税务机关备查的。

④未按照规定将其全部银行账号向税务机关报告的。

⑤未按照规定安装、使用税控装置，或者损毁或者擅自改动税控装置的。

（2）纳税人不办理税务登记的，由税务机关责令限期改正；逾期不改正的，经税务机关提请，由工商行政管理机关吊销其营业执照。

纳税人未按照规定使用税务登记证件，或者转借、涂改、损毁、买卖、伪造税务登记证件的，处二千元以上一万元以下的罚款；情节严重的，处一万元以上五万元以下的罚款。

（3）扣缴义务人未按照规定设置、保管代扣代缴、代收代缴税款账簿或者保管代扣代缴、代收代缴税款记账凭证及有关资料的，由税务机关责令限期改正，可以处二千元以下的罚款；情节严重的，处二千元以上五千元以下的罚款。

（4）纳税人未按照规定的期限办理纳税申报和报送纳税资料的，或者扣缴义务人未按照规定的期限向税务机关报送代扣代缴、代收代缴税款报告表和有关资料的，由税务机关责令限期改正，可以处二千元以下的罚款；情节严重的，可以处二千元以上一万元以下的罚款。

（5）纳税人伪造、变造、隐匿、擅自销毁账簿、记账凭证，或者在账簿上多列支出或者不列、少列收入，或者经税务机关通知申报而拒不申报或者进行虚假的纳税申报，不缴或者少缴应纳税款的，是偷税。对纳税人偷税的，由税务机关追缴其不缴或者少缴的税款、滞纳金，并处不缴或者少缴的税款百分之五十以上五倍以下的罚款；构成犯罪的，依法追究刑事责任。

扣缴义务人采取前款所列手段，不缴或者少缴已扣、已收税款，由税务机关追缴其不缴或者少缴的税款、滞纳金，并处不缴或者少缴的税款百分之五十以上五倍以下的罚款；构成犯罪的，依法追究刑事责任。

（6）纳税人、扣缴义务人编造虚假计税依据的，由税务机关责令限期改正，并处五万元以下的罚款。

纳税人不进行纳税申报，不缴或者少缴应纳税款的，由税务机关追缴其不缴或者少缴的税款、滞纳金，并处不缴或者少缴的税款百分之五十以上五倍以下的罚款。

（7）纳税人欠缴应纳税款，采取转移或者隐匿财产的手段，妨碍税务机关追缴欠缴的税款的，由税务机关追缴欠缴的税款、滞纳金，并处欠缴税款百分之五十以上五倍以下的罚款；构成犯罪的，依法追究刑事责任。

以假报出口或者其他欺骗手段，骗取国家出口退税款的，由税务机关追缴其骗取的退税款，并处骗取税款一倍以上五倍以下的罚款；构成犯罪的，依法追究刑事责任。对骗取国家出口退税款的，税务机关可以在规定期间内停止为其办理出口退税。

以暴力、威胁方法拒不缴纳税款的，是抗税，除由税务机关追缴其拒缴的税款、滞纳金外，依法追究刑事责任。情节轻微，未构成犯罪的，由税务机关追缴其拒缴的税款、滞纳金，并处拒缴税款一倍以上五倍以下的罚款。

（8）纳税人、扣缴义务人在规定期限内不缴或少缴应纳或者应解缴的税款，经税务机关责令限期缴纳，逾期仍未缴纳的，税务机关除依照本法第四十条的规定采取强制执行措施追缴其不缴或者少缴的税款外，可处不缴或者少缴的税款百分之五十以上五倍以下的罚款。

（9）扣缴义务人应扣未扣、应收而不收税款的，由税务机关向纳税人追缴税款，对扣缴义务人处应扣未扣、应收未收税款百分之五十以上三倍以下的罚款。

（10）纳税人、扣缴义务人逃避、拒绝或者以其他方式阻挠税务机关检查的，由税务机关责令改正，可以处一万元以下的罚款；情节严重的，处一万元以上五万元以下的罚款。

2. 税务人员的法律责任

（1）税务机关违反规定擅自改变税收征收管理范围和税款入库预算级次的，责令限期改正，对直接负责的主管人员和其他直接责任人员依法给予降级或者撤职的行政处分。

（2）税务人员徇私舞弊，对依法应当移交司法机关追究刑事责任的不移交，情节严重的，依法追究刑事责任。

（3）税务机关、税务人员查封、扣押纳税人个人及其所扶养家属维持生活必需的住房和用品的，责令退还，依法给予行政处分；构成犯罪的，依法追究刑事责任。

（4）税务人员利用职务上的便利，收受或者索取纳税人、扣缴义务人财物或者谋取其他不正当利益，构成犯罪的，依法追究刑事责任；尚不构成犯罪的，依法给予行政处分。

（5）税务人员徇私舞弊或者玩忽职守，不征或者少征应征税款，致使国家税收遭受重大损失，构成犯罪的，依法追究刑事责任；尚不构成犯罪的，依法给予行政处分。

（6）税务人员滥用职权，故意刁难纳税人、扣缴义务人的，调离税收工作岗位，并依法给予行政处分。

（7）税务人员对控告、检举税收违法违纪行为的纳税人、扣缴义务人以及其他检举人进行打击报复的，依法给予行政处分；构成犯罪的，依法追究刑事责任。

（8）违反法律、行政法规的规定。提前征收、延缓征收或摊派税款的，由其上级机关或行政监察机关责令改正，对直接负责的主管人员和其他直接责任人员依法给予行政处分。

（9）违反法律、行政法规的规定，擅自作出税收的开征、停征或者减税、免税、退税、补税以及其他同税收法律、行政法规相抵触的决定的，除依照本法规定撤销其擅自作出的决定外，补征应征未征税款，退还不应征收而征收的税款，并由上级机关追究直接负责的主管人员和其他直接责任人员的行政责任；构成犯罪的，依法追究刑事责任。

（10）税务人员在征收税款或者查处税收违法案件时，未按照规定进行回避的，对直接负责的主管人员和其他直接责任人员，依法给予行政处分。未按照规定为纳税人、扣缴义务人、检举人保密的，对直接负责的主管人员和其他直接责任人员，由所在单位或者有关单位依法给予行政处分。

举案说法

某有限责任公司（简称公司）是一家中外合资经营企业，2016年度发生以下事项。

（1）1月20日，公司接到市财政局通知，市财政局要来公司检查会计工作情况。公司董事长兼总经理王某认为，公司作为中外合资经营企业，不应受《会计法》的约束，财政部门无权来检查。

（2）5月5日，公司会计科一名档案管理人员生病临时交接工作，会计主管张某委托出纳员李某临时保管会计档案。

（3）7月15日，公司从外地购买一批原材料，收到发票后，与实际支付款项进行核对时发现发票金额错误，经办人员在原始凭证上进行更改，并加盖了自己的印章，作为报销凭证。

请问：

（1）公司董事长兼总经理王某认为合资企业不受《会计法》约束观点是否正确？为什么？

（2）该公司由出纳员临时保管会计档案的做法是否符合法律规定？为什么？

（3）该公司经办人员更改原始凭证金额的做法是否符合法律规定？为什么？

答案解析：

（1）不正确。国家机关、社会团体、公司、企业、事业单位和其他组织（统称单位）办理会计事务，均适用《会计法》规定。县级以上人民政府财政部门是各单位会计工作的监督检查部门，对单位会计工作行使监督权，对会计违法行为享有行政处罚权。

（2）不正确。《会计法》规定，出纳人员不得兼任稽核、会计档案保管和收入、支出、费用、债权债务账目的登记工作。

（3）不正确。《会计法》规定，原始凭证金额有错误的，应当由出具单位重开，不得在原始凭证上更正。

项目小结

通过本项目内容的学习，要求学生掌握会计法的概念、适用范围和基本原则；熟悉会计法在会计机构和会计人员、会计核算、会计监督等方面的相关规定；掌握税收与税法相关概念；熟悉增值税、消费税、企业所得税、个人所得税的纳税义务人、征税范围、税率及应纳税额计算方法；熟悉税收征收管理法相关规定。

项目实训

个人所得税计算

任务目标

会计法和税法的学习中，个人所得税是日常工作中接触的最频繁的税种，通过这项实训，让学生掌握个人所得税的基本要素，能够根据资料正确计算出应纳所得税税额并运用会计知识进行账务处理。

任务内容

1. 正确计算个人所得税。

2. 进行相关账务处理。

任务要求

1. 复习掌握个人所得税基本要素及计算规定，尤其注意所得税计税依据的确定。

2. 复习会计知识学会相关的账务处理。

任务操作

学生自愿进行分组，模拟编辑个人收入资料并亲自查找税率表，计算应纳税额，会在企业角度进行工资的账务处理。

任务流程

第一步，学生自愿进行分组，了解现有资料，并进行查找个人所得税的累进税率表。

第二步，模拟个人收入资料和税率表准确进行应纳税额的计算。

第三步，进行相关的账务处理（企业角度）。

综合实训

一、单项选择题

1.（　　）是指由国务院制定并发布，或者国务院有关部门拟定并经国务院批准发布，调整经济生活中某些方面会计关系的法律规范。

A. 会计行政法规　　B. 会计法

C. 会计规章　　D. 经济法

2. 会计机构负责人必须具备的条件之一是（　　）。

A. 会计从业资格证书　　B. 从事会计工作5年以上

C. 经济师专业技术职务资格　　D. 高级会计师专业技术职务资格

3. 下列选项中，不属于税收特征的是（　　）。

A. 强制性　　B. 无偿性　　C. 固定性　　D. 稳定性

4. 根据《个人所得税法》规定，个体工商户的生产经营所得在计算缴纳个人所得税时，适用税率是（　　）。

A. 七级超额累进税率　　B. 五级超额累进税率

C. 四级超率累进税率　　D. 三级超率累进税率

5. 根据《企业所得税法》规定，企业纳税年度发生的亏损，准予向以后年度结转，用以后年度的所得弥补，但结转年限最长不得超过（　　）年。

A. 1　　B. 3　　C. 5　　D. 10

二、多项选择题

1. 下列各项中，属于违反会计法规，应承担法律责任的行为有（　　）。

A. 不依法设置会计账簿的

B. 为提高会计信息质量而变更会计处理方法的

C. 私设会计账簿的

D. 任用会计人员不符合我国《会计法》规定的

2. 根据《税收征收管理法》规定，税务机关在实施税务检查时，可以采取的措施有（　　）。

A. 检查纳税人会计资料

B. 检查纳税人货物存放地的应纳税商品

C. 检查纳税人托运、邮寄应纳税商品的单据、凭证

D. 经法定程序批准，查询纳税人在银行的存款账户

3. 纳税人有下列（　　）所述情形之一的，税务机关有权核定其应纳税额。

A. 依照法律、行政法规的规定可以不设置账簿的

B. 依照法律、行政法规的规定应当设置账簿但未设置的

C. 发生纳税义务，未按规定期限办理纳税申报，经税务机关责令限期申报，逾期仍未申报的

D. 纳税人申报的计税依据明显偏低，又无正当理由的

4. 会计机构、会计人员在审核原始凭证时，对不真实、不合法的原始凭证应当（　　）。

A. 有权不予受理

B. 向单位负责人报告

C. 请求查明原因，追究有关当事人的责任

D. 予以退回，要求更正、补充

5. 会计机构负责人、会计主管人员办理交接由（　　）监交。

A. 单位负责人　　B. 主管单位可派人会同

C. 本单位其他部门负责人　　D. 主管会计工作的副经理

三、案例分析题

明光公司是一家股份有限公司，2016 年度发生以下事项。

（1）2 月 14 日，公司从外地购买了一批货物，收到发票后，经办人员王某发现发票金额与实际支付金额不相符，便将发票退回给出具单位，要求对方重开。

（2）3 月 22 日，公司从事收入、支出、费用账目登记工作的吴某休产假，公司决定由出纳员李某临时顶替其工作，并按规定办理了交接手续。

（3）5 月 15 日，公司财务部门负责人张某根据工作需要，对部分会计工作岗位进行调整，原从事总账登记工作的陈某被调到稽核岗位协助另一位稽核员进行稽核工作，使该岗位一岗两人。

（4）6 月 8 日，市财政部门要求到该公司进行检查，公司领导以“分管财务工作领导及财务部门负责人出差”为由，予以拒绝。

请问：上述事项是否符合《会计法》规定？为什么？

项目十一

金融法

职业能力目标

了解央行的地位和业务范围，了解商业银行的业务范围；掌握中国人民银行法、商业银行法及证券法的基本概念，熟悉相关法律规定。

典型工作任务

学习办理银行存款业务；模拟为企业办理银行贷款的业务流程；能够自主到证券公司购买股票。

开篇普法

金融法规（银行法和证券法）

金融法是调整金融关系的法律总称，是调整金融交易与金融监管关系的法律。较其他商法和民法，有明显宏观调控性；其可将有关金融监管与金融交易关系的法律分为银行法、证券法、期货法、票据法、保险法、外汇管理法等具体类别。在此具体学习银行法和证券法。

（一）银行法

1. 中国人民银行法

《中华人民共和国中国人民银行法》(简称《中国人民银行法》)是为确立中国人民银行地位，明确其职责，保证国家货币政策正确制定和执行，建立和完善中央银行宏观调控体系，维护金融稳定而制定。

《中国人民银行法》于 1995 年 3 月 18 日第八届全国人民代表大会第三次会议通过；根据 2003 年 12 月 27 日第十届全国人民代表大会常务委员会第六次会议《关于修改〈中华人民共和国中国人民银行法〉的决定》予以修正。

《中国人民银行法》内容总计 53 条，包括：

第一章　总　则

第二章　组织机构

第三章　人民币

第四章　业　务

第五章　金融监督管理

第六章　财务会计

第七章　法律责任

第八章　附　则

2．商业银行法

《中华人民共和国商业银行法》(简称《商业银行法》)于1995年5月10日第八届全国人民代表大会常务委员会第十三次会议通过；2015年8月29日第十二届全国人民代表大会常务委员会第十六次会议通过了《全国人民代表大会常务委员会关于修改〈中华人民共和国商业银行法〉的决定》，修订后的《商业银行法》自2015年10月1日起施行。

《商业银行法》内容总计95条，包括：

第一章　总　则

第二章　商业银行的设立和组织机构

第三章　对存款人的保护

第四章　贷款和其他业务的基本规则

第五章　财务会计

第六章　监督管理

第七章　接管和终止

第八章　法律责任

第九章　附　则

（二）证券法

《中华人民共和国证券法》(简称《证券法》)的出台是为了规范证券发行和交易行为，保护投资者的合法权益，维护社会经济秩序和社会公共利益，促进社会主义市场经济的发展。

1998年12月29日第九届全国人民代表大会常务委员会第六次会议通过；根据2004年8月28日第十届全国人民代表大会常务委员会第十一次会议《关于修改〈中华人民共和国证券法〉的决定》第一次修正；2005年10月27日第十届全国人民代表大会常务委员会第十八次会议修订；根据2013年6月29日第十二届全国人民代表大会常务委员会第三次会议《关于修改〈中华人民共和国文物保护法〉等十二部法律的决定》第二次修正；根据2014年8月31日第十二届全国人民代表大会常务委员会第十次会议《关于修改〈中华人民共和国保险法〉等五部法律的决定》第三次修正。

《证券法》内容总计240条，包括：

第一章　总　则

第二章　证券发行

第三章　证券交易

第四章　上市公司的收购

第五章　证券交易所

第六章　证券公司

第七章　证券登记结算机构

第八章　证券服务机构

第九章　证券业协会

第十章　证券监督管理机构
第十一章　法律责任
第十二章　附　则

任务一　银行法

银行法是调整银行和其他金融机构在金融活动中所发生关系的法律规范总称。银行法是以立法形式来确立银行和其他金融机构的性质和法律地位，确定其资金来源、管理制度和业务范围，规范其在开业注册、发行与管理货币、调节货币流通、存款经营、贷款经营、自有资本运用与分配、监督与统计、破产与清算等经营活动中的行为。它是调整一切金融关系的基本法。根据调整对象和范围的不同，银行法分为中央银行法和普通银行法两大类。

一、中国人民银行法

（一）中国人民银行法概述

1. 中国人民银行

中国人民银行即中华人民共和国的中央银行，是指其全部资本由国家出资，属于国家所有，在国务院领导下制定和实施货币政策，防范和化解金融风险，维护金融稳定的组织机构。

中国人民银行代表国家进行金融管理和金融调控，是我国金融活动的中心，处于金融组织体系的最高地位，是国务院监督管理全国金融事业的职能部门。

2. 中国人民银行法

中国人民银行法，亦称中央银行法，是指调整中央银行制定和实施货币政策，行使对金融业的监督管理职能而产生的银行管理关系的法律规范总称。

中央人民银行法的主要内容包括总则、组织机构、人民币、业务、金融监督管理、财务会计、法律责任等。

（二）中国人民银行的组织机构

1. 领导机构

中国人民银行实行行长负责制，设行长一人，副行长若干人，行长领导中国人民银行的工作，副行长协助行长工作。中国人民银行行长的人选，根据国务院总理的提名，由全国人民代表大会决定；全国人民代表大会闭会期间，由全国人民代表大会常务委员会决定，由中华人民共和国主席任免。中国人民银行副行长由国务院总理任免。

2. 总、分支机构

（1）总行。中国人民银行总行设在北京，2005 年 8 月 10 日中国人民银行设立了上海总部。上海总部作为总行的有机组成部分，在总行的领导和授权下开展工作，主要承担中国人民银行业务的具体操作职责，同时履行一定的管理职能。

（2）分支机构。中国人民银行根据履行职责的需要设置分支机构，并对其分支机构实行统一领导和管理。目前，中国人民银行设有武汉、广州、成都、西安、天津、沈阳、上海、南京、济南等 9 个分行，中国人民银行营业管理部（北京），中国人民银行重庆营业管理部，并在长春、哈尔滨、杭州、长沙、大连等地设有中心支行。这些分支机构作为中国人民银行的派出机构，根据总行的授权，依法维护本辖区的金融稳定，承办有关业务。

3. 货币政策委员会

中国人民银行设有货币政策委员会，作为其指定货币政策的咨询议事机构。货币政策委员会的基本职责是在综合分析国家宏观经济形势的基础上，依据国家宏观经济调控目标，讨论货币政策事项，并提出建议。

（三）中国人民银行的职责

中国人民银行在国务院领导下，制定和执行货币政策，防范和化解金融风险，维护金融稳定，根据《中国人民银行法》规定，中国人民银行应依法履行以下十三项职责：

（1）发布与履行其职责有关的命令和规章。

（2）依法制定和执行货币政策。

（3）发行人民币，管理人民币流通。

（4）监督管理银行间同业拆借市场和银行间债券市场。

（5）实施外汇管理，监督管理银行间外汇市场。

（6）监督管理黄金市场。

（7）持有、管理、经营国家外汇储备、黄金储备。

（8）经理国库。

（9）维护支付、清算系统的正常运行。

（10）指导、部署金融业反洗钱工作，负责反洗钱的资金监测。

（11）负责金融业的统计、调查、分析和预测。

（12）作为国家的中央银行，从事有关的国际金融活动。

（13）国务院规定的其他职责。

（四）人民币的发行与管理

1. 人民币的法律地位

《中国人民银行法》明确规定“中华人民共和国的法定货币是人民币”，这一规定明确了人民币的法律地位，即它是我国境内流通、使用的唯一合法货币。人民币的单位为元，人民币辅币单位为角、分。作为法定支付手段，以人民币支付中华人民共和国境内的一切公共的和私人的债务，任何单位和个人不得拒收。

2. 人民币的发行

人民币的发行是中国人民银行向流通市场投放现金的行为。发行人民币、管理人民币流通是《中国人民银行法》赋予中国人民银行的职责之一。《中国人民银行法》明确规定：“人民币由中国人民银行统一印制、发行。中国人民银行发行新版人民币，应当将发行时间、面额、图案、式样、规格予以公告。”

人民币发行直接关系到货币币值和国民经济的稳定，长期以来，我国对人民币发行坚持如下原则。

（1）集中统一发行原则。人民币由中国人民银行统一发行，其他任何地方、单位和个人都无权发行货币。

（2）经济发行原则。货币发行必须适应商品流通的需要。按照货币流通规律的要求，市场货币流通量应与商品流通量相适应，从而保证经济的健康发展。

与经济发行相对应的是财政发行，它是为弥补国家财政赤字或应付财政支出紧张局面而采取的发行措施。理论和实践证明，财政发行不符合经济发展的客观规律，容易导致通过膨胀，因此应坚决杜绝财政发行。

（3）计划发行原则。民币发行按货币发行计划进行。由中国人民银行制定货币发行计划，报国务院审批后实施。坚持计划发行可以保证市场物价和币值稳定。

3. 人民币的管理

《中国人民银行法》对人民币管理的规定主要有：

（1）禁止伪造、变造人民币。禁止出售、购买伪造、变造的人民币。禁止运输、持有、使用伪造、变造的人民币。禁止故意毁损人民币。禁止在宣传品、出版物或者其他商品上非法使用人民币图样。

（2）任何单位和个人不得印制、发售代币票券，以代替人民币在市场上流通。

（3）残缺、污损的人民币，按照中国人民银行的规定兑换，并由中国人民银行负责收回、销毁。

（4）中国人民银行设立人民币发行库，在其分支机构设立分支库。分支库调拨人民币发行基金，应当按照上级库的调拨命令办理。任何单位和个人不得违反规定，动用发行基金。

（五）中国人民银行的业务

按照《中国人民银行法》的规定，中国人民银行主要有以下业务。

1. 制定和执行货币政策

货币政策是指国家了保证货币币值的稳定，促进经济增长而制定的防范和化解金融风险和稳定货币的经济政策。货币政策的目标与国民经济发展目标基本一致，《中国人民银行法》规定我国货币政策的目标是保持货币币值的稳定，并以此促进经济增长。

货币政策的执行是在规定的具体条件和程序下，通过货币政策工具的运用实现的。中国人民银行为执行货币政策，可以运用以下货币政策工具：

（1）要求银行业金融机构按照规定的比例交存储蓄准备金。

（2）确定中央银行基准利息。

（3）为在中国人民银行开立账户的银行业金融机构办理再贴现。

（4）向商业银行提供贷款。

（5）在公开市场上买卖国债、其他政府债券和金融债券及外汇。

（6）国务院确定的其他货币政策工具。

2. 经理国库

中国人民银行依照法律、行政法规的规定经理国库。

政府的财政收入均由中国人民银行代理，财政存款作为中国人民银行重要的资金来源，中国人民银行对其不付利息，因此，中国人民银行经理国库既为政府提供了服务，同时也增强了其资金实力。中国人民银行经理国库的意义在于：沟通财政与金融之间的关系，使国家的财源与金融机构的资金来源相连接，有利于充分发挥货币资金的作用，并为政府资金的融通提供了一个有利的调剂机制。

3. 债券业务

中国人民银行可代理国务院财政部向各金融机构组织发行、兑付国债和其他政府债券。

中国人民银行债券业务的目标不在于营利，而是为了调剂金融市场的资金供求，实现货币币值稳定，并促进经济增长。中国人民银行不经营企业债券。

4. 存储业务

中国人民银行可以根据需要，为银行业金融机构开立账户，但不得对银行业金融机构的账户透支。

5. 清算业务

中国人民银行作为银行的银行，具有维护支付、清算系统的正常运行的职责。中国人民银行应当组织或者协助组织银行业金融机构相互之间的清算系统，协调银行业金融机构相互之间的清算事项，提供清算服务。

6. 再贴现和再贷款业务

再贴现是指金融机构因业务上的需要，将其贴现取得的票据，请求中国人民银行予以贴现的经济行为。中国人民银行为在其开立账户的金融机构开展再贴现业务。

再贷款是指中国人民银行对商业银行提供贷款的行为。《中国人民银行法》规定中国人民银行根据执行货币政策的需要，可以决定对商业银行贷款的数额、期限、利息和方法，但贷款的期限不得超过一年。

中国人民银行作为国家特殊的金融机构，不能以营利为目的，其业务范围也受到一定的限制，根据《中国人民银行法》规定，中国人民银行不得对政府财政透支；不得直接认购、包销国债和其他政府债券；不得向地方政府、各级政府部门提供贷款；不得向非银行金融机构以及其他单位和个人提供贷款，但国务院决定中国人民银行可以向特定的非银行金融机构提供贷款的除外；不得向任何单位和个人提供担保。

（六）中国人民银行的金融监督管理

《中国人民银行法》规定，中国人民银行依法监控金融市场的运行情况，对金融市场实施宏观调控，促进其协调发展。

1. 检查监督的范围

中国人民银行有权对金融机构及其他单位和个人的下列行为进行检查监督：

（1）执行有关储蓄准备金管理规定的行为。

（2）与中国人民银行特种贷款有关的行为。

（3）执行有关人民币管理规定的行为。

（4）执行有关银行间同业拆借市场、银行间债券市场管理规定的行为。

（5）执行有关外汇管理规定的行为。

（6）执行有关黄金管理规定的行为。

（7）代理中国人民银行经理国库的行为。

（8）执行有关清算管理规定的行为。

（9）执行有关反洗钱规定的行为。

前款所称中国人民银行特种贷款，是指国务院决定的由中国人民银行向金融机构发放的用于特定目的的贷款。

2. 中国人民银行与国务院银行业监督管理机构

为了加强对银行业的监督管理，规范监督管理行为，防范和化解银行业风险，保护存款人和其他客户的合法权益，促进银行业健康发展，2003 年 12 月 27 日第十届全国人民代表大会常务委员会第六次会议通过了《中华人民共和国银行业监督管理法》（简称《银行业监督管理法》)，设立国务院银行业监督管理机构，负责对全国银行、金融机构及其业务活动监督管理的工作。

根据《中国人民银行法》和《银行业监督管理法》的规定，中国人民银行有权对所有金融机构及其他单位和个人的有关金融行为进行监督检查；银行业监督管理机构负责对全国银行业金融机构及其业务活动监督管理的工作，其中银行业金融机构是指在中国境内设立的商业银行、城市信用合作社、农村信用合作社等吸收公众存款的金融机构，以及政策性银行。

中国人民银行应当与国务院银行业监督管理机构、国务院其他金融监督管理部门建立监督管理信息共享机制。中国人民银行根据执行货币政策和维护金融稳定的需要，可以建议国务院银行业监督管理机构对银行业金融机构进行检查监督。国务院银行业监督管理机构应当自收到建议之日起三十日内予以回复。当银行业金融机构出现支付困难，可能引发金融风险时，为了维护金融稳定，中国人民银行经国务院批准，有权对银行业金融机构进行检查监督。中国人民银行根据履行职责的需要，有权要求银行业金融机构报送必要的资产负债表、利润表，以及其他财务会计、统计报表和资料。

（七）中国人民银行的财务会计

1. 独立的财务预算管理制度

中国人民银行实行独立的财务预算管理制度。中国人民银行的预算经国务院财政部门审核后，纳入中央预算，接受国务院财政部门的预算执行监督。

中国人民银行每一会计年度的收入减除该年度支出，并按照国务院财政部门核定的比例提取总准备金后的净利润，全部上缴中央财政。中国人民银行的亏损由中央财政拨款弥补。

2. 财务会计报告的编制

中国人民银行的财务收支和会计事务，应当执行法律、行政法规和国家统一的财务、会计制度，接受国务院审计机关和财政部门依法分别进行的审计和监督。

中国人民银行应当于每一会计年度结束后的三个月内，编制资产负债表、损益表和相关的财务会计报表，并编制年度报告，按照国家有关规定予以公布。

中国人民银行的会计年度自公历 1 月 1 日起至 12 月 31 日止。

（八）违反《中国人民银行法》的法律责任

（1）伪造、变造人民币，出售伪造、变造的人民币，或者明知是伪造、变造的人民币而运输，构成犯罪的，依法追究刑事责任；尚不构成犯罪的，由公安机关处十五日以下拘留、一万元以下罚款。

（2）购买伪造、变造的人民币或明知是伪造、变造的人民币而持有、使用，构成犯罪的，依法追究刑事责任；尚不构成犯罪的，由公安机关处十五日以下拘留、一万元以下罚款。

（3）在宣传品、出版物或者其他商品上非法使用人民币图样的，中国人民银行应当责令改正，并销毁非法使用的人民币图样，没收违法所得，并处五万元以下罚款。

（4）印制、发售代币票券，以代替人民币在市场上流通的，中国人民银行应当责令停止违法行为，并处二十万元以下罚款。

二、商业银行法

（一）商业银行法概述

1. 商业银行定义

商业银行是以金融资产和负债为经营对象，以利润最大化或股东权益最大化为主要目标，提供多样化服务的综合信用中介机构，是金融企业的一种。在我国，商业银行是指依照《商业银行法》和《公司法》设立的吸收公众存款、发放贷款、办理结算等业务的企业法人。

2. 商业银行特征

（1）商业银行是以营利为目的的企业。这是商业银行与中国人民银行相区别的主要特征。中国人民银行的全部资本由国家出资，不以营利为目的；商业银行具有从事业务经营所需要的自有资本，依法经营，照章纳税，自负盈亏，它与一般企业一样，以追求利润为目标。

（2）商业银行是金融企业。这是商业银行与一般企业相区别的特征。一般企业经营的是具有一定使用价值的商品，从事商品生产和流通；而商业银行则以金融资产和金融负债为经营对象，经营的是特殊商品——货币和货币资本，经营的内容包括货币收付、借贷，以及各种与货币运动相关的金融服务。

（3）商业银行是特殊的金融企业。这是商业银行与专业银行相区别的特征。专业银行只集中经营指定范围内的业务和提供专门的服务；而商业银行业务更综合，功能更全面，经营一切金融业务。

3. 商业银行法

商业银行法是调整商业银行组织关系和经营业务关系的法律规范的总称。为保护商业银行、存款人和其他客户的合法权益，规范商业银行的行为，提高信贷资产质量，加强监督管理，保障商业银行的稳健运行，维护金融秩序，促进社会主义市场经济的发展而制定。

（二）商业银行的设立和组织机构

1. 商业银行的设立

根据《商业银行法》的规定，设立商业银行，应当经国务院银行业监督管理机构审查批准。未经国务院银行业监督管理机构批准，任何单位和个人不得从事吸收公众存款等商业银行业务，任何单位不得在名称中使用“银行”字样。

（1）商业银行的设立条件。设立商业银行，应当具备下列条件。

①有符合本法和《公司法》规定的章程。

②有符合本法规定的注册资本最低限额。

③有具备任职专业知识和业务工作经验的董事、高级管理人员。

④有健全的组织机构和管理制度。

⑤有符合要求的营业场所、安全防范措施和与业务有关的其他设施。

（2）商业银行的注册资本。设立全国性商业银行的注册资本最低限额为十亿元人民币。设立城市商业银行的注册资本最低限额为一亿元人民币，设立农村商业银行的注册资本最低限额为五千万元人民币。注册资本应当是实缴资本。

国务院银行业监督管理机构根据审慎监管的要求可以调整注册资本最低限额，但不得少于前款规定的限额。

（3）商业银行的设立程序。设立商业银行，申请人应当向国务院银行业监督管理机构提交载明拟设立商业银行名称、所在地、注册资本、业务范围等事项的申请书、可行性研究报告等文件、资料。经审查符合规定的，申请人应当填写正式申请表，并提交下列文件、资料。

①章程草案。

②拟任职的董事、高级管理人员的资格证明。

③法定验资机构出具的验资证明。

④股东名册及其出资额、股份。

⑤持有注册资本百分之五以上的股东的资信证明和有关资料。

⑥经营方针和计划。

⑦营业场所、安全防范措施和与业务有关的其他设施的资料。

⑧国务院银行业监督管理机构规定的其他文件、资料。

经批准设立的商业银行，由国务院银行业监督管理机构颁发经营许可证，并凭该许可证向工商行政管理部门办理登记，领取营业执照。

2. 商业银行的组织结构

商业银行的组织形式、组织机构适用《公司法》的规定。

国有独资商业银行设立监事会。监事会的产生办法由国务院规定。监事会对国有独资商业银行的信贷资产质量、资产负债比例、国有资产保值增值等情况，以及高级管理人员违反法律、行政法规或者章程的行为和损害银行利益的行为进行监督。

商业银行根据业务需要可以在中华人民共和国境内外设立分支机构。设立分支机构必须经国务院银行业监督管理机构审查批准。商业银行在中华人民共和国境内设立分支机构，应当按照规定拨付与其经营规模相适应的营运资金额。拨付各分支机构营运资金额的总和，不得超过总行资本金总额的百分之六十。商业银行对其分支机构实行全行统一核算，统一调度资金，分级管理的财务制度。分支机构不具有法人资格，在总行授权范围内依法开展业务，其民事责任由总行承担。

3. 商业银行的变更

商业银行有下列变更事项之一的，应当经国务院银行业监督管理机构批准：①变更名称；②变更注册资本；③变更总行或者分支行所在地；④调整业务范围；⑤变更持有资本总额或者股份总额百分之五以上的股东；⑥修改章程；⑦国务院银行业监督管理机构规定的其他变更事项。

4. 商业银行董事、高级管理人员的任职资格

有下列情形之一的，不得担任商业银行的董事、高级管理人员：①因犯有贪污、贿赂、侵占财产、挪用财产罪或者破坏社会经济秩序罪，被判处刑罚，或者因犯罪被剥夺政治权利的；②担任因经营不善破产清算的公司、企业的董事或者厂长、经理，并对该公司、企业的破产负有个人责任的；③担任因违法被吊销营业执照的公司、企业的法定代表人，并负有个人责任的；④个人所负数额较大的债务到期未清偿的。

（三）商业银行的业务种类和业务范围

1. 业务种类

（1）负债业务。负债业务是商业银行筹集资金以形成经营资产的业务。负债业务主要包括筹集自由资金、吸收存款、承兑票据、发行债券、向中国人民银行、政府，以及金融市场借款等，其中，存款是银行最重要的负债业务。在负债业务中，商业银行是债务人，存款人或投资者是债权人。

（2）资产业务。资产业务是指商业银行运用自己的资产获得利润的业务。资产业务主要包括放款、投资、票据贴现、买卖外汇等。在资产业务中，商业银行是债权人，借款人是债务人。

（3）中间业务。中间业务是指商业银行不动用自己的资产，而是凭借自己的业务条件经营的金融服务业务。中间业务主要包括结算、咨询、代理证券募集、代理收付款、代理保险等。在中间业务中，商业银行既不是债权人，也不是债务人。

2. 业务范围

根据《商业银行法》规定，商业银行可以经营下列部分或者全部业务：

（1）吸收公众存款。

（2）发放短期、中期和长期贷款。

（3）办理国内外结算。

（4）办理票据承兑与贴现。

（5）发行金融债券。

（6）代理发行、代理兑付、承销政府债券。

（7）买卖政府债券、金融债券。

（8）从事同业拆借。

（9）买卖、代理买卖外汇。

（10）从事银行卡业务。

（11）提供信用证服务及担保。

（12）代理收付款项及代理保险业务。

（13）提供保管箱服务。

（14）经国务院银行业监督管理机构批准的其他业务。

经营范围由商业银行章程规定，报国务院银行业监督管理机构批准。

商业银行经中国人民银行批准，可以经营结汇、售汇业务。

（四）商业银行的业务规则

1. 存款业务规则

为切实加强对存款人权利的保护，《商业银行法》明确规定：

（1）商业银行办理个人储蓄存款业务，应当遵循存款自愿、取款自由、存款有息、为存款人保密的原则。对个人储蓄存款，商业银行有权拒绝任何单位或者个人查询、冻结、扣划，但法律另有规定的除外。

（2）对单位存款，商业银行有权拒绝任何单位或者个人查询，但法律、行政法规另有规定的除外；有权拒绝任何单位或者个人冻结、扣划，但法律另有规定的除外。

（3）商业银行应当按照中国人民银行规定的存款利率的上下限，确定存款利率，并予以公告。

（4）商业银行应按中国人民银行规定，向中国人民银行交存存款准备金，留足备付金。

（5）商业银行应当保证存款本金和利息的支付，不得拖延、拒绝支付存款本金和利息。

2. 贷款业务规则

（1）商业银行根据国民经济和社会发展的需要，在国家产业政策指导下开展贷款业务。

（2）商业银行贷款，应当对借款人的借款用途、偿还能力、还款方式等情况进行严格审查。商业银行贷款，应当实行审贷分离、分级审批的制度。

（3）商业银行贷款，借款人应当提供担保。商业银行应当对保证人的偿还能力，抵押物、质物的权属和价值，以及实现抵押权、质权的可行性进行严格审查。经商业银行审查、评估，确认借款人资信良好，确能偿还贷款的，可以不提供担保。

（4）商业银行贷款，应当与借款人订立书面合同。合同应当约定贷款种类、借款用途、金额、利率、还款期限、还款方式、违约责任和双方认为需要约定的其他事项。

（5）商业银行应当按照中国人民银行规定的贷款利率的上下限，确定贷款利率。

（6）商业银行贷款，应当遵守下列资产负债比例管理的规定：①资本充足率不得低于百分之八；②流动性资产余额与流动性负债余额的比例不得低于百分之二十五；③对同一借款人的贷款余额与商业银行资本余额的比例不得超过百分之十；④国务院银行业监督管理机构对资产负债比例管理的其他规定。

（7）商业银行不得向关系人发放信用贷款；向关系人发放担保贷款的条件不得优于其他借款人同类贷款的条件。

前款所称关系人是指：①商业银行的董事、监事、管理人员、信贷业务人员及其近亲属；②前项所列人员投资或者担任高级管理职务的公司、企业和其他经济组织。

（8）任何单位和个人不得强令商业银行发放贷款或者提供担保。商业银行有权拒绝任何单位和个人强令要求其发放贷款或者提供担保。

（9）借款人应当按期归还贷款的本金和利息。借款人到期不归还担保贷款的，商业银行依法享有要求保证人归还贷款本金和利息或者就该担保物优先受偿的权利。商业银行因行使抵押权、质权而取得的不动产或者股权，应当自取得之日起二年内予以处分。借款人到期不归还信用贷款的，应当按照合同约定承担责任。

3. 其他业务规则

（1）商业银行在中华人民共和国境内不得从事信托投资和证券经营业务，不得向非自用不动产投资或者向非银行金融机构和企业投资，但国家另有规定的除外。

（2）商业银行办理票据承兑、汇兑、委托收款等结算业务，应当按照规定的期限兑现，收付入账，不得压单、压票或者违反规定退票。有关兑现、收付入账期限的规定应当公布。

（3）商业银行发行金融债券或到境外借款，应当依照法律、行政法规的规定报经批准。

（4）同业拆借，应当遵守中国人民银行的规定。禁止利用拆入资金发放固定资产贷款或者用于投资。

拆出资金限于交足存款准备金、留足备付金和归还中国人民银行到期贷款之后的闲置资金。拆入资金用于弥补票据结算、联行汇差头寸的不足和解决临时性周转资金的需要。

（5）商业银行不得违反规定提高或者降低利率，以及采用其他不正当手段，吸收存款，发放贷款。

（6）商业银行的营业时间应当方便客户，并予以公告。商业银行应当在公告的营业时间内营业，不得擅自停止营业或者缩短营业时间。

（7）商业银行办理业务，提供服务，按照规定收取手续费。收费项目和标准由国务院银行业监督管理机构、中国人民银行根据职责分工，分别会同国务院价格主管部门制定。

（8）商业银行应当按照国家有关规定保存财务会计报表、业务合同及其他资料。

（9）商业银行的工作人员应当遵守法律、行政法规和其他各项业务管理的规定，不得有下列行为：①利用职务上的便利，索取、收受贿赂或者违反国家规定收受各种名义的回扣、手续费；②利用职务上的便利，贪污、挪用、侵占本行或者客户的资金；③违反规定徇私向亲属、朋友发放贷款或者提供担保；④在其他经济组织兼职；⑤违反法律、行政法规和业务管理规定的其他行为。

（10）商业银行的工作人员不得泄露其在任职期间知悉的国家秘密、商业秘密。

（五）商业银行的财务会计

商业银行应当依照法律和国家统一的会计制度及国务院银行业监督管理机构的有关规定，建立、健全本行的财务、会计制度。

商业银行应当按照国家有关规定，真实记录并全面反映其业务活动和财务状况，编制年度财务会计报告，及时向国务院银行业监督管理机构、中国人民银行和国务院财政部门报送。商业银行不得在法定的会计账册外另立会计账册。

商业银行应当于每一会计年度终了三个月内，按照国务院银行业监督管理机构的规定，公布其上一年度的经营业绩和审计报告。商业银行的会计年度自公历1月1日起至12月31日止。

商业银行应当按照国家有关规定，提取呆账准备金，冲销呆账。

（六）商业银行的监督管理

1. 商业银行内部的监督管理

商业银行应当按照有关规定，制定本行的业务规则，建立、健全本行的风险管理和内部控制制度；应当建立、健全本行对存款、贷款、结算、呆账等各项情况的稽核、检查制度；对分支机构应当进行经常性的稽核和检查监督。

2. 商业银行外部的监督管理

商业银行应当按照规定向国务院银行业监督管理机构、中国人民银行报送资产负债表、利润表，以及其他财务会计、统计报表和资料。

国务院银行业监督管理机构有权依照法律规定，随时对商业银行的存款、贷款、结算、呆账等情况进行检查监督。检查监督时，检查监督人员应当出示合法的证件。商业银行应当按照国务院银行业监督管理机构的要求，提供财务会计资料、业务合同和有关经营管理方面的其他信息。

中国人民银行有权依照《中国人民银行法》的规定对商业银行进行检查监督。

商业银行应当依法接受审计机关的审计监督。

（七）商业银行的接管和终止

1. 商业银行的接管

商业银行已经或者可能发生信用危机，严重影响存款人的利益时，国务院银行业监督管理机构可以对该银行实行接管。接管的目的是对被接管的商业银行采取必要措施，以保护存款人的利益，恢复商业银行的正常经营能力。被接管商业银行债权债务关系不因接管而变化。

接管由国务院银行业监督管理机构决定，并组织实施。国务院银行业监督管理机构的接管决定应当载明下列内容：被接管的商业银行名称；接管理由；接管组织；接管期限。接管决定由国务院银行业监督管理机构予以公告。

自接管开始之日起，由接管组织行使商业银行的经营管理权力。

接管期限届满，国务院银行业监督管理机构可决定延期，但接管期限最长不得超过二年。

有下列情形之一的，接管终止：

（1）接管决定规定的期限届满或者国务院银行业监督管理机构决定的接管延期届满；

（2）接管期限届满前，该商业银行已恢复正常经营能力；

（3）接管期限届满前，该商业银行被合并或者被依法宣告破产。

2. 商业银行的终止

商业银行因解散、被撤销和被宣告破产而终止。

（1）解散。商业银行因分立、合并或者出现公司章程规定的解散事由需要解散的，应当向国务院银行业监督管理机构提出申请，并附解散的理由和支付存款的本金和利息等债务清偿计划。经国务院银行业监督管理机构批准后解散。

商业银行解散的，应当依法成立清算组，进行清算，按照清偿计划及时偿还存款本金和利息等债务。国务院银行业监督管理机构监督清算过程。

（2）撤销。商业银行因吊销经营许可证被撤销的，国务院银行业监督管理机构应当依法及时组织成立清算组，进行清算，按照清偿计划及时偿还存款本金和利息等债务。

（3）破产。商业银行不能支付到期债务，经国务院银行业监督管理机构同意，由人民法院依法宣告其破产。商业银行被宣告破产的，由人民法院组织国务院银行业监督管理机构等有关部门和有关人员成立清算组，进行清算。

商业银行破产清算时，在支付清算费用、所欠职工工资和劳动保险费用后，应当优先支付个人储蓄存款的本金和利息。

（八）违反《商业银行法》的法律责任

1. 商业银行的法律责任

（1）违反存款业务规定。商业银行有下列情形之一，对存款人或者其他客户造成财产损害的，应当承担支付迟延履行的利息以及其他民事责任：

①无故拖延、拒绝支付存款本金和利息的；

②违反票据承兑等结算业务规定，不予兑现，不予收付入账，压单、压票或者违反规定退票的；

③非法查询、冻结、扣划个人储蓄存款或者单位存款的；

④违反本法规定对存款人或者其他客户造成损害的其他行为。

有前款规定情形的，由国务院银行业监督管理机构责令改正，有违法所得的，没收违法所得，违法所得五万元以上的，并处违法所得一倍以上五倍以下罚款；没有违法所得或者违法所得不足五万元的，处五万元以上五十万元以下罚款。

（2）违反其他有关规定。商业银行有违反其他有关规定的，由国务院银行业监督管理机构责令更改，有违法所得的，没收违法所得，并处罚款；情节特别严重或者逾期不改正的，可以责令停业整顿或者吊销其经营许可证；构成犯罪的，依法追究刑事责任。

2. 商业银行工作人员的法律责任

（1）商业银行工作人员利用职务上的便利，贪污、挪用、侵占本行或者客户资金，构成犯罪的，依法追究刑事责任；尚不构成犯罪的，应当给予纪律处分。

（2）商业银行工作人员违反本法规定玩忽职守造成损失的，应当给予纪律处分；构成犯罪的，依法追究刑事责任。违反规定徇私向亲属、朋友发放贷款或者提供担保造成损失的，应当承担全部或者部分赔偿责任。

（3）商业银行工作人员泄露在任职期间知悉的国家秘密、商业秘密的，应当给予纪律处分；构成犯罪的，依法追究刑事责任。

（4）单位或者个人强令商业银行发放贷款或者提供担保的，应当对直接负责的主管人员和其他直接责任人员或者个人给予纪律处分；造成损失的，应当承担全部或者部分赔偿责任。商业银行的工作人员对单位或者个人强令其发放贷款或者提供担保未予拒绝的，应当给予纪律处分；造成损失的，应当承担相应的赔偿责任。

（5）商业银行违反法律规定的，国务院银行业监督管理机构可以区别不同情形，取消其直接负责的董事、高级管理人员一定期限直至终身的任职资格，禁止直接负责的董事、高级管理人员和其他直接责任人员一定期限直至终身从事银行业工作。

商业银行的行为尚不构成犯罪的，对直接负责的董事、高级管理人员和其他直接责任人员，给予警告，处五万元以上五十万元以下罚款。

任务二 证券法

一、证券与证券法概述

（一）证券概述

1. 证券的概念

证券是指发行人依照法律、行政法规的规定，经有关机关批准发行的，表示一定财产权利的凭证。

证券的概念有广义和狭义之分。广义的证券包括财物证券、货币证券和资本证券，其中财物证券是证明持有人享有一定数量财物请求权的证券，如提货单、货运单等；货币证券是证明持有人享有一定数量货币请求权的证券，如本票、支票等；资本证券是证明持有人享有资本的所有权和收益权的证券，如股票、债券等。狭义的证券仅指资本证券。

《证券法》规定的证券包括股票、公司债券和国务院依法认定的其他证券，其中其他证券主要是指证券投资基金和证券衍生品种等。本节所指的证券仅指我国《证券法》规定的证券。

2. 证券的特征

证券法意义上的证券与其他证券相比，具有以下特征。

（1）它是一种投资证券。它是证明投资者投资和投资权利的载体，投资者依据它可以享有其代表的一切权利，如分红权、还本付息权、参与股东大会权等。

（2）它是一种权益凭证。它是投资者获得相应收益的凭证，如股息分红、债息收入、基金分红等；同时它又具有相应的投资风险，投资的证券不同，风险亦有区别。

（3）它是一种可转让的权利凭证。证券持有人可以随时依法转让所持有的证券，实现其自身利益，证券的流通性是其本质特征。

（4）它是一种要式凭证。它必须依法设置，依照法律或行政法规规定的形式、内容、格式与程序制作、签发。随着电子信息技术的采用，证券的载体往往采用电子信息或簿记方式，但是，其要求的代码、密码等依然是其要式性的体现。

3. 证券的分类

（1）有价证券和无价证券。这是依据证券是否可以作为一种财产流通，具有一定价值和价格来划分的。有价证券是代表一定财产权利，并可以依法转让的证券，如货币证券、资本证券等；无价证券是指不能作为财产使用，也不能流通，仅代表特定功能的书面凭证，如证据证券、资格证券等。

（2）记名证券和不记名证券。这是依据证券是否记名来划分的。记名证券是指证券票面记载有权利人的姓名或名称的证券，记名证券可以通过背书或者其他方式进行转让，遗失或毁损时，可以挂失，并公示催告。不记名证券是指证券票面不记载权利人姓名或者名称的证券，其一般以交付方式转让，遗失或毁损时，不予挂失。

（3）设权证券和证权证券。这是依据证券形式与证券权利之间的关系来划分的。设权证券是指具有创设证券权利功能的证券，证券一经签发，证券权利即产生，如货币证券；证权证券是指证明证券权利的证券，如资本证券。

（4）实物证券和簿记证券。这是依据证券的表现形式不同来划分的。实物证券是指按照一定的格式印制的、具有实物形态的特定纸张载体的证券，传统意义上的证券大多是实物证券；簿记证券是指由证券发行人按照法定格式制作的，记载证券权利人享有对应证券权利的书面名册，它是通过记账方式将证券持有人持有的证券品种和数额记载于账册内，具有无纸化的特点。

此外，证券根据是否在证券交易所挂牌交易分为上市证券和非上市证券，根据其发行方式和范围的不同分为公募证券和私募证券。

（二）证券法概述

1. 证券法的概念

证券法是调整证券市场的参与者在证券的募集、发行、交易、服务、监督管理过程中所发生的社会经济关系的法律规范总称。证券法有广义和狭义之分。狭义的证券法是指《证券法》。广义的证券法除《证券法》之外，还包括其他法律中有关证券管理的规定、国务院颁发的有关证券管理的行政法规、证券管理部门发布的部门规章、地方立法部门颁布的有关证券管理的地方性法规和规章等。此外，证券交易所、证券行业协会或者其他证券业自律性机构制定组织章程、交易规章和其他自律规范，尽管不属于法律规范的范畴，但是也具有法律承认的约束力，是证券法的补充。

2. 证券立法调整范围

我国《证券法》的调整范围是在中华人民共和国境内，股票、公司债券和国务院依法认定的其他证券的发行和交易，以及政府债券、证券投资基金份额的上市交易。

3. 证券法的基本原则

证券法的基本原则，是指蕴含着证券法的基本价值、对证券立法、执法和守法起着指导作用的证券活动的基本守则。证券法的基本原则贯穿证券法始终。

（1）公开、公平、公正原则。公开是指证券的发行、交易制度应当公开，建立健全的信息披露制度。公平是指在证券的发行、交易过程中必须保证对所有当事人的待遇公平，法律地位平等，权利平等。公正是指监管部门要公正对待所有当事人，不能有所偏袒。

（2）金融分业管理原则。我国目前证券业、银行业、信托业、保险业分业经营、分别管理。

（3）自愿、有偿、诚实信用原则。证券发行、交易活动的当事人具有平等的法律地位，应当遵守自愿、有偿、诚实守信的原则。自愿有偿原则是指证券市场的参与者是依据自己的意愿并按照等价有偿原则进行证券发行、交易活动的。诚实信用原则是指证券市场主体在证券发行、证券交易活动中，不得弄虚作假、欺骗他人，应当实事求是地履行自己的诺言，恪守信用。

二、证券发行法律制度

（一）证券发行的概念

1. 证券发行的含义

证券发行，是指经过批准符合发行条件的证券发行人，以筹集资金为目的，按照一定的程序将股票、公司债券及其他证券销售给投资者的一系列行为的总称。

2. 证券发行的方式

公开发行，是指以不特定公众投资者为对象，公开募集发行证券的发行方式。我国《证券法》规定，公开发行证券，必须符合法律、行政法规规定的条件，并依法报经国务院证券监督管理机构或者国务院授权的部门核准；未经依法核准，任何单位和个人不得公开发行证券。有下列情形之一的为公开发行：①向不特定对象发行证券；②向累计超过二百人的特定对象发行证券；③法律、行政法规规定的其他发行行为。

非公开发行，是指面向少数特定投资人发行证券的方式。我国《证券法》规定，非公开发行证券，不得采用广告、公开劝诱和变相公开方式。

（二）证券发行上市保荐制度

所谓证券发行上市保荐制度，是指由保荐人负责对发行人的发行上市推荐和辅导，核实发行文件与上市文件中所载资料是否真实、完整；协助发行人严格履行信息披露义务，健全公司治理结构，并在发行人证券发行上市后一定期间内对其推荐行为承担风险防范的法律责任。简言之，保荐制度中的保荐人既是发行人的推荐人，又是其担保人。

我国《证券法》规定，发行人申请公开发行股票、可转换为股票的公司债券，依法采取承销方式的，或者公开发行法律、行政法规规定实行保荐制度的其他证券的，应当聘请具有保荐资格的机构担任保荐人。

保荐人应当遵守业务规则和行业规范，诚实守信，勤勉尽责，对发行人的申请文件和信息披露资料进行审慎核查，督导发行人规范运作。

保荐人的资格及其管理办法由国务院证券监督管理机构规定。

（三）证券发行的条件和申请文件

1. 设立发行

（1）设立发行的条件。设立股份有限公司公开发行股票，应当符合《公司法》规定的条件和经国务院批准的国务院证券监督管理机构规定的其他条件。

（2）设立发行的申请文件。设立股份有限公司公开发行股票，应向国务院证券监督管理机构报送募股申请和下列文件：公司章程；发起人协议；发起人姓名或者名称，发起人认购的股份数、出资种类及验资证明；招股说明书；代收股款银行的名称及地址；承销机构名称及有关的协议。依照《证券法》规定聘请保荐人的，还应当报送保荐人出具的发行保荐书。法律、行政法规规定设立公司必须报经批准的，还应当提交相应的批准文件。

2. 新股发行

（1）新股发行的条件。公司公开发行新股，应当符合下列条件：具备健全且运行良好的组织机构；具有持续盈利能力，财务状况良好；最近三年财务会计文件无虚假记载，无其他重大违法行为；经国务院批准的国务院证券监督管理机构规定的其他条件。

公司对公开发行股票所募集资金，必须按照招股说明书所列资金用途使用。改变招股说明书所列资金用途，必须经股东大会作出决议。擅自改变用途而未作纠正的，或者未经股东大会认可的，不得公开发行新股。

上市公司非公开发行新股，应当符合经国务院批准的国务院证券监督管理机构规定的条件，并报国务院证券监督管理机构核准。

（2）新股发行的申请文件。公司公开发行新股，应当向国务院证券监督管理机构报送募股申请和下列文件：公司营业执照；公司章程；股东大会决议；招股说明书；财务会计报告；代收股款银行的名称及地址；承销机构名称及有关的协议。依照《证券法》规定聘请保荐人的，还应当报送保荐人出具的发行保荐书。

3. 公司债券发行

（1）公司债券发行的条件。公开发行公司债券，应当符合下列条件：股份有限公司的净资产不低于人民币三千万元，有限责任公司的净资产不低于人民币六千万元；累计债券余额不超过公司净资产的百分之四十；最近三年平均可分配利润足以支付公司债券一年的利息；筹集的资金投向符合国家产业政策；债券的利率不超过国务院限定的利率水平；国务院规定的其他条件。

公开发行公司债券筹集的资金，必须用于核准用途，不得用于弥补亏损和非生产性支出。

上市公司发行可转换为股票的公司债券，除应当符合第一款规定的条件外，还应当符合《证券法》关于公开发行股票的条件，并报国务院证券监督管理机构核准。

（2）公司债券发行的申请文件。申请公开发行公司债券，应当向国务院授权的部门或者国务院证券监督管理机构报送下列文件：①公司营业执照；②公司章程；③公司债券募集办法；④资产评估报告和验资报告；⑤国务院授权的部门或者国务院证券监督管理机构规定的其他文件。依照本法规定聘请保荐人的，还应当报送保荐人出具的发行保荐书。

（3）公司债券发行的禁止。有下列情形之一的，不得再次公开发行公司债券：①前一次公开发行的公司债券尚未募足；②对已公开发行的公司债券或者其他债务有违约或者延迟支付本息的事实，仍处于继续状态；③违反本法规定，改变公开发行公司债券所募资金的用途。

发行人依法申请核准发行证券所报送的申请文件的格式、报送方式，由依法负责核准的机构或者部门规定。发行人向国务院证券监督管理机构或者国务院授权的部门报送的证券发行申请文件，必须真实、准确、完整。为证券发行出具有关文件的证券服务机构和人员，必须严格履行法定职责，保证其所出具文件的真实性、准确性和完整性。

发行人申请首次公开发行股票的，在提交申请文件后，应当按照国务院证券监督管理机构的规定预先披露有关申请文件。

（四）证券发行的审核与核准

我国证券法根据发行证券的种类分别采用核准制和审批制。股票发行采用核准制；公司债券发行采用审批制。

1. 股票发行核准

股票发行核准是国务院证券监督管理机构依法对有关股票发行申请进行审核，然后作出是否允许发行的决定的一种制度和程序。《证券法》规定："国务院证券监督管理机构设发行审核委员会，依法审核股票发行申请。发行审核委员会由国务院证券监督管理机构专业人员和所聘请的该机构外有关专家组成，以投票方式对股票发行申请进行表决，提出审核意见。"

2. 公司债券发行审批

公司债券发行审批是指国务院授权的部门依法对有关公司债券发行申请进行审查批准的一种制度或程序。

公司债券发行审批与股票发行核准有很大不同。

（1）行为主体不同。公司债券发行审批的主体是国务院授权的部门（可以是中国人民银行也可以是财政部）；股票发行核准的主体是国务院证券监督管理机构。

（2）程序不同。公司债券发行审批的程序比较简单，国务院授权部门可直接审查批准；股票发行核准是在中国证监会有关职能部门进行初审，并形成初审报告后，由发行审核委员会进行审核，程序较为复杂。

（3）性质不同。公司证券发行审批接近计划手段，明显是反映政府的意志；股票发行核准接近市场手段，虽然也反映政府意志，但政府须充分考虑市场的因素，充分吸收专家的意见。

（五）证券承销

1. 证券承销的概述

证券承销是指证券公司与证券的发行人订立合同由证券公司帮助证券发行人发行证券的一种法律行为。证券公司为承销人，证券发行人为被承销人。承销人向被承销人收取承销费用。

证券承销的方式分为证券代销和证券包销。

（1）证券代销。证券代销是指证券经营机构代理发行人发售证券，在承销期结束后，将未售出的证券全部退还发行人的承销方式。

（2）证券包销。证券包销是指证券经营机构将发行人的证券按照协议全部购入或者在承销期结束后将售后剩余证券全部自行购入的承销方式。证券包销的发行风险归属于证券经营机构，它是我国目前证券承销所采用的主要承销方式，不仅适用于股票发行，也适用于公司债券发行。证券包销分为全额包销和余额包销两种形式。

①全额包销。全额包销是指证券经营机构以自己拥有的资产一次性全部买进证券发行人发行的证券，再以唯一的销售者身份，以市场价格向公众发售的销售方式。

②余额包销。余额包销是指证券经营机构在承销期结束时将售后剩余证券全部自行购入的承销方式。

2. 证券承销相关法律要求

我国《证券法》规定："发行人向不特定对象发行的证券，法律、行政法规规定应由证券公司承销的，发行人应同证券公司签订承销协议。证券承销业务采取代销或者包销方式。"

（1）承销团。向不特定对象发行的证券票面总值超过人民币五千万元的，应当由承销团承销。承销团应当由主承销和参与承销的证券公司组成。

（2）承销期限。证券的代销、包销期限最长不得超过九十日。

（3）股票发行。股票发行采取溢价发行的，其发行价格由发行人与承销的证券公司协商确定。

股票发行采用代销方式，代销期限届满，向投资者出售的股票数量未达到拟公开发行股票数量百分之七十的，为发行失败。发行人应按照发行价并加算银行同期存款利息返还股票认购人。

公开发行股票，代销、包销期限届满，发行人应当在规定的期限内将股票发行情况报国务院证券监督管理机构备案。

（4）证券公司。证券公司承销证券，应当对公开发行募集文件的真实性、准确性、完整性进行核查；发现有虚假记载、误导性陈述或者重大遗漏的，不得进行销售活动；已经销售的，必须立即停止销售活动，并采取纠正措施。

证券公司在代销、包销期内，对所代销、包销的证券应当保证先行出售给认购人，证券公司不得为本公司预留所代销的证券和预先购入并留存所包销的证券。

（5）证券承销协议。证券公司承销证券，应当同发行人签订代销或者包销协议，载明下列事项：①当事人的名称、住所及法定代表人姓名；②代销、包销证券的种类、数量、金额及发行价格；③代销、包销的期限及起止日期；④代销、包销的付款方式及日期；⑤代销、包销的费用和结算办法；⑥违约责任；⑦国务院证券监督管理机构规定的其他事项。

三、证券交易法律制度

（一）证券交易概述

1. 证券交易的含义

证券交易是指证券持有人依照交易规则，将证券转让给他人的行为。

2. 证券交易的一般规则

（1）证券交易当事人依法买卖的证券，必须是依法发行并交付的证券。非依法发行的证券，不得买卖。依法发行的股票、公司债券及其他证券，法律对其转让期限有限制性规定的，在限定的期限内不得买卖。

（2）依法公开发行的股票、公司债券及其他证券，应当在依法设立的证券交易所上市交易或者在国务院批准的其他证券交易场所转让。

（3）证券在证券交易所上市交易，应当采用公开的集中交易方式或者国务院证券监督管理机构批准的其他方式。证券交易当事人买卖的证券可以采用纸面形式或者国务院证券监督管理机构规定的其他形式。证券交易以现货和国务院规定的其他方式进行交易。

（4）证券交易的收费必须合理，并公开收费项目、收费标准和收费办法。

（5）证券交易所、证券公司和证券登记结算机构从业人员、证券监督管理机构工作人员及法律、行政法规禁止参与股票交易的其他人员，在任期或法定限期内，不得直接或以化名、借他人名义持有、买卖股票，也不得收受他人赠送股票；原已持有股票，必须依法转让。

（6）为股票发行出具审计报告、资产评估报告或者法律意见书等文件的证券服务机构和人员，在该股票承销期内和期满后六个月内，不得买卖该种股票。除此之外，为上市公司出具审计报告、资产评估报告或者法律意见书等文件的证券服务机构和人员，自接受上市公司委托之日起至上述文件公开后五日内，不得买卖该种股票。

（7）上市公司董事、监事、高级管理人员、持有上市公司股份百分之五以上的股东，将其持有的该公司的股票在买入后六个月内卖出，或者在卖出后六个月内又买入，由此所得收益归该公司所有，公司董事会应当收回其所得收益。但是，证券公司因包销购入售后剩余股票而持有5%以上股份的，卖出该股票不受六个月时间限制。

（二）证券上市

1. 股票上市

（1）股份有限公司申请股票上市的条件。股份有限公司申请股票上市，应当符合下列条件：

①股票经国务院证券监督管理机构核准已公开发行。

②公司股本总额不少于人民币三千万元。

③公开发行的股份达到公司股份总数的百分之二十五以上；公司股本总额超过人民币四亿元的，公开发行股份的比例为百分之十以上。

④公司最近三年无重大违法行为，财务会计报告无虚假记载。

证券交易所可以规定高于前款规定的上市条件，并报国务院证券监督管理机构批准。

（2）申请股票上市应报送的文件。申请股票上市交易，应向证券交易所报送下列文件：

①上市报告书。

②申请股票上市的股东大会决议。

③公司章程。

④公司营业执照。

⑤依法经会计师事务所审计的公司最近三年的财务会计报告。

⑥法律意见书和上市保荐书。

⑦最近一次的招股说明书。

⑧证券交易所上市规则规定的其他文件。

（3）上市公告。股票上市交易申请经证券交易所审核同意后，签订上市协议的公司应当在规定的期限内公告股票上市的有关文件，并将该文件置备于指定场所供公众查阅。

签订上市协议的公司除公告前条规定的文件外，还应当公告下列事项：

①股票获准在证券交易所交易的日期。

②持有公司股份最多的前十名股东的名单和持股数额。

③公司的实际控制人。

④董事、监事、高级管理人员的姓名及其持有本公司股票和债券的情况。

（4）股票暂停上市。股票暂停上市，是指由于出现了法定事由，证券主管部门或证券交易所暂时停止上市股票的交易。暂停上市只是基于特殊原因导致证券暂时停止交易，待法定事由消除后，证券可继续上市交易。

《证券法》规定，上市公司有下列情形之一的，由证券交易所决定暂停其股票上市交易：

①公司股本总额、股权分布等发生变化不再具备上市条件。

②公司不按规定公开其财务状况，或者对财务会计报告作虚假记载，可能误导投资者。

③公司有重大违法行为。

④公司最近三年连续亏损。

⑤证券交易所上市规则规定的其他情形。

（5）股票终止上市。股票终止上市，是指由于出现了法定事由，证券主管部门或证券交易所决定终止上市股票的交易。在终止上市的情况下，股票发行人丧失上市公司资格，其发行的股票不再是上市股票。若出现法定原因，股票发行人须依股票上市程序重新申请上市。

《证券法》规定，上市公司有下列情形之一的，由证券交易所决定终止其股票上市交易：

①公司股本总额、股权分布等发生变化不再具备上市条件，在证券交易所规定的期限内仍不能达到上市条件。

②公司不按照规定公开其财务状况，或者对财务会计报告作虚假记载，且拒绝纠正。

③公司最近三年连续亏损，在其后一个年度内未能恢复盈利。

④公司解散或者被宣告破产。

⑤证券交易所上市规则规定的其他情形。

2. 公司债券上市

（1）公司债券上市的条件。公司申请公司债券上市交易，应当符合下列条件：

①公司债券的期限为一年以上。

②公司债券实际发行额不少于人民币五千万元。

③公司申请债券上市时仍符合法定的公司债券发行条件。

（2）申请公司债券上市应报送的文件。申请公司债券上市交易，应当向证券交易所报送下列文件：

①上市报告书。

②申请公司债券上市的董事会决议。

③公司章程。

④公司营业执照。

⑤公司债券募集办法。

⑥公司债券的实际发行数额。

⑦证券交易所上市规则规定的其他文件。

申请可转换为股票的公司债券上市交易，还应当报送保荐人出具的上市保荐书。

（3）上市公告。公司债券上市交易申请经证券交易所审核同意后，签订上市协议的公司应当在规定的期限内公告公司债券上市文件及有关文件，并将其申请文件置备于指定场所供公众查阅。

（4）公司债券暂停上市。公司债券暂停上市，是指由于出现了法定事由，证券主管部门或证券交易所暂时停止上市债券的交易。与股票暂停交易相同，暂停债券上市交易只是基于特殊原因导致债券暂时停止交易，待法定事由消除后，债券可继续上市交易。

《证券法》规定，公司债券上市交易后，公司有下列情形之一的，由证券交易所决定暂停其公司债券上市交易：

①公司有重大违法行为。

②公司情况发生重大变化不符合公司债券上市条件。

③发行公司债券所募集的资金不按照核准的用途使用。

④未按照公司债券募集办法履行义务。

⑤公司最近两年连续亏损。

（5）公司债券终止上市。公司债券终止上市，是指由于出现了法定事由，证券主管部门或证券交易所决定终止其债券的交易。

《公司法》规定，公司债券发行人出现解散、依法被责令关闭或宣布破产情况的，由证券交易所直接终止其交易。证券交易所作出决定后，应报送证监会备案。

《证券法》规定，公司债券上市交易后，公司有下列情形之一的，由证券交易所决定终止其公司债券上市交易：

①公司有重大违法行为，经查实后果严重。

②公司情况发生重大变化不符合公司债券上市条件，在限期内未能消除。

③发行公司债券所募集的资金不按照核准的用途使用，在限期内未能消除。

④未按照公司债券募集办法履行义务，经查实后果严重的。

⑤公司最近两年连续亏损，在限期内未能消除。

（三）禁止的交易行为

1. 内幕交易行为

《证券法》规定，禁止证券交易内幕信息的知情人和非法获取内幕信息的人利用内幕信息从事证券交易活动。

（1）内幕信息的知情人的范围。证券交易内幕信息的知情人包括：

①发行人的董事、监事、高级管理人员。

②持有公司百分之五以上股份的股东及其董事、监事、高级管理人员，公司的实际控制人及其董事、监事、高级管理人员。

③发行人控股的公司及其董事、监事、高级管理人员。

④由于所任公司职务可以获取公司有关内幕信息的人员。

⑤证券监督管理机构工作人员及因法定职责对证券的发行、交易进行管理的其他人员。

⑥保荐人、承销证券公司、证券交易所、证券登记结算机构、证券服务机构的有关人员。

⑦国务院证券监督管理机构规定的其他人。

（2）内幕信息的范围。证券交易活动中，涉及公司的经营、财务或者对该公司证券的市场价格有重大影响的尚未公开的信息，为内幕信息。下列信息皆属内幕信息：

①前述的重大事件。

②公司分配股利或者增资的计划。

③公司股权结构的重大变化。

④公司债务担保的重大变更。

⑤公司营业用主要资产的抵押、出售或者报废一次超过该资产的百分之三十。

⑥公司的董事、监事、高级管理人员的行为可能依法承担重大损害赔偿责任。

⑦上市公司收购的有关方案。

⑧国务院证券监督管理机构认定的对证券交易价格有显著影响的其他重要信息。

证券交易内幕信息的知情人和非法获取内幕信息的人，在内幕信息公开前，不得买卖该公司的证券，或者泄露该信息，或者建议他人买卖该证券。持有或者通过协议、其他安排与他人共同持有公司百分之五以上股份的自然人、法人、其他组织收购上市公司的股份，证券法另有规定的，适用其规定。

2. 欺诈客户行为

《证券法》规定，禁止证券公司及其从业人员从事下列损害客户利益的欺诈行为：

（1）违背客户的委托为其买卖证券。

（2）不在规定时间内向客户提供交易的书面确认文件。

（3）挪用客户所委托买卖的证券或者客户账户上的资金。

（4）未经客户的委托，擅自为客户买卖证券，或者假借客户的名义买卖证券。

（5）为牟取佣金收入，诱使客户进行不必要的证券买卖。

（6）利用传播媒介或者通过其他方式提供、传播虚假或者误导投资者的信息。

（7）其他违背客户真实意思表示，损害客户利益的行为。

欺诈客户行为给客户造成损失的，行为人应当依法承担赔偿责任。

3. 其他禁止行为

禁止法人非法利用他人账户从事证券交易；禁止法人出借自己或者他人的证券账户。

依法拓宽资金入市渠道，禁止资金违规流入股市。

禁止任何人挪用公款买卖证券。

国有企业和国有资产控股的企业买卖上市交易的股票，必须遵守国家有关规定。

证券交易所、证券公司、证券登记结算机构、证券服务机构及其从业人员对证券交易中发现的禁止的交易行为，应当及时向证券监督管理机构报告。

四、证券机构

（一）证券交易所

1. 证券交易所的概念

证券交易所，是指为证券集中交易提供场所和设施，组织和监督证券交易，实施自律管理的法人。证券交易所的设立和解散，由国务院决定。设立证券交易所必须制定章程。证券交易所章程的制定和修改，必须经国务院证券监督管理机构批准。

目前在我国有四个证券交易所：上海证券交易所、深圳证券交易所、香港交易所、台湾证券交易所。

2. 证券交易所的组织机构

（1）理事会。《证券法》规定，证券交易所设理事会。理事会是证券交易所的决策机构，目前每届任期三年。理事会的主要职责是：制定修改证券交易所的业务规则；审定总经理提出的工作计划、财务预算和决算方案；审定对会员的接纳、处分；根据需要决定专门委员会的设置等。

（2）总经理。证券交易所设总经理一人，由国务院证券监督管理机构任免。总经理为证券交易所的法定代表人，主持证券交易所的日常管理工作。

此外，证券交易所可设立专门委员会，如证券发行审核委员会、监察委员会等。

3. 证券交易所的职责

（1）证券交易所依照证券法律、行政法规制定上市规则、交易规则、会员管理规则和其他有关规则，并报国务院证券监督管理机构批准；依据《证券法》的规定，办理证券的上市、暂停上市、恢复上市或终止上市事务。

（2）证券交易所应当为组织公平的集中交易提供保障，公布证券交易即时行情，并按交易日制作证券市场行情表，予以公布。未经证券交易所许可，任何单位和个人不得发布证券交易即时行情。

（3）因突发性事件而影响证券交易正常进行时，证券交易所可以采取技术性停牌的措施；因不可抗力的突发性事件或者为维护证券交易的正常秩序，证券交易所可以决定临时停市。证券交易所采取技术性停牌或者决定临时停市，必须及时报告国务院证券监督管理机构。

（4）证券交易所对证券交易实行实时监控，并按照国务院证券监督管理机构的要求，对异常的交易情况提出报告。证券交易所应当对上市公司及相关信息披露义务人披露信息进行监督，督促其依法及时、准确地披露信息。证券交易所根据需要，可以对出现重大异常交易情况的证券账户限制交易，并报国务院证券监督管理机构备案。

（5）证券交易所应当从其收取的交易费用和会员费、席位费中提取一定比例的金额设立风险基金。风险基金由证券交易所理事会管理。风险基金提取的具体比例和使用办法，由国务院证券监督管理机构会同国务院财政部门规定。证券交易所应当将收存的风险基金存入开户银行专门账户，不得擅自使用。

（6）证券交易所可以自行支配的各项费用收入，应当首先用于保证其证券交易场所和设施的正常运行并逐步改善。实行会员制的证券交易所的财产积累归会员所有，其权益由会员共同享有，在其存续期间，不得将其财产积累分配给会员。

4. 证券交易所的交易规则

（1）进入证券交易所参与集中交易的，必须是证券交易所的会员。

（2）投资者应当与证券公司签订证券交易委托协议，并在证券公司开立证券交易账户，以书面、电话及其他方式，委托该证券公司代其买卖证券。

（3）证券公司根据投资者的委托，按照证券交易规则提出交易申报，参与证券交易所场内的集中交易，并根据成交结果承担相应的清算交收责任；证券登记结算机构根据成交结果，按照清算交收规则，与证券公司进行证券和资金的清算交收，并为证券公司客户办理证券的登记过户手续。

（4）按照依法制定的交易规则进行的交易，不得改变其交易结果。对交易中违规交易者应负的民事责任不得免除；在违规交易中所获利益，依照有关规定处理。

（5）证券交易所的负责人和其他从业人员在执行与证券交易有关的职务时，与其本人或者其亲属有利害关系的，应当回避。

（6）在证券交易所内从事证券交易的人员，违反证券交易所有关交易规则的，由证券交易所给予纪律处分；对情节严重的，撤销其资格，禁止其入场进行证券交易。

（二）证券公司

1. 证券公司的概念

证券公司，是指依照《公司法》和《证券法》规定设立的从事经营证券业务的有限责任公司或股份有限公司。证券公司依法享有自主经营的权利，其合法经营不受干涉。

2. 证券公司的设立

设立证券公司，必须经国务院证券监督管理机构审查批准。未经国务院证券监督管理机构批准，任何单位和个人不得经营证券业务。

设立证券公司，应当具备下列条件：

（1）有符合法律、行政法规规定的公司章程。

（2）主要股东具有持续盈利能力，信誉良好，最近三年无重大违法违规记录，净资产不低于人民币二亿元。

（3）有符合《证券法》规定的注册资本。

（4）董事、监事、高级管理人员具备任职资格，从业人员具有证券从业资格。

（5）有完善的风险管理与内部控制制度。

（6）有合格的经营场所和业务设施。

（7）法律、行政法规规定和经国务院批准的国务院证券监督管理机构规定的其他条件。

证券公司必须在其名称中标明证券有限责任公司或者证券股份有限公司字样。

3. 证券公司的业务范围

经国务院证券监督管理机构批准，证券公司可以经营下列部分或者全部业务：

（1）证券经纪。

（2）证券投资咨询。

（3）与证券交易、证券投资活动有关的财务顾问。

（4）证券承销与保荐。

（5）证券自营。

（6）证券资产管理。

（7）其他证券业务。

我国《证券法》规定，证券公司经营上述（1）至（3）项业务的，注册资本最低限额为人民币五千万元；经营（4）至（7）项业务之一的，注册资本最低限额为人民币一亿元；经营（4）至（7）项业务中两项以上的，注册资本最低限额为人民币五亿元。证券公司的注册资本应当是实缴资本。国务院证券监督管理机构根据审慎监管原则和各项业务的风险程度，可以调整注册资本最低限额，但不得少于前款规定的限额。

4. 证券公司的业务工作制度

（1）证券公司应当建立健全内部控制制度，采取有效隔离措施，防范公司与客户之间、不同客户之间的利益冲突。证券公司必须将其证券经纪业务、证券承销业务、证券自营业务和证券资产管理业务分开办理，不得混合操作。

（2）证券公司的自营业务必须以自己的名义进行，不得假借他人名义或者以个人名义进行。证券公司的自营业务必须使用自有资金和依法筹集的资金。证券公司不得将其自营账户借给他人使用。

（3）证券公司客户的交易结算资金应当存放在商业银行，以每个客户的名义单独立户管理。证券公司不得将客户的交易结算资金和证券归入其自有财产。禁止任何单位或者个人以任何形式挪用客户的交易结算资金和证券。证券公司破产或者清算时，客户的交易结算资金和证券不属于其破产财产或者清算财产。非因客户本身的债务或者法律规定的其他情形，不得查封、冻结、扣划或者强制执行客户的交易结算资金和证券。

（4）证券公司办理经纪业务，不得接受客户的全权委托而决定证券买卖、选择证券种类、决定买卖数量或者买卖价格。

（5）证券公司不得以任何方式对客户证券买卖的收益或赔偿证券买卖的损失作出承诺。

（6）证券公司及其从业人员不得未经过其依法设立的营业场所私下接受客户委托买卖证券。

（7）证券公司的从业人员在证券交易活动中，执行所属的证券公司的指令或者利用职务违反交易规则的，由所属的证券公司承担全部责任。

（8）证券公司应当妥善保存客户开户资料、委托记录、交易记录和与内部管理、业务经营有关的各项资料，任何人不得隐匿、伪造、篡改或者毁损。上述资料的保存期限不得少于二十年。

（三）证券登记结算机构

1. 证券登记结算机构的概念

证券登记结算机构，是指为证券交易提供集中登记、存管与结算服务，不以营利为目的的法人。

2. 证券登记结算机构的设立

设立证券登记结算机构必须经国务院证券监督管理机构批准。

设立证券登记结算机构，应当具备下列条件：

（1）自有资金不少于人民币两亿元。

（2）具有证券登记、存管和结算服务所必需的场所和设施。

（3）主要管理人员和从业人员必须具有证券从业资格。

（4）国务院证券监督管理机构规定的其他条件。

证券登记结算机构的名称中应当标明证券登记结算字样。

3. 证券登记结算机构的职能

证券登记结算机构履行下列职能：

（1）证券账户、结算账户的设立。

（2）证券的存管和过户。

（3）证券持有人名册登记。

（4）证券交易所上市证券交易的清算和交收。

（5）受发行人的委托派发证券权益。

（6）办理与上述业务有关的查询。

（7）国务院证券监督管理机构批准的其他业务。

（四）证券服务机构

1. 证券服务机构的概念

证券服务机构，是指从事证券服务业务的投资咨询机构、财务顾问机构、资信评级机构、资产评估机构和会计师事务所。证券服务机构从事证券服务业务必须经国务院证券监督管理机构和有关主管部门批准。

2. 证券服务机构的业务工作制度

（1）投资咨询机构、财务顾问机构、资信评级机构从事证券服务业务的人员，必须具备证券专业知识和从事证券业务或者证券服务业务两年以上经验。

（2）投资咨询机构及其从业人员从事证券服务业务不得有下列行为：代理委托人从事证券投资；与委托人约定分享证券投资收益或者分担证券投资损失；买卖本咨询机构提供服务的上市公司股票；利用传播媒介或者通过其他方式提供、传播虚假或者误导投资者的信息；法律、行政法规禁止的其他行为。

有前款所列行为之一，给投资者造成损失的，依法承担赔偿责任。

（3）从事证券服务业务的投资咨询机构和资信评级机构，应当按照国务院有关主管部门规定的标准或者收费办法收取服务费用。

（4）证券服务机构为证券的发行、上市、交易等证券业务活动制作、出具审计报告、资产评估报告、财务顾问报告、资信评级报告或者法律意见书等文件，应当勤勉尽责，对所依据的文件资料内容的真实性、准确性、完整性进行核查和验证。其制作、出具的文件有虚假记载、误导性陈述或者重大遗漏，给他人造成损失的，应当与发行人、上市公司承担连带赔偿责任，但是能够证明自己没有过错的除外。

（五）证券业协会

1. 证券业协会的概念

证券业协会，是指证券业的自律性组织，是社会团体法人。证券公司应当加入证券业协会。证券业协会的权力机构为全体会员组成的会员大会。证券业协会章程由会员大会制定，并报国务院证券监督管理机构备案。

2. 证券业协会的职责

证券业协会履行下列职责：

（1）教育和组织会员遵守证券法律、行政法规。

（2）依法维护会员的合法权益，向证券监督管理机构反映会员的建议和要求。

（3）收集整理证券信息，为会员提供服务。

（4）制定会员应遵守的规则，组织会员单位的从业人员的业务培训，开展会员间的业务交流。

（5）对会员之间、会员与客户之间发生的证券业务纠纷进行调解。

（6）组织会员就证券业的发展、运作及有关内容进行研究。

（7）监督、检查会员行为，对违反法律、行政法规或者协会章程的，按照规定给予纪律处分。

（8）证券业协会章程规定的其他职责。

（六）证券监督管理机构

1. 证券监督管理机构的含义

证券监督管理机构，是指依法对证券市场实行监督管理，维护证券市场秩序，保障其合法运行的专门机构。我国目前的证券监督管理机构为中国证券监督管理委员会。

2. 证券监督管理机构的职责

国务院证券监督管理机构在对证券市场实施监督管理中履行下列职责：

（1）依法制定有关证券市场监督管理的规章、规则，并依法行使审批或者核准权。

（2）依法对证券的发行、上市、交易、登记、存管、结算，进行监督管理。

（3）依法对证券发行人、上市公司、证券公司、证券投资基金管理公司、证券服务机构、证券交易所、证券登记结算机构的证券业务活动，进行监督管理。

（4）依法制定从事证券业务人员的资格标准和行为准则，并监督实施。

（5）依法监督检查证券发行、上市和交易的信息公开情况。

（6）依法对证券业协会的活动进行指导和监督。

（7）依法对违反证券市场监督管理法律、行政法规的行为进行查处。

（8）法律、行政法规规定的其他职责。

国务院证券监督管理机构可以和其他国家或者地区的证券监督管理机构建立监督管理合作机制，实施跨境监督管理。

举案说法

某股份有限公司拟向社会公开发行股票，为取得发行资格，该公司伪造相关文件使其无形资产虚增1 000万元。同时将其以前的股本总数由8 250万股改为7 643万股，但未将这一事实向社会公众披露。后该公司经董事会同意，改变了招股说明书列明的所募集资金用途。

请问：

（1）该公司是否符合公开发行新股的条件？

（2）该公司能否再公开发行新股？

答案解析：

（1）根据《证券法》规定，公司公开发行新股的条件之一是公司最近三年财务会计文件无虚假记载，无其他重大违法行为。而本案中公司伪造相关文件使其无形资产虚增1 000万元，同时将其以前的股本总数由8 250万股改为7 643万股，显然不符合《证券法》规定的公开发行新股的条件。

（2）根据《证券法》规定，公司对公开发行股票所募集资金，必须按照招股说明书所列资金用途使用。改变招股说明书所列资金用途，必须经股东大会作出决议。擅自改变用途而未作纠正的，或者未经股东大会认可的，不得公开发行新股。案例中公司经董事会同意就改变了招股说明书列明的所募集资金用途，显然是违法的，若该公司未作纠正或者未经股东大会认可，则不得公开发行新股。

项目小结

通过本项目内容的学习，要求掌握中国人民银行法、商业银行法及证券法的基本概念，熟悉相关法律规定。

项目实训

认识有价证券

任务目标

掌握各种类型有价证券的种类、表现形式、特征和票面内容规定、我国各类有价证券的基本情况，认识证券投资的对象，掌握各类不同证券的投资特点，以便于为不同的投资者选择不同的投资对象。

任务内容

1. 股票、债券、基金的表现形式。
2. 股票、债券、基金的特征比较和票面内容规定。
3. 我国股票、债券、基金发行与交易的基本情况。

任务要求

1. 小组分工明确，资料搜集准确。
2. PPT 演示文稿制作简洁、清晰。

任务操作

全部同学自愿分组，以小组为单位收集整理各类证券的票面内容规定等相关资料，并制作演示文稿展示。

任务流程

第一步，写出股票、债券、基金曾经有的表现形式和现在主要的表现形式，并举例加以说明。

第二步，总结归纳股票、债券、基金的特征并进行比较，说明其适合的投资者。

第三步，各找出一只股票、一只国债、一只企业债券、一只可转换公司债券、一只封闭式基金、一只开放式基金、一只权证的发行公告，了解各自的主要内容，认识各类证券的票面内容规定。

第四步，制作演示文稿，课上展示并交流。

综合实训

一、单项选择题

1. 中国人民银行行长由（　　）提名。

A. 国务院总理　B. 国家主席　C. 委员长　D. 全国人大常委会

2. 中国人民银行可以（　　）。

A. 向商业银行提供贷款　B. 向非金融机构提供贷款

C. 为单位提供担保　D. 直接认购、包销国债

3. 根据《证券法》规定，承销商承销股票的承销期最长不得超过（　　）日。

A. 30　B. 60　C. 90　D. 120

4. 证券经营机构将发行人的证券按照协议全部购入或者在承销期结束后将售后剩余证券全部自行购入的承销方式被称为（　　）。

A. 证券代销　　B. 证券包销　　C. 证券经销　　D. 证券发行

5. 依据证券券面是否记载权利主体的姓名或名称，证券可以分为（　　）。

A. 完全证券和不完全证券　　B. 设权证券和证权证券

C. 记名证券和不记名证券　　D. 货币证券和资本证券

二、多项选择题

1. 根据《中国人民银行法》，下列各项中属于中国人民银行职责有（　　）。

A. 依法制定和执行货币政策　　B. 发行人民币，管理人民币流通

C. 经理国库　　D. 实施外汇管理，监督管理银行间外汇市场

2. 下列选项中的符合《商业银行法》的规定的有（　　）。

A. 商业银行发放贷款应以担保为主

B. 商业银行发放贷款应遵循资产负债比例管理的规定

C. 商业银行对关系人发放信用贷款

D. 商业银行发放短期，中期和长期贷款

3.《商业银行法》规定，下列人员中，不得担任商业银行的董事、高级管理人员的有（　　）。

A. 因犯有破坏社会经济秩序罪，被判处刑罚，或者因犯罪被剥夺政治权利的

B. 担任因经营不善破产清算的公司、企业的董事，并对该公司、企业的破产负有个人责任的

C. 担任因违法被吊销营业执照的公司、企业的法定代表人，并负有个人责任的

D. 个人所负数额较大的债务到期未清偿的

4.《证券法》规定，公司公开发行新股，应符合的条件有（　　）。

A. 具备且运行良好的组织机构

B. 具有持续经营能力，财务状况良好

C. 最近三年财务会计文件无虚假记载，无其他重大违法行为

D. 经国务院批准的国务院证券监督管理机构规定的其他条件

5. 证券按其性质不同，可以分为（　　）。

A. 凭证证券　　B. 资本证券　　C. 商品证券　　D. 有价证券

三、案例分析题

A 公司因经营房地产业务急需资金，向其开户银行 Y 申请贷款。Y 银行由于信贷规模有限，无法满足 A 公司的要求。A 公司经理李某与 Y 银行行长王某有近亲属关系。李某提议王某向 X 银行办理同业拆借，用同业拆借拆入的钱贷给 A 公司。Y 银行于是就从 X 银行拆入了为期 3 个月的资金。Y 银行又将拆入的资金贷给 A 公司用于房地产开发，且未要求 A 公司提供担保。

试问：Y 银行在给 A 公司的贷款中有哪些行为违法了《商业银行法》的规定？

模块五

社会保障法

项目十二

劳动法

职业能力目标

了解劳动的概念、劳动关系的内容、劳动法律关系的要素，了解仲裁和诉讼的概念；掌握劳动合同法律制度、劳动争议的处理程序及基本内容，掌握社会保险制度；能够运用劳动法律制度保护劳动关系双方当事人的基本权益。

典型工作任务

掌握劳动法的调整对象、劳动法律关系、劳动合同的订立、履行、解除、终止；工资、工作时间和休息休假的相关规定、社会保险法律制度、劳动争议的处理。

开篇普法

《中华人民共和国劳动法》(简称《劳动法》)，是新中国第一部调整劳动关系、确定劳动标准的基本法。于1994年7月5日第八届全国人民代表大会常务委员会第八次会议通过，自1995年1月1日起施行。1994年出台了17个配套的规章，1995年以后，我国又颁发了一大批配套法规，以及地方性法规。这些法律法规对劳动者基本权利义务、劳动合同制度、工资制度、劳保制度、劳动争议处理等都作了明确的规定。2007年，三部重要的社会立法——《劳动合同法》、《就业促进法》、《劳动争议调解仲裁法》相继出台，标志着我国社会法律体系的进一步完善。

《劳动法》内容总计107条，包括：

第一章　总　则
第二章　促进就业
第三章　劳动合同和集体合同
第四章　工作时间和休息休假
第五章　工　资
第六章　劳动安全卫生
第七章　女职工和未成年工特殊保护
第八章　职业培训
第九章　社会保险和福利
第十章　劳动争议
第十一章　监督检查

第十二章　法律责任
第十三章　附　则

任务一　劳动法概述

一、劳动法的概念

劳动法是指调整劳动关系，以及与劳动关系有密切联系的其他社会关系的法律规范的总称。调整劳动关系是劳动法的核心内容。

二、劳动法的调整对象

（一）劳动关系

劳动关系是指在社会劳动过程中劳动者与用人单位之间，为了实现劳动过程而发生的劳动者有偿提供劳动力给用人单位用于其与生产资料相结合的社会关系。

（二）劳动关系的范围

1. 劳动法调整的主要对象

企业、个体经济组织、民办非企业性单位中形成的劳动关系是劳动法调整的主要对象。企业指以营利为目的，从事生产经营活动的经济组织，包括公司、独资企业、合伙企业、合作社等法定形态的组织。个体经济组织如果招用雇工，则为用人单位，如果是家庭成员提供劳动，则不属于用人单位。

2. 国家机关、事业单位等劳动关系归劳动法调整

国家机关、事业单位、社会团体中除公务员和参照公务员法管理的工作人员以外的劳动关系归劳动法调整。包括国家机关、事业单位、社会团体与其工勤人员之间的劳动关系；实行企业化管理的事业组织与其员工之间形成的劳动关系；其他劳动者通过签订劳动合同与国家机关、事业单位、社会团体建立的劳动关系。

3. 国家机关、事业单位、社会团体的非合同劳务关系

公务员和依法参照执行公务员制度的劳动者的劳动关系（如工、青、妇等社会团体的机关工作人员及未实行企业化管理的事业单位工作人员）、农村农业劳动者、现役军人、家庭保姆、自然人用工等劳动关系，都不属于劳动法的调整范围。

（三）与劳动关系密切联系的其他社会关系

与劳动关系密切联系的其他社会关系包括：国家进行劳动力管理中的关系；社会保险中的某些关系；工会组织与企业在执行劳动法、工会法过程中发生的劳动关系；处理劳动争议过程中发生的一些关系；其他有关管理机构在监督劳动法执行过程中发生的一些关系等。

劳动法是社会发展到一定阶段而产生的法律部门，它是从民法中分离出来的法律部门，是一种独立的法律部门。

三、劳动法的意义和作用

《劳动法》自实施以来，通过深入的宣传和组织实施，《劳动法》已经取得了良好的社会效果，得到了较好的贯彻落实。《劳动法》全面规定了劳动者的劳动权利与义务，制定了用人单位应当遵守的劳动标准和行为规范，建立并实施了劳动合同、社会保险、工作时间、休息休假、劳动争议处理和劳动监察等重要制度作出了具体规定，并明确了违反有关规定应当承担的法律责任。《劳动法》的实施，对于生产力的促进、改革开放、保障劳动者合法权益和社会的安定团结都具有十分重要的作用，为劳动和社会保障领域依法行政奠定了法制基础。

（一）劳动法对生产力的促进作用

劳动法保障劳动力市场配置机制，使劳动力在社会范围内的配置趋向高效率，从而提高全社会的生产力水平。劳动法保护劳动力扩大再生产持续进行，促进劳动力资源开发，从而为生产力系统的运行和发展提供劳动力资源条件。劳动法保护劳动者的物质利益和政治权利，保护劳动者的安全和健康，要求不断改善劳动条件，调动劳动者的积极性，从而发挥劳动者在生产力系统中的能动作用。劳动法从而使劳动者在生产力系统的运行中能正常地发挥作用。劳动法还要求合理组织劳动过程，巩固劳动纪律，从而为提高生产力系统的运行效率创造组织条件。

（二）劳动法对市场经济稳定的促进作用

首先，《劳动合同法》明确了保护劳动者的价值取向，有利于维护劳动者的合法权益。劳动关系双方主体经济地位的不平等决定了立法必须给予劳动者倾斜保护。《劳动合同法》旗帜鲜明地强调保护劳动者的合法权益，并在具体内容中强化了对劳动者保护的力度。其次，《劳动合同法》拓展了法律适用范围，将除公务员以外的其他单位劳动者纳入同一用人制度，建立起统一的劳动力市场。同时，在进一步完善全日制用工规范的基础上，对劳务派遣、非全日制用工两种用工形式专门进行了规范，使不同就业形态下劳动者的合法权益都能得到有效保护。最后，《劳动合同法》进一步明确用人单位的法律责任。为保证劳动合同制度在各类用人单位切实得到执行，保护守法企业的积极性，《劳动合同法》加大了对用人单位违法行为的处罚力度，从而将有效改善企业劳动用工制度“法外运行”的尴尬局面。因此，《劳动合同法》的实施，将从法律层面督促企业健全劳动者保护机制，强制推动企业加大人力资本的投入，有效改善当前我国在劳动报酬、劳动者素质、劳动生产率等方面存在的问题，从而促进市场经济的繁荣发展。

（三）劳动法对人权的保障作用

劳动者为用人单位提供劳动，接受用人单位的管理，受用人单位的保护，其人权也该受到尊重。正是当今社会对人权的追求才引导着人类社会从野蛮走向文明，从专制转向民主，从人治走向法制。在这一历史进程中，人权意识，人权理论，人权制度和人权的实现不断发展完善。今天，承认人权、尊重人权和保护人权已成为国际法和世界各国国内法的一个根本准则，成为现代法制社会的一个根本目标，人权，从一般的意义上讲就是为了实现人的“尊严与价值”（《联合国宪章》），按照人的自然属性和社会本质所应享有的权利。其中对劳动者在劳动关系方面的人权保障则是通过劳动法律的立法及实施来实现的，《劳动法》充分地体现了保障劳动者人权这一宗旨，为发展和完善我国的人权保障体系作出了贡献。在我国的劳动法和现行的劳动法律法规中涉及劳动者在劳动关系领域内大部分最重要的基本人权，其中包括生存权、发展权，经济、社会、文化权利，政治权利和自由，以及集体人权等广泛的劳动者基本人权。

（四）劳动法对社会稳定的作用

《劳动合同法》明确了劳动关系双方的权利义务，有利于减少劳动纠纷，构建和发展和谐稳定的劳动关系。劳动合同是规范劳动者和用人单位之间劳动权利义务关系的协议，《劳动合同法》明确了劳动合同的订立、履行、变更、解除和终止等内容，通过规范双方的行为，使劳动者和用人单位能够依法订立劳动合同，并严格依照法律规定和合同约定履行合同，以维护稳定和谐的劳动关系。劳动合同法不仅明确保护劳动者，也同样保护用人单位的合法权益，如为了保护用人单位的商业秘密，维护良好的竞争秩序，劳动合同法规定用人单位可以在劳动合同中约定保密条款；对负有保密义务的劳动者，用人单位可以在劳动合同或者保密协议中与其约定竞业限制条款；为了让用人单位充分行使经营自主权，劳动合同法规定用人单位有权建立和完善规章制度。劳动合同法通过规范劳动关系双方的行为，达到“构建和发展和谐稳定的劳动关系”的终极目标，为社会的稳定作出贡献。

四、劳动法律制度的内容

《劳动法》作为维护人权、体现人本关怀的一项基本法律，在西方甚至被称为第二宪法。其内容主要包括：劳动者的主要权利和义务；劳动就业方针政策及录用职工的规定；劳动合同的订立、变更与解除程序的规定；集体合同的签订与执行办法；工作时间与休息时间制度；劳动报酬制度；劳动卫生和安全技术规程；劳动争议的处理等。

五、劳动关系

劳动关系是劳动法调整的主要对象。所谓劳动关系，是指在社会劳动过程中劳动者与用人单位之间发生的社会关系。劳动关系具有人身关系、财产关系的属性。

（一）劳动关系的主体

劳动关系的主体是劳动关系的参与者，是享受劳动权利、承担劳动义务的当事人，劳动关系的当事人是特定的，一方是劳动者，另一方是用人单位。

1. 劳动者

劳动者是指达到法定年龄（年满十六周岁至法定退休年龄），具有劳动能力，以从事某种社会劳动获得收入为主要生活来源，依据法律或合同的规定，在用人单位的管理下从事劳动并获取劳动报酬的自然人（中外自然人）。

2. 用人单位

用人单位是指在中华人民共和国境内的企业、个体经济组织和国家机关、事业组织、社会团体。需要强调的是这里的企业、个体经济组织，是指经过国家相关部门登记的具有用人主体资格的合法单位，未经登记的不属于劳动法管辖的范围。

（二）劳动关系的内容

劳动关系的内容是在劳动关系的主体依法享有的劳动权利和应承担的劳动义务。

1. 劳动者的劳动权利与劳动义务

劳动者有平等就业和选择职业的权利、获得劳动报酬的权利、休息休假的权利、在劳动中获得劳动安全和劳动卫生保护的权利、接受职业技能培训的权利、享有社会保险和福利的权利、提请劳动争议处理的权利。劳动者还享有法律、法规规定的其他劳动权利，包括组织和参加工会的权利，参与民主管理的权利，提合理化建议的权利，进行科学研究，技术革新和发明创造的权利等。

劳动者在享有一定的劳动权利的同时，必须履行一定的劳动义务。权利与义务是互为条件的。按照《劳动法》的有关规定，劳动者应当履行的义务包括：完成劳动任务、提高职业技能、遵守劳动纪律，执行劳动安全卫生规程。职工既是劳动者，又是公民，在社会上，在家庭里，都要遵纪守法。在社会上违法乱纪，也会导致劳动权利的丧失。

2. 用人单位的用人权利与义务

用人单位的权利的内容一般包括下述几个方面：①录用职工方面的权利。主要是有权按国家规定和本单位需要择优录用职工，可以自主决定招工的时间、条件、数量、用工形式等。②劳动组织方面的权利。主要是有权按国家规定和实际需要确定机构、编制和任职（上岗）资格条件；有权任免、聘用管理人员和技术人员，对职工进行内部调配和劳动组合，并对职工的劳动实施指挥和监督。③劳动报酬分配方面的权利。主要是有权按国家规定确定工资分配办法，自主决定晋级增薪、降级减薪的条件和时间等。④劳动纪律方面的权利。主要是有权制定和实施劳动纪律；有权决定对职工的奖惩。⑤决定劳动法律关系存续方面的权利。主要是有权与职工以签订协议方式，续订、变更、暂停或解除劳动合同；有权在具备法定或约定条件时单方解除劳动合同。

用人单位的对劳动者的义务主要包括：①支付劳动报酬的义务。②保护职工的义务。③帮助职工的义务。④合理使用职工的义务。⑤培训职工的义务。⑥必须执行劳动法规、劳动政策和劳动标准的义务。⑦接受国家劳动计划的指导，服从劳动行政部门以及其他有关国家机关的管理和监督的义务。

（三）劳动关系的客体

劳动关系的客体为劳动行为。实施劳动行为，完成劳动任务是劳动者的首要义务。由于劳动关系所指向的是劳动行为，所以，劳动关系建立后，劳动者必须加入到用人单位的生产和工作中去，成为用人单位的成员，对内享受本单位职工的权利，承担本单位职工的义务。用人单位作为生产经营活动的组织管理者，在要求劳动者完成生产工作任务的同时，必须为劳动者完成劳动行为提供条件，包括生产场所、机器设备、劳动工具等。

任务二 劳动合同

一、劳动合同种类

劳动合同按照不同的标准可以有不同的分类。

（一）按照劳动合同期限的长短划分

1. 有固定期限的劳动合同

有固定期限的劳动合同是指企业等用人单位与劳动者订立的有一定期限的劳动协议。合同期限届满，双方当事人的劳动法律关系即行终止。如果双方同意，还可以续订合同，延长期限。

2. 无固定期限的劳动合同

无固定期限的劳动合同是指企业等用人单位与劳动者订阅的，没有期限规定的劳动协议。劳动者在参加工作后，长期在一个企业等用人单位内从事生产或工作，不得无故离职，用人单位也不得无故辞退。这种合同一般适用于技术性较强，需要持续进行的工作岗位。

3. 以完成一定工作为期限的劳动合同

以完成一定工作为期限的劳动合同是指以劳动者所担负的工作任务来确定合同期限的劳动合同。如以完成某项科研，以及带有临时性、季节性的劳动合同。合同双方当事人在合同存续期间建立的是劳动法律关系，劳动者要加入劳动单位集体，遵守劳动单位内部规则，享受某种劳动保险待遇。

我国劳动法就是按照劳动合同的这一分类标准，将劳动合同的期限分为有固定期限、无固定期限和以完成一定的工作为期限。为了充分保护劳动者的合法权益，劳动法特别规定“劳动者在同一用人单位连续工作满十年以上，当事人双方同意续延劳动合同的，如果劳动者提出订立无固定期限的劳动合同，应当订立无固定期限的劳动合同”，避免用人单位只使用劳动者的“黄金年龄”。

（二）按照劳动合同产生的方式划分

1. 录用合同

录用合同是指用人单位在国家劳动部门下达的劳动指标内，通过公开招收、择优录用的方式订立的劳动合同。录用合同一般适用于招收普通劳动者。目前，全民所有制企业、国家机关、事业单位、社会团体等用人单位招收录用劳动合同的特点是：用人单位按照预先规定的条件，面向社会，公开招收劳动者；应招者根据用人单位公布的条件，自愿报名；用人单位全面考核、择优录用劳动者；双方签订劳动合同。

2. 聘用合同

聘用合同也叫聘任合同，它是指用人单位通过向特定的劳动者发聘书的方式，直接建立劳动关系的合同。这种合同一般适用于招聘有技术业务专长的特定劳动者。如企业聘请技术顾问、法律顾问等。

3. 借调合同

借调合同也叫借用合同，它是借调单位、被借调单位与借调职工个人之间，为借调职工从事某种工作，明确相互责任、权利和义务的协议。借调合同一般适用于借调单位急需作用的工人或职工。当借调合同终止时，借调职工仍然回原单位工作。

（三）按照劳动者一方人数的不同划分

按照劳动者一方人数的不同划分，劳动合同分为两种：一种是个人劳动合同，一般是由劳动者个人同用人单位签订；另一种是集体合同，一般是指在中外合资企业中，由工会代表劳动者集体同企业签订的合同。

（四）按照生产资料所有制性质的不同划分

按照生产资料所有制性质的不同，劳动合同可划分为：全民所有制单位劳动合同、集体所有制单位劳动合同、个体单位劳动合同、私营企业劳动合同和外商投资企业劳动合同等。

（五）按照用工制度种类的不同划分

按照用工制度种类的不同划分，劳动合同可分为：固定工劳动合同、合同工人劳动合同、农民工劳动合同、临时工（季节工）劳动合同等。

（六）按订立劳动合同的方式不同划分

劳动合同的形式是指订立劳动合同的方式。劳动合同的形式一般有书面形式和口头形式两种。书面合同是由双方当事人达成协议后，将协议的内容用文字形式固定下来，并经双方签字，作为凭证的合同。口头合同是双方当事人口头承诺即告成立，不必用文字写成书面形式的合同。我国劳动法规定，劳动合同应当以书面形式订立。法律之所以这样规定，其目的在于用书面形式明确劳动合同当事人双方的权利与义务，以及有关劳动条件、工资福利待遇等事项，便于履行和监督检查，在发生劳动争议时，便于当事人举证，也便于有关部门处理。

二、劳动合同的内容

劳动合同的内容即劳动合同的条款，包括必备条款和约定条款两部分，必备条款如下。

1. 劳动合同期限

劳动合同期限主要分为有固定期限、无固定期限和以完成一定的工作为期限等三种形式。

2. 工作内容

工作内容主要包括工种和岗位，以及该岗位应完成的生产（工作）劳务、工作班次等内容。

3. 劳动保护和劳动条件

劳动保护和劳动条件主要包括劳动安全和卫生规程，女工和未成年人保护规定，工作时间和休息休假等内容。

4. 劳动报酬

劳动报酬主要包括劳动者的工资、奖金、津贴和补贴等内容。

5. 劳动纪律

劳动纪律主要包括企业规章制度，劳动纪律等内容及其执行程序。

6. 劳动合同终止的条件

7. 违反劳动合同的责任

劳动合同除以上规定的必备条款外，劳动合同当事人还可以通过协商订立约定条款。双方当事人可以就用人单位出资招收录用、出资培训、劳动者保守用人单位商业秘密等事项，约定双方的权利和义务。但双方的约定条款不能违背法律、法规和有关规章的规定。

三、劳动合同的效力

劳动合同的效力即劳动合同依法具有的对当事人和第三人的法律约束力。有些情况下，劳动合同不具有法律效力，使双方当事人的权益得不到法律的保护。

（一）无效劳动合同

劳动合同订立应遵循公平原则，核心含义就是要求劳动合同当事人的权利与义务相一致。无效的劳动合同不受国家法律的承认和保护。劳动合同被确认无效的情况如下。

（1）内容违反法律、行政法规的劳动合同。例如，约定试用期超过六个月，不购买社会保险等。

（2）采用胁迫、乘人之危的手段，以损害生命、健康、荣誉、名誉、财产等强迫对方签订的劳动合同，以及合同期满后强迫续订劳动合同。

（3）采用欺诈的手段，故意隐瞒事实，使对方在违背真实意思的情况下订立的合同。例如，虚假承诺优厚的工作条件。

（4）订立程序形式不合法的劳动合同。例如，双方当事人未经协商，或者未经批准采取特殊工时制度等。

（5）违反劳动安全保护制度。例如，约定劳动者自行负责工伤、职业病，免除用人单位的法律责任等。

（6）违反规定收取各种费用的劳动合同。例如，强制收取培训费、保证金、抵押金、风险金、股金等。

（7）主体不合格的劳动合同。例如，受雇一方提供了假的学历、学位、专业技术资格证书，聘用单位不具备招聘资格等。

（8）侵犯婚姻权利的劳动合同。例如，规定合同期内职工不准恋爱、结婚、生育。

（9）侵犯健康权利的劳动合同。例如，约定工作时间超过法律规定，损害劳动者正常休息休假。

（10）侵犯报酬权利的劳动合同。例如，加班不支付加班工资，支付低于最低工资标准的工资等。

（11）侵犯自主择业权利的劳动合同。例如，设定巨额违约金、培训费，限制职工流动。

（12）权利义务显失公平的劳动合同。例如，设定无偿或不对价的竞业禁止条件等。

（二）劳动合同无效的法律后果

1. 用人单位有过错的

由于用人单位的原因订立无效的劳动合同，或订立部分无效劳动合同，对劳动者造成损害的，应按下列规定赔偿劳动者损失：

（1）造成劳动者工资收入损失的，按劳动者本人应得工资收入支付给劳动者，并加付应得工资收入百分之二十五的赔偿费用。

（2）造成劳动者劳动保护待遇损失的，应按国家规定补足劳动者的保护津贴和用品。

（3）造成劳动者工伤、医疗保险待遇损失的，除按国家规定为劳动者提供工伤、医疗待遇外，还应支付劳动者相当于医疗费用百分之二十五的赔偿费用。

（4）造成女职工和未成年工身体健康损害的，除按国家规定提供治疗期间的医疗待遇外，还应支持相当于其医疗费用百分之二十五的赔偿费用。

（5）劳动合同约定的其他赔偿费用。对于上述规定中有关劳动者工资收入损失的赔偿，鉴于《劳动合同法》第八十四条有相关规定，应按《劳动合同法》的规定予以执行。

2. 劳动者有过错的

对于因劳动者的过错而导致劳动合同无效，给用人单位造成损失的，劳动者应当按照《民法通则》所确立的实际损失原则，承担赔偿责任，赔偿因其过错而对用人单位的生产、经营和工作造成的直接经济损失。这里要指出的是，在对劳动者追究民事赔偿责任时，要贯彻以下原则：一是赔偿与教育相结合的原则。在责令有过错的劳动者赔偿经济损失的同时，要注重对其进行思想教育。承办案件的劳动行政部门、劳动仲裁机构和人民法院对有过错的劳动者要进行劳动法律法规的宣传，做耐心的思想教育工作，使其真正认识到行为的危害性，这不仅有利于提高劳动者守法的自觉性，而且能增强劳动者赔偿经济损失的主动性。二是合理赔偿原则。所谓合理赔偿，是指在查清案件事实，确认用人单位确实因为劳动者的违法行为而实际存在经济损失的前提下，根据劳动者的过错程度、情节轻重、责任大小、认错态度好坏、实际承受能力等综合认定劳动者实际应承担的赔偿费用，以确保问题得到切实解决。

四、劳动合同的解除及终止

（一）劳动合同的解除

1. 双方协商解除劳动合同

用人单位与劳动者协商一致，可以解除劳动合同。

协商解除劳动合同没有规定实体、程序上的限定条件，只要双方达成一致，内容、形式、程序不违反法律禁止性、强制性规定即可。

若用人单位提出解除劳动合同，用人单位应向劳动者支付解除劳动合同的经济补偿金。

2. 劳动者单方解除劳动合同

即具备法律规定的条件时，劳动者享有单方解除权，无须双方协商达成一致意见，也无须征得用人单位的同意。具体又可以分为预告解除和即时解除。

（1）预告解除。预告解除即劳动者履行预告程序后单方解除劳动合同。它包括两种情形：一种情形是劳动者提前三十天以书面形式通知用人单位，可以解除劳动合同；另一种情形是劳动者在试用期内提前三日通知用人单位，可以解除劳动合同。

（2）即时解除。即时解除即根据劳动合同法的规定，劳动者可以单方面即时解除劳动合同的情形。其中，用人单位以暴力、威胁或者非法限制人身自由的手段强迫劳动者劳动的，或者用人单位违章指挥、强令冒险作业甚至危及劳动者人身安全的，劳动者可以立刻解除劳动合同，不需事先告知用人单位。这种属于即时解除中可以立即解除且不用事先告知用人单位的情形。

3. 用人单位单方解除劳动合同

在具备法律规定的条件时，用人单位享有单方解除权，无须双方协商达成一致意见。主要包括过错性辞退、非过错性辞退、经济性裁员三种情形。

（1）过错性辞退。即在劳动者有过错性情形时，用人单位有权单方解除劳动合同。过错性解除劳动合同在程序上没有严格限制。用人单位无须支付劳动者解除劳动合同的经济补偿金。若规定了符合法律规定的违约金条款的，劳动者须支付违约金。适用情形有：在试用期间被证明不符合录用条件的；严重违反用人单位的规章制度的；严重失职，营私舞弊，给用人单位造成重大损害的；劳动者同时与其他用人单位建立劳动关系，对完成工作任务造成严重影响，或者经用人单位提出，拒不改正的；因劳动者以欺诈、胁迫的手段或者乘人之危，使对方在违背真实意思的情况下订立或者变更劳动合同致使劳动合同无效的；被依法追究刑事责任的等。

（2）非过错性辞退。即劳动者本人无过错，但由于主客观原因致使劳动合同无法履行，用人单位在符合法律规定的情形下，履行法律规定的程序后有权单方解除劳动合同。非过错性解除劳动合同在程序上具有严格的限制。具体是指：用人单位应提前三十日以书面形式通知劳动者本人或者额外支付劳动者一个月工资后，才可以解除劳动合同；用人单位选择额外支付劳动者一个月工资解除劳动合同的，其额外支付的工资应当按照该劳动者上一个月的工资标准确定。用人单位应当支付劳动者经济补偿。适用情形有：劳动者患病或非因工负伤，在规定的医疗期满后仍不能从事原工作，也不能从事用人单位另行安排的工作的；劳动者不能胜任工作，经过培训或者调整工作岗位，仍不能胜任工作的；劳动合同订立时所依据的客观情况发生重大变化，导致劳动合同无法履行，经用人单位与劳动者协商，仍未能就变更劳动合同内容达成协议的。

（3）经济性裁员。经济性裁员，是指用人单位为降低劳动成本，改善经营管理，因经济或技术等原因一次裁减二十人以上或者不足二十人以上但占企业职工总数百分之十以上的劳动者。经济性裁员具有严格的条件和程序限制，用人单位裁员时必须遵守规定。经济性裁员，用人单位应当支付劳动者经济补偿金。

（二）劳动合同的终止

劳动合同终止的情形包括：

（1）劳动合同期满的；

（2）劳动者开始依法享受基本养老保险待遇的；

（3）劳动者死亡，或者被人民法院宣告死亡或者宣告失踪的；

（4）达到法定退休年龄的；

（5）用人单位被依法宣告破产的；

（6）用人单位被吊销营业执照、责令关闭、撤销或者用人单位决定提前解散的；

（7）法律、行政法规规定的其他情形。

以上规定中，如果终止劳动合同需要支付经济补偿的则应按规定。

任务三　工资、工作时间和休息休假

一、工资制度

（一）工资分配原则

在现实中，不同组织可有不同的工资制度。但不论组织选择哪一种类型的工资制度，都必须遵循以下四项基本原则：按劳取酬原则、同工同酬原则、外部平衡原则和合法保障原则。

（二）工资分配的方式和工资支付的形式

1. 工资分配的方式

用人单位根据本单位的生产经营特点和经济效益，依法自主确定本单位的工资分配方式和工资水平。

工资支付的项目，一般包括计时工资、计件工资、奖金、津贴和补贴、延长工作时间的工资报酬，以及特殊情况下支付的工资。

但劳动者的以下劳动收入不属于工资范围：

（1）单位支付给劳动者个人的社会保险福利费用，如丧葬抚恤救济费、生活困难补助费、计划生育补贴等。

（2）劳动保护方面费用，如用人单位支付给劳动者的工作服、解毒剂、清凉饮料费用等。

（3）按规定未列入工资总额的各种劳动报酬及其他劳动收入，如根据国家规定发放的创造发明奖、国家星火奖、自然科学奖、科学技术进步奖、合理化建议和技术改进奖、中华技能大奖等，以及稿费、讲课费、翻译费等。

2. 工资支付的形式

我国工资支付的法律规章明确规定，工资应当以货币形式按月支付给劳动者本人，工资应以货币形式按月支付给劳动者本人，不得以实物或有价证券替代货币支付。不得克扣或者无故拖欠劳动者工资。劳动者在法定休假日和婚丧假期间，以及依法参加社会活动期间，用人单位应当依法支付工资。工资应当按月支付，是指按照用人单位与劳动者约定的日期支付工资。如遇节假日或休息日，则应提前在最近的工作日支付。工资至少每月支付一次，对于实行小时工资制和周工资制的人员，工资也可以按日或周发放。对完成一次性临时劳动或某项具体工作的劳动者，用人单位应按有关协议或合同规定在其完成劳动任务后即支付工资。

用人单位不得克扣或者无故拖欠劳动者工资。但有下列情况之一的，用人单位可以代扣劳动者工资：

（1）用人单位代扣代缴的个人所得税。

（2）用人单位代扣代缴的应由劳动者个人负担的各项社会保险费用。

（3）法院判决、裁定中要求代扣的抚养费、赡养费。

（4）法律、法规规定可以从劳动者工资中扣除的其他费用。

（三）最低工资保障制度

最低工资制度是政府为了维护劳动者取得劳动报酬的合法权益制定的，是指劳动者在法定工作时间提供了正常劳动的前提下，其雇主（或用人单位）支付的最低金额的劳动报酬。最低工资标准通常由国家或地方政府通过立法制定。由于我国不同地区经济发展水平、人均收入和消费水平等情况的不同，各地区制定的最低工资标准也是不同的。而每一年根据当地经济发展情况等变化，各地区的最低工资标准也将作相应调整。

最低工资标准不是指职工的基本工资，而是指包括基本工资在内的职工的全部收入。根据国家和省有关规定，最低工资标准应包括基本工资（或标准工资）、奖金以及国家和省市规定发放的物价补偿性质的津（补）贴。在这里需要注意的是，劳动者在提供了正常劳动的情况下，在作了符合规定的扣除后的工资不能低于最低工资标准。

（四）特殊期间工资保障

1. 履行国家和社会义务期间的工资

劳动者在法定工作时间内依法参加社会活动期间，用人单位应视同其提供了正常劳动而支付工资。社会活动包括：

（1）依法行使选举权或被选举权。

（2）当选代表出席乡（镇）、区以上政府、党派、工会、青年团、妇女联合会等组织召开的会议。

（3）出任人民法庭证明人。

（4）出席劳动模范、先进工作者大会。

（5）不脱产工会基层委员会委员因工会活动占用的生产或工作时间。

（6）其他依法参加的社会活动。

2. 加班加点工资

根据《劳动法》的规定，劳动者加班加点的，用人单位应当按照下列标准支付高于劳动者正常工作时间工资的工资报酬：

（1）安排劳动者延长工作时间的，支付不低于工资的百分之一百五十的工资报酬。

（2）休息日安排劳动者工作的，支付不低于工资的百分之二百的工资报酬。

（3）法定休假日安排劳动者工作的，支付不低于工资的百分之三百的工资报酬。

3. 年休假、探亲假、婚假、丧假工资

根据《劳动法》及相关法规规定，劳动者依法享受年休假、探亲假、婚假、丧假期间，用人单位应当按劳动合同规定的标准支付工资。

4. 停工期间的工资

根据《工资支付暂行规定》，非因劳动者原因造成单位停工、停产在一个工资支付周期内的，用人单位应当按劳动合同规定的标准支付劳动者工资。超过一个工资支付周期的，若劳动者提供了正常劳动，则支付给劳动者的劳动报酬不得低于当地的最低工资标准；若劳动者没有提供正常劳动，应按国家有关规定办理：职工因本身过失造成的停工，不发给过失者津贴。非因职工本身过失造成的停工，一般按本人保障工资的百分之七十五发给停工津贴；试用新机器、新工具，试用先进经验及合理化建议期间，非职工本人过失造成的停工，按照本人标准工资 100%发给停工津贴；停工期间的地区津贴、野外津贴、生活补贴均按停工津贴发放。

5. 企业依法破产时劳动者的工资

根据《工资支付暂行规定》，用人单位依法破产时，劳动者有权获得其工资。在破产清偿中，用人单位应按《企业破产法》规定的清偿顺序，首先应支付欠本单位劳动者的工资。

二、工作时间

国家实行劳动者从全年日历时间 365 天中扣除 52 个星期的公休日 104 天，扣除法定节假日 11 天，全年应工作 250 天，每月平均工作 20.83 天，每天工作八小时。按此推算，每月平均应工作约 167 小时。不得超过上述规定限额工时制度。对实行计件工作的劳动者，用人单位应当根据《劳动法》第三十六条规定的工时制度合理确定其劳动定额和计件报酬标准。

劳动者的工作时间包括准备结束时间、作业时间、劳动者自然需要的中断时间和工艺中断时间。

（1）准备结束时间是指劳动者在工作日（班），为完成生产任务或作业的准备和结束所消耗的时间。

（2）作业时间是指劳动者直接用于完成规定的生产任务或作业所消耗的时间。

（3）劳动者自然需要的中断时间是指劳动者因自身生理需要而必须中断正常工作的时间。

（4）工艺中断时间是指劳动者在工作时间中，因工艺技术特点的需要使工作必须中断的时间。

三、休息休假

休息休假是劳动者的基本权利之一，共分为以下十种：休息日、法定节假日、事假、病假、社会活动假、带薪年休假、婚假、产假、探亲假、丧假。

（一）休息日

《劳动法》规定用人单位应当保证劳动者每周至少休息一日。休息一日还是二日，是周六周日休还是其他时间休息，用人单位可以灵活安排，但是每周的平均工作时间不得大于四十四个小时。一般情况是“做 5 休 2”，即周六周日休息的双休制度。

（二）法定节假日（全国年节及纪念日放假办法）

我国包括如下 3 类法定节假日。

1. 全体公民放假的节日

（1）新年，放假一天（1 月 1 日）。

（2）春节，放假三天（农历除夕、正月初一、初二）。

（3）清明节，放假一天（农历清明当日）。

（4）劳动节，放假一天（5 月 1 日）。

（5）端午节，放假一天（农历端午当日）。

（6）中秋节，放假一天（农历中秋当日）。

（7）国庆节，放假三天（10 月 1 日、2 日、3 日）。

2. 部分公民放假的节日及纪念日

（1）妇女节（3 月 8 日），妇女放假半天。

（2）青年节（5 月 4 日），十四周岁以上的青年放假半天。

（3）儿童节（6 月 1 日），不满十四周岁的少年儿童放假一天。

（4）中国人民解放军建军纪念日（8 月 1 日），现役军人放假半天。

全体公民放假的假日，如果适逢星期六、星期日，应当在工作日补假。部分公民放假的假日，如果适逢星期六、星期日，则不补假。全体公民放假的假日安排工作的应发三倍工资。

3. 少数民族习惯的节日

由各少数民族聚居地区的地方人民政府，按照各该民族习惯，规定放假日期。

（三）事假

事假一般是员工因私事向用人单位申请，并经单位批准的假期。单位可以不支付工资，当然也可支付工资，那要看单位的规章制度。

（四）病假

劳动者在医疗期内的病假应发放工资。

医疗期是指企业职工因患病或非因工负伤停止工作治病休息不得解除劳动合同的时限。企业职工因患病或非因工负伤需要停止工作医疗时，根据本人实际参加工作年限和在本单位工作年限，给予三个月到二十四个月的医疗期：实际工作年限十年以下的，在本单位工作年限五年以下的为三个月；五年以上的为六个月。实际工作年限十年以上的，在本单位工作年限五年以下的为六个月；五年以上十年以下的为九个月；十年以上十五年以下的为十二个月；十五年以上二十年以下的为十八个月；二十年以上的为二十四个月。在医疗期内病假发放工资的，病假工资或疾病救济费不得低于最低工资的百分之八十。

（五）社会活动假

在工作期间，依法参加社会活动所享受的假期，如行使选举权、出席会议、担任人民陪审员证人等，正常支付工资。

（六）带薪年休假

职工带薪年休假是员工每年享有的保留工作和工资的连续休假。

（1）享受的条件：职工连续工作一年以上即可享受。

（2）不享受带薪年休假的情况：职工依法享受寒暑假，其休假天数多于年休假天数的；职工请事假累计二十天以上且单位按照规定不扣工资的；累计工作满一年不满十年的职工，请病假累计两个月以上的；累计工作满十年不满二十年的职工，请病假累计三个月以上的；累计工作满二十年以上的职工，请病假累计四个月以上的。

（3）休假时间：职工累计工作已满一年不满十年的，年休假五天；已满十年不满二十年的，年休假十天；已满二十年的，年休假十五天。国家法定休假日、休息日不计入年休假的假期。

（七）婚假

正常一至三天。

（八）产假

不少于九十天，产前休息五天、产后七十五天。多胎的多一胎则加十五天，晚育：增加产假六十日，并给予男方护理假七日。增加的婚假、产假、护理假，视为出勤，工资照发，福利待遇不变。

（九）探亲假

适用于国家机关、人民团体、全民所有企业事业单位工作满一年的固定职工。探望配偶的一年三十天，未婚探望父母的一年二十天，已婚探望父母的四年一次二十天。

（十）丧假

直系亲属死亡时，直系亲属包括配偶一至三天，一般三天，限定是国有企业职工。

任务四 社会保险

社会保险是国家通过立法的形式，由社会集中建立基金，以使劳动者在年老、患病、工伤、失业、生育等丧失劳动能力的情况下能够获得国家和社会补偿和帮助的一种社会保障制度。它包括养老保险、医疗保险、失业保险、工伤保险、生育保险，简称五险。还有一金，即住房公积金。其中养老保险、医疗保险和失业保险，这三种险是由企业和个人共同缴纳的保费，工伤保险和生育保险完全是由企业承担的，个人不需要缴纳。

一、养老保险

（一）养老保险的含义

养老保险是社会保障制度的重要组成部分，是社会保险五大险种中最重要的险种之一。所谓养老保险（或养老保险制度）是国家和社会根据一定的法律和法规，为解决劳动者在达到国家规定的解除劳动义务的劳动年龄界限，或因年老丧失劳动能力退出劳动岗位后的基本生活而建立的一种社会保险制度。这一概念主要包含以下三层含义：

（1）养老保险是在法定范围内的老年人完全或基本退出社会劳动生活后才自动发生作用的。这里所说的“完全”，是以劳动者与生产资料的脱离为特征的；所谓“基本”，指的是参加生产活动已不成为主要社会生活内容。需强调说明的是，法定的年龄界限（各国有不同的标准）才是切实可行的衡量标准。

（2）养老保险的目的是为保障老年人的基本生活需求，为其提供稳定可靠的生活来源。

（3）养老保险是以社会保险为手段来达到保障的目的。养老保险是世界各国较普遍实行的一种社会保障制度。

（二）养老保险的特点

1. 由国家强制实行

由国家立法，强制实行，企业单位和个人都必须参加，符合养老条件的人，可向社会保险部门领取养老金。

2. 三方共同负担

养老保险费用来源，一般由国家、单位和个人三方或单位和个人双方共同负担，并实现广泛的社会互济。

3. 统一管理

养老保险具有社会性，影响很大，享受人多且时间较长，费用支出庞大，因此，必须设置专门机构，实行现代化、专业化、社会化的统一规划和管理。

（三）养老保险的层次

我国的养老保险由四个层次（或部分）组成。第一层次是基本养老保险，第二层次是企业补充养老保险，第三层次是个人储蓄性养老保险，第四层次是商业养老保险。在这种多层次养老保险体系中，基本养老保险可称为第一层次，也是最高层次，我们一般所说的养老保险就是指基本养老保险。企业补充养老保险是由国家宏观调控、企业内部决策执行的养老保险，又称企业年金，它是企业根据自身经济承受能力，在参加基本养老保险基础上，企业为提高职工的养老保险待遇水平而自愿为本企业职工所建立的一种辅助性的养老保险。个人储蓄性养老保险和商业养老保险都是个人或单位自愿为职工投保的养老保险，不带有强制性。

（四）养老保险的计发

基本养老保险费由企业和被保险人按不同缴费比例共同缴纳。以北京市养老保险缴费比例为例：企业每月按照其缴费总基数的百分之二十缴纳，职工按照本人工资的百分之八缴纳。其中城镇个体工商户和灵活就业人员以本市上一年度职工月平均工资作为缴费基数，按照百分之二十的比例缴纳基本养老保险费，其中百分之八计入个人账户。

被保险人只有同时满足以下两个条件：达到国家规定的退休条件已办理相关手续；按规定缴纳基本养老保险费累计缴费年限满十五年的，经劳动保障行政部门核准后的次月起，方可按月领取基本养老金及丧葬补助费等。

二、医疗保险

（一）医疗保险的含义

医疗保险是为补偿疾病所带来的医疗费用的一种保险。职工因疾病、负伤、生育时，由社会或企业提供必要的医疗服务或物质帮助的社会保险。中国职工的医疗费用由国家、单位和个人共同负担，以减轻企业负担，避免浪费。

（二）医疗保险的特点

基本医疗保险是社会保障体系中重要组成部分，是由政府制定、用人单位和职工共同参加的一种社会保险。它是按照用人单位和职工的承受能力来确定大家的基本医疗保障水平。

它具有广泛性、共济性、强制性的特点。基本医疗保险是医疗保障体系的基础，实行用人单位和职工个人双方负担、共同缴纳、全市统筹的原则，个人账户与统筹基金相结合原则，能够保障广大参保人员的基本医疗需求。主要用于支付一般的门诊、急诊、住院费用。基本医疗保险费用由用人单位和职工共同缴纳。

（三）医疗保险的计发

1. 缴费标准

（1）基本医疗保险。用人单位按上年度本单位职工（含退休职工）工资总额的百分之六缴纳；在职职工个人按上年度本人工资收入的百分之二缴纳，从办理退休手续的次月起，退休人员个人不缴纳基本医疗保险费。退休人员占所在单位职工比例超过市规定标准的则按市里有关规定执行。用人单位（职工）平均工资低于上年度全县职工平均工资百分之六十的，按百分之六十作为缴费基数；高于上年度全县职工平均工资百分之三百的，按百分之三百作为缴费基数。

（2）大病补充医疗保险。按每人每年一百二十元的标准（含退休职工）缴纳，其中用人单位负担百分之七十，职工个人负担百分之三十。用人单位中途参保的，按全年标准补缴大病补充医疗保险费。

2. 缴费方式

（1）基本医疗保险。基本医疗保险费由地税部门负责征收，缴费单位和缴费个人于每月 1 日至 10 日全额缴纳。全县财政全额拨款的机关、事业单位单位缴纳的基本医疗保险费由县财政按月全额直接划拨，其他基本医疗保险费由县地税部门根据县医疗保险经办机构提供的征收计划按月征收。职工个人缴纳部分，由用人单位在其工资中代扣代缴。

（2）大病补充医疗保险。大病补充医疗保险费由县医疗保险经办机构负责征收，用人单位于每年 1 月底前一次性缴清。

3. 医疗保险的支付

（1）基本医疗保险的支付。基本医疗保险统筹基金和个人账户划定各自支付范围，分别核算。

个人账户支付下列医疗费用：门诊、急诊的医疗费用；到定点零售药店购药的费用；基本医疗保险统筹基金起付标准以下的医疗费用；超过基本医疗保险统筹基金起付标准，按照比例应当由个人负担的医疗费用。个人账户不足支付部分由本人自付。

基本医疗保险统筹基金支付下列医疗费用：住院治疗的医疗费用；急诊抢救留观并收入住院治疗的，其住院前留观七日内的医疗费用；恶性肿瘤放射治疗和化学治疗、肾透析、肾移植后服抗排异药的门诊医疗费用。

基本医疗保险基金不予支付下列医疗费用：在非本人定点医疗机构就诊的，但急诊除外；在非定点零售药店购药的；因交通事故、医疗事故或者其他责任事故造成伤害的；因本人吸毒、打架斗殴或者因其他违法行为造成伤害的；因自杀、自残、酗酒等原因进行治疗的；在国外或我国香港、澳门特别行政区以及台湾地区治疗的；按照国家和本市规定应当由个人自付的。

企业职工因工负伤、患职业病的医疗费用，按照工伤保险的有关规定执行。女职工生育的医疗费用，按照国家和本市的有关规定执行。

（2）大病医疗保险的支付。职工和退休人员患病、非因工负伤一次性住院的医疗费用或者三十日内累计医疗费用超过两千元的，属于大病医疗费统筹范围。

但有下列情形之一发生的医疗费用，不属于大病医疗费统筹范围：未经批准在非定点医院就诊的（紧急抢救除外）；患职业病、因工负伤或者工伤旧病复发的；因交通事故造成伤害的；因本人违法造成伤害的；因责任事故引起食物中毒的；因自杀导致治疗的（精神病发作除外）；因医疗事故造成伤害的；按国家和本市规定医疗费用应当自理的。大病医疗费统筹基金支付医疗费用，采取分档计算，累加支付的办法。

三、失业保险

失业保险是指国家通过立法强制实行的，由社会集中建立基金，对因失业而暂时中断生活来源的劳动者提供物质帮助的制度。它是社会保障体系的重要组成部分，是社会保险的主要项目之一。

在我国，失业人员在满足：非因本人意愿中断就业；已办理失业登记，并有求职要求；按照规定参加失业保险，所在单位和本人已按照规定履行缴费义务满一年三个条件后，方可享受失业保险待遇，待遇内容主要涉及以下几个方面。

（1）按月领取的失业保险金，即失业保险经办机构按照规定支付给符合条件的失业人员的基本生活费用。

（2）领取失业保险金期间的医疗补助金，即支付给失业人员领取失业保险金期间发生的医疗费用的补助。

（3）失业人员领取失业保险金期间死亡的丧葬补助金和供养其配偶直系亲属的抚恤金。

（4）为失业人员在领取失业保险金期间开展职业培训、介绍的机构或接受职业培训、介绍的本人给予补偿，帮助其再就业。

根据对失业保险费缴纳的规定，城镇企业事业单位应按照本单位工资总额的百分之一到百分之一点五缴纳失业保险费。单位职工按照本人工资的百分之零点五缴纳失业保险费。城镇企业事业单位招用的农民合同制工人本人不缴纳失业保险费。

四、工伤保险

工伤保险，又称职业伤害保险。工伤保险是通过社会统筹的办法，集中用人单位缴纳的工伤保险费，建立工伤保险基金，对劳动者在生产经营活动中遭受意外伤害或职业病，并由此造成死亡、暂时或永久丧失劳动能力时，给予劳动者及其实用性法定的医疗救治以及必要的经济补偿的一种社会保障制度。这种补偿既包括医疗、康复所需费用，也包括保障基本生活的费用。工伤不管什么原因，责任在个人或在企业，都享有社会保险待遇，即补偿不究过失原则。

职工有下列情形之一的，应当认定为工伤：

（1）在工作时间和工作场所内，因工作原因受到事故伤害的。

（2）工作时间前后在工作场所内，从事与工作有关的预备性或者收尾性工作受到事故伤害的。

（3）在工作时间和工作场所内，因履行工作职责受到暴力等意外伤害的。

（4）患职业病的。

（5）因工外出期间，由于工作原因受到伤害或者发生事故下落不明的。

（6）在上下班途中，受到非本人主要责任的交通事故或者城市轨道交通、客运轮渡、火车事故伤害的。

（7）法律、行政法规规定应当认定为工伤的其他情形。

同时，职工有下列情形之一的，也视同工伤：

（1）在工作时间和工作岗位，突发疾病死亡或者在四十八小时之内经抢救无效死亡的。

（2）在抢险救灾等维护国家利益、公共利益活动中受到伤害的。

（3）职工原在军队服役，因战、因公负伤致残，已取得革命伤残军人证，到用人单位后旧伤复发的。

由于行业不同，工伤保险的缴费不一样，针对工伤风险程度，将行业划分为三类，其工伤保险缴费费率及类别划分详情如下：

（1）风险较小行业（用人单位职工工资总额 0.5%），如证券业、银行业、保险业等。

（2）中等风险行业（用人单位职工工资总额 1.0%），如房地产业、环境管理业、娱乐业、农副食品加工业等。

（3）风险较大行业（用人单位职工工资总额 2.0%），如炼焦及核心燃料加工业、石油加工、化学原料及化学制品制造业等。

五、生育保险

生育保险是通过国家立法规定，在劳动者因生育子女而导致劳动力暂时中断时，由国家和社会及时给予物质帮助的一项社会保险制度。我国生育保险待遇主要包括两项：一是生育津贴，二是生育医疗待遇。其宗旨在于通过向职业妇女提供生育津贴、医疗服务和产假，帮助他们恢复劳动能力，重返工作岗位。凡是与用人单位建立了劳动关系的职工，包括男职工，都应当参加生育保险。用人单位按照国家规定缴纳生育保险费，职工不缴纳生育保险费。

（一）生育医疗费

女职工生育的检查费、接生费、手术费、住院费和药费由生育保险基金支付。超出规定的医疗业务费和药费（含自费药品和营养药品的药费）由职工个人负担。

女职工生育出院后，因生育引起疾病的医疗费，由生育保险基金支付；其他疾病的医疗费，按照医疗保险待遇的规定办理。女职工产假期满后，因病需要休息治疗的，按照有关病假待遇和医疗保险待遇规定办理。

（二）生育津贴

女职工依法享受产假期间的生育津贴，按本企业上年度职工月平均工资计发，由生育保险基金支付。

六、住房公积金

住房公积金，是指国家机关、国有企业、城镇集体企业、外商投资企业、城镇私营企业及其他城镇企业、事业单位、民办非企业单位、社会团体及其在职职工缴存的长期住房储金。

住房公积金的定义包含以下四个方面的含义。

（1）住房公积金只在城镇建立，城镇在职职工，无论其工作单位性质如何、家庭收入高低、是否已有住房，都必须按照规定缴存住房公积金；农村不建立住房公积金制度。

（2）只有在职职工才建立住房公积金制度。无工作的城镇居民、离退休职工不实行住房公积金制度。职工离休、退休，或完全丧失劳动能力并与单位终止劳动关系，户口迁出或出境定居等，缴存的住房公积金将返还职工个人。

（3）住房公积金由两部分组成，一部分由职工所在单位缴存，另一部分由职工个人缴存。职工和单位住房公积金的缴存比例均不得低于职工上一年度月平均工资的百分之五；有条件的城市，可以适当提高缴存比例。职工个人缴存部分由单位代扣后，连同单位缴存部分一并缴存到住房公积金个人账户内。

（4）住房公积金缴存的长期性。住房公积金制度一经建立，职工在职期间必须不间断地按规定缴存，除职工离退休或发生《住房公积金管理条例》规定的其他情形外，不得中止和中断。体现了住房公积金的稳定性、统一性、规范性和强制性。

关于住房公积金的用途，包括：购房，其贷款利率远低于商业银行贷款利率；租房，即用公积金支付配租或政府招租补贴的经济租赁房房租，或用公积金支付市场租房房租；在农村集体土地上建造、翻建、大修自有住房且使用住房贷款的，职工及配偶可申请提取修建房被批准当月之前（含当月）的公积金金额，提取金额合计不超过修建房费用；父母给儿女购房；销户提取全部余额等。

任务五 劳动争议的处理

一、劳动争议概述

劳动争议的范围，在不同的国家有不同的规定。根据我国《劳动争议调解仲裁法》第2条规定，劳动争议的范围是：

（1）因确认劳动关系发生的争议。

（2）因订立、履行、变更、解除和终止劳动合同发生的争议。

（3）因除名、辞退和辞职、离职发生的争议。

（4）因工作时间、休息休假、社会保险、福利、培训以及劳动保护发生的争议。

（5）因劳动报酬、工伤医疗费、经济补偿或者赔偿金等发生的争议。

（6）法律、法规规定的其他劳动争议。

二、劳动争议的处理方式

根据《劳动法》的规定，我国劳动争议的处理方式有四种：一是协商解决；二是企业调解；三是申请仲裁；四是提起诉讼。

（一）协商解决

协商解决通过协商方式自行和解，是双方当事人应首先选择解决争议的途径。同时也是在解决争议过程中可以随时采用的。协商解决是以双方当事人自愿为基础的，不愿协商或者经协商不能达成一致，当事人可以选择其他方式。

（二）企业调解

企业调解是指双方当事人可以选择向企业劳动争议调解委员会申请调解的处理方式。这种调解实行自愿原则，具体体现在两方面，一方面是只有在双方当事人都同意由企业劳动争议调解委员会处理该争议，调解委员会才能受理该案件；另一方面是当事人可以不经过调解而直接申请仲裁。此外，由于调解委员会主要是由企业代表和工会代表组成，所以工会与企业因履行集体合同发生争议，不适合向调解委员会申请调解，当事人应直接申请仲裁。劳动争议调解委员会调解劳动争议的步骤一般为：①申请；②受理；③调查；④调解；⑤制作调解协议书。

（三）申请仲裁

申请仲裁若经企业调解委员会调解，双方达不成协议，当事人一方或双方均可向当地劳动争议仲裁委员会申诉。当事人也可以不经企业调解委员会处理而直接申请仲裁。需要注意的是，因处理签订集体合同发生的争议缺乏法律依据，所以这类争议是由劳动保障行政部门会同有关方面进行协调处理，不可以申请仲裁。除这种争议外，对其他争议而言，劳动争议仲裁是强制性的必经程序。也就是说，只要有一方当事人申请仲裁，且符合受理条件，仲裁委员会即予受理；当事人如果要起诉到法院，必须先经过仲裁，否则人民法院将不予受理。仲裁作为企业劳动争议的处理办法之一，是指劳动争议仲裁机构依法对争议双方当事人的争议案件进行居中公断的执法行为，一般要经历以下几个阶段。

1. 案件受理阶段

这一阶段包括两项工作：一是当事人在规定的时效内向劳动争议仲裁委员会提交请求仲裁的书面申请；二是案件受理。仲裁委员会在收到仲裁申请后一段时间内要作出受理或不受理的决定。

2. 调查取证阶段

调查取证的目的是收集有关证据和材料，查明争议实施，为下一步的调解或裁决做好准备工作。调查取证工作包括撰写调查提纲，根据调查提纲进行有针对性的调查取证，核实调查结果和有关证据等。

3. 调解阶段

仲裁庭在查明事实的基础上，首先要做调解工作，努力促使双方当事人自愿达成协议。对达成协议的仲裁庭还需制作仲裁调解书。

4. 裁决阶段

经仲裁庭调解无效或仲裁调解书送达前当事人反悔，调解失败的，劳动争议的处理便进入裁决阶段。仲裁庭裁决要通过召开仲裁会议的形式作出。一般要经过庭审调查、双方辩论和陈述等过程，最后由仲裁员对争议事实进行充分协商，按照少数服从多数的原则作出裁决。仲裁庭作出裁决后应制作调解裁决书。当事人对裁决不服的，可在规定时间内向法院起诉。

5. 调解或裁决的执行阶段

仲裁调解书自送达当事人之日起生效；仲裁裁决书在法定起诉期满后生效。生效后的调解或裁决，当事双方都应该自觉执行。

（四）提起诉讼

当事人如果对劳动争议仲裁委员会的仲裁裁决、不予受理仲裁决定或通知书不服，可以在规定的时限内向当地基层人民法院起诉。目前法院是由民事审判庭依据民事诉讼程序对劳动争议案件进行审理，实行两审终审制。法院审判是处理劳动争议的最终程序。

依照现行法律规定，劳动者主要的法定维权渠道有：劳动争议处理程序、劳动保障监察程序。但是这两个程序都存在各自的不足：按照劳动争议处理程序解决的，劳动者需出庭举证、办理比较烦琐的仲裁诉讼手续，劳动者常常由于应诉能力不强导致权益得不到应有的保障；按照劳动监察程序举报投诉，可以免去出庭应诉之累，成本低，但是由于劳动监察处理该类案件时缺乏司法体系的有力支持，劳动保障监察处理难、执行难现象十分突出。

举案说法

试用期单位是否应该给员工缴纳社会保险

2015年6月末，大学毕业的小袁经过面试被聘为M公司财务人员，2015年7月，公司与小袁签订劳动合同，合同约定：试用期为三个月，从2015年7月10日至10月10日，劳动合同期限为2年，自2015年10月11日至2017年10月10日止。2016年1月，小袁以继续求学为由提出辞职，在办理离职手续时，发现公司未为其缴纳试用期期间的社会保险费，于是，小袁要求公司为其补足漏缴的社会保险费。公司则认为：首先，试用期内双方尚处于双向选择阶段，不缴纳社会保险费是用人单位较为普遍的做法；其次，公司与小袁约定的劳动合同期限自2015年10月11日至2017年10月10日止，公司于当年11月开始缴纳社会保险费，与劳动合同相吻合。因此，公司不同意补缴社会保险费。2016年1月，小袁向劳动争议仲裁委员会申请劳动争议仲裁，以公司未依法缴纳社会保险为由，要求公司向其支付解除劳动合同的经济补偿金。那么，公司未为员工缴纳试用期内的社会保险费是否符合法律规定？小袁要求公司支付经济补偿金的要求能够得到法律的支持吗？

案例解析：劳动争仲裁委员会经过调查认为，公司应该为小袁缴纳试用期间的社会保险，应为其补缴，但不支持小袁提出的经济补偿金请求，理由如下。

第一，本案中，双方虽然在劳动合同中约定劳动合同期限自2015年10月11日起，但双方建立劳动关系的时间应当是小袁入职之日，即2015年7月10日。相关劳动法律规定：试用期包括在劳动合同的期限内。因此，本案劳动合同的期限为两年零三个月。虽然法律赋予了用人单位在试用期期间相对自由的用工权，但是用人单位对试用期内的员工仍应当依法管理，并维护劳动者的合法权益。

第二，社会保险是用人单位与劳动者共同承担的一项社会义务，自建立劳动关系之日起，用人单位应当为劳动者缴纳各项社会保险费。本案公司对试用期内不缴纳社会保险费的主张显然是不能成立的。

第三，用人单位是否应当向劳动者支付经济补偿金，取决于解除劳动合同的直接原因是否属于法律规定企业应当支付经济补偿金的情形。本案小袁的申诉理由是公司未为其足额缴纳社会保险费，虽然《劳动合同法》规定：用人单位未依法为劳动者缴纳社会保险费，劳动者可以随时解除劳动合同，用人单位应当支付经济补偿金，但是小袁的申诉请求在本案中不会得到法律的支持。因为，小袁辞职时提出的原因是个人继续求学问题，而并非公司未足额缴纳社会保险费，劳动者因个人原因解除劳动合同，用人单位可以不为其支付经济补偿金。

（资料来源：http://china. findlaw. cn。）

项目小结

本项目包括劳动法概述；劳动合同；工资、工作时间和休息休假；社会保险；劳动争议的处理等五个任务。劳动法要求在熟悉劳动法的概念劳动法的调整对象、劳动法律关系的内容基础上，掌握劳动法调整的内容、劳动者和用人单位在劳动关系中享有的权利和负有的义务，作为劳动者如何保护自己的合法权益。理解劳动合同的种类和内容，哪些劳动合同是无效的，劳动合同终止和解除时劳动者和用人单位的权利和义务，主要学会如何保护劳动者的权益。了解劳动法对于工资、工作时间和休息休假的制度，了解社会保险和公积金缴纳的有关规定，作为劳动者在这些方面维护自身权益。最后应知悉劳动者与用人单位发生劳动纠纷，可选择哪些途径解决。

项目实训

制作劳动合同

任务目标

通过这项实训活动，让学生掌握劳动合同的具体形式和大体内容，了解劳动法。通过劳动合同法理论知识进行模拟运用，为以后在真实的环境签订劳动合同做一些经验准备。

任务内容

1. 学生分组讨论劳动合同的主要条款。
2. 写出本组的劳动合同文本。

任务要求

1. 了解劳动合同的主要条款。
2. 模拟编写劳动合同。

任务操作

全部学生自愿分组讨论，教师巡回指导，分组制作劳动合同，总结与交流。

任务流程

第一步，教师布置实训任务，提出实训要求。

第二步，学生自由分组，每组 4～8 人，进行讨论。

第三步，组长根据讨论的意见执笔书写劳动合同的有关条款。

第四步，选出优秀的范本全班进行交流。

综合实训

一、单项选择题

1. 已经建立劳动关系，未同时订立书面劳动合同的，应当自用工之日起（　　）内订立书面劳动合同。

A. 15 日　B. 1 个月　C. 2 个月　D. 3 个月

2. 劳动者（　　），用人单位不可以解除劳动合同。

A. 在试用期间被证明不符合录用条件的

B. 患病或非因工负伤，在规定的医疗期内的

C. 严重违反用人单位的规章制度的

D. 被依法追究刑事责任的

3. 方某工作已满 15 年，2009 年上半年在甲公司已休带薪年休假（简称年休假）5 天；下半年调到乙公司工作，提出补休年休假的申请。乙公司对方某补休年休假申请符合法率规定的答复是（　　）。

A. 不可以补休年休假　B. 可补休 5 天年休假

C. 可补休 10 天年休假　D. 可补休 15 天年休假

4. 用人单位和职业介绍机构发布技术工种人员招聘广告时，在应聘人员应具备的条件中须注明（　　）。

A. 民族　B. 籍贯　C. 职业资格要求 D. 婚姻状况

5. 我国《劳动法》规定，因特殊原因需要延长工作时间的，在保障劳动者身体健康和每月延长工作时间不超过 36 小时的条件下，延长工作时间每日不得超过（　　）。

A. 1 小时　B. 2 小时　C. 3 小时　D. 4 小时

二、多项选择题

1. 根据劳动合同法律规定，下列各项中可导致劳动合同终止情形有（　　）。

A. 劳动合同期满　B. 用人单位决定提前解散

C. 用人单位被依法宣告破产　D. 劳动者达到法定退休年龄

2. 根据劳动合同法律制度的规定，下列各项中，可导致劳动合同终止的情形有（　　）。

A. 劳动合同期满　B. 用人单位决定提前解散

C. 用人单位被依法宣告破产　D. 劳动者达到法定退休年龄

3. 在某国有企业工作的吴某，在向该企业递交辞职书的第 2 日不辞而别，对这种违反劳动法规定解除劳动合同的行为该企业决定向仲裁委员会申请仲裁。该企业有权要求吴某赔偿单位下列损失中的（　　）。

A. 该单位招收录用吴某时向有关管理机构缴纳的 600 元行政管理费用

B. 企业为培养吴某，曾派他到国外学习，企业为此支付培训费用 1 万元

C. 由于吴某不辞而别，企业没有及时找到人员顶替吴某的工作，由此给该企业造成直接经济损失 2 万元

D. 由于吴某不辞而别，给该企业生产造成间接经济损失 4 万元

4. 下列有关《劳动法》适用范围的表述，正确的有（　　）。

A. 外商独资企业的职工适用《劳动法》

B. 个体工商户聘用的帮工适用《劳动法》

C. 家庭聘用的保姆适用《劳动法》

D. 在国家机关单位工作的劳动者不适用《劳动法》

5. 下列不属于劳动关系的是（　　）。

A. 个体劳动者与其家庭成员共同劳动的关系

B. 个体劳动者与其聘请的帮工之间关系

C. 农民在市场上出售自己的劳动产品

D. 劳动者与所在单位的关系

三、案例分析题

某企业招用了一批合同制工人，劳动合同中约定，工人入厂时，需交身份证以作抵押，合同期限 5 年，其中试用期为 1 年，在履行合同中，若发现不能胜任工作，企业可以随时解除劳动合同。法定节日须照常工作，工资不变。每 3 个月发放一次工资。

试问：企业的招工行为及劳动合同的内容有哪些违反了劳动合同法的规定？

项目十三

仲裁和民事诉讼法

职业能力目标

了解仲裁和诉讼的概念；掌握仲裁协议的效力、程序规则和执行；掌握经济案件的管辖、一审普通程序的具体规定；能够运用仲裁和诉讼的相关法律知识选择处理经济纠纷的方法，以及如何进行相关法律程序。

典型工作任务

识记仲裁的适用范围、基本原则、仲裁的机构和仲裁的程序；掌握诉讼的原则和诉讼管辖、诉讼程序。

开篇普法

《中华人民共和国民事诉讼法》（简称《民事诉讼法》）也叫民事诉讼法的基本制度，是指在民事诉讼的一定阶段或重大环节上起着基本作用的准则，是人民法院与当事人及其他诉讼参与人进行民事诉讼的基本规程。民事诉讼的基本制度，包括合议制度、回避制度、公开审判制度和两审终审制度。

《民事诉讼法》于 1991 年 4 月 9 日第七届全国人民代表大会第四次会议通过。根据 2007 年 10 月 28 日第十届全国人民代表大会常务委员会第三十次会议《关于修改〈中华人民共和国民事诉讼法〉的决定》第一次修正；根据 2012 年 8 月 31 日第十一届全国人民代表大会常务委员会第二十八次会议《关于修改〈中华人民共和国民事诉讼法〉的决定》第二次修正。

《民事诉讼法》内容总计 284 条，包括：

第一编　总　则

第一章　任务、适用范围和基本原则

第二章　管　辖

第三章　审判组织

第四章　回　避

第五章　诉讼参加人

第六章　证　据

第七章　期间、送达

第八章 调 解
第九章 保全和先予执行
第十章 对妨害民事诉讼的强制措施
第十一章 诉讼费用
第二编 审判程序
第十二章 第一审普通程序
第十三章 简易程序
第十四章 第二审程序
第十五章 特别程序
第十六章 审判监督程序
第十七章 督促程序
第十八章 公示催告程序
第三编 执行程序
第十九章 一般规定
第二十章 执行的申请和移送
第二十一章 执行措施
第二十二章 执行中止和终结
第四编 涉外民事诉讼程序的特别规定
第二十三章 一般原则
第二十四章 管 辖
第二十五章 送达、期间
第二十六章 仲 裁
第二十七章 司法协助

任务一 仲裁

一、概述

（一）仲裁的概念和特征

1. 仲裁的概念

民事争议通常可以采取向法院起诉和申请仲裁机构审理两种方法。仲裁指争议双方当事人在争议发生之前或者争议发生之后达成协议，自愿将他们之间的争议交由非司法机构的仲裁员组成的仲裁庭进行裁判，争议双方当事人有义务履行该裁决的一种解决争议的方式。

2. 仲裁的特征

（1）以双方当事人自愿协商为基础。选择仲裁形式解决争议，应在订立合同时写明仲裁条款或事后达成书面的仲裁协议。

（2）由双方当事人自愿选择的中立第三者（仲裁机构）进行裁判。仲裁委员会由当事人协议选定，不受涉案标的、地域的限制，仲裁委员会依法独立办案，不受任何行政机关、社会团体和个人的干涉。

（3）裁决对双方当事人都具有约束力。仲裁裁决一经作出，即具有法律约束力，当事人一方不履行裁决，另一方可依法向人民法院申请执行，受申请的人民法院应当执行。

（二）仲裁的适用范围

仲裁的适用范围是指哪些纠纷可以通过仲裁解决，哪些纠纷不能以仲裁来解决，这就是我们通常讲的“争议的可仲裁性”。《中华人民共和国仲裁法》（简称《仲裁法》）的第二条规定：“平等主体的公民，法人和其他组织之间发生的合同纠纷和其他财产权益纠纷，可以仲裁”。

这里明确了三条原则：一是发生纠纷的双方当事人必须是民事主体，包括国内外法人、自然人和其他合法的具有独立主体资格的组织；二是仲裁的争议事项应当是当事人有权处分的；三是仲裁范围必须是合同纠纷和其他财产权益纠纷。

下列三类纠纷，不能提请仲裁。

（1）关于婚姻、收养、监护、扶养、继承纠纷。这类纠纷虽然属于民事纠纷，也不同程度涉及财产权益争议，但这类纠纷往往涉及当事人本人不能自由处分的身份关系，需要法院作出判决或由政府机关作出决定，不属仲裁机构的管辖范围。

（2）依法应当由行政机关处理的行政争议。行政争议，亦称行政纠纷，行政纠纷是指国家行政机关之间，或者国家行政机关与企事业单位，社会团体以及公民之间，由于行政管理而引起的争议。外国法律也规定这类纠纷应当依法通过行政复议或行政诉讼解决。

（3）下列仲裁不适用于《仲裁法》，不属于《仲裁法》所规定的仲裁范围，由别的法律予以调整：

①劳动争议的仲裁。

②农业集体经济组织内部的农业承包合同纠纷的仲裁。

这是因为，劳动争议，农业集体经济组织内部的农业承包合同纠纷虽然可以仲裁，但它不同于一般的民事经济纠纷，因此只能另作规定予以调整。

二、仲裁协议的无效

根据《仲裁法》第十七条规定，结合其他有关司法解释，仲裁协议无效的情形可归纳为：

（1）约定的仲裁事项超出法律规定的仲裁范围的。

（2）无民事行为能力人或者限制民事行为能力人订立的仲裁协议。

（3）一方采取胁迫手段，迫使对方订立仲裁协议的。

（4）以口头方式订立的仲裁协议无效。

（5）仲裁协议对仲裁事项没有约定或约定不明确，或者仲裁协议对仲裁委员会没有约定或者约定不明确，当事人对此又达不成补充协议的，仲裁协议无效。

（6）无法实现的仲裁协议。有的仲裁协议规定，争议发生后，提交中国仲裁机构依照美国仲裁协会的仲裁规则进行仲裁，这种协议是无效的。

（7）选择的仲裁机构不存在的，仲裁协议无效。

（8）仲裁终局性不确定的仲裁协议。有的仲裁协议规定：合同执行过程中出现的问题双方应协商解决，协商不成，可提交某仲裁机构仲裁，如对仲裁裁决不服的，可向人民法院起诉。这种协议因违背了仲裁终局性原则而无效。

三、仲裁的基本原则

（一）自愿原则

这是仲裁制度的一个基本原则，主要体现在以下几个方面：①采用仲裁方式解决纠纷，必须双方自愿，并达成书面仲裁协议。没有仲裁协议一方申请仲裁的，仲裁委员会不予受理。②当事人双方有权自愿选择仲裁机构。《仲裁法》第六条规定："仲裁委员会应当由当事人协议选定。仲裁不实行级别管辖和地域管辖。"向哪个仲裁委员会申请仲裁，由当事人协商选定，被选定的仲裁委员会必须仲裁。③当事人有权选择仲裁员。根据仲裁法的规定，仲裁员由当事人自愿选任。④当事人有权约定仲裁程序中依法可约定的事项。仲裁法规定了许多当事人可以自由约定的事项，如当事人可约定仲裁庭的组成方式，可约定是否开庭仲裁、是否公开仲裁、是否进行调解。

（二）仲裁独立原则

《仲裁法》第八条规定："仲裁依法独立进行，不受行政机关、社会团体和个人的干涉。"这是法律赋予仲裁机构和仲裁员的权力，也体现出仲裁机构的独立性职能。仲裁的独立性表现在仲裁机构不隶属于任何行政机关；仲裁庭享有独立的仲裁权，仲裁委员会不作干预；法院对仲裁的监督只是事后监督，不能事前干预。

（三）根据事实，符合法律规定，公平合理解决经济纠纷原则

根据事实，就是在仲裁审理过程中，要查明事实，分清是非曲直。符合法律规定，就是仲裁庭在查清事实的基础上，根据法律的有关规定确认当事人的权利和义务，确定承担责任的方式以及赔偿数额的大小。不能撇开法律，随心所欲。公平合理解决经济纠纷首先指仲裁庭处理纠纷应当公平、公正、不偏不倚。仲裁员不同于律师，他不代表任何一方当事人的利益。无论仲裁员是哪一方选定的，他都应当公平地对待双方当事人，公正地处理纠纷。其次，公平合理还意味着，对争议的处理法律未作明确规定的，仲裁庭可以参照经济贸易活动中被人们所普遍接受的做法即国际贸易惯例或者行业惯例进行裁断。

（四）一裁终局原则

一裁终局既是仲裁独有的基本制度，又是仲裁独有的基本原则，也是仲裁高效率低成本的基本保障。

四、仲裁机构

（一）仲裁协会

《仲裁法》第十五条规定：中国仲裁协会是社会团体法人。仲裁委员会是中国仲裁协会的会员。中国仲裁协会的章程由全国会员代表大会制定。中国仲裁协会是仲裁委员会的自律性组织，根据章程对仲裁委员会及其组成人员、仲裁员的违纪行为进行监督。中国仲裁协会依照本法和民事诉讼法的有关规定制定仲裁规则。

（二）仲裁委员会

仲裁委员会是常设性仲裁机构，是独立、公正、高效地解决平等主体的公民、法人和其他组织之间发生的合同纠纷和其他财产权益纠纷的常设仲裁机构。一般在直辖市，省、自治区人民政府所在地的市设立，也可以根据需要在其他设区的市设立，不按行政区划层

层设立。仲裁委员会由市的人民政府组织有关部门和商会统一组建，并应经省、自治区、直辖市的司法行政部门登记，未经设立登记的，其仲裁裁决不具有法律效力。

（三）仲裁庭

仲裁庭是对某一争议案件进行仲裁审理活动时的组织形式。

根据仲裁庭仲裁员人数，仲裁庭可分为以下两种。

1. 独任仲裁庭

即仲裁庭由一名仲裁员组成，独任审理；独任仲裁员的产生，可由双方共同协商指定，也可由共同委托仲裁机构代为指定。独任仲裁庭适用于简易仲裁程序。

2. 合议仲裁庭

一般由两名仲裁员和一名首席仲裁员共三人组成。其产生办法为由双方当事人各自选定或各自委托仲裁委员会主任指定一名仲裁员，第三名仲裁员由当事人共同选定或共同委托仲裁委员会主任指定，首席仲裁员是合议仲裁庭的主持者，与仲裁员享有同等的权利。

五、仲裁的基本制度

确立什么样的仲裁制度，直接关系仲裁的生存和发展，也直接关系到能否公正、及时、有效地解决当事人之间的争议,《仲裁法》在总结中国仲裁的经验，借鉴国外经验的基础上，提出了三项基本制度，即协议仲裁制度，或裁或审制度，一裁终局制度。

（一）协议仲裁

这是仲裁中当事人自愿原则的最根本体现，也是自愿原则在仲裁过程中得以实现的最基本的保证，仲裁法规定仲裁必须要有书面的仲裁协议，仲裁协议可以是合同中写明的仲裁条款，也可以是单独书写的仲裁协议书（包括可以确认的其他书面方式）。仲裁协议的内容应当包括请求仲裁的意思表示，约定的仲裁事项，以及选定的仲裁委员会。

（二）或裁或审

或裁或审是尊重当事人选择解决争议途径的制度。其含义是，当事人达成书面仲裁协议的，应当向仲裁机构申请仲裁，不能向法院起诉。人民法院也不受理有仲裁协议的起诉。如果一方当事人出于自身的利益或者其他原因，没有信守仲裁协议或者有意回避仲裁而将争议起诉到法院，那么被诉方当事人可以依据仲裁协议向法院提出管辖权异议，要求法院驳回起诉，法院按照仲裁法的规定，将对具有有效仲裁协议的起诉予以驳回并让当事人将争议交付仲裁，但仲裁协议无效的除外。但如果另一方当事人在首次开庭前未对人民法院受理该起诉提出异议的，视为放弃仲裁协议，人民法院应当继续审理。

（三）一裁终局

《仲裁法》第九条规定："仲裁实行一裁终局的制度，裁决作出后，当事人就同一纠纷再申请仲裁或者向人民法院起诉的，仲裁委员会不予受理。"一裁终局的基本含义在于，裁决作出后，即产生法律效力，即使当事人对裁决不服，也不能就同一案件向法院提出起诉。

六、仲裁的程序

（一）受理

仲裁程序的开始是当事人向仲裁机构申请仲裁。仲裁委员会收到当事人提交的仲裁申请书后，认为符合受理条件的，在收到仲裁申请书之日起五日内向申请人发出受理通知书，同时向被申请人发出仲裁通知书及附件。双方当事人在收到受理通知书或仲裁通知书后，应当做好以下几项工作：申请人须在规定的期限内预交仲裁费用，否则将视为申请人撤回仲裁申请；被申请人可在仲裁通知书规定的期限内向仲裁委员会提交书面答辩书；分别做好证据材料的核对及整理工作，必要时可提交补充证据；及时提交仲裁员选定书、法定代表人证明书、详细写明委托权限的授权委托书等有关材料；在被申请人下落不明的情况下，申请人应主动查找其下落，并向仲裁委员会提交被申请人的确切住所，否则将影响仲裁程序进行；被申请人若要提出仲裁反请求，则必须在仲裁规则规定的期限内提出。

此外，双方当事人均有权向仲裁委员会申请财产保全和证据保全，有权委托律师和其他代理人进行仲裁活动。

（二）组庭

双方当事人应当在规定的期限内约定仲裁庭的组成方式和选定仲裁员。若当事人在规定的期限内未能约定仲裁庭的组成方式或者选定仲裁员的，由仲裁委员会主任指定。仲裁庭组成后，仲裁委员会向双方当事人发出组庭通知书。当事人在收到组庭通知书后，对仲裁员的公正性有怀疑时，可以在首次开庭前提出回避申请，同时应当说明理由。若回避事由在首次开庭后知道的，可以在最后一次开庭终结前提出。因回避而重新选定或指定仲裁员后，当事人可以请求已进行的仲裁程序重新进行，是否准许，由仲裁庭决定。

（三）开庭审理

仲裁委员会应当在仲裁规则规定的期限内将开庭日期通知双方当事人。当事人在收到开庭通知书后，应当注意以下几个问题。

（1）当事人若确有困难，不能在所定的开庭日期到庭，则可以在仲裁规则规定的期限内向仲裁庭提出延期开庭请求，是否准许由仲裁庭决定。申请人经书面通知，无正当理由不到庭或未经仲裁庭许可中途退庭的，视为撤回仲裁申请。被申请人经书面通知，无正当理由不到庭或者未经仲裁庭许可中途退庭的，仲裁庭可以缺席裁决。

（2）在庭审过程中，当事人享有进行辩论和表述最后意见的权利。

（3）双方当事人应当严格遵守开庭纪律。

当事人申请仲裁后，有自行和解的权利。达成和解协议的，可以请求仲裁庭根据和解协议作出裁决书，也可撤回仲裁申请。在庭审过程中，若双方当事人自愿调解的，可在仲裁庭主持下先行调解。调解成功的，仲裁庭依据已达成的调解协议书制作调解书，当事人可以要求仲裁庭根据调解协议制作裁决书。调解不成的，则由仲裁庭及时作出裁决。仲裁庭对专门性问题认为需要鉴定的，可以交由当事人共同约定的鉴定部门鉴定，也可以由仲裁庭指定的鉴定部门鉴定，鉴定费用由当事人预交。

（四）裁决

仲裁庭在将争议事实调查清楚、宣布闭庭后，应进行仲裁庭评议，并按照评议中的多数仲裁员的意见作出裁决。若仲裁庭不能形成多数意见时，则按照首席仲裁员的意见作出裁决。在裁决阶段，双方当事人享有以下两项权利：

（1）有权根据实际情况，要求仲裁庭就事实已经清楚的部分先行裁决。

（2）在收到裁决书后的三十日内，当事人有权对裁决书中的文字、计算错误或者遗漏的事项申请仲裁庭补正。

双方当事人在收到裁决书后，应当自觉履行仲裁裁决。

（五）执行

《仲裁法》第六十二条规定：当事人应当履行裁决，一方当事人不履行的，另一方当事人可以依照《民事诉讼法》的有关规定向人民法院申请强制执行。受申请的人民法院应当执行。

任务二 民事诉讼

一、民事诉讼的概念与特征

民事纠纷的解决，可以通过当事人自己、社会及国家三种渠道。由当事人自己解决民事纠纷，主要有两种方式：一是避让，二是和解。由社会介入解决民事纠纷，方式主要也有两个：诉讼外调解和仲裁。由国家介入的解决民事纠纷的方式只有一种：民事诉讼。

民事诉讼是指法院在所有诉讼参与人的参加下，按照法律规定的程序，审理和解决民事案件的诉讼，以及在活动中产生的各种法律关系的总和。

与其他解决民事纠纷的方式相比，民事诉讼具有如下特点：

（1）民事诉讼的参与者是法院和诉讼参与人，包括原告、被告、证人等。

（2）民事诉讼解决的纠纷是民事纠纷。

（3）民事纠纷的解决过程有严格的程序。

（4）民事纠纷的解决以国家的强制力作为后盾。

二、民事诉讼法概述

民事诉讼法，是国家制定的、规范法院与民事诉讼参与人的诉讼活动，调整法院与诉讼参与人法律关系的法律规范的总和。

民事诉讼法在法律体系中占有重要的地位，其在国家法律体系中的地位仅次于宪法，与民法、刑法、刑事诉讼法等法律部门一样，居于基本法的地位。它调整民事诉讼法律关系，它所规定的基本内容是民事审判程序制度，确定了法院和诉讼参与人在民事诉讼中的地位以及他们在诉讼中的权利和义务。

三、民事诉讼法基本原则

（一）当事人诉讼地位平等原则

1. 民事诉讼当事人诉讼地位平等原则的含义

民事诉讼当事人诉讼地位平等原则，是指民事诉讼中双方当事人诉讼地位平等，享有同等的诉讼权利和承担对等的诉讼义务，人民法院应当为双方当事人平等地行使诉讼权利提供保障和便利的行为准则。

2. 民事诉讼当事人诉讼地位平等原则的内容

（1）民事诉讼当事人不分身份，无论在诉讼中的地位如何，也不管民事实体上有无过失，在诉讼上地位上一律平等。

（2）民事诉讼当事人各方享有同等的诉讼权利，承担对等的诉讼义务。各方当事人除了享有一些相同的诉讼权利和承担一些相同的诉讼义务外，各方当事人还享有一些不同但又相对的诉讼权利，当事人如果不履行义务，得承担相应的法律后果。

（3）人民法院应当为当事人平等地行使诉讼权利提供便利和保障。法院应当告知当事人他们所享有的诉讼权利，为当事人行使诉讼权利提供便利条件和机会，在诉讼中应当对各方当事人一视同仁，平等对待。

（二）法院调解原则

1. 法院调解原则的含义

法院调解原则，是指规范在民事诉讼中，法院在当事人自愿的前提下，组织双方当事人依法定程序对争议的问题进行协商，并通过协商达成协议的行为准则。

2. 法院调解原则的内容

（1）法院调解活动贯穿在民事诉讼整个过程中。

（2）法院主持调解，应当遵循自愿和合法的原则。

（3）对调解不成的案件，法院应当及时作出判决。

（三）辩论原则

1. 辩论原则的含义

辩论原则，是指民事诉讼法规范在民事诉讼中，双方当事人有权就案件事实和争议的问题，在法院的主持下，各自陈述自己的主张和根据，互相进行反驳和答辩的行为准则。

2. 辩论原则的内容

（1）民事诉讼中的辩论，是在人民法院的主持下进行的，参加者是当事人双方及依法享有辩论权的诉讼代理人。

（2）辩论的内容，是案件事实及争议的问题，包括案件实体性问题、程序性问题和证据问题。

（3）辩论的形式，有书面形式和口头形式。

（4）辩论权的行使，贯穿于诉讼全过程，而不仅仅是限于开庭审理的辩论阶段。

（5）人民法院应为法庭辩论提供保障。人民法院应为当事人行使辩论权提供机会和条件；人民法院主持辩论，并引导当事人按法定的程序和方式行使辩论权。人民法院应当充分重视辩论的作用，未在法庭上辩论和质证的证据，不得作为法院裁判的根据。

（四）处分原则

1. 处分原则的含义

处分原则，是指民事诉讼法规范的，当事人在诉讼过程中有权对自己的实体权利和诉讼权利依法予以支配，决定是否行使或如何行使自己的实体权利和诉讼权利的行为准则。

2. 处分原则的内容

（1）处分权为双方当事人都享有，当事人在整个诉讼过程中都可依法行使处分权。

（2）当事人处分的内容，是自己享有的民事实体权利和民事诉讼权利。

（3）当事人对自己权利的处分，应符合法律规定，不能危害国家、集体和他人的合法利益。

（4）法院对当事人处分权的行使起到尊重、保障和监督的作用。

（五）检察监督原则

1. 检察监督原则的含义

检察监督原则是指在民事诉讼中，为了保证民事案件的公正审判，人民检察院依法有权对民事审判活动实行法律监督。

2. 检察监督原则的内容

（1）人民检察院对人民法院的审判活动有权实行法律监督，人民法院在民事审判活动中得接受人民检察院的法律监督。

（2）人民检察院对审判活动进行监督的具体方式，是对法院已生效的判决、裁定，有违反法律规定情形的，按照审判监督程序提出抗诉。

（六）支持起诉原则

1. 支持起诉原则的含义

支持起诉原则，是指在受害人不敢或不能起诉时，机关、社会团体、企业事业单位对损害国家、集体或者个人民事权益的行为，可以支持受害人向人民法院起诉。

2. 支持起诉原则的内容

（1）加害人的行为必须是侵权行为，该行为侵犯了国家、社会或者公民的民事权益。

（2）支持起诉者应是机关、社会团体、企业、事业单位，公民个人不能支持他人起诉。

（3）被支持的受害人没有向人民法院起诉，即受害人限于自己的能力或出于某种顾虑，没有向人民法院请求司法保护。

（4）支持的形式一般是道义上的支持或物质上的援助，以及法律知识上的帮助。支持起诉者不能以自己的名义提起诉讼。

四、民事诉讼法基本制度

民事诉讼法的基本制度，是指在民事诉讼某个阶段或某个方面起着重要作用的制度。

民事诉讼法的基本制度与民事诉讼法的基本原则既有相似之处，又有一定的差别。相似之处在于对民事诉讼都有指导作用，在民事诉讼法中都占有很重要的地位，都集中反映民事诉讼法的基本精神；但从理论上讲，基本制度与基本原则还是有相当大的差别，主要表现为：基本制度只在民事诉讼的主要阶段或某些方面起指导作用，而基本原则则对民事诉讼的整个过程起指导作用。

民事诉讼法的基本制度主要包括合议制度、回避制度、公开审判制度、两审终审制度。

（一）合议制度

1. 合议制度的概念和意义

合议制度，是指由三名以上审判人员组成审判组织，代表人民法院对民事案件进行集体审理和裁判的制度。

实行合议制度，具有如下几个方面的意义：第一，利用集体智慧，弥补个人能力上的不足以保证案件的审判质量；第二，体现审判民主，防止个人擅权，在审判组织内部形成有效的监督机制，以保证案件审理的客观公正性。

2. 合议制度的内容

根据民事诉讼法的规定，总的来说，合议庭由三个以上的单数的审判人员组成。

在普通程序中，合议庭的组成有两种形式：一种是由审判员和人民陪审员共同组成，一种是由审判员组成合议庭。

在第二审程序中，合议庭由审判员组成，陪审员不参加二审的合议庭；在再审程序中，再审案件原来是一审并适用一审程序进行审理的，按第一审程序合议庭的组成形式另行组成合议庭；再审案件原来是二审的，按第二审程序合议庭的组成形式另行组成合议庭。在特别程序中，只要是要求对案件的审理实行合议制的，合议庭都由审判员组成。

合议庭的审判工作，由合议庭的全体成员共同负责。合议庭开展工作由审判长负责主持，审判长由院长或庭长担任，院长或庭长未参加合议庭的，由庭长指定合议庭中的审判员一人担任。合议庭成员在评议和议决时，具有同等的权利；当合议庭成员的意见不一致时，实行少数服从多数的原则；在合议庭形成不了一致意见时，按最高法院的有关司法解释，此类案件应提交审委会讨论决定；评议中的不同意见，必须如实记入评议笔录。

（二）回避制度

1. 回避制度的概念与意义

回避制度，是指审判人员和其他有关人员遇有法律规定不宜参加案件审理或参加有关诉讼活动的情形时，而退出案件审理活动或有关诉讼活动的制度。

回避制度设立的目的在于保证法官中立和公正，确保裁判者在当事人之间没有利益上的偏向，以保证案件裁判的公正性。

2. 回避制度的内容

回避制度适用的对象是指本案的审判人员（包括审判员和人民陪审员）、书记员、翻译人员、鉴定人、勘验人员等，这些人员有下列情形之一的，必须回避，当事人有权用口头或者书面方式申请他们回避。

（1）本案的当事人或者与当事人有直系血亲、三代以内旁系血亲及姻亲关系的。

（2）本人或者其近亲属与本案有利害关系的。利害关系是指审判人员具有下列情形之一：①未经批准，私下会见本案一方当事人及其代理人、辩护人的；②为本案当事人推荐、介绍代理人、辩护人，或者为律师、其他人员介绍办理该案件的；③接受本案当事人及其委托的人的财物、其他利益，或者要求当事人及其委托的人报销费用的；④接受本案当事人及其委托的人的宴请，或者参加由其支付费用的各项活动的；⑤向本案当事人及其委托的人借款、借用交通工具、通信工具或者其他物品，或者接受当事人及其委托的人在购买商品、装修住房以及其他方面给予的好处的。以上情形当事人及其法定代理人有权要求回避，但应当提供相关证据材料。

（3）担任过本案的证人、鉴定人、勘验人、辩护人、诉讼代理人的。

（4）与本案的诉讼代理人、辩护人有夫妻、父母、子女或者同胞兄弟姐妹关系的。

（5）本人与本案当事人之间存在其他利害关系，可能影响案件公正处理的。

（三）公开审判制度

1. 公开审判制度的概念和意义

公开审判制度是指人民法院审理民事案件，除法律规定的情况外，审判过程及结果应当向群众、社会公开。

公开审判制度的设立，是审判民主化的一个基本表现，是民事审判目标即公正地解决当事人之间的纠纷的体现。

2. 公开审判制度的内容

公开审判是将审判活动向群众和社会公开。公开审判的案件，需要通过开庭审理的形式来贯彻，但是，开庭审理不等于就是公开审判，因为，一些不公开审理的案件，也需要开庭审理。公开审判的案件，应当在开庭审理之前公告当事人的姓名、案由、开庭的时间和地点，以方便群众参加旁听。法院审理的所有案件，裁判的结果都应当向社会公开，裁判结果的公开可以采取宣告或公告的方式。

但是，根据法律的规定，也有例外，根据《民事诉讼法》的规定，下列案件不公开审理：一是涉及国家秘密的案件；二是涉及个人隐私的案件；三是法院根据当事人的申请，决定不公开审理的离婚案件、涉及商业秘密的案件。

（四）两审终审制度

1. 两审终审制度的概念和意义

两审终审制，是指一个案件经过两级人民法院审理即告终结的法律制度。我国人民法院分为四级：最高人民法院、高级人民法院、中级人民法院和基层人民法院。因此，我国的两审终审制也称为“四级两审终审制”。

两审终审制的意义在于：

（1）可以使错误的第一审判决、裁定在尚未发生法律效力之前得到纠正，从而保证办案质量。

（2）上一级人民法院通过对上诉案件和抗诉案件的审判，及时了解下级法院的审判工作情况，使上级法院对下级法院的审级监督作用得到发挥，改进审判工作。

（3）可以防止诉讼拖延，节省人力、财力、物力，保证及时、准确打击犯罪，使处于不稳定状态的社会主体间的权利义务关系得以稳定和恢复。

2. 两审终审制度的内容

如果当事人对地方各级人民法院审理的第一审案件所作出的判决和裁定不服，可以依法向上一级人民法院提起上诉，要求上一级人民法院对案件进行第二次审判；经第二审人民法院对案件进行审理，所作出的判决和裁定是终审判决和裁定，当事人不服不得再提起上诉，人民法院也不得按照上诉审理程序审理。

根据两审终审制度的要求，地方各级人民法院审理第一审案件，在作出判决和裁定之后，还不能立即发生法律效力，只有在法定的期限内有上诉权的当事人没有上诉，人民检察院也没有提出抗诉的情况下，第一审判决、裁定才能发生法律效力。如果在法定期限内有上诉权的人提出上诉，或者人民检察院提出抗诉，上一级人民法院才能对案件进行审理。第一审法院的判决、裁定也就不发生法律效力。

对两审终审制不能绝对和机械地理解。两审终审制并不是说第二审法院的判决、裁定即使有错误也不得改变，如果确有错误，当然应予纠正，只不过不能适用上诉审理程序来解决，只能通过审判监督程序。

五、诉讼的管辖权

（一）级别管辖

级别管辖是指民事案件的第一审审判权在上下级人民法院之间的分工。我国法律对级别管辖的确定没有采用上述标准，主要以案件的性质、案情繁简、影响大小为标准来确定级别管辖的。案件的性质，是指案件的属性，即一般的民事案件还是特殊类型的案件，如专利案件、海事、海商案件就属于特殊类型的案件。案情繁简和影响大小，是指案件自身的繁简程度和案件处理的结果对社会影响的范围。

我国《民事诉讼法》第十八条至第二十一条规定，基层人民法院管辖第一审民事案件，但法律另有规定的除外。中级人民法院管辖重大涉外案件、在本辖区有重大影响的案件，以及最高人民法院确定由中级人民法院管辖的案件（主要有两种，一是海事案件和海商案件，二是除专利行政案件外的其他专利纠纷案件）。高级人民法院管辖在本辖区有重大影响的民事案件。最高人民法院管辖在全国有重大影响的案件和认为应当由本院审理的案件。

（二）地域管辖

地域管辖，是指确定同级人民法院之间受理第一审民事案件的分工与权限。地域管辖是在级别管辖确定的基础上划分同级法院之间审理一审民事案件权限问题。现行民事诉讼地域管辖的确定，主要考虑两个因素：一是根据行政区划；二是根据当事人或诉讼标的和人民法院的关系。根据《民事诉讼法》的规定，地域管辖可以分为一般地域管辖、特殊地域管辖、专属管辖和协议管辖四种。除专属管辖外，其他管辖中被告住所地的法院对案件均有管辖权。总体上体现了一种以“原告就被告”为原则，“被告就原告”为例外，兼顾民事法律关系发生、变更、消灭的法律事实所在地来确定管辖权的立法思想。

1．一般地域管辖

管辖确定采用“原告就被告”的原则，对公民提起的民事诉讼，由被告住所地人民法院管辖。对公民提起的民事诉讼，由这被告住所地人民法院管辖，被告住所地与经常居住地不一致的，由经常居住地人民法院管辖。对法人或者其他组织提起的民事诉讼，由被告住所地人民法院管辖。根据 2015 年 2 月 4 日起施行的最高人民法院关于适用《民事诉讼法》的解释，同一诉讼的几个被告住所地、经常居住地在两个以上人民法院辖区的，各该人民法院都有管辖权。对没有办事机构的个人合伙、合伙型联营体提起的诉讼，由被告注册登记地人民法院管辖。没有注册登记，几个被告又不在同一辖区的，被告住所的人民法院都有管辖权。双方当事人都被监禁或者被采取强制性教育措施的，由被告原住所地人民法院管辖。

2．特殊地域管辖

特殊地域管辖又称特别管辖或特殊管辖，是以被告住所地及诉讼标的或引起法律关系发生、变更、消失的法律事实所在地作为标准，确定管辖法院。它包括以下几种情况：

（1）因合同纠纷提起的诉讼，由被告住所地或者合同履行地人民法院管辖。

（2）因保险合同纠纷提起的诉讼，由被告住所地或者保险标的物所在地人民法院管辖。

（3）因票据纠纷提起的诉讼，由票据兑付地或者被告住所地人民法院管辖。

（4）因侵权行为提起的诉讼，由侵权行为地或者被告住所地人民法院管辖。

（5）因铁路、公路、水上和航空事故请求损害赔偿提起的诉讼，由事故发生地或者车辆、船舶最先到达地、航空器最先降落地或者被告住所地人民法院管辖。

（6）专利纠纷案件由知识产权法院、最高人民法院确定的中级人民法院和基层人民法院管辖。

（7）海事海商案件由海事法院管辖。

（三）专属管辖

专属管辖是指法律规定某些特殊类型的案件专门由特定的人民法院管辖，其他人民法院无权管辖，也不允许当事人协议变更管辖。根据法律规定下列三种情况实行专属管辖：

（1）因不动产纠纷提起的诉讼，由不动产所在地人民法院管辖。

（2）因港口作业中发生纠纷提起的诉讼，由港口所在地人民法院管辖。

（3）因继承遗产纠纷提起的诉讼，由被继承人死亡时住所地或者主要遗产所在地人民法院管辖。

根据以上规定，两个以上人民法院都有管辖权的诉讼，原告可以向其中一个人民法院起诉；原告向两个以上有管辖权的人民法院起诉，由最先接到起诉的人民法院管辖。

（四）协议管辖

协议管辖是双方当事人在纠纷发生前或纠纷发生后，以书面的方式约定管辖法院。因其是以当事人的意愿确定管辖法院的，又称为合意管辖或约定管辖、意定管辖。

当事人双方可以协议管辖，是法律赋予当事人的重要诉讼权利，是当事人民事自治原则在诉讼管理制度上的具体表现。根据《民事诉讼法》的规定，不仅涉外民事诉讼可以适用协议管辖，国内民事诉讼也可以适用协议管辖。《民事诉讼法》规定："合同的双方当事人可以在书面合同中协议选择被告住所地、合同履行地、合同签订地、原告住所地、标的物所在地人民法院管辖，但不得违反本法对级别管辖和专属管辖的规定。"据此，国内民事诉讼适用协议管辖，必须具备以下条件：①只能对第一审法院管辖的合同纠纷案件进行协议，不得对第二审法院管辖的合同纠纷案件进行协议；②只能对经济合同纠纷适用协议管辖，其他民事、经济纠纷不得协议管辖；③协议管辖是要式行为，选择协议管辖必须以书面形式，口头协议无效；④双方当事人必须在本条规定的范围内协议选择管辖法院，否则不具有法律效力；⑤双方当事人协议选择管辖法院，不得违反本法对级别管辖和专属管辖的规定。上述五个条件必须同时具备，缺一不可。

协议管辖可以分为明示协议管辖和默示协议管辖。明示协议管辖要求当事人在约定管辖时须订立书面协议；默示协议管辖则是从原告向无管辖权的法院诉讼，法院受理后被告不对管辖权提出异议并应诉答辩的情形，推断双方当事人均同意由该法院管辖。我国民事诉讼法对涉外诉讼既规定了明示协议管辖，又规定了默示协议管辖，而对非涉外诉讼，仅规定了明示协议管辖。

六、民事诉讼程序

（一）简易程序

1. 简易程序适用范围

根据我国《民事诉讼法》，简易程序只适用于审理事实清楚、权利义务关系明确、争议不大的简单的民事案件。以下几种案件，通常应当作为简单民事案件适用简易程序审理：

（1）结婚时间短，财产争议不大的离婚案件，或者当事人婚前就患有法律规定不准结婚的疾病的离婚案件。

（2）权利义务关系明确，只是给付时间和金额上有争议的追索赡养费、扶养费和抚育费案件。

（3）确认或变更收养、扶养关系，双方争议不大的案件。

（4）借贷关系明确，证据充分和金额不大的债务案件。

（5）遗产和继承人范围明确，讼争遗产金额不大的继承案件。

（6）事实清楚，责任明确，赔偿金额不大的赔偿案件。

（7）事实清楚，情节简单，是非分明，争议焦点明确，讼争金额不大的其他案件。

人民法院只有在审理第一审民事案件时，才能适用简易程序。

2003 年 9 月 10 日最高人民法院发布了《关于适用简易程序审理民事案件的若干规定》将五类案件排除在简易程序适用范围之外。这五类案件是：

（1）起诉时被告下落不明的案件。

（2）发回重审的案件。

（3）共同诉讼中一方或者双方当事人人数众多的案件。

（4）法律规定应当适用特别程序、审判监督程序、督促程序、公示催告程序和企业法人破产还债程序的案件。

（5）人民法院认为不宜适用简易程序进行审理的案件。

2. 简易程序的特点

（1）起诉方式简便。依照《民事诉讼法》规定，对简单的民事案件，原告本人不能书写起诉状，委托他人代写起诉状确有困难的，可以口头起诉。

（2）受理案件的程序简便。依照《民事诉讼法》规定，适用简易程序审理的案件，当事人双方可以同时到基层人民法院或者派出法庭请求解决纠纷。基层人民法院和它派出的法庭可以当即审理，也可以另定日期审理。当即审理的，可将起诉、审查起诉、受理和审理案件一并进行。

（3）传唤当事人和通知其他诉讼参与人的方式简便。既可以口头传唤和通知，也可以采取捎口信、电话、传真、电子邮件等简便方式随时传唤双方当事人、证人。

（4）实行独任制审判。按照简易程序审理简单的民事案件，由审判员一人独任审理，书记员担任记录。但是不能由审判员一人自审自记。

（5）开庭审理的程序简便。适用简易程序审理案件，也应当开庭审理。但是，法庭审理的方式和步骤比普通程序简便。其简便性主要体现在：

①公开审理的案件，不必在开庭前三日公布当事人姓名、案由和开庭的时间、地点，只需要在开庭时宣布公开审理并允许群众旁听即可。

②开庭前已经书面或者口头告知当事人诉讼权利义务，或者当事人各方均委托律师代理诉讼的，审判人员除告知当事人申请回避的权利外，可以不再告知当事人其他的诉讼权利义务。

③双方当事人到庭后，被告同意口头答辩的，人民法院可以当即开庭审理；被告要求书面答辩的，人民法院应当将提交答辩状的期限和开庭的具体日期告知各方当事人，并向当事人说明逾期举证以及拒不到庭的法律后果，由各方当事人在笔录和开庭传票的送达回证上签名或者捺印。

④在庭审过程中，经双方当事人陈述，权利义务关系明确、事实清楚的，在征得双方同意后，可以直接进行调解而不必经过审前准备程序。

⑤庭审过程还不受普通程序中法庭调查和辩论顺序的约束，可以合并进行，灵活掌握。适用简易程序审理的案件，可以不按照法庭调查和法庭辩论的顺序进行审理，法庭调查和

法庭辩论两个阶段可以合并进行，也可以穿插进行，由独任审判员根据案件具体情况灵活掌握。

⑥适用简易程序审理的民事案件，应当一次开庭审结，但人民法院认为确有必要再次开庭的除外。

⑦适用简易程序审理的民事案件，除人民法院认为不宜当庭宣判的以外，应当当庭宣判。

⑧简易程序判决书、调解书等法律文书的制作简化。

（6）举证期限和审结案件的期限较短。适用简易程序审理的案件是一些简单的民事案件，不需要做大量的调查取证工作，就能够查清事实，分清是非。加之当事人之间权利义务关系明确，争议不大，一般情况下，当事人不需要花费很长的时间举证，人民法院无须花费很长的时间就可以审结。

（二）一审普通程序

一审普通程序是指人民法院审理当事人起诉案件时通常所适用的程序，它是法院在审理民事案件时采用的最基本的程序，包括起诉与受理、审理前准备、开庭审理、调解或判决等阶段。

1. 起诉与受理

起诉是当事人就民事纠纷向人民法院提起诉讼，请求人民法院依照法定程序进行审判的行为。起诉必须符合下列条件：

（1）原告是与本案有直接利害关系的公民、法人和其他组织。

（2）有明确的被告。

（3）有具体的诉讼请求和事实、理由。

（4）属于人民法院受理民事诉讼的范围和受诉人民法院管辖。原告起诉应当向人民法院递交起诉状及预交案件受理费。

受理，是指人民法院经过审查，认为原告的起诉符合民事诉讼法规定的条件，而决定予以立案审理的行为。一般来讲，原告的起诉行为并不必然引起诉讼程序的开始，起诉还必须经过人民法院审查受理以后，诉讼程序才真正发生。人民法院认为起诉符合法定条件的，应当在七日内立案并通知当事人；人民法院认为起诉不符合法定条件的，应当在七日内裁定不予受理；原告对不予受理裁定不服的，可以提起上诉。如果人民法院在立案后，发现起诉不符合法定条件的，应当裁定驳回起诉，当事人对驳回起诉的裁定不服的，可以提起上诉。

2. 审理前准备

庭前准备工作包括以下几项内容：

（1）文书送达工作。严格按照民事诉讼法关于各种诉讼期间的规定，在法定期间内送达起诉状副本、答辩状副本、诉讼保全裁定、确定开庭时间和地点的传票，适用普通程序审理的案件，一并告知当事人合议庭组成人员，同时以应诉通知等文书的形式，告知当事的人基本诉讼权利和义务以及权利的行使方式和期限。

（2）风险提示工作。在送达应诉、开庭通知等诉讼文书的同时，向当事人送达诉讼风险告知书，提示诉讼可能面临的风险；送达举证通知，告知当事人举证的责任分担以及举证不能的法律后果，加强对当事人的庭前举证指导。

（3）证据展示工作。对于双方当事人举证意识较强、举证比较充分、具备组织庭前证据交换条件的案件，在开庭前组织证据交换，进行证据质辩，对证据进行求同存异，归纳争议焦点，节约开庭时间，提高开庭效率。证据包括以下类型：书证、物证、视听资料、证人证言、当事人陈述、鉴定结论。展示的证据，既包括双方当事人提交的证据，也包括法院依职权或依当事人申请调查取得的证据。法院调查取得的证据展示前应当说明调查的理由、法律依据以及调查取证的过程和结果。如在审理道路交通事故损害赔偿、劳动争议、健康权纠纷等证据比较多的案件时，通过庭前证据交换和展示，大大缩短案件审理的周期，提高了审判效率。

（4）庭前调解工作。对于一些同类型、群体性，以及婚姻家庭案件，注重庭前调解；有的法院对简易的民事案件，经当事人同意，在立案当中就由法官进行调解；还可委托人民调解员调解，委托基层专门调解组织协助调解。发挥上述部门和人员与当事人心理情感上接近、容易沟通的有利条件，争取通过调解缓解双方的对立情绪，拉近双方的分歧距离，促成双方和解。

3. 开庭审理

根据《民事诉讼法》的规定，除涉及国家秘密、个人隐私或法律另有规定的以外，法院审理的民事案件都要公开进行。离婚案件，涉及商业秘密的民事案件，当事人申请不公开审理的，可以不公开审理。

开庭审理主要包括准备开庭、法庭调查、法庭辩论、评议和宣判等主要环节，其中可能穿插法庭调解、休庭等环节。

（1）准备开庭。书记员请诉讼参加人入庭就座，检查诉讼参加人出庭情况；请诉讼参加人出示身份证件，核对诉讼参加人的身份；核实诉讼材料的收悉情况，宣布法庭规则和法庭纪律。法官入庭后，书记员向审判长报告，由审判长宣布开庭。之后，审判长宣告案名、案由、审理方式和程序，介绍审判人员，告知诉讼权利义务，并征询申请回避意见和宣告庭审阶段。在诉讼过程中，法庭可以给予当事人适当的诉讼指导。

（2）法庭调查。法庭可对法庭调查顺序予以说明：法庭调查一般按当事人陈述、归纳小结、当事人当庭举证、当庭质证、法庭认证的顺序进行。

（3）法庭辩论。法庭辩论按以下程序进行：由审判长宣布法庭辩论开始后，先由当事人进行对等辩论，即原告、被告、第三人依次进行辩论发言。然后进行互相辩论，当事人要求辩论发言的，可以向法庭举手示意。经法庭许可，方能发言。

（4）当事人最后陈述。即指示原告、被告、第三人依次作最后陈述。

（5）法庭调解。法庭调解可以在法庭调查、法庭辩论、休庭以后由法庭适时组织，如各方当事人均表示愿意调解的，法庭即可组织调解，有一方当事人不同意调解的，主持人宣布：终结调解。随即宣布休庭。法庭调解的一般程序为：

①先由原告方提出调解方案，征询被告的意见。

②如被告同意原告的调解方案的，法庭予以审查确认；被告拒绝的，则由被告提出新的调解方案，并征询原告的意见。

③原告同意被告提出的新的调解方案的，法庭予以审查确认；原告拒绝的，法庭可以再进行调解或者终止调解程序。

④当事人各方提出的调解方案均被对方拒绝的，法庭可以提出调解方案，并征询当事人的意见。

⑤对当事人达成的调解协议，法庭经审查确认调解协议内容的合法性和当事人意思表示的真实性后，制作调解书。调解书经双方当事人签收后，即具有法律效力。

⑥调解成功后，审判长宣布闭庭。调解不成，主持人宣布：法庭调解结束。经合议庭评议认为没有进一步调解必要或可能的，应当休庭评议，及时作出判决。

（6）休庭、评议和宣判。法官需要进行评议后作出裁决，如果当天宣判，则先休庭，然法官们进行评议，再继续开庭，宣布评议结果，即宣判，宣判的内容包括：①认证结论（先前已宣布的认证结论除外）；②裁判理由；③裁判结果以及诉讼费的负担。宣判后，审判长依次询问当事人意见，交待诉权和说明文书的送达方式，宣布闭庭。

如果当天不能宣判，应在庭审结束后五个工作日内进行评议并告知宣判的时间。

（三）二审程序

第二审程序是指由于民事诉讼的当事人不服第一审法院未生效的第一审裁判而在法定期间内向上一级人民法院提起上诉而引起的诉讼程序，是第二审级的人民法院审理上诉案件所适用的程序。

1. 上诉期间

当事人必须在法定期限内上诉。上诉期间简称上诉期，是指法律规定的有效期限。根据我国《民事诉讼法》规定，不服裁定的上诉期为十天，不服判决的上诉期为十五天。上诉期间从第一审法院的裁判送达次日起算。诉讼参加人各自接收裁判的，从各自的起算日开始算。

2. 上诉案件的审理

上诉必须由当事人提交上诉状，由二审法院审查一审法院移送的上诉材料及卷宗，符合条件予以立案。二审的法庭审理程序与一审类似。

3. 上诉案件的裁判

第二审人民法院对不服第一审判决的上诉、抗诉案件，经过审理后，应当按照下列情形分别处理。

（1）裁定驳回上诉或者抗诉，维持原判。原判决认定事实和适用法律正确、量刑适当的，应当裁定驳回上诉或者抗诉，维持原判。

（2）改判。包括两种情况：一是原判决认定事实没有错误，但适用法律有错误，或者量刑不当的，应当改判；二是原判决事实不清楚或者证据不足的，可以在查清事实后改判。

（3）发回重审。包括两种情况：一是二审法院经审理，认为原判决认定事实错误，或原判决认定事实不清、证据不足的，裁定撤销原判决，发回重审；二是原判决违反法定程序，可能影响案件正确判决的，应裁定撤销原判决，发回原审法院重审。当事人对重审案件的判决、裁定，可以上诉。

原审人民法院对于事实不清或者证据不足发回重新审判的案件作出判决后，被告人提出上诉或者人民检察院提出抗诉的，第二审人民法院应当依法作出判决或者裁定，不得再发回原审人民法院重新审判。

（四）执行程序

民事诉讼执行程序是指根据《民事诉讼法》，由法定组织和人员运用国家的强制力量，根据生效法律文书的规定，强制民事义务人履行所负义务的程序。法律文书一经生效，义务人应自觉履行，如果义务人拒不履行法律文书上规定的义务，权利人可向一审法院或原审法院申请强制执行。

我国《民事诉讼法》规定的执行措施包括以下几种：查询、冻结、划拨被执行人的储蓄存款；扣留、提取被执行人的收入，包括工资、奖金、稿费等；查封、扣押、冻结、拍卖、变卖被执行人的财产；对被执行人的财产进行搜查；强制被执行人交付执行文书中所指定的财物或者票证；强制被执行人迁出房屋或者退出土地；通知有关单位办理有关财产权证照转移手续；强制被执行人完成法律文书中指定的行为；对迟延履行义务的被执行人，强制其支付迟延履行金或加倍支付迟延履行利息。

举案说法

案情：

原告淮安市某水利工程有限公司与被告南通市某道路工程有限公司，就工程款纠纷一案诉至南通市中级人民法院。法院立案受理后，在答辩期间，被告南通市某道路工程有限公司向法院提出管辖权异议，认为在原告起诉后，被告又给付了一部分工程款，目前，所欠工程款数额远低于中级法院的级别管辖范围，因此请求法院将本案移送南通市某基层法院管辖。

庭审：

庭审时，双方就中级法院有无管辖权展开激励辩论，被告意见认为，在原告起诉后，被告又给付了一部分工程款，目前，所欠工程款的数额远低于中级法院的管辖范围，因此本案应该移送基层法院管辖；原告意见认为，根据“管辖恒定原则”，法院诉讼案件的管辖权，是以起诉时为准，起诉时对案件享有管辖权的人民法院，不因确定管辖的事实在诉讼过程中发生变化而影响其管辖权，即一旦法院合法取得了管辖权，就不因为后来的因素的变化而丧失管辖权，所以，本案仍属中级法院管辖。

评价：

路恒飞律师同意上述原告方的意见，理由如下：人民法院确定案件的管辖权，以起诉时为标准，起诉时对案件享有管辖权的人民法院，不因确定管辖的事实在诉讼过程中发生变化而影响其管辖权。最高人民法院《关于执行级别管辖规定几个问题的批复》第1条“在当事人双方或一方全部没有履行合同义务的情况下，发生纠纷起诉至法院的，如当事人在诉讼请求中明确要求全部履行合同的，应以合同总金额加上其他请求额作为诉讼标的额，并据以确定级别管辖；如当事人在诉讼请求中要求解除合同的，应以其具体的诉讼请求数额来确定诉讼标的额，并据以确定级别管辖。”及第2条“当事人在诉讼中增加诉讼请求从而加大诉讼标的额，致使诉讼标的额超过受诉法院级别管辖权限的，一般不再予以变动。但是当事人故意规避有关级别管辖等规定的除外。”所以，根据如上法律规定，法院理应驳回被告的管辖权异议。

裁判：

法院最终裁定驳回被告的管辖权异议。

（资料来源：http://wwwbblaw.cn/goodcase/32862.aspx。）

项目小结

本项目包括两个任务，一是仲裁，二是民事诉讼法。仲裁和民事诉讼法主要是使学习者掌握如果发生了经济纠结通过哪些途径去解决；除了双方协商解决，如果走法律途径就是仲裁和诉讼。掌握仲裁适用的范围，仲裁协议如何签订，仲裁的原则，仲裁的机构和程序等。如果不选择仲裁就得民事诉讼，掌握民事诉讼的原则，法院对发生的经济纠纷是如何管辖的，民事诉讼的一审程序和二审程序及简易程序是如何规定的。

项目实训

诉讼与法庭审理

任务目标

通过这项实训活动，让学生掌握诉讼案件的起诉条件，熟悉法庭审理程序，知晓起诉状和答辩状的书写要求。

任务内容

模拟诉讼案件的起诉，完成法庭审理相关程序。

任务要求

1. 了解各角色的职能任务。
2. 掌握诉讼与民事纠纷的解决方式和法庭审理程序。

任务操作

全部学生自愿分组，各组进行模拟诉讼案件的起诉和法庭审理过程。

任务流程

第一步，采取自愿原则，全部同学分成若干小组，确定各组双方公司的诉讼代理人、法院审判员、书记员等角色。

第二步，由原告方提交起诉状，被告方提供答辩状。

第三步，由法院审判员裁定是否受理该件纠纷，并说明理由。如果决定受理案件，将准备开庭，组织庭审。

第四步，组织开庭，按照法庭调查—法庭辩论—法庭调解—合议判决的程序进行。

综合实训

一、单项选择题

1. 下列选项中，可以适用《仲裁法》解决的是（　　）。

A. 甲乙之间的农村土地承包合同纠纷

B. 甲乙之间的设备买卖合同纠纷

C. 甲乙之间的遗产继承纠纷

D. 甲乙之间的劳动争议纠纷

2. 1996年4月1日，张某在回家的路上被人从背后打伤，花费医疗费5 000元。张某多年一直查找打人者，2015年5月1日，得知打人者为郝某。根据民事诉讼法律制度的规定，该债权诉讼时效截止日为（　　）。

A. 2016年4月1日　　B. 2016年5月1日

C. 2016年6月1日　　D. 2017年5月1日

3. 根据税收征收管理法律制度的规定，因纳税人计算错误少缴税款，累计数额不足10万元的，税务机关在一定期限内可以追征税款和滞纳金，该一定期限是（　　）。

A. 1年　　B. 3年　　C. 7年　　D. 10年

4. 甲、乙发生合同纠纷，继而对双方事先签订的仲裁协议效力发生争议。甲提请丙仲裁委员会确认仲裁协议有效，乙提请丁法院确认仲裁协议无效。关于确定该仲裁协议效力的下列表述中，符合法律规定的是（　　）。

A. 应由丙仲裁委员会对仲裁协议的效力作出决定

B. 应由丁法院对仲裁协议的效力作出裁定

C. 应根据甲、乙提请确认仲裁协议效力的时间先后来确定由仲裁委员会决定或丁法院裁定

D. 该仲裁协议自然失效

5. 甲企业得知竞争对手乙企业在M地的营销策略将会进行重大调整，于是到乙企业设在N地的分部窃取乙企业内部机密文件，随之采取相应对策，给乙企业在M地的营销造成重大损失，乙企业经过调查掌握了甲企业的侵权证据，拟向法院提起诉讼，以下不可以选择提起诉讼的法院是（　　）。

A. 甲住所地法院　　B. 乙住所地法院

C. M地法院　　D. N地法院

二、多项选择题

1. 下列选项中，适用一年短期诉讼时效的有（　　）。

A. 身体受到伤害请求赔偿的

B. 未依法支付房租请求支付的

C. 出售质量不合格的商品未声明，请求赔偿的

D. 寄存财物被丢失请求赔偿的

2. 根据民事法律制度规定，下列各项中可导致诉讼时效中断情形有（　　）。

A. 当事人提起诉讼　　B. 当事人一方提出要求

C. 当事人同意履行义务　　D. 发生不可抗力致使权利人不能行使请求权

3. 下列法律责任形式中，属于民事责任的有（　　）。

A. 罚款　　B. 赔偿损失　　C. 赔礼道歉　　D. 没收财产

4. 根据民事法律制度的规定，下列各项中，可导致诉讼时效中断的情形有（　　）。

A. 当事人提起诉讼　　B. 当事人一方提出要求

C. 当事人同意履行义务　　D. 发生不可抗力致使权利人不能行使请求权

5. 甲、乙因合同纠纷申请仲裁，仲裁庭对案件裁决未能形成一致意见，关于该案件仲裁裁决的下列表述中，符合法律规定的有（　　）。

A. 应当按照多数仲裁员的意见作出裁决

B. 应当由仲裁庭达成一致意见作出裁决

C. 仲裁庭不能形成多数意见时，按照首席仲裁员的意见作出裁决

D. 仲裁庭不能形成一致意见时，提请仲裁委员会作出裁决

三、案例分析题

A县甲公司和B县乙公司在C县订立供销合同，合同约定甲公司向乙公司出售100台彩电。双方约定运输方式为代办托运。此外，双方还约定纠纷的解决方式为仲裁，并约定了仲裁机构。后甲公司依约向乙公司提供了彩电。乙公司一直拖欠甲公司40万元的货款。甲公司与乙公司多次交涉还款事宜未果，并得知乙公司无力还款，只有一座两层小楼租给了丙公司。丙公司经营不善，已拖欠乙公司两年房租共计15万元。在这种情况下，甲公司诉至法院要求乙公司还款，并特别说明如果乙公司无力还款，可将出租给丙公司的两层小楼收回，交给甲公司以抵销甲公司拖欠的40万元欠款。乙公司应诉，未在答辩期间提出管辖权异议。原被告双方在诉讼中达成协议，约定被告方在半年内分两次还清欠款40万元。调解书送达后半年内，乙公司只还了20万元，尚欠20万元，甲公司申请人民法院强制执行。乙公司则向人民法院提出将丙公司拖欠的15万元转给甲公司。执行法院向丙公司发出了对甲公司给付15万元的通知。试问：

（1）假设双方当事人以协议的方式约定发生纠纷时的管辖法院，他们可以约定哪些法院管辖？

（2）本案中，人民法院对案件是否有管辖权？

（3）如果丙公司收到执行法院要求其履行到期债务的通知后擅自向乙公司还款15万元，造成15万元被乙公司使用而无法追回，丙公司要承担什么法律责任？

综合实训参考答案

项目一　法的基础和经济法基础

一、单项选择题

1. B　2. A　3. B　4. A　5. D

二、多项选择题

1. ABCD　2. ABCD　3. AD　4. ABC　5. ABD

三、案例分析题

（1）不具备法人资格。因为不能独立地对外承担民事责任。

（2）不具备法人资格。因为法人必须是组织，而该个体户不是组织，是个体。

（3）不具备法人资格。因为没有依法成立。

（4）不具备法人资格。因为该合伙组织没有健全的组织机构。

（5）不具备法人资格。因为该委员会是一个临时组织，不能独立地对外承担民事责任。

（6）不具备法人资格。因为该车间不能独立地对外承担民事责任。

（7）具备法人资格。因为符合法人的条件。

（8）具备法人资格。因为符合法人的条件。

项目二　个人独资企业法

一、单项选择题

1. A　2. A　3. B　4. A　5. C

二、多项选择题

1. ABCD　2. AC　3. ABC　4. ABCD　5. ABC

三、案例分析题

（1）甲拒绝履行合同的理由不成立。根据规定，个人独资企业投资人对受托人或者被聘用的人员职权的限制，不得对抗善意第三人。个人独资企业的投资人与受托人或者被聘用人员之间有关权利的限制只对受托人或者聘用的人员有效，对第三人并无约束力，受托人或者被聘用的人员超出投资人的限制与善意第三人的有关业务应当有效。本题甲对乙的职权限制，仅对乙本人有效，由于丙是不知情的善意第三人，因此，该合同应认定有效，甲不得拒绝履行合同。

（2）应当由甲向丙承担经济损失，然后由乙向甲承担民事赔偿责任。

项目三 合伙企业法

一、单项选择题

1. C 2. D 3. D 4. B 5. C

二、多项选择题

1. ABCD 2. AC 3. ABCD 4. ABCD 5. BCDE

三、案例分析题

（1）① 甲的主张不能成立。根据《合伙企业法》的规定，退伙人对其退伙前已发生的债务与其他合伙人承担连带责任，故甲对其退伙前发生的银行贷款应负连带清偿责任。② 乙的主张不能成立。根据《合伙企业法》的规定，合伙人之间对债务承担份额的约定对债权人没有约束力，故乙提出应按约定比例清偿债务的主张不能成立，其应对银行贷款承担连带清偿责任。③ 丙的主张不能成立。根据《合伙企业法》的规定，以劳务出资成为合伙人，也应承担合伙人的法律责任，故丙也应对银行贷款承担连带清偿责任。④ 丁的主张不能成立。根据《合伙企业法》的规定，入伙的新合伙人对入伙前的债务承担连带清偿责任，故丁对其入伙前发生的银行贷款应负连带清偿责任。

（2）根据《合伙企业法》的规定，合伙企业所欠银行贷款首先应用合伙企业的财产清偿，合伙企业财产不足清偿时，由各合伙人承担无限连带责任。乙、丙、丁在合伙企业解散时，未清偿债务便分配财产，是违法无效的，应全部退还已分得的财产；退还的财产应首先用于清偿银行贷款，不足清偿的部分、由甲、乙、丙、丁承担无限连带清偿责任。

项目四 公司法

一、单项选择题

1. A 2. A 3. B 4. C 5. C

二、多项选择题

1. ABC 2. ACD 3. ACD 4. AB 5. BCD

三、案例分析题

（1）W 不可以担任该有限责任公司的董事。因为我国公司法对公司高级管理人员有严格的任职资格限制。根据《公务员法》的规定，公务员不得从事或者参与营利性活动，在企业或者其他营利性组织中兼任职务。

（2）Z 董事不可以成立合伙企业与其任职的有限责任公司竞争。因为其这样的行为违反了公司法规定的董事的竞业禁止的义务。竞业禁止是指在公司担任特定职务，负有特定职责的人不得自营或与他人经营与任职公司营业范围相同或类似的交易活动，如果允许他们与本公司进行竞争，公司和股东的利益就有可能受到损害，也与基本的商业道德不相吻合。

（3）Z 董事的 10 万元收益应归公司所有。《公司法》第一百四十九条规定："董事、高级管理人员不得有下列行为：（一）挪用公司资金；（二）将公司资金以其个人名义或者以其他个人名义开立账户存储；（三）违反公司章程的规定，未经股东会、股东大会或者董事会同意，将公司资金借贷给他人或者以公司财产为他人提供担保；（四）违反公司章程的规定或者未经股东会、股东大会同意，与本公司订立合同或者进行交易；（五）未经股东会或者股东大会同意，利用职务便利为自己或者他人谋取属于公司的商业机会，自营或者为他人经营与所任职公司同类的业务；（六）接受他人与公司交易的佣金归为己有；（七）擅自披露公司秘密；（八）违反对公司忠实义务的其他行为。董事、高级管理人员违反前款规定所得的收入应当归公司所有。

（4）股东甲的想法不能实现。因为公司成立后，为了保证公司资本的充足，股东不能抽回出资。虽然股东转让自己的出资份额是允许的，但有限责任公司的股份转让却受到法律的一定的限制。《公司法》第七十二条规定，有限责任公司的股东之间可以相互转让其全部或者部分股权。股东向股东以外的人转让股权，应当经其他股东过半数同意。股东应就其股权转让事项书面通知其他股东征求同意，其他股东自接到书面通知之日起满三十日未答复的，视为同意转让。其他股东半数以上不同意转让的，不同意的股东应当购买该转让的股权；不购买的，视为同意转让。经股东同意转让的股权，在同等条件下，其他股东有优先购买权。两个以上股东主张行使优先购买权的，协商确定各自的购买比例；协商不成的，按照转让时各自的出资比例行使优先购买权。公司章程对股权转让另有规定的，从其规定。因此，股东甲的想法不能成立。

项目五　企业破产法

一、单项选择题

1. B　2. B　3. D　4. B　5. C

二、多项选择题

1. ABD　2. ABD　3. ABCD　4. AD　5. ABC

三、案例分析题

丙担任债权主席不合法，《企业破产法》规定：债权人会议主席由人民法院从有表决权的债权人中指定，而根据法律规定有财产担保未放弃优先受偿权在债权人会议中是没有表决权的，法院的裁定是不合法的，清算组成员由人民法院从企业上级主管部门、政府财政部门和专业人员中指定，清算组对人民法院负责并报告工作。

项目六　合同法

一、单项选择题

1. C　2. D　3. D　4. B　5. D

二、多项选择题

1. AC　2. ABD　3. BD　4. ABC　5. ABCD

三、案例分析题

（1）李某与古董店老板的买卖合同已经成立，双方意思表示真实并且一致，合同有效。

（2）没有法律依据。我国《合同法》规定，显示公正的合同属于可撤销或可变更合同，本案中的买卖合同不属于此种情况。首先，李某具有相当的古玩鉴赏能力，虽然他不知道酒杯的真实价值，但内心已经知道其价值绝对超过 50 万元，在此情况下他仍然将酒杯卖给古董店老板，法律上就应该推定其意思表示真实有效，而不属于因缺乏经验导致判断失误的情形；其次，李某将酒杯卖给古董店老板的时候，就已经准备事后主张合同变更，因此当然不存在被骗或者失误的情形，相反，李某心知肚明，不属于合同显失公正；最后，李某主张合同显失公正属于恶意，不应得到支持。

（3）根据上面分析可知，法院不应支持李某的请求，应认定合同有效。

项目七　工业产权法

一、单项选择题

1. C　2. A　3. C　4. A　5. B　6. D　7. A　8. C　9. B　10. B

二、多项选择题

1. CD　2. ABC　3. ABD　4. ABD　5. ABC　6. AD　7. ABCD　8. BC　9. ABC　10. AC

三、案例分析题

1. （1）我国《商标法》第四条规定："自然人、法人或者其他组织对其生产、制造、加工、拣选或者经销的商品，需要取得商标专用权的，应当向商标局申请商品商标注册。"可见，获取商标专用权的途径是申请商标注册，而不是谁先使用谁就自然享有该商标的专用权。甲食品厂虽然自 2014 年就开始使用"白雪"商标，但该商标并未注册，甲食品厂不享有该商标的专用权。乙食品厂虽然使用在后，但先于原告申请注册，因此取得"白雪"商标的专用权。

（2）根据我国《商标法》的规定，商标专用权的内容包括使用权和禁止权两个方面。使用权即商标权人对其商标享有充分支配和完全使用的权利，商标权人可以在其注册商标所核定使用的商品上独立使用该商标，也可以根据其意愿将注册商标转让给他人或许可他人使用。禁止权是指商标权人禁止他人未经许可擅自使用其注册商标的权利。乙食品厂通过注册取得了"白雪"商标的专用权后，其他企业（包括甲食品厂）未经其同意，均不得在相同或类似的商品上再使用该"白雪"商标。甲食品厂以营利为目的在与乙食品厂相同或类似的商品上使用了与其注册商标相同的商标，因而构成商标侵权，应承担侵权法律责任。

2. （1）技术 T 的专利申请权应当归乙所有。其理由是：技术 T 不是甲乙所签订之技术开发协议约定的开发技术，故技术 T 是一项非职务技术。根据《专利法》第六条规定，技术 T 的专利申请权应当归完成该技术的发明人所有。

（2）该纠纷可以通过四种途径解决：①由甲乙双方协商解决；②由甲乙双方签订仲裁协议，通过仲裁解决；③请求专利管理机关处理；④向人民法院起诉，通过诉讼解决。

项目八　产品质量法

一、单项选择题

1. B　2. A　3. C　4. C　5. D

二、多项选择题

1. ABCD　2. ABC　3. AB　4. AB　5. AC

三、案例分析题

《产品质量法》第十三条规定："可能危及人体健康和人身、财产安全的工业产品，必须符合保障人体健康和人身、财产安全的国家标准、行业标准；未制定国家、行业标准的，必须符合保障人体健康和人身、财产安全的要求。禁止生产、销售不符合保障人体健康和人身、财产安全的标准和要求的工业产品。"

《产品质量法》第二十六条规定："生产者应对其生产的产品的质量负责。"电热毯属于可能危及人身、财产安全的产品，我国对其有专门的国家标准。在本案中，桐城某家电厂生产的电热毯有 7 项技术指标不符合有关国家标准的要求，违反了强制性产品标准，属于有缺陷的劣质品。

《产品质量法》第四十四条规定，因产品缺陷造成受害人死亡的应支付丧葬费、死亡赔偿金以及由死者生前扶养的人所必需的生活费等费用。造成受害人财产损失的，侵害人应当赔偿损失。本案中法院作出让家电厂和商场赔偿损失的判决是正确的。

另外，按照《产品质量法》第四十九条的规定："生产、销售不符合保障人体健康和人身、财产安全的国家标准、行业标准的产品的，责令停止生产、销售，没收违法生产、销售的产品，并处违法生产、销售产品货币金额等值以上三倍以下的罚款；有违法所得的，并处没收违法所得；情节严重的，吊销营业执照；构成犯罪的依法追究刑事责任。"所以责令桐城某家电厂和商场停止生产、销售该类电热毯、没收违法生产、销售该电热毯的违法所得，并处罚款的处罚的法律适用是正确的，但处罚有点轻，应该吊销电热毯厂的营业执照。

项目九　消费者权益保护法

一、单项选择题

1. B　2. B　3. A　4. C　5. B

二、多项选择题

1. BCD　2. ABC　3. CD　4. ABCD　5. ABCD

三、案例分析题

（1）可以向C提出。消费者在展销会上购买商品，其合法权益受到侵害时，可以向销售者或服务者要求赔偿。展销会结束或者租赁期满后，也可以向展销会的举办者要求赔偿。据此，在展销会结束后，甲有权向A县商业局和供销社要求修理、更换、退货。除此之外，甲有权直接向B厂提出要求。但由于已经被并入C，依据《消费者权益保护法》的规定，消费者在购买商品时，其合法权益受到损害的，因原企业分立、合并的，可以向变更后承受其权利义务的企业要求赔偿。因此，可以向C提出。

（2）甲可以通过下列途径解决纠纷：与经营者协商，请求消费者协会调解，向有关行政部门申诉，向仲裁机构申请仲裁，向人民法院起诉。

项目十　财税法

一、单项选择题

1. B　2. A　3. D　4. B　5. C

二、多项选择题

1. ACD　2. ABCD　3. ABCD　4. AB　5. AB

三、案例分析题

（1）该公司经办人员王某的做法符合规定。根据规定，原始凭证金额错误的，应当由出具单位重开，不得在原始凭证上更正。

（2）该公司决定由出纳人员李某顶替吴某兼管收入、支出、费用账目登记工作的做法不符合规定。根据《会计法》的规定，出纳人员不得兼任稽核、会计档案保管和收入、支出、费用、债权债务账目的登记工作。

（3）该公司财务部门负责人调整会计工作岗位并使稽核岗位一岗两人的做法符合规定。根据《会计法》的规定，会计人员的工作岗位应当有计划地进行轮换。会计工作岗位可以一人一岗、一人多岗或一岗多人，但出纳人员不得兼管稽核、会计档案保管和收入、支出、费用、债权债务账目的登记工作。

（4）该公司领导拒绝市财政部门检查的做法不符合规定。根据《会计法》的规定，各单位必须依照有关法律、行政法规的规定，接受财政、审计、税务等有关监督检查部门依法实施监督检查，如实提供会计凭证、会计账簿、财务会计报告和其他会计资料以及有关情况，不得拒绝、隐匿、谎报。

项目十一　金融法

一、单项选择题

1. A　2. A　3. C　4. B　5. C

二、多项选择题

1. ABCD　2. ABD　3. ABCD　4. ABCD　5. AD

三、案例分析题

首先，《商业银行法》 禁止利用拆入的资金发放房地产贷款或者投资，而 Y 银行却将拆入资金用于发放房地产贷款。

其次，《商业银行法》禁止商业银行向关系人发放信用贷款。由于A公司经理李某和Y银行行长王某是近亲属关系，因此李某以及李某担任经理的A公司都是Y银行的关系人，而Y银行给A公司发放信用贷款显然违反了法律规定。

项目十二　劳动法

一、单项选择题

1. B　2. B　3. B　4. C　5. C

二、多项选择题

1. ABCD　2. ABCD　3. ABC　4. AB　5. AC

三、案例分析题

该企业违反劳动合同法规定的行为有：

（1）不能交劳动者的身份证作抵押。

（2）劳动合同违反了试用期的规定，试用期不得超过6个月。

（3）随时解除合同错误，应该先调整岗位，如还不能胜任的才可以解除劳动合同。

（4）法定节假日照常上班工资不变错误，应该按300%补发工资。

（5）3个月发一次工资错误，应该一个月发一次。

项目十三　仲裁和民事诉讼法

一、单项选择题

1. B　2. A　3. B　4. B　5. B

二、多项选择题

1. ABCD　2. ABC　3. BC　4. ABC　5. AC

三、案例分析题

（1）假设双方当事人以协议的方式约定发生纠纷时的管辖法院，他们可以约定A县、B县、C县人民法院管辖，具体参见我国《民事诉讼法》第二十五条的规定。本案中，A县是原告住所地，B县是被告住所地，C县是合同订立地。它们都属于法律规定的当事人可以协议选择管辖的范围。

（2）本案中，人民法院对案件取得了管辖权。依据《最高人民法院关于适用〈民事诉讼法〉若干问题的意见》第一百四十八条的规定，人民法院可以因为被告人的应诉取得管辖权。本案中，被告未在答辩期间提出管辖权异议并且应诉，人民法院依此取得管辖权。

（3）如果丙公司收到执行法院要求履行到期债务的通知后擅自向乙公司还款15万元，造成15万元被乙公司使用而无法追回，丙公司除在已还款的15万元范围内与被执行人乙公司承担连带清偿责任外，人民法院还可以追究其妨害执行的责任。人民法院可根据情节轻重对丙公司罚款，也可对丙公司主要负责人或者直接责任人员予以罚款、拘留。具体参见我国《民事诉讼法》第一百零三条的规定。

参考文献

[1] 苏波. 经济法概论[M]. 北京：中国铁道出版社，2014.
[2] 华本良，王凯宏. 经济法概论[M]. 大连：东北财经大学出版社，2013.
[3] 财政部会计资格评价中心. 经济法基础[M]. 北京：经济科学出版社，2015.
[4] 李余华. 经济法案例分析[M]. 北京：北京出版社，2014.
[5] 牛慧，银福成. 经济法[M]. 北京：经济科学出版社，2013.
[6] 王曙光. 税法[M]. 大连：东北财经大学出版社，2014.
[7] 秦雷，陈东仿. 经济法[M]. 大连：东北财经大学出版社，2014.
[8] 张长龙. 经济法[M]. 北京：知识产权出版社，2012.
[9] 马玉卿，张红刚，陈设. 经济法理论与实务[M]. 北京：北京理工出版社，2015.
[10] 龚亮. 经济法[M]. 北京：北京理工出版社，2015.
[11] 黄彬，侯召伦. 经济法概论[M]. 上海：上海财经大学出版社，2014.
[12] 吴力佳. 经济法概论[M]. 北京：现代教育出版社，2013.
[13] 梁东. 合同法案例[M]. 贵阳：贵州教育出版社，2008.
[14] 王萍，赵霞. 经济法案例精选精析[M]. 北京：中国社会科学出版社，2008.
[15] 法律出版社法规中心. 中华人民共和国经济法大全[M]. 北京：法律出版社，2011.
[16] 财政部会计资格评价中心. 经济法基础[M]. 北京：经济科学出版社，2016.
[17] 孔令秋. 经济法基础（第三版）[M]. 大连：东北财经大学出版社，2014.
[18] 叶青. 经济法基础[M]. 北京：人民出版社，2016.
[19] 万志前，廖震峡. 经济法基础[M]. 北京：首都经济贸易大学出版社，2016.
[20] 刘慧勇. 经济法实务案例研修[M]. 北京：中国政法大学出版社，2014.

反侵权盗版声明

举报电话：（010）88254396；（010）88258888

传　　真：（010）88254397

E-mail：　dbqq@phei.com.cn

通信地址：北京市万寿路 173 信箱

电子工业出版社总编办公室

邮　　编：100036